Lesen, Schreiben, Erzählen

Interaktiva

Schriftenreihe des Zentrums für Medien und Interaktivität (ZMI), Gießen, Band 13

Herausgegeben von Christoph Bieber, Claus Leggewie und Henning Lobin

Henning Lobin ist Professor für Angewandte Sprachwissenschaft und Computerlinguistik an der Justus-Liebig-Universität Gießen sowie Geschäftsführender Direktor des Zentrums für Medien und Interaktivität (ZMI).

Regine Leitenstern ist Doktorandin am International Graduate Centre for the Study of Culture (GCSC) der Justus-Liebig-Universität Gießen.

Katrin Lehnen ist Professorin für Sprach- und Mediendidaktik an der Justus-Liebig-Universität Gießen und Stellvertretende Direktorin des Zentrums für Medien und Interaktivität (ZMI).

Jana Klawitter ist Doktorandin in der Angewandten Sprachwissenschaft und Computerlinguistik (ASCL) an der Justus-Liebig-Universität Gießen und am Zentrum für Medien und Interaktivität (ZMI) Beraterin im wissenschaftlichen Beratungsnetzwerk ZMI-Transfer.

Henning Lobin, Regine Leitenstern, Katrin Lehnen,
Jana Klawitter (Hg.)

Lesen, Schreiben, Erzählen

Kommunikative Kulturtechniken im digitalen Zeitalter

Campus Verlag
Frankfurt/New York

Bibliografische Information der Deutschen Nationalbibliothek
Die Deutsche Nationalbibliothek verzeichnet diese Publikation in der Deutschen Nationalbibliografie.
Detaillierte bibliografische Daten sind im Internet unter http://dnb.d-nb.de abrufbar.
ISBN 978-3-593-39951-5

Umschlagestaltung: Campus Verlag GmbH, Frankfurt am Main.
Umschlagmotiv: © »Soziales Netz«, Norbert Schmitt (Bildbearbeitung: Campus Verlag)
Druck und Bindung: CPI buchbücher.de, Birkach
Gedruckt auf Papier aus zertifizierten Rohstoffen (FSC/PEFC).
Printed in Germany

Dieses Buch ist auch als E-Book erschienen.
Besuchen Sie uns im Internet: www.campus.de

Inhalt

Vorwort

Die Publikation des Bandes *Lesen, Schreiben, Erzählen. Kommunikative Kulturtechniken im digitalen Zeitalter* bildet den Abschluss des Projektverbunds »Kulturtechniken und ihre Medialisierung« am Zentrum für Medien und Interaktivität (ZMI) der Justus-Liebig-Universität Gießen. Der Schwerpunkt wurde von 2008 bis 2012 im Rahmen der »Hessischen Landes-Offensive zur Entwicklung Wissenschaftlich-ökonomischer Exzellenz« (LOEWE) in Verbindung mit dem Herder-Institut Marburg und der Technischen Hochschule Mittelhessen gefördert. Die Forschung des LOEWE-Schwerpunkts richtete sich auf die kommunikativen Kulturtechniken des Lesens, des Schreibens und darauf aufbauend des Erzählens, des Suchens und des Findens sowie des Recherchierens und des Archivierens. Dabei wurden Fragen in den Blick genommen, wie sich kommunikative Kulturtechniken unter dem Einfluss von Medialisierung und Digitalisierung als Prozesse verändern, wie sich diese Veränderungen auf kulturelle Produkte auswirken, und wie sich die gesellschaftlichen Praktiken des Umgangs mit kulturellen Produkten an Medialisierung und Digitalisierung anpassen. Prägend für die Arbeit im LOEWE-Schwerpunkt waren interdisziplinäre, im Wesentlichen sprach-, literatur-, kultur- und geschichtswissenschaftliche Herangehensweisen.

Der vorliegende Band geht aus der Abschlusstagung »Lesen, Schreiben, Erzählen – digital und vernetzt« des LOEWE-Schwerpunkts hervor, die vom 28. bis 30. Juni 2012 an der Justus-Liebig-Universität Gießen stattfand und die über den LOEWE-Schwerpunkt hinaus für weitere Referentinnen und Referenten geöffnet wurde.

Zum Band

Lesen, Schreiben und Erzählen sind basale kommunikative Kulturtechniken, über die kulturelles Wissen produziert, organisiert und rezipiert wird. Kommunikative Kulturtechniken sind fortwährend medialen Transformationsprozessen unterworfen, gegenwärtig insbesondere durch die Digitalisierung der Medien und die Vernetzung der Kommunikation. Dabei beeinflussen Digitalisierung und Vernetzung nicht nur unser kulturelles Wissen und die Formen der Wissensproduktion, -rezeption und -organisation; sie wirken darüber hinaus auf die Akte des Lesens, Schreibens und Erzählens als solche zurück. Kommunikative Kulturtechniken und kulturelles Wissen bedingen sich dabei wechselseitig. Einerseits wird mittels kommunikativer Kulturtechniken kulturelles Wissen generiert, das heißt produziert und rezipiert, vermittelt und gespeichert. Die Organisation dieses Wissens wirkt jedoch andererseits auf die Kulturtechniken als kulturelle Prozesse und Praktiken zurück und beeinflusst darüber hinaus die durch sie entstehenden kulturellen Produkte. Der Band widmet sich kommunikativen Kulturtechniken unter dem Blickwinkel von Wissensgenerierung und -organisation in und durch digitale Medien. Im Zentrum stehen das Lesen, Schreiben und Erzählen. Vor dem Hintergrund, dass kulturelles Wissen auch kulturelle Kompetenz impliziert (implizieren kann), schließt der Band Kompetenzerwerb und Vermittlung kommunikativer Kulturtechniken in seine Betrachtungen ein. In Frage steht folglich nicht nur, wie sich kommunikative Kulturtechniken verändern, sondern auch welche Auswirkungen diese Transformationen auf Kompetenzerwerb und Vermittlung von Kulturtechniken haben. Der Band gliedert sich in die zwei Sektionen »Lesen und Schreiben« sowie »Erzählen – faktual und fiktional«.

Zu den Beiträgen

Ist das Wissen im Internet tatsächlich frei, immer und überall verfügbar, wie es behauptet wird? Diese Frage untersucht *Olaf Breidbach* in seinem einleitenden Beitrag und richtet dabei den Blick auch auf die historische Entstehung von Wissensordnungen. Nicht nur die geistigen Fähigkeiten des Menschen bilden den Rahmen dessen, was erkannt und gewusst werden kann, sondern auch Wissenssysteme und -ordnungen. Wissen ist interpretierte Information, und die Interpretation von Informationen erfolgt auf der Grundlage ihrer Position im Netz der Wissensbezüge. In der Bibliothek war dieses Netz der Katalog. Was aber tritt im digitalen Netz an dessen Stelle? Breidbach zeigt, wie Wissensorganisation aussehen kann, die aus den Möglichkeiten des Internets tatsächlich Nutzen zieht.

Teil I: Lesen und Schreiben

Im Anschluss an den einführenden Beitrag Olaf Breidbachs widmen sich die Beiträge von Oliver Ruf, Annina Klappert und Michael A. Conrad der Kulturtechnik des Schreibens und den veränderten Bedingungen der Produktion von Wissen durch digitale Medien. Wie wandelt sich das Schreiben und die Textproduktion, wenn aus analogen schriftlich fixierten Schreibprodukten ›Digitalisate‹ werden, die andere Formen des Entwerfens, Konzipierens und Inskribierens bedingen? Ausgangspunkt der Darstellung von *Oliver Ruf* bildet die »Idee des materiellen Entwurfs«, die anhand eines umfassenden Literaturüberblicks zum Schreiben durchmessen und mit Blick auf die Medialisierung von Schreibverfahren genauer ausgeleuchtet wird. Aus der Rekonstruktion theoretischer Ansätze leitet Ruf thesenartig Forschungsperspektiven für eine an Material und Entwurf orientierte Schreibtheorie ab.

»Das Schreiben vor dem Schreiben beginnt mit der Aufnahme anderer Texte, mit der Aufzeichnung eigener Ideen und mit der Verknüpfung von Textstücken«, so formuliert *Annina Klappert* den Ausgangspunkt ihres Beitrags. Papierne Exzerpier- und Zettelkastensysteme werden als Referenzmodelle zur Analyse und Typisierung elektronischer Systeme am Beispiel von *Citavi*, *Endnote*, *Bibliographix* und *Synapsis* herangezogen. Die Auswahl des Schreibsystems bestimmt mit, welcher Weg für das Organisieren des eigenen Schreibens und die Entwicklung der individuellen Wissensordnung eingeschlagen wird – zumeist über Jahre hinweg. Aus der Systematisierung von Klappert lassen sich nicht zuletzt arbeitspraktische Anregungen ableiten.

Michael A. Conrad befasst sich mit einer Variante des »Schreibens«, die erst durch die massenhafte Verbreitung von Smartphones entstehen konnte – der Handyfotografie als papierlose Notiz. Zwar ist die Digitalfotografie keine vollkommen neue Technologie, doch in Verbindung mit dem Handy zeichnet sie sich durch die ubiquitäre Verfügbarkeit und die permanente Möglichkeit der Verbindung mit dem Internet aus. Conrad zeigt, wie diese neue Praxis der Fixierung von Situationen in das Spektrum der Mnemotechniken einzuordnen ist und dem historisch gewachsenen Verständnis von Fotografie eine neue Lesart hinzufügt. In Verbindung mit automatisch generierten Ergänzungen zu den Bildinhalten lässt die Handyfotografie erahnen, wie die Kulturtechniken der Schrift technologisch zunehmend umgangen werden können.

Florian Radvan sowie Annika Dix, Lisa Schüler und Jan Weisberg beleuchten das digitale Schreiben unter dem Aspekt der Vermittlung und der Erforschung von Schreibkompetenz. Das Aufkommen digitaler Schreib- und Kommunikationsformate hat die schriftlichen Handlungsräume von Jugendlichen erweitert und rein quantitativ betrachtet das Schreibaufkommen erhöht. Aus Sicht einer schulischen Schreibdidaktik erwachsen aus der Digitalisierung neue Potenziale rekursiven, kollaborativen und prozessorientierten Schreibens, die insbesondere im Deutschunterricht ihren Platz haben (sollten). Wenngleich der Computer schulisch zunehmend integriert ist, hat »curricular noch keine systematische Aufnahme des digitalen Schreibens in die Lehrpläne der einzelnen Bundesländer stattgefunden«, wie *Florian Radvan* konstatiert. Ausgehend von etablierten Schreibmodellen entwickelt Radvan ein auf das digitale Schreiben bezogenes Modell für den Deutschunterricht, das eine interessante Vorlage für eine kompetenzorientierte Schreibdidaktik darstellt.

Die Digitalisierung von Lese- und Schreibprozessen hat nicht nur Gegenstände der Forschung neu entfaltet, sondern auch die dahinter stehenden Forschungsmethodologien. Lese- und Schreibprozesse lassen sich durch ausgebaute Aufzeichnungs- und Auswertungstechnologien in anderer Weise erfassen und visualisieren. Am Beispiel des wissenschaftlichen Schreibens zeigen *Annika Dix, Lisa Schüler* und *Jan Weisberg*, wie sich die webbasierte Schreibumgebung SKOLA nicht nur als Lern-, sondern zugleich auch als Forschungsumgebung nutzen lässt, indem die Lese- und Textproduktionsprozesse von Schreiberinnen und Schreibern über spezielle Programme aufgezeichnet und in Form von Arbeitsprotokollen und Grafiken visuell aufbereitet werden. Dies gibt unter anderem Aufschluss darüber, ob und in welcher Weise die Schreiberinnen und Schreiber (sowohl Anfängerinnen und Anfänger als auch fortgeschrittene Studierende) beispielsweise konzeptionelle Prozesse beim Schreiben vorsehen, mit welcher Intensität sie (Re-)Formulierungsprozesse durchschreiten und wie diese Prozesse auf das spätere Textprodukt durchschlagen. Das besondere

Augenmerk des Beitrags liegt auf Fragen der sicheren und unsicheren Textproduktion (Schreibflüssigkeit) von Studierenden. Sie werden über kontrastive Fallanalysen anschaulich gemacht und bieten Anknüpfungspunkte für eine wissenschaftliche Schreibdidaktik.

Während die bisherigen Beiträge das Schreiben in den Fokus rückten, widmen sich die Texte von Andrew Patten und Mirco Limpinsel der Kulturtechnik des Lesens, genauer: dem automatisierten, maschinellen Lesen und dessen Konsequenzen für die Rezeption von Wissen. Mit dem immensen Anstieg und der weltweiten Zirkulation von literarischen Texten bedarf es, so *Andrew Patten*, neuartiger Wege für die Betrachtung einzelner Werke innerhalb des ›planetaren Systems‹ der Gesamtliteratur. Mittels quantitativer Analysen von textuellen Massendaten, wie sie beispielsweise im *Project Gutenberg Digital Library* erfolgen oder auch auf Basis millionenfacher digitalisierter Texte durch Google, können nun auch Werke im Sinne des *distant reading* miteinander in Bezug gesetzt werden. Dies nutzt beispielsweise der Onlineshop Amazon. Quantitative Analysen allein, so Patten, würden jedoch zu kurz greifen. So werden auf Basis des *collaborative filtering* Erfahrungen anderer Käufer mit den individuellen Präferenzen von Nutzerinnen und Nutzern zusammengebracht. Werden auf diese Weise Verbindungen zwischen Interessenschwerpunkten hergestellt, wird das Lesen des eigentlichen Buchtextes erweitert um das Lesen des sich um ein Werk entspinnenden Netzwerks aus systemgenerierten Kaufempfehlungen und miteinander verbundenen Communities. Patten diskutiert die Phänomene des *pre-reading* und *pre-knowledge* auf Basis extratextueller Relationen, nach denen nicht nur (vor-)entschieden wird, *was* gelesen wird, sondern auch *wie*.

Der Beitrag von *Mirco Limpinsel* untersucht die Konsequenzen der digitalen Volltextsuche auf die Philologie. Philologische Kompetenz, so Limpinsel, lasse sich nicht als lehr- und lernbares Regelwissen begreifen, sondern als ein habituelles Berufsethos. So zeichne sich der Philologe als Generalist und Universalgelehrter durch eine »selektionslose Neugier« und ein »enzyklopädisches Wissen« aus. Durch die digitale Volltextsuche entsteht eine Erweiterung zur Philologie, schließlich handelt es sich auch hier um eine Strategie, Zugang zu gespeichertem Wissen zu erhalten; beide – digitale Volltextsuche und philologischer Habitus – sind nach Limpinsel »funktional äquivalent«. Aufgrund dieser funktionalen Äquivalenz, so Limpinsel, reagiert die Philologie mit einer strikten Ablehnung der Volltextsuche – eine Tatsache, die sich mit Bourdieu als »Trägheit des Habitus« bezeichnen lässt. Wie Limpinsel hervorhebt, eröffnet die Volltextsuche der Literaturwissenschaft jedoch auch neue Forschungsperspektiven und wissenschaftliche Fragestellungen.

Teil II: Erzählen – faktual und fiktional

Der zweite Teil des Bandes rückt die Kulturtechnik des Erzählens in den Fokus und widmet sich den Veränderungen narrativer Wissensorganisation durch digitale Medien. *Alexander Scherr* beschäftigt sich am Beispiel des Browsergames *TwinKomplex* mit der Frage, wie das Internet als Erzählmedium funktionalisiert werden kann. Von seiner Entwicklerfirma als »living novel« bezeichnet, lässt sich *TwinKomplex* als eine Mischung aus »social game« und »interaktiver Kriminalerzählung« beschreiben. Scherr untersucht, von welchen medienspezifischen Eigenschaften des Internets das Browsergame Gebrauch macht und inwiefern sich das Erzählen in *TwinKomplex* vom Erzählen im traditionellen Printroman unterscheidet. Ein besonderes Augenmerk liegt auf der Vereinbarkeit von Interaktivität und Narrativität sowie von Interaktivität und Illusionsbildung. Interaktivität schließt – wie Scherr hervorhebt – eine mediale Illusionsbildung nicht aus, sondern fördert vielmehr die Immersion des Rezipienten in die Welt des Spiels. Davon ausgehend, dass die Entstehung ästhetischer Illusion den Eindruck von Wirklichkeitsnähe und Lebensechtheit voraussetzt, wird darüber hinaus das für *TwinKomplex* typische Verschwimmen der Grenzen von Realität und Fiktion einer näheren Betrachtung unterzogen.

Ebenfalls durch ein Verwischen der Grenzen von Faktualem und Fiktionalem gekennzeichnet sind Verschwörungstheorien, deren Hochkonjunktur im Internet sich der Beitrag von *John David Seidler* widmet. Seidler zufolge zeichnet sich Verschwörungstheorie durch eine spezifische Art der Intertextualität aus, die er als »paranoische Decodierung« bestehender Medieninhalte beschreibt. Der Verschwörungstheoretiker würde dadurch zu einem »Medien-Detektiv«. Am Beispiel der Verschwörungstheorie zu den Anschlägen vom 11. September 2001 identifiziert Seidler weniger die in der Forschung bereits konstatierte Distributionsfunktion des Internets, sondern Digitalisierung und Vernetzung als entscheidende Faktoren für verschwörungstheoretisches Erzählen. Digitalisierung und Vernetzung, so Seidler, führten im Fall der Verschwörungstheorie zum 11. September letztlich dazu, dass das Internet Verschwörungstheorien nicht nur medial vermittelt, sondern auch miterschaffen habe.

Jana Klawitter untersucht in ihrem Beitrag die Erzeugung von ›Faktizität‹ und ›Tatsachen‹ im Zusammenhang der Konzepte »Denkkollektiv« und »Denkstil«. Ein »Denkkollektiv« nach Ludwik Fleck ist eine Gemeinschaft von Menschen, die in gedanklichem Austausch stehen und durch einen gemeinsamen Denkstil geprägt sind. Mit wachsender Stabilität eines Denkstils nimmt die Fähigkeit ab, Dimensionen außerhalb dessen wahrzunehmen – Wahrgenommenes gilt in einer solchen Gemeinschaft zusehends als Tatsache. Klawitter fokussiert innerhalb der Wechselwirkung zwischen Experten und Laien sprachliche Phänomene wie Begriffe und Metaphern. Auf deren Basis können Rückschlüsse auf den jeweiligen Denkstil eines Denkkollektivs gezogen werden. Klawitter stellt darin die Rolle digitaler und vernetzter Kommunikations- und Wissensordnungen als Teil soziotechnischer Vernetzung heraus.

In welcher Weise Digitalisierung und Vernetzung die Erinnerungskultur beeinflussen, die sowohl durch Dominanz bestimmter Diskurse als auch durch Marginalisierung anderer geprägt ist, machen Markus Roth und Julian Nordhues in ihren Beiträgen augenfällig. Bei der von *Markus Roth* thematisierten Chronik des Gettos Lodz/Litzmannstadt handelt es sich um eine von 1941 bis 1944 tagesaktuell geführte Chronik des Getto-Lebens in all seinen Schattierungen – ein einzigartiges Dokument, das von seinen Urhebern bewusst und ausschließlich für die Nachwelt verfasst wurde. Roth beschreibt, wie von einer Print-Ausgabe der Chronik ausgehend eine multimediale Darstellung des letzten Jahres entwickelt wurde, bei der die Texte durch visuelles Material wie Faksimiles, historische Fotos oder Karten angereichert sind. Dem von den Verfassern der Chronik verfolgten Ziel, das Leben und Sterben im Getto zu dokumentieren, wird damit in digitaler und vernetzter Gestalt in noch umfassenderer Weise entsprochen.

Der Beitrag von *Julian Nordhues* befasst sich mit den verschiedenen Hintergründen der Entstehung und Deutung von Fotografien des Ersten Weltkriegs und stellt das Potenzial von Privat- und Amateurfotografien als historisches Quellenmaterial im Vergleich zu offiziellen Fotografien heraus. Weiterhin zeigt der Beitrag auf, welche Möglichkeiten in diesem Zusammenhang das Internet als multimedialer Aufbereitungsort wie auch als kollaboratives Medium der Quellensammlung und -kommentierung bietet. Es werden Digitalisierungsprojekte vorgestellt, die im Hinblick auf den hundertsten Jahrestag des Ausbruchs des Ersten Weltkriegs 2014 arbeiten und die Methode des *crowdsourcing* anwenden, um bisher noch ungesehene Quellen aus Privatbesitz zu veröffentlichen.

Aus politikwissenschaftlicher Perspektive beleuchtet *Björn Klein*, inwiefern das Potenzial des Online-Dienstes *Twitter* zum Erreichen vernetzter Öffentlichkeiten für die Kommunikation von Politikern und Parteien genutzt wird. Twitter ist für unübertroffene Schnelligkeit in der Berichterstattung bekannt. Noch während über ein Ereignis in den Massenmedien berichtet wird, liefert *Twitter* bereits ein öffentliches Meinungsbild dazu. Dabei fokussiert Klein die besondere Kommunikationsstruktur, die *Twitter* zu einem Katalysator für die Verbreitung von Erzählungen macht, und diskutiert *Twitter*-Nachrichten als *Small Stories*, mit denen Micro-Narrative generiert werden können.

Dank

Der Herausgeber und die Herausgeberinnen danken im Zusammenhang der Abschlusstagung des LOEWE-Schwerpunkts: dem gesamten Team des Zentrums für Medien und Interaktivität an der Universität Gießen für die Organisation und den reibungslosen Ablauf sowie insbesondere Michael A. Conrad und Björn Klein für die Mitwirkung bei der inhaltlichen Konzeption und Umsetzung. Hinsichtlich der Vorbereitung und Umsetzung des Bandes danken wir allen Beitragenden, den Moderatoren sowie den Diskutantinnen und Diskutanten der Abschlusstagung, allen Autorinnen und Autoren des Bandes, Björn Klein für das Setzen der Druckvorlage, Julian Nordhues für die Mitwirkung im Endkorrektorat und für das Finalisieren des Buches sowie Norbert Schmitt für die Erstellung des grafischen Motivs. Für die Drucklegung danken wir vor allem Eva Janetzko und Cornelia Stratthaus vom Campus Verlag. Unser Dank geht schließlich an das Hessische Ministerium für Wissenschaft und Kunst für die Förderung des Projektverbunds und der Abschlusstagung.

Ein Hinweis für die nachfolgende Lektüre: In den Beiträgen wurde einzig aus Gründen der Lesbarkeit die männliche Form der Ansprache gewählt, die Gleichstellung von weiblicher und männlicher Ansprache ist hierin ausdrücklich eingeschlossen.

Gießen, August 2013

Henning Lobin, Regine Leitenstern, Katrin Lehnen und Jana Klawitter

Wissen im Netz[1]

Olaf Breidbach

Wissen in der digital vernetzten Welt scheint – so meine These – nur vordergründig freigesetzt. Es sind nicht nur die alten Konzepte von *Mind and Cognition*, es sind auch die alten Konzepte von System und Ordnung, die die Wissensbewertung und Wissensorganisation der Moderne bestimmen.[2] Verdeckt wird dies Alte durch den Verweis auf das so unendlich groß erscheinende Reservoir der technologisch erschlossenen Novitäten. Im Netz der Informationswege ist jeder Mensch ein Informer. Das klingt offen, demokratisch und lebendig – und doch scheint mir Vorsicht gegenüber diesem Bild der offen organisierten neuen Wissensgesellschaft und der damit proklamierten Öffnung der Wissensordnungen angebracht. Insoweit möchte ich hier einige Gedanken zu dem Problem der Vernetzung offerieren, die zunächst kritisieren, dann aber ausgehend von dieser Kritik mit aller Vorsicht auch eine neue Perspektive formulieren.

Dabei scheint mir das Moment des Digitalen im Verweis auf die neuen Technologien selbst weniger problematisch. An sich ist es nicht mehr als der Ausweis eines sich diskretisiert abfangenden Alls von Zuordnungsbestimmungen. Das Kontinuum eines Zuordnungsfeldes wird hier in eine Folge von Ja-Nein-Entscheidungen umgesetzt in denen – so Turing – jeder mögliche Satz formulierbar ist. ›Digital‹ ist dabei nichts Modernes, es ist in der Organisation der digitalen Welt vielmehr nach der Struktur der Logik des Porphyrios gezeichnet.[3] Und wie bei Platon eine Einzelheit in einer Folge von Ja-Nein-Entscheidungen im Konzert der uns verfügbaren Begriffe identifiziert und bezeichnet wurde, so sind auch in den Entscheidungsbäumen unserer Expertensysteme solche dichotomen Schlusswege

1 Für die Veröffentlichung wurde das Manuskript meines Vortrages auf der Tagung »Lesen, Schreiben, erzählen – digital und vernetzt« an der Justus-Liebig-Universität Gießen vom 28. Juni 2012 allein durch einzelne Anmerkungen ergänzt.

2 Zum historischen Hintergrund vgl. etwa Gardner (1987).

3 Eine klare Darstellung liefert: Jahn (1990: 65–68), in denen Wissen in Form von Verzweigungsdiagrammen organisiert ist, vgl. Siegel (2011: 280–293).

aufgebaut. Nicht dass es – mit Aristoteles – nicht auch multi-tom ginge, nur wäre in der dann nachzuvollziehenden Logik das einfache Ja-Nein in eine Matrize umzulesen, in der nun in der Kopplung einer Folge von Matrizen die Eindeutigkeit einer Zuordnungsfolge sehr rasch aufgelöst würde. Das *parallel processing*, jene Anfang der 1980er Jahre als Verheißung des neuen digitalen Zeitalters erscheinende Programmierung nahm solch eine Idee eines Nebeneinanders von Entscheidungsmöglichkeiten auf.[4] Allerdings sind die klassischen Verrechnungs- und Berechnungsverfahren auch dieser Alternative zu einer strikt dichotomen Sichtung von Entscheidungsprozessen sehr schnell in ein dann doch hierarchisch strukturiertes, und damit die Parallelität nur emulgierendes Controlling überführt.[5] Von der Alternative zu klassisch logisch operierenden Verfahren bleibt nur soviel erkennbar, wie es auch in den klassisch logischen Operationen darstellbar – und kontrollierbar – ist. Das Digitale gibt die Sicherheit, auch in der unermesslichen Weite der im Großrechner erarbeiteten Berechungsfolgen doch einer strikten Observanz zu folgen. Ausreißer aus dieser Logik sind so schnell zu kennzeichnen, das unendlich rasch erscheinende Verfahren bleibt in seiner Logik so immer noch in den Formen gefangen, die uns verfügbar sind – und die somit von uns zumindest im Prinzip gewusst werden können. Viel ist zwar mehr, aber eben noch nichts wirklich Anderes.[6]

Positioniere ich nun dieses Viele in einem Gefüge, und setze so eine kaum mehr abzählbare Reihe möglicher Bestimmungen in Bezug zueinander, so gewinne ich augenscheinlich eine Dynamik des mir nicht mehr unmittelbar Nachzuvollziehenden. Doch generiere ich darin kein Chaos, ich sehe vielmehr auf einen Ordnungszustand. Diesen im Blick, kann ich mich dann anscheinend beruhigt zurücklehnen. Schließlich weiß ich all das Viele doch in Bahnen geführt, die ich vorab angelegt habe. Es gibt in den derart kanalisierten Strömen, in den in ihren Zusammenflüssen induzierten Turbulenzen dabei doch noch viel an Neuem und damit immer wieder Neues zu entdecken. Aufzuweisen vermag ich so mit den neuen Mitteln die Freude der alten Kombinatorik, jenes Berechnen des Neuen im Abwägbaren eines in seiner Gesamtheit zwar unermesslich Erscheinenden, im Letzten dann aber doch immer berechenbaren Alls von Bestimmtheiten.[7] Und so zeigt mir eine Vielzahl immer wieder neuer Entdeckungen zwar

4 Vgl. etwa Asanovic et al. (2006).
5 Vgl. hierzu den kurzen historischen Abriss in Jank (2013).
6 Vgl. Michels/Klawonn/Kruse/Nürnberger (2002).
7 Vgl. Rossi (1983).

Neuigkeiten, doch nichts anders. Es ist das neu Kombinierte, das in seiner Möglichkeit ja immer schon Erahnte, das ich so entdecke. Innovationen sind in diesem Reich der möglichen Kombinationen denn auch bewertbar. Ich beziehe ihren Wert auf den Grad der Wahrscheinlichkeit, mit der solch eine Kombination im Reich der Möglichkeiten zu erwarten ist.[8] Das Ungewöhnliche ist damit Teil meiner Erwartungen, die Sicherheit eines Wissens, das sich auch im Neuen immer wieder bestätigt weiß, ist damit nicht nur einsehbar, sondern bemessbar zu machen. Den Wert solch einer Innovation kann ich skalieren. Wobei ich gegebenenfalls indirekte Bemessungsverfahren wähle. So ist die Einpassung in das Bekannte, die mögliche Umsetzung in den schon etablierten Technologien ein Maß, die Qualität einer derart erfassten Innovation zu ermessen. Schauen Sie nur in die Formulare der Alexander von Humboldt-Stiftung, in die Programmatik der EU-Forschungsförderungen oder in die Verlautbarungen unserer Regierung. Gesellschaftliche Relevanz, im Sinne der möglichst direkten Anwendbarkeit von Wissen begründet denn auch im Vereinigten Königreich die Förderung geisteswissenschaftlicher Forschungsinstitutionen.[9] In den für solche Diskussionen erarbeiteten Statistiken werden Sie Zahlen entdecken, die die Diversität der Denkmöglichkeiten bewertbar scheinen lassen, wobei sich nach diesem Konzept der Innovationsbewertungen dann niemand wirklich vorwagen muss. Das offene Meer des im Letzten doch schon Bekannten ist von seinen Dimensionen eben doch kaum größer als der Chiemsee oder vielleicht sogar auch nur so groß wie die Bleilochtalsperre. Zwischen deren Ufergrenzen kann man durchaus neue Einblicke auffinden, allerdings bleiben diese gebunden an die Begrenzungen, die an sich schon ausgemessen sind. Die Offenheit, mit der hier gespielt wird, ist die eines nach Vorbindungen strukturierten Wissensbestandes, in dem Fragen noch ohne Antwort, Pfade unbeschritten, doch Horizonte bewertbar sind.

So mag es zwar scheinen, dass sich in der so großen Masse an immer wieder neu eröffneten Querbezügen eine einsehbare Ordnung des Einzelnen verlieren mag. Doch geht es dem, der sich dieser gezähmten Offenheit aussetzt, wie dem Taxonomen, der in den Sammlungen der im mittelamerikanischen Urwald arbeitenden Entomologen ganze Schränke neu zu beschreibender Formen vorgelegt bekommt, und dabei immer schon weiß,

8 Und ich bin damit auch besser aufgestellt als die aktuelle Innovationsforschung, die nur den Marktwert eines Produktes, aber nicht dessen sehr viel schwerer zu ermittelnde ›Neuigkeit‹ ausweist.

9 Vgl. etwa: http://www.britac.ac.uk/policy/wilson/sec-3.cfm, 8.7.2013.

in welchen Ordnungen er diese Vielfalt zu registrieren hat. Diese kann er schätzen, einen Index bedienen, der ihm benennt, wie viel von welchen Gruppierungen er als noch zu beschreibende Formen auszuweisen hat.[10] Das Neue ist ihm schon soweit bekannt, dass er Erwartungshorizonte zu formulieren vermag und in seiner Wissenschaft dann auch mit diesen Erwartungen rechnet. Sind wir uns da nun aber nicht ein wenig zu sicher, geht es uns hier nicht wie den Philosophen, die noch jüngst als Scholastiker kritisiert wurden, die in der Finesse ihres Instruments zur Strukturierung und Bewertung des Wissens soweit ausschreiten wollten, dass sie dann auch dem lieben Gott beschrieben haben, wie er seine Welt zu strukturierten habe?[11] Sie waren dann zwar ganz zufrieden im Jetzt ihre Erwartungen an ihren Schöpfer erfüllt zu wissen. Es hat aber – historisch betrachtet – dann nicht mehr allzulange gedauert, bis deutlich wurde, dass eine neue Welt nicht zu finden war, wenn man sein eigenes Denken im Spiegel betrachtet. Habe ich nun aber in der Programmierung der parallelen Welten in den sich frei einstellenden Verknüpfungen frei evolvierender Verrechnungssysteme solch einen, das Bild brechenden Spiegel nicht gerade zerschlagen und damit das Wissen in sich selbst auf die Bahn gesetzt, das dann nach Douglas Adams – in *The Hitchhiker's Guide to the Galaxy* – auch im Rechner die eigentliche Metaphysik gebären ließ?

Nur – es gibt da einen Schönheitsfehler. All die parallelen Prozesse, die Fülle der möglichen Kombinationen, verleiteten doch schon vor 1700 zur Vorstellung, die Totalität der Wissenszusammenhänge im Netz der ihnen aufweisbaren Bezüge ausdrücken zu können. Das seinerzeit verfügbare Netz war nur nicht so schnell und nicht so umfassend ausgeweitet wie unser World Wide Web. Es waren bestenfalls Briefe und Schriften, die zirkulierten, Gerüchte und Interviews, in denen dieses Wissen seinerzeit festgemacht war.[12] Ziel war allerdings auch schon damals, in der Architektur des Denkbaren eine umfassende, letztgültige Enzyklopädie des Wissens zu verankern, in der dann jede zu wissen notwendige Einzelheit ihren Ort fand.[13] Die so erwachsenen Architekturen der Wissenssysteme hatten noch nicht die Finesse der Von-Neumann-Architekturen, doch gaben sie das Prinzip vor, in dem beides, Verrechnung und Denken, darzustellen waren.

10 Vgl. etwa Geburek et al. (2010: 753–761).
11 Vgl. Kircher (1669).
12 Vgl. Fohrmann (2005).
13 Vgl. Schierbaum (2009).

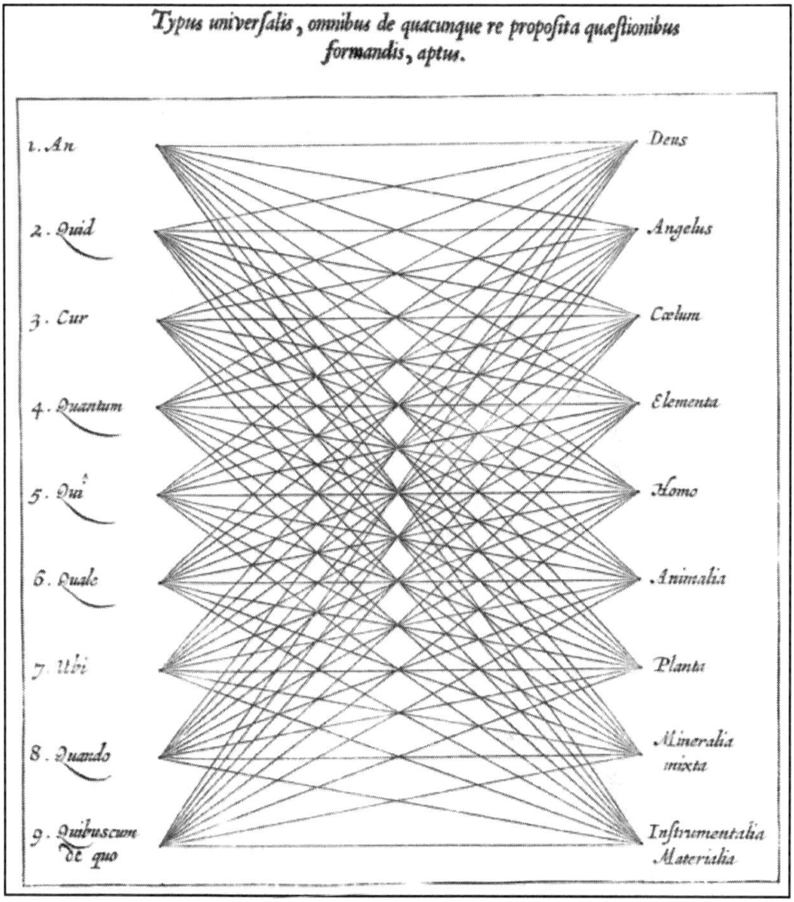

Abbildung 1: Vernetzung der Termini in der Darstellung der Wissensorganisation nach Athanasius Kircher (1669), Ars magna sciendi, Amsterdam.

So finden wir denn auch hier die ältesten Wissensnetze, in denen die *Termini* als Repräsentation der ihnen zugeordneten Singularitäten in einen Bezug und damit in einen Deutungszusammenhang gebracht wurden. Dabei war nach dem damaligen Konzept die Vielfalt der Bestimmungen in ihrer Unermesslichkeit faktisch kaum zu fassen; sie war aber prinzipiell, in der Dynamik aller sich immer wieder im Detail verändernden Einzelheiten unterlegten Ordnung in einer letztlich endlichen Welt zu bestimmen. Damit war zumindest im Prinzip die Idee einer rein relationalen Darstellung von Ordnungszusammenhängen realisiert. Es war nicht mit der Vorstellung umzugehen, dass sich in der Unendlichkeit immer neu aufbauender Bezüge eine Ordnung bestenfalls temporär und immer nur lokal hätte darstellen können. Wir sind heute in der Situation, diese Sicherheit nicht mehr zu haben, es gibt keine in sich gegründete Ordnung der Welt, dennoch aber arbeiten wir – lokal und temporär – in der Kultur und in dem disziplinär bestimmten Segment unseres Erfahrungsraums mit den überkommenen Vorstellungen der alten Kombinatorik. Das mag zu denken geben und mag uns auch zeigen, dass die Idee der Vernetzung nicht unbedingt innovativ und keinesfalls notwendig dynamisch zu sein hat.

Jene die parallelen Verrechnungsmuster modellierenden Verfahren, die die Diskussion der 1990er Jahre bestimmten, waren denn interessanterweise – wie auch der neue Versuch einer gigantischen Hirnmodellierung von Henry Markram[14] – keineswegs wirklich dynamisiert. Die Berechnungs- und Modellierungsverfahren, die die parallelen Welten in die Sequenzen einer klassischen Rechnerarchitektur – und sei es in gigantischen Ausmaßen – einbanden, verblieben im Korsett klassisch analytischer Verfahren. All die – vordergründig – aus den Engführungen der Logik sequentiell prozessierter Verfahren ausbrechenden Programmierungen werden nur emulgiert. Sie tun so, als wären sie frei gesetzt und modellieren das sich ins Unbekannte bewegende Denken in den Engführungen der klassischen sequenziell arbeitenden Verfahren. Ein neuronales Netz auf einer Windows-Oberfläche zu programmieren, setzt dieses Netz nicht frei, sondern bindet es in die Formel des uns schon immer Bekannten ein. Nun wird mit der Idee der Vernetzung gemeinhin aber eine ganz andere Vorstellung induziert. Die Welt am Draht, die hier in einer nahezu organisch wirkenden Komplexität von Quervernetzungen das Gut Information quer zu den Ordnungsstrukturen akademisch und schulisch organisierten Wissens auszuteilen vermag,[15] hat über die verschiedenen Kulturen hinweg ein allgemein greifbares Gefüge von Quervernetzungen etabliert, in dem, zumindest wenn die Hürde genommen ist, die eigenen Daten jeweils im internationalen Code – entweder in einer mathematisch oder englisch strukturierten Lösung zu formulieren – allgemein verfügbar scheinen. Und auch diese Hürde der sprachlichen Bestimmungen scheint mit den immer weiter geführten Bildkommunikationen überwunden. Wir sehen – so die Neuro-Ästhetik – schließlich alle gleich.[16] Ob das so stimmen mag, ist für den, der

14 Vgl. Markram (2006: 153–160).
15 Siehe hierzu Gendolla/Schäfer (2005).
16 Vgl. Zeki (1993).

sich ein wenig in der Geschichte der Kunst der verschiedenen Völker auskennt, aber auch wieder fragwürdig. Allgemein verfügbar sind nur Signale – und auch nur dann, wenn wir sie gelernt haben. Das kleinste gemeinsame Bildvielfache ist demnach wohl kaum zureichend, einen differenzierteren Austausch von Informationen zu strukturieren.[17] Zumal – wie es nun in den letzten Wochen die Fernsehnachrichten mit Blick auf Syrien immer wieder vermittelten – die Authentizität des Bildmaterials ja nicht dadurch feststeht, dass es ins Netz genommen ist. Aber auch dies wäre ein eigenes Problem. Festzuhalten ist hier zunächst nur die Idee der Vernetzung, in der eine Vielfalt von Verbindungen möglich erscheint, in der nun – wie zum Beispiel in Nordafrika in den letzten beiden Jahren – in der Tat politische Kontrollmedien ausgeschaltet werden können, wenn nicht – wie in China – das Netzmanagement einer nationalen Kontrolle unterworfen wird. Das Netz – das zeigt China – ist eben nur ein Medium; und hier ist es nur insoweit verfügbar, wie dies politisch zumindest toleriert wird.

Nur – lassen wir auch diese Idee hintan stehen – wie wird im Netz dann Wissen verfügbar?[18] Das Netz macht das Wissen ja nicht schon in der einfachen Zuordnung explizit. Es hat sich in dieser Zuordnung zunächst zu definieren, sich in den Relationen, die sich im Netz ermöglichen, auszuweisen. Zwar ist es dann im Netz positioniert, so dass auf es zugegriffen werden kann. Dieser Zugriff auf das derart Informierte muss aber, will er die so zu gewinnende Information verstehen, deren Einbettung registrieren und sie daher auch in der ihr eigenen Art bewerten. An sich, ausgelöst aus diesem sie bestimmenden Ganzen, bleibt sie nur Material für eine dann erfolgende Interpretation, die ihr überhaupt erst Bedeutung verleiht. Das bedeutet also, Information ist zu positionieren, oder umgekehrt, sie ist in der ihr adäquaten Position auszulesen. Hierzu ist sie in dem System der Wissensbezüge aufzufinden. Um sie im Netz zu finden, ist sie also in der ihr eigenen Position abzurufen. Ich benötige so etwas wie ein Register, in dem die Orte markiert sind, in denen die Informationen eingelesen sind. Hier entspricht das Netz dem Buch. Will ich letzteres als Informationsmaterial nutzen, ist für eine Frage eine Stelle zu finden, die jene beantwortet. Dazu benötige ich den Zugriff auf die Information im Buch; und erst wenn ich diese habe, wird aus der potentiellen Information ein für mich einsetzbares Wissen. Die Lösung der Bibliotheken zu diesem Problem war

17 Vgl. hierzu Belting (2001).
18 Vgl. Breidbach (2008: 29 33).

der Katalog. Dieser ist aufgebaut wie ein Expertensystem.[19] Er schränkt in einer sequenziell abzuschreitenden und sich immer mehr eingrenzenden Folge von allgemein gehaltenen Zuordnungsbegriffen den Raum der für mich relevanten Informationen zusehends ein. *Keywords* – oder besser Schlagworte – erlauben es, hierzu einen bestehenden Katalog quer zu lesen. Im Katalog wird dann auf die in ihm abgebildete Ordnungsstruktur der Buchbestände verwiesen und innerhalb dieser Ordnung kann nun mittels der Schlagwörter ein Pfad eröffnet werden, der mir relevante Titel, gegebenenfalls relevante Autoren und über diese die relevanten Passagen in dem in der Bibliothek verfügbaren Wissensraum aufweist. Das Netz funktioniert im Prinzip genauso. Es sind die Keywords – oder in einem eingeschränkten Raum die gegebenenfalls mögliche Volltextsuche – und bei einer entsprechenden Programmierung unter Umständen auch das semantische Umfeld der Schlagwörter, nach denen ich einen Informationsbestand durchkämme. Das geschieht schneller, bequemer und umfassender als im Katalog einer Bibliothek: Nur unterliegt auch diese Suchfunktion den strukturierenden Vorgaben einer Verweisstruktur, die umso bedeutsamer werden, je weiter das System angelegt ist.

Nun hat aber das Netz in der Terminologie der Wissenstechnologien mittlerweile einen naturalisierenden Beigeschmack, es wird als neuronales Netz beschrieben.[20] So scheint der Umgang mit solchen Netzen genau da, wo er theoretisch defizitär ist, durch deren Implementierung in der Natur gerechtfertigt. Begreift doch die moderne Informationstechnologie das Hirn selbst als ein Netz und dessen Neuroarchitektur als ein vieldimensionales Gespinst von Verknüpfungen, das mit seinen Knoten, erfahrungsbedingten Veränderungen, Bahnungen und Inhibitionen direkt nach den Mustern parallel verarbeitender Systeme gebaut erscheint. So würde dann der Neuroinformatik die Natur die Vorgaben machen, die in der Theorie Neuronaler Netze, das heißt im Gefüge einer sich nach bestimmten technisch-mathematischen Vorgaben organisierenden Technologie, zunächst in Sackgassen gesetzt erschien. Nur ist dies mit der Idee der neuronalen Vernetzung auch so eine Sache. Schließlich werden hier für die Neurowissenschaftler selbst zunächst technische Modelle als Verständnismodelle in eine Darstellung der Funktionsanatomie des Hirnes umgesetzt. Die Grundidee, das Hirn im Sinne eines komplex verzahnten Telegraphensystems zu verstehen, ist denn auch schon sehr alt und weist auf die Mitte des 19. Jahr-

19 Vgl. Garrett (1999: 103–123).
20 Vgl. Ritter/Martinetz (1991: 13–27).

hunderts zurück. Daraus erwuchsen dann schon Ende des 19. Jahrhunderts die Ordnungsvorgaben, nach denen sich ein Anatom die Hirnstrukturen organisiert dachte.[21] Mitte des 20. Jahrhunderts wurde diese Idee wieder aufgenommen und nun mehr vor dem erweiterten technischen Potential einer Informatik und Kybernetik noch einmal für die Neurowissenschaften verfügbar gemacht.[22] Hier gab der Ingenieur das Modell vor, das er dann etwas später in der Biologie wiederfindet. Und wenn man dem Ingenieur zeitversetzt ein entsprechend der ingenieurtechnischen Idee strukturiertes Funktionsmodell neuronaler Verrechnung vorsetzt, so erfährt Ersterer hierin zunächst sich selbst. Er registriert in diesem Modell das, was er in dieses eingelesen hat. Er entdeckt damit in der Beschreibung die Vorstellungen wieder, nach denen er diese Dinge überhaupt strukturiert hatte, erfährt diese aber nun als eine Eigenschaft der von ihm derart geordneten Gefüge. Schließlich zeigt der Erfolg seiner Modellimplementierung, dass es möglich ist, das, was er nach seinen Vorstellungen ordnete, eben in diesen Ordnungen zu denken. Derart ist die Geschichte der Neuronalen Netze schnell auf den Punkt zu bringen: Die Technologien des *parallel distributed processing*, die Netzarchitekturen der Informatiker, waren in den 1980er Jahren in einer problematischen Phase;[23] mit der seinerzeitigen Hardware waren Parallelaktionen in einem Rechner nur klassisch zu überwachen und demnach brach für solche Rechner jeder Zeitvorteil gegenüber klassischen Rechnerarchitekturen letztlich weg. Welche Vorteile sollte diese neue Art der Implementierung von Verrechnungsvorgängen demnach bringen? Die Idee war, hier bestimmte Selektionsprozesse in der Datenstrukturierung freier und offener zu halten, wie es in den mit strikten Kategorievorgaben operierenden klassischen Rechnerarchitekturen möglich war. Die Vorstellung, hierzu nun mit unscharfen Kategorievorgaben zu arbeiten, um das Antwortverhalten von Rechnern flexibler zu halten, führte zwar einfache Lernalgorithmen ein, doch waren auch diese letztlich in klassische Kategorien rückzubinden. Eine weitere Idee war, die Selektionsmuster verrauscht zu halten und in den derart implementierten Variationen ohne weitere Vorgaben durch den Rechner selbst ein Optimum zu bestimmen und sich dann auf dieses einzustellen. Die entsprechenden Algorithmen sind im Prinzip derart einfach gehalten, dass sich mittlerweile ohne großen Aufwand und mit vertretbaren Kosten eine ent-

21 Vgl. Breidbach (1997).
22 Vgl. Churchland/Sejnowski (1997).
23 Vgl. McClelland/Rumelhardt (1988), Rumelhardt/McClelland (1988).

sprechend flexibel gesteuerte Waschmaschine anbietet lässt. Nur war diese Anwendung solch einer Verwackelungslogik – besser als *Fuzzy-Technology* bekannt – eben doch recht beschränkt.[24]

In den Knoten eines Netzes sind also auch in der technologischen Implementierung unserer Moderne nicht die Freiheiten zu finden, die der Verweis auf eine neuronale Modellvorstellung zunächst zu evozieren scheint. Werden in den Verknotungen der Spinnen- und Fischernetze, die sich neu ausbildenden Dynamiken doch immer wieder nur eingefangen und nicht etwa frei gesetzt. Im World Wide Web wird eine Weltbühne angelegt, auf der das zu Wissende positioniert und so in seiner relationalen Bestimmtheit erschlossen ist. Benannt wurde so der Ordnungszusammenhang eines Archivs möglicher Erfahrungen. Das kennen wir aus den Anfangsgründen unserer modernen Kognitionsvorstellungen, aus den eben benannten Vorstellungsgefügen, auf denen dann Jesuiten wie Athanasius Kircher das Modell ihrer Universalwissenschaften aufbauten.[25] Das Netz und die ihm eigene Kombinatorik weisen so im Bild und im Design zurück auf Denkmuster des 15. Jahrhunderts. Das alleine ist noch kein Argument, wohl aber die Feststellung, dass Wissensbewertungssysteme derart gebaut sind, wie es uns diese alten Vorstellungen vorlegten und wie sie dann – historisch – nur wenig später in Enzyklopädien und den Katalogen der Bibliotheken abgebildet wurden. Das hier gewonnene Muster der Wissensrepräsentation zieht sich bis in die modernen Bilder der Expertensysteme und Sucharchitekturen, mit denen wir das Internet durchstöbern.[26] Im Bild des Netzes erscheinen schließlich die alten Vorstellungen eingefangen, in denen ein System aller möglichen Sätze über die Welt in der inneren Ordnung des Geistes abzubilden war. Hier galt es nur mehr den Trick zu finden, die Totalität der möglichen Sätze in eine Ordnung zu bringen, in der die Welt schlüssig repräsentiert wurde. War diese schlüssige Ordnung gefunden, so konnte jede Einzelheit in dem Gefüge dieser Welt bestimmt und in eine Erfolg versprechende Handlung umgesetzt werden. Und damit sind dann diese Netze nicht Garanten neuer Dynamiken, sondern Stabilisatoren, die im Alten das zu finden erlauben, was einem brauchbar scheint. Nicht anders operieren unsere Expertensysteme. Deren Problem ist es nun aber – bisher jeweils – nur Aspekte einer Welt verfügbar zu haben. So ist dann auch sehr genau zu definieren, für welchen Bereich die entsprechen-

24 Vgl. Seising (2005).
25 Vgl. Breidbach (2005: 283–302).
26 Vgl. Breidbach (2004: 63–76).

den Systeme Geltung beanspruchen können, das heißt, welche Bereiche die in ihnen aufgespannten Netze durchmessen. Die Idee in einem umfassenden Netz alle uns mögliche Information einzufangen und somit der Idee der vormaligen Jesuiten zu entsprechen, in einem weltumspannenden Netz eben alle Information verfügbar und damit das Absolute in der Hand zu haben,[27] kommt da doch merkwürdig bekannt vor.

Netze umfassen das Vereinzelte. Der in postmoderner Luzidität in sich versunkene Fachgelehrte erwacht vernetzt genauso zu neuem Leben wie der eigentlich schon veralterte Computerbestand einer mittelständischen Firma, der nun in direkte Verbindung gebracht, mit dem, was alle schon als Einzelheit kennen, doch Neues zu erbringen scheint. Die bloße Assoziation setzt damit zwar etwas in Bewegung, sie stellt aber noch nicht an sich ein Muster bereit, in und nach dem nun diese Bewegung auch ihre Darstellung findet. Es ist damit – so die Idee – plastisch, und wird durch diese Bewegungen ja eben auch modifiziert. Diejenigen, die mit technischen neuronalen Netzen gearbeitet haben, kennen dies. Man kann eine Regel vorgeben, die möglichst offen formuliert ist, nach der werden dann häufig benutzte Straßen und Abzweigungen auf diesen Straßen sukzessive ausgebaut. Das kann dadurch geschehen, dass sich in einem Kontaktbereich, in dem zwei Reizeingänge synchron aktiviert sind, die Schwellen senken, oberhalb derer der entsprechende Teilbereich des Netzes auf einen Erregungseingang anspricht. Im Resultat läuft es sich dann einfacher auf den häufiger genutzten Wegen. Sie werden gleichsam ausgetreten. Der Informationszugriff ist so gebahnt. Und genauso werden auch in einem Suchsystem Präferenzen eingestellt. Die von Google ja schon kommerziell angebotene Suchmasken, die den Internetkunden sehr rasch mit dem beliefert, was er immer schon wollte, ist hier ein Beispiel der nachmaligen Funktion solch modifizierter Verknüpfungen. Und wie sollte es auch anders gehen in dem sich überlagernden Hin und Her der Serverzugriffe. Die häufig nachgefragte Ware muss schnell und sicher erreichbar sein. Entsprechend kämpfen denn auch die Wissenschaftsinstitutionen um eine gut und sicher wahrnehmbare Präsenz im Netz, verlinken sich, positionieren ihre Keywords und registrieren die Häufigkeit mit der sie aufgerufen werden. Der Zwang hier mitzugehen und über das Netz auch kommerzielle Spezialanbieter wie Facebook zu nutzen, zeigt die Dynamik dieser Bewegung. Hier läuft alles in eine Richtung: in die Richtung des Mainstream. Das was in dieser Richtung mitfließt, liegt im Trend, es wird in diesem Trend breiter

27 Vgl. Schmidt-Biggemann (1983), Leinkauf (1993).

verfügbar, ist in einen Gesamtfluss eingebundenen und damit sehr direkt verfügbar. Bewerte ich nun eine in solch einen Trend eingelesene Information nach ihrem Gebrauch, so ist sie – mitten im Strom des allgemein Rezipierten – bedeutender als in einer Randlage und Außenposition, die zwar diesen Strom als Ganzes in den Blick nehmen kann, von den Elementen dieses Stromes selbst aber nicht befragt oder ihrerseits rückgespiegelt wird. Ziele ich nun in einer rein quantitativen Bestimmung auf die Viabilität und damit den momentanen Nutzen einer Information, so wird diese schon einfach aus ihrer unterschiedlichen Position heraus bewertbar. Und so erlaubt es dann die schlichte Registratur der Häufigkeit der Nutzung, Bedeutung zu generieren. In den Wissenschaften haben wir mit dem *Science Citation Index* solch eine Bewertungsregel mittlerweile ja fast zweifelsfrei etabliert. Bewertet wird hier nach der Häufigkeit des Zugriffs: Eine Färbe-Methode, mit der die Verteilung bestimmter bioaktiver Substanzen dargestellt wird, ist für jeden, der in diesem Bereich arbeitet, interessant. Er wird diese Methode nutzen und das entsprechende Paper zitieren. Die Analyse der grundsätzlichen Struktur eines Schlussverfahrens kann für die weitere Entwicklung der Wissenschaftslehre und damit für eine ganze Reihe von Wissenschaften zentral sein. Gegebenenfalls wird diese Arbeit auch häufig gelesen. Wer aber wird sie zitieren, da sie zwar für eine Bestimmung des Gesamtunterfanges, in der eine einzelne Publikation erscheint, von Bedeutung ist, nicht aber für die speziellen Konturen des jeweils speziell Mitgeteilten Detailansichten eines solchen Vorgehens nachzuzeichnen erlaubt. Die wirkliche Bedeutung solch unterschiedlicher Typen von Arbeiten bildet sich im Zahlenwert des *Science Citation Index* nur bedingt ab. Natürlich wird ein Intellektueller, der eine wissenschaftliche Karriere anstrebt, diesen Bewertungsmechanismus zu bedienen suchen, schließlich hat er sonst kaum Chancen. Schließlich garantiert allein die Anpassung an die politischen Spielregeln den Erfolg.

Das, was sich im Netz bewegt, garantiert auch nicht, dass sich dieses Netz selbst bewegt. Die Vielfalt der Wahlmöglichkeiten täuscht eine Freiheit vor, die mehr ist als Varianz. Hier gerät das klassisch strukturierte Netz an Grenzen, es garantiert Vielfalt aber nicht neue Ordnungen. Gegebenenfalls fährt es sich in seiner numerischen Komplexität doch auch eher fest. Das Netz bedient schließlich das, was wir – im Prinzip – schon wissen. Finden können wir im Gestrüpp des Unbekannten nur das, von dem wir zumindest eine ungefähre Vorstellung haben. Ist nun aber nicht schon allein durch die Geschwindigkeit, in der im Netz Informationen verfügbar werden, ein Neuwert gewonnen? Die Neuigkeiten erreichen uns schneller. Die Orientierung in einem derart aufgespannten Netzwerk möglicher Relationen ist rasch gewonnen. Und zugleich wird in solch ausgefeiltem Zugriff sichergestellt, dass jeder mit einem entsprechenden Equipment bei einer entsprechenden Infrastruktur im Netz das Gleiche finden wird. Sicher verändern sich hier Verhaltensmuster, vielleicht bauen sich auch Schwellen ab. Es bauen sich aber auch Schwellen auf, und – nur das interessiert mich hier – es werden alte Formen ausgebaut, nicht neue Formen kreiert. Die Wissensordnungen des Netzes sind die Wissensordnungen des Expertensystems. Es sind die Such- und Zuordnungsalgorithmen, die auch die Kataloge der Bibliotheken bestimmten. Es ist schneller mehr zu finden, es ist gezielt und effizient ein gekanntes Detail zurückzuverfolgen. Nur fokussiert sich die Analyse auf die vorgegebene Fragestellung, sie spezifiziert und detailliert. Sie führt uns in enge Bahnen, in denen wir eine Vielfalt erleben ohne doch aus dieser eng geführten Orientierungsbahn ausbrechen zu müssen.

So führt das Netz nicht in das Unbestimmte, sondern in das Dickicht von Bestimmtheiten. Lichtungen und Bahnen in diesem Gefüge sind nicht zufällig gefunden, sondern Effekt einer Ökonomie im Informationstransfer und in den expliziten Kosten der Informationsanlage. Kahlschläge entstehen in den Bereichen, in denen ein Angebot auf keinen Widerhall trifft. Bahnungen legen sich dort an, wo viele laufen. Damit sind Asymmetrien in dem Netz der Bestimmtheiten gesetzt, die die Unbestimmtheit der möglichen Wahlen als Trug entlarvt. Die hier zu findenden Asymmetrien zeichnen Nutzerpräferenzen nach: Dort, wo viele laufen, ist die Bahnung ausgeprägt, dort wo sich nur wenige hinbewegen, scheint das Gefüge der Möglichkeiten ausgedünnt. Natürlich kann ich dann korrigieren, indem ich das oft Genutzte bezahlen lasse, oder aber ich grenze die Bereiche des Exquisiten noch weiter ein, indem ich deren Bedeutung umgekehrt proportional zur Nutzung bewerte und den Preis für eine entsprechende Nutzung auch exquisit ansetze. Schließlich haben wir es im World Wide Web mittlerweile mit einer kommerziell genutzten und zusehends kommerziell strukturierten Architektur zu tun.[28] In dieser wird das Gängige in besonderer Weise gefördert – schließlich lässt sich dies besonders gut verkaufen. Nun kann man argumentieren, dass solch ein Eingehen auf die offensichtlichen Bedürfnisse der Nutzer, die solcherart auch als Kunden erscheinen, ja zutiefst demokratisch sei. Allein wird dabei dann vergessen, dass in der

28 Siehe hierzu Gendolla/Schäfer (2005).

Vielfalt der Möglichkeiten das Gangbare ja das Andere verdeckt. Es wird auch vergessen, dass der Nutzen eines Systems, das gerade vom Gangbaren wegführen kann, darin liegt, den Zugang zu anderen Wegen, anderen Einsichten und weiteren Szenarien zu erhalten. Reduziert auf den engen Ausschnitt des Bildschirmes, der jeweils instantan greifbar ist, wird durch die Praxis, das Gangbare breit anzubieten, das Andere an einen gegebenenfalls kaum mehr wahrnehmbaren Rand gedrängt. Das Medium macht solchen Fehlgebrauch, der eben nicht demokratisch, sondern strikt hierarchisierend wirkt, besonders einfach. Zugleich verdeckt es mit der doch nicht möglichen Viabilität in den Raum des Anderen die Leit- und Führungsfunktionen, die die etwaigen Voreinstellungen zunächst auslösen: Das, was zunächst einfach durch Nutzer geformt erscheint, findet in der kommerziellen Gestaltung eine weitere Bestimmung, die zwar von der Nutzung ausgeht, diese aber immer weiter kanalisiert und demnach das Netz des Wissens, das wir hier verfügbar haben, nicht nur nach einem momentanen Bedarf, sondern nach der Optimierung seiner ökonomischen Nutzung strukturiert. Dass dies möglich ist, muss zu denken geben. Die noch immer fortlaufende Diskussion um Googles Versuch, intellektuelles Eigentum in einer weltumspannenden Piratenaktion zu okkupieren, zeigt dies ebenso wie die Strukturierung einer Informationslandschaft, in der die relevanten neuen Informationszugänge zur Darstellung kommerziell verwertbarer Gene nur noch von Großfirmen zu bezahlen sind. Es ist denn auch nur schlüssig, dass die Strukturen des Netzes selbst sich derzeit noch an der gängigsten aller Bildwaren, der Pornographie, ausrichten. Wenn man den Start von Netzangeboten bedenkt,[29] sich an die Ideologie des Los Alamos Servers erinnert, mit dem wenige Idealisten für eine allgemein zugängliche Diskussionsplattform innerhalb der physikalischen Wissenschaften kämpften, scheint das, was nun erreicht ist, wie eine Kolonialisierung von Wissen und Wissensbeständen. Die Ökonomisierung des Zuganges und der Verteilung des Wissens, die schon in den Designs der miteinander konkurrierenden Softwarearchitekturen deutlich wird, der kommerziellen und demnach in der Wartung auch einfachen, da käuflich verfügbaren Windows-Plattform *versus* das offene, aber eben spezielle Kenntnisse verlangenden Linux-Systems, gewinnt hier zusehends Land und lässt die hinter Open Access stehende Idee eines allgemeinen Zugangs zum Wissensbestand der Moderne doch zusehends fragwürdiger werden.[30]

29 Vgl. Abbate (1999).
30 Vgl. Hauben/Hauben (1997).

Was lässt sich festhalten: Vernetzung steht für Informationsvielfalt, für Liberalisierung und Globalisierung Beliefert wird aber nur das globale Dorf der Vermögenden. Wissen ist dort die Information, die alle haben. Dabei ist das Maß, an dem das mit dem neuen Medium Vermittelte zu bemessen ist, das Bekannte. Insofern richtet sich auch dieses Neue nach dem aus, was gängig und opportun ist. Womit sich dieses allen schon Bekannte im Verweis auf seine Präsenz im Neuen noch weiter verfestigen kann. Das, was im Medium möglich wäre, Wechselwirkungen und Rückkopplungen zu erfahren und in die Organisation der Wissenssystematik selbst mit einzubeziehen, wird durch die Dominanz des Alteingängigen verdeckt. Das Neue verstrickt sich im Alten. Die Vernetzungen verfangen sich im Bekannten. Dieser Zugang zum ›Wissen‹ klingt vielleicht abgehoben und wirklichkeitsfern, umschreibt aber doch in aller Kürze die Funktion einer Suchmaschine.[31] Eine Suchmaschine erlaubt es in einer Menge möglicher y das y zu finden, das es ermöglicht, auf eine Situation x so zu reagieren, dass x über y zu x' transformiert wird. – Es ist zu bemerken, dass Wissen hierbei in seinem Effekt auf der Handlungsebene zu umschreiben und damit von jeder inhaltlich begrifflichen Analyse abzusehen ist. Wissen fasst sich demnach als eine Abbildung der Welt in möglichen Handlungsformen. Die Erinnerung an vormals mögliche und schon durchlebte Zustände bildet den Bezugsrahmen für die Bemessung einer solchen Handlungsdarstellung. Diese selbst kann durch Expertensysteme, sei es in digitalisierter Form oder sei es in Form einer Enzyklopädie, ersetzt sein.

Idealiter wären nun diese Expertensysteme eben nicht so strukturiert, dass jede Einzelrepräsentation dieses Gesamtsystems bezogen auf eine Umweltsituation x gegen jede andere auszutesten wäre, um so eine möglichst optimale Reaktion zu erschließen. Optimal wäre es, ein solches Expertensystem so zu strukturieren, dass es in seinem Aufbau den Aufbau der Welt reflektiert, die es abbildet. Das heißt das Expertensystem wäre in der ihm eigenen Ordnung so aufzubauen, dass es die Struktur der Welt abbildet. Repräsentiert findet sich dies etwa in der Verweisstruktur der Enzyklopädie. Deren Suchbegriffe erschließen mir mit den in ihnen fixierten Begriffsfeldern meine Begriffswelt. Nur findet sich in der Vielfalt der Operationen, in der bloßen Geschwindigkeit, mit der im Netz und mit dem Netz umgegangen wird, eine Neuerung, die die vormalige Sicherheit einer im letzten statischen Bestimmtheit durchstößt. Werden Zuordnungen, in denen das Netz genutzt wird, um Einheiten in Relation zu anderen Werten

31 Vgl. Breidbach (2007: 23–33).

zu setzen, angewendet, und wird das gewonnene Resultat selbst dann zu einer Information im Netz, so finden sich nur zu bald Rückkopplungen. Handlungsanweisungen, die auf einer Summierung vormaliger Informationszugänge beruhen und nun eine Reaktion hervorrufen. Diese geben Bedingungen vor, die sich in der vormaligen Architektur der Zuordnungen allerdings nicht unmittelbar abbilden. Die Reaktion auf die Vorgaben stellt sich nun aber selbst ins Netz und beeinflusst die Bewertungen, die anhand der alten Vorgaben gefunden wurden. Nutzen wir derart nun zeitlich parallel dieses Gefüge von Informationen, so wird der, dessen Reaktion schnell erfolgt, den, dessen Reaktion langsam erfolgt, mit bestimmen. Dem Letzteren läuft die Reaktion des Ersten vor, der nun faktisch die Funktionswerte der vormaligen Reaktionen umwertet, die faktisch schon um seine eigene Reaktion bereichert sind, ehe sich der sie verformende Effekt schon in den Veränderungen der entsprechenden Kenngrößen im Netz kenntlich macht. Hier läuft ein Prozess ab, der sich in den Daten, mit denen operiert wird, noch nicht abgebildet hat, auf den aber faktisch die Reaktion des Zweiten aufsetzt, der ja nun nicht mehr die Daten der Ausgangssituation; sondern die durch die Reaktion des Ersten veränderte Ausgangssituation bearbeitet, ohne doch um die durch den Ersten induzierte Veränderung zu wissen. Der Zweitreagierende kennt diese noch nicht, er operiert mit den alten Werten und setzt nun seine Reaktion in eine Reaktionslandschaft ab, die durch die Reaktion des Ersten schon verformt ist, was sich in den von ihm genutzten Werten aber noch nicht abbildet: Diese Diskrepanzen schaukeln sich mit wachsender Vielfalt von aktiv Interagierenden immer mehr auf. Sehr schnell gerät solch ein System in eine nur mehr bedingt vorhersehbare, da ja immer weniger an den realen Konfigurationsvorgaben orientierten Gesamtreaktion. Die nachgesetzten Einflüsse, die Reaktionen, die auf alte Vorgänge reagieren und diese damit noch einmal in der neu gewonnene Reaktionslandschaft abbilden, induzieren etwas, was in seinen unkontrollierten Überlagerungen sehr schnell nicht mehr in seinen Details vorhersehbar ist. Die Reaktionen des Systems werden nicht nur unüberschaubar, sie sind aufgrund dieser Rückkopplungen analytisch nicht mehr zu bestimmen.

Und damit gewinnt dieses Netz in seiner Verbreitung eine neue Dimension. Es gilt für alle, wird von allen benutzt, und gerät so umso mehr in die Pfade des Mainstream. Was sich hier vernetzt, ist nicht einfach nur ein modernisierter Athanasius Kircher.[32] Es ist ein Kircher wie ihn alle verstehen,

32 Zum historischen Ausgangspunkt vgl. etwa Findlen (2004).

auf einer Kommunikationsbasis, die selbst im Bild stolz darauf ist das, was zu sehen ist, auf das, was in einem Bild zu zeigen ist, zu reduzieren. Die neue Ordnung des Wissens lässt sich so zwar nicht mehr in den einfach zu überblickenden Bibliotheksstrukturen mit ihren hierarchisch organisierten Katalogen einfangen. Die Organisation des neu verfügbaren Wissens muss sich für den uns möglichen Zugriff denn auch in neuer Form öffnen, nur darf sie sich nun ihrerseits nicht fremdbestimmen lassen. Insofern sind die überstülpten neuen Ordnungen von *Apps* und *Shareware*, ein Gefüge letztlich kommerziell diktierter Zugänge und Aushänge, keine Alternative zur alten Bibliothek wie sie seinerzeit das Kloster Admont in einer überwältigender Inszenierung darstellte. Das Neue kann nicht in einer weiteren Reduktion der Vernetzungsmöglichkeiten im Sinne einer bloßen Optimierung von Verfügbarkeit erwachsen. Solch eine Reduktion an Differenziertheit entspräche im Bild dem Symbol und dem Gimmick. Das Zeichen »Achtung Fußgänger« versteht fast jeder. Dann muss ich nur mehr die Ampelfarben normieren und schon erhalte ich eine kommunikable Universalie. Kircher, wie ihn alle verstehen, führt von Admont zum Comicshop. Wie kann man da so schön hinsichtlich der relationalen Repräsentation von Information formulieren: »Der Erwartungswert, an der sich ein Informationswert bemisst entspricht einer Wissensfunktion als der Beschreibung der einem System möglichen Reflexionen über eine einzugebende Information in einem Subgefüge der dem System möglichen Relationen.«[33] Dies ist zugegebenermaßen ein wenig abstrakt. Es geht hier aber nur um eine Bewertung in Bezug auf alle anderen möglichen Repräsentationen. Im dichten Gefüge des Netzes wird dies dann bewertet im Blick auf alle anderen wahrscheinlichen Informationen, und so sind dann Zugriffszeiten ein Maß für den Informationswert. Sie merken, worauf dies zielt: Wir operieren in einem sehr konservativen System, das sich in seiner Organisation hinter der Masse an verschobenen Informationen versteckt. Das neue Wissen ist das alte, bunter, aber nicht differenzierter, traditionell und in seiner Systematik schwer zu bewegen. Muss dies so sein? Da hätten wir ein System eines frei programmierbaren Wissensbezuges, könnten in einer konsequent relationalen Fassung lokaler Größen die Skalierung von Klein auf Groß weitgehend suspendieren. Wir könnten in den lokalen Abstimmungsgefügen ein Zeitmaß benennen, in dem Abstimmungen zu erreichen und Abstimmbarkeiten jeweils nach dem Muster des dort vorgegebenen Materials zu erarbeiten wären. Wir würden damit die Idee universeller Geltung durch ein konse-

33 Vgl. Palm (1996. 153–173).

quentes und gegebenenfalls eben nur lokal etabliertes Kontingenzkriterium ersetzen und damit Pluralität als Wissensorganisationsform probieren. Wir könnten dies. Und faktisch bewegen wir uns in unserem disziplinär geführten Wissenschaftsverständnis schon längst in solch einer multiplen Rationalität. Lokal heißt hierbei ja auch nicht räumlich beschränkt, sondern eingegrenzt auf eine definierte Untermenge im Gesamtkonzert einer sich ins Unendliche führenden Entwicklung von Zuordnungsbestimmungen. Da diese Unendlichkeit aber in der Zeit abläuft und nicht instantan gesetzt ist, ist solch eine lokale Kennung eine sinnvolle Alternative. Es sind dies die Momente der Ruhe im Auge des Sturms, die sich gerade durch ihn und bezogen auf ihn definieren. Programmtechnisch bedeutet dies mit der relationalen Kennung eines parallel prozessierenden Apparates wirklich Ernst zu machen. Solch eine Apparatur reagiert auf die jeweiligen lokalen Bezüge, wie sie sich auch in der Programmierung selbst nach seiner eigenen Entwicklung erarbeiten würden. Geltung hätte das derart Berechnete immer nur im Rahmen der so gewonnenen Abstimmungseinheiten. Bei einem sehr schnellen Rechner kämen wir allerdings mit unserer klassischen Kontrolle in Schwierigkeiten. Wir können solch ein relational, parallel arbeitendes System – darzustellen etwa in der Kopplung zellulärer Automaten – nicht mehr sinnvoll in eine sequenzielle Verrechnungsarchitektur zurückbrechen.[34] Wir müssten uns der Probabilität des Rechners anvertrauen. Dieser würde dann aber selbst immer nur approximieren, so wie auch wir es tun. Zu kontrollieren wäre er dann aber nicht mehr in einer Nachrechnung seiner Ergebnisse. Hier müssten wir uns etwas anderes einfallen lassen Dann aber gewännen wir neue Wissensarchitekturen, neue Geltungs- und neue Abgrenzungsbestimmungen. Können wir in dem so erarbeiteten Reich der Wahrscheinlichkeiten aber noch wissenschaftlich agieren und operieren? Faktisch tun wir es längst. Schließlich figurieren unsere Handlungen solch einen Ereignisraum unbestimmter und unvorhersagbarer Reaktionen. Einsichtig ist uns dieser Raum aber leider nicht. Die ›wirkliche‹, diesen Raum selbst kennzeichnende Dynamik binden wir noch immer in eine Folge von bestenfalls nebeneinander, aber eben nicht miteinander verrechneter Wechselbestimmtheiten. Hier zeigt sich damit aber zumindest eine Perspektive. Formulierbar wird sie in einer Morpho-Logik,[35] in der die Anschauung der Möglichkeiten von Ordnung und System aus der Bestimmung der wechselseitigen Interaktionen der diese konstituierenden

34 Vgl. Breidbach/Holthausen (1997: 215–227).
35 Vgl. Breidbach (2013).

Elemente zu bestimmen ist. Hier wäre dann auch eine neue Ordnung des Wissens zu finden, die aus dem skizzierten klassischen, unsere Wissensordnungen bestimmenden Muster der Expertensysteme herausführt.

Literatur

Abbate, Janet (1999), *Inventing the Internet.* Cambridge.

Asanovic, Krste; Bodik, Ras; Catanzaro, Bryan C.; Gebis, Joseph J.; Husbands, Parry; Keutzer, Kurt; Patterson, David A.; Plishker, William L.; Shalf, John; Williams, Samuel W.; Yelick, Katherine A. (2006), »The Landscape of Parallel Computing Research: A View from Berkeley«, in: *Electrical Engineering and Computer Sciences University of California at Berkeley.* Technical Report No. UCB/EECS-2006-183, http://www.eecs.berkeley.edu/Pubs/TechRpts/2006/EECS-2006-183.html, 8.7.2013.

Belting, Hans (2001), *Bild-Anthropologie*, München.

Breidbach, Olaf (1997), *Die Materialisierung des Ichs. Zur Geschichte der Hirnforschung im 19. und 20. Jahrhundert*, Frankfurt.

Breidbach, Olaf (2004), »Die letzten Kabbalisten, die neue Wissenschaft und ihre Ordnung. Bemerkungen zu den Traditionslinien bio- und neurowissenschaftlicher Forschung«, in: Rudolf Seising; Menso Folkers; Ulf Hashaben (Hg.), *Form, Zahl, Ordnung. Studien zur Wissenschafts- und Technikgeschichte.* Stuttgart, S. 63–76.

Breidbach, Olaf (2005), »On the Representation of Knowledge in Athanasius Kircher«, in: Helmar Schramm; Ludger Schwarte; Jan Lazardzig (Hg.), *Collection – Laboratory – Theater. Scenes of Knowledge in the 17th Century*, Berlin, S. 283–302.

Breidbach, Olaf (2007), »Neurosemantics, neurons and system theory«, in: *Theory in Biosciences 126*, S. 23–33.

Breidbach, Olaf (2008), »Vernetzungen. Zur Tradition eines aktuellen Denkmusters«, in: *Trajekte 16*, S. 29–33.

Breidbach, Olaf; Holthausen, Klaus (1997), »Self-organized feature maps and information theory«, in: *Network: Computation in Neural Systems 8*, S. 215–227.

Churchland, Patricia S.; Sejnowski, Terrence J. (1997), *Grundlagen zur Neuroinformatik und Neurobiologie*, Braunschweig/Wiesbaden.

Findlen, Paula (Hg.) (2004), *Athanasius Kircher. The Last Man Who Knew Everything*, New York/London.

Fohrmann, Jürgen (Hg.) (2005), *Gelehrte Kommunikation. Wissenschaft und Medium zwischen dem 16. und 20. Jahrhundert*, Wien.

Gardner, Howard (1987), *The Mind's New Science. A History of the Cognitive Revolution*, New York.

Garrett, Jeffrey (1999), »Redefining Order in the German Library, 1775–1825«, in: *Eighteenth-Century Studies 33*, S. 103–123.

Geburek, Thomas; Milasowszky, Norbert; Frank, Georg; Konrad, Heino; Schadauer, Klemens (2010), »The Austrian Forest Biodiversity Index: All in one«, in: *Ecological Indicators 10* (2010), S. 753–761.

Gendolla, Peter; Schäfer, Jörgen (Hg.) (2005), *Wissensprozesse in der Netzwerkgesellschaft*, Bielefeld.

Hauben, Michael; Hauben, Ronda (1997), »Netizens: On the History and Impact of Usenet and the Internet«, in: *IEEE*, Los Alamitos, CA.

Jahn, Ilse (1990), *Grundzüge der Biologiegeschichte*, Jena.

Jank, Marten (2013), *Der Homme machine des 21. Jahrhundert. Von lebendigen Maschinen im 18. Jahrhundert zur humanoiden Robotik der Gegenwart*, Diss. Universität Jena.

Kircher, Athanasius (1669), *Ars magna sciendi. In XII libros digesta, qua nova et universali methodo per artificiosum combinationum contextum de omni re proposita plurimis et propre infinitis rationibus disputari, omniumque summaria quaedam cognitio comparari potest*, Amsterdam.

Leinkauf, Thomas (1993), *Mundus Combinatus. Studien zur Struktur der barocken Universalwissenschaft am Beispiel Athanasius Kirchers SJ (1602–1680)*, Berlin.

Markram, Henry (2006), »The Blue Brain Project«, in: *Nature Reviews Neuroscience 7*, S. 153–160.

McClelland, James L.; Rumelhardt, David E. (Hg.) (1988), *Parallel Distributed Processing. Explorations in the Microstructure of Cognition 2: Psychological and Biological Models*, Cambridge u.a.

Michels, Kai; Klawonn, Frank; Kruse, Rudolf; Nürnberger, Andreas (2002), *Fuzzy-Regelung – Grundlagen, Entwurf, Analyse*, Berlin.

Palm, Günther (1996), »Information and Surprise in Brain Theory«, in: Gebhard Rusch; Siegfried J. Schmidt; Olaf Breidbach (Hg.), *Interne Repräsentationen*, Frankfurt, S. 153–173.

Ritter, Helge; Martinetz, Thomas; Schulten, Klaus (1991), *Neuronale Netze: Eine Einführung in die Neuroinformatik selbstorganisierende Netzwerke*, Bonn.

Rossi, Paolo (1983), *Clavis universalis. Arti della memoria e logica combinatoria da Lullo a Leibniz*, Bologna.

Rumelhardt, David E.; McClelland, James L. (Hg.) (1988), *Parallel Distributed Processing. Explorations in the Microstructure of Cognition 1: Foundations.* Cambridge u.a.

Schierbaum, Martin (2009), *Enzyklopädistik 1550–1650. Typen und Transformationen von Wissensspeichern und Medialisierungen des Wissens*, Berlin u.a.

Schmidt-Biggemann, Wilhelm (1983), *Topica Universalis. Eine Modellgeschichte humanistischer und barocker Wissenschaft*, Hamburg.

Seising, Rudolf (2005), *Die Fuzzifizierung der Systeme. Die Entstehung der Fuzzy Set Theorie und ihre ersten Anwendungen – Ihre Entwicklung bis in die 70er Jahre des 20. Jahrhunderts*, Stuttgart.

Siegel, Steffen (2011), »Im Wald des Wissens. Sichtbare Ordnungen der Enzyklopädie auf der Schwelle zwischen Kultur und Natur«, in: Christoph Markschies et al., (Hg.), *Atlas der Weltbilder*, Berlin, S. 280–293.

Zeki, Semir (1993), *A Vision of the Brain*, Oxford.

I. Lesen und Schreiben

Der digitale Textentwurf: Prolegomena zu einem materialästhetischen Feld medienkulturwissenschaftlicher Forschung

Oliver Ruf

1. Designforschung und Textwissenschaft

In der jüngeren Zeit haben die medienkulturwissenschaftlich orientierten *Design Studies*[1] in einer Reihe von Arbeiten das ›Schreiben‹ als Verfahren sowohl der (Selbst-)Aufzeichnung wie der Konstruktion und des Entwurfs untersucht, dieses mithin in seiner insbesondere prozesshaften Erscheinung als Schriftform betrachtet.[2] Waren diese Arbeiten bislang vorwiegend an der Analyse analoger schriftlich fixierter Unternehmungen interessiert,[3] verlagert der vorliegende Beitrag die Blickrichtung auf deren Digitalität.[4] Gefragt werden soll aber zunächst, was unter dem ›Schreiben‹ überhaupt zu verstehen ist, wie sich die Idee des materiellen Entwurfs im Sinne der

1 Siehe dazu für den deutschsprachigen Raum unter anderem Jonas/Romero-Tejedor (2010), Brandes/Erlhoff/Schemmann (2009), Schneider (2005a), Bürdeck (2005). Zur wissenschaftsdisziplinären Verortung von Design und Gestaltung siehe daneben etwa Schultheis (2005), Schneider (2005b) und vor allem die Dissertation von Mareis (2011) sowie Mareis/Held/Josst (2013), Mareis/Windgätter (2013), Mareis (2012; 2010; 2009). Einen Überblick über Tendenzen und Methoden internationaler Designforschung geben beispielsweise Koskinen et al. (2011), Höger (2008), Bayazit (2004), Laurel (2003). Siehe zudem auch die älteren Arbeiten von Frayling (1993/1994) und Cross (1984).

2 Zu nennen sind hier insbesondere die Studien in der Reihe ›Wissen im Entwurf‹, die die Bände Voorhoeve (2011), Krauthausen/Nasim (2010), Wittmann (2009), Hoffmann (2008a) umfasst.

3 Vgl. die programmatische Aussage zur Zukunft der Textwissenschaft von Heinemann/Viehweger (1991: 285) zu diesem Forschungsgebiet, »das sich sehr dynamisch entwickelt und nach der Überwindung der immer noch bestehenden Unzulänglichkeiten einen bedeutenden Platz im Gefüge jener Wissenschaften einnehmen wird, die sich mit der [...] Analyse von Texten im weitesten Sinne befassen.«

4 Zu Grunde liegt diesem Befund die Beobachtung der medienhistorischen wie medientheoretischen »Leitdifferenz der zweiten Hälfte des 20. Jahrhunderts« (Schröter 2004: 9) zwischen *analog* und *digital*.

critique génétique[5] angesichts neuer medialer Entwicklungen textueller Provenienz verändert und wie sich diese Veränderung aus welcher wissenschaftlichen Perspektive erforschen lässt. Anspruch und Ziel ist es daher, das theoretische Fundament für ein solch materialästhetisches[6] Projekt zu skizzieren und die wichtigsten Referenzen einerseits zu rekapitulieren, andererseits zu diskutieren und zu erweitern. Ausgangspunkt ist hier eine sich auch in medien-, kultur- und literaturwissenschaftlicher Hinsicht immer stärker etablierende angewandte Forschung, die neben der Theorie vor allem die praktischen Konsequenzen ihrer Gegenstände privilegiert;[7] insbesondere die Kulturtechnik des Entwerfens wird dazu zu erläutern sein.[8]

Zum Abschluss soll schließlich die Praxis des digitalen Schreibens entwurfsgeschichtlicher Natur thesenartig angesprochen werden. Im Zentrum steht insgesamt die textwissenschaftliche Abgrenzung dieses ›Schreibens‹, um prognostisch rekonstruierbare digitale Textentwürfe als Forschungsgegenstände vorzuschlagen. Das heißt, es wird um die Auseinandersetzung mit solchen Digitalisaten gehen, wie sie entsprechende, noch näher zu bestimmende Zeugnisse jener Autorinnen und Autoren offen legen, die Schreibmaschine, Bleistift oder Füller mit der PC-Tastatur und das Blatt Papier mit dem Bildschirm getauscht haben.

So gilt das Augenmerk des Beitrags insgesamt den Schreibvorgängen auf der Oberfläche von Medien, speziell derjenigen digitaler ›Seiten‹. Die Leistungen beim/des digitalen Schreiben(s) beziehungsweise digitaler Au-

---

5 Die *critique génétique* wird im Folgenden noch nähergehend thematisch sein, weshalb an dieser Stelle zunächst nur auf deren Explikation bei Hay (1984) verwiesen wird.

6 »Der Themenschwerpunkt ›Materialität und Medialität von Schrift‹ repräsentiert einen im Allgemeinen weniger beachteten Aspekt von Schrift, der in der Semiotik als ihre nichtsprachliche ›sekundäre‹ Funktion gilt, nun aber als eine erstrangige kulturanthropologische Dimension behandelt werden soll. Es handelt sich hier nicht um Repräsentation sprachlicher Elemente, sondern um Präsentation: das Schriftzeichen in seiner Eigenwertigkeit, seine visuelle und haptische Materialität, seine Konkretheit, Dinglichkeit und Körperlichkeit. Die Erscheinungsformen des Schriftmediums sind von dieser Materialität her bestimmt. Von ihren Anfängen her schreibt sich dieser Aspekt als eine spezifische Schriftspur in die Geschichte und ins Gedächtnis ein, eine Spur, die die materiellen Relikte, die Schriftträger, die Einritzungen und Hervorhebungen, die Auftragungen von Ruß, Tinte, Farbe, ihre Abtragungen und Zerstörungen, Überschreibungen und deren Resultate, Palimpseste und ›unbesiegliche‹ Inschriften ausmacht. [...] Der Selbstwert der Schriftzeichen, der ihren Bedeutungswert übersteigt und unterläuft, basiert auf ihrer materialen und medialen Qualität als Form und Figur.« (Greber/Ehlich/Müller 2002: 9)

7 Siehe dazu die Beiträge in Mareis/Joost/Kimpel (2010).

8 Siehe dazu die Beiträge in Hauser/Hethmann (2009). Siehe zudem auch Moebius/Prinz (2012).

torschaft[9] werden entsprechend im Zusammenhang des spezifischen materiellen Trägers des Schreibvorgangs gesehen. Methodisch nutzbar gemacht wird dazu das Analyse-Instrumentarium der literaturwissenschaftlichen Schreibprozessforschung, die in dem ihr eigenen Begriffskosmos vor allem eine ›Genealogie des Schreibens‹[10] als phänomenologisch zu konturierendes Objekt privilegiert.[11]

Die interdisziplinäre Schreibwissenschaft hat dabei eine Vielzahl an Bestimmungsmöglichkeiten vorgeschlagen, die in ihrer linguistisch-pragmatisch orientierten Ausprägung[12] ›Schreiben‹ und ›Textproduktion‹[13] gegeneinander diskutieren und in ihrer literatur- beziehungsweise medienkulturtheoretischen Erscheinung die Frage, was ›Schreiben‹ (tatsächlich) *ist*, in verschiedenen Phänomenologien philosophischer Provenienz ausführen.[14] Während die erstgenannte das ›Schreiben‹ in vier Dimensionen bestimmt – als Handwerk (technologische Dimension), Zeichenproduktion (semiotische Dimension), sprachliche Handlung (linguistische Dimension) und Integration in einen Handlungszusammenhang (operative Dimension) –, hebt zweitgenannte, wie Stingelin (2004b: 15) ausführt, dessen »handwerkliche, technologische Dimension als unabdingbare Voraussetzung« hervor.[15] Diese Hervorhebung gewinnt vor dem Hintergrund der etymologischen Herkunft des Begriffs ›Schreiben‹ weiteres Gewicht.

---

9 Siehe dazu näher Hartling (2009).

10 Mit diesem Konzept arbeiten an erster Stelle die Studien der gleichnamigen Reihe, in der bislang die Bände Morgenroth/Stingelin/Thiele (2012), Ortlieb (2010), Stingelin/Thiele (2009), Thüring et al. (2009), Hahn (2008), Giuriato/Stingelin/Zanetti (2008; 2006; 2005), Probst (2008), Fries/Hughes/Wälchli (2008), Zanetti (2006), Giuriato (2006), Langer (2005), Stingelin (2004a) veröffentlicht worden sind.

11 Die folgenden Abschnitte 2. und 3. des vorliegenden Beitrags sind in modifizierter beziehungsweise wesentlich erweiterter und in einen anderen, für das ›Schreiben‹ aber ebenfalls zentralen Zusammenhang gestellter Form ursprünglich enthalten in Ruf (2013: 26–32; 40–51).

12 Siehe dazu aus der Fülle an Sekundärliteratur Ludwig (1995).

13 Unter ›Textproduktion‹ sind hier alle gezielten Aktivitäten der Planung und Redaktion von Texten während der Produktion schriftlicher Äußerungen zu verstehen, die ›Schreiben‹ als mentalen und sprachlichen Prozess charakterisieren (vgl. Molitor-Lübbert 1996: 1005). Zur Frage, was ein ›Text‹ ist, hat es diverse Antworten unterschiedlicher disziplinärer Herkunft gegeben. Eine Einführung in dieses Thema aus kulturwissenschaftlicher Sicht bieten Kammer/Lüdecke (2005).

14 Siehe dazu insbesondere die Arbeiten von Stingelin (2009/2011; 2003; 2000).

15 Siehe dazu aus der Sicht der Schreib-Praxis unter anderem Lodge (2007).

2. Was ist ›Schreiben‹?

Das Wort ›Schreiben‹ stammt, wie Flusser ([1987] 1990: 14) medientheoretisch erläutert, vom lateinischen *scribere*, das ›ritzen‹ bedeutet, wobei das griechische *graphein* als weitere Wortherkunft ›graben‹ meint:

»In diesem Sinn sind etwa die von einem Stilus in Lehm hinterlassenen Spuren ›Typographien‹. Wie wir aber wissen, meint das Wort ›graphein‹ im allgemeinen Sprachgebrauch ›schreiben‹. Es meint das Graben von Schriftzeichen – eben dieser Spuren, welche klassifizieren, vergleichen und unterscheiden sollen. Somit ist das Wort ›Typografie‹ im Grunde ein Pleonasmus, der mit ›Grubengraben‹ oder ›Schriftzeichenschreiben‹ übersetzt werden könnte. Es genügt vollauf, von ›schreiben‹ zu sprechen.« (Ebd.: 49f.)

Demnach »war Schreiben« nach Flusser »ursprünglich eine Geste, die in einen Gegenstand etwas hineingrub und sich dabei eines keilförmigen Werkzeugs (›stilus‹) bediente« (ebd.: 14). Zur Begriffserläuterung des ›Schreibens‹ ist Flussers Theorie nicht nur einschlägig; vornehmlich seine Idee dieser ›Geste‹ leitet dessen diskursive Verortung bis heute. Während Flusser in *Die Schrift* seine Gedanken zur »Geste des Schreibens« eingeführt hat, demonstriert ein gleichnamiges Kapitel aus seinem *Versuch einer Phänomenologie* diese ausführlich. Darin kommt er erneut auf den etymologischen Kontext zurück, den er metaphorisch fasst:

»Es handelt sich darum, ein Material auf eine Oberfläche zu bringen (zum Beispiel Kreide auf eine schwarze Tafel), um Formen zu konstruieren (zum Beispiel Buchstaben). Also anscheinend um eine konstruktive Geste: Konstruktion = Verbindung unterschiedlicher Strukturen (zum Beispiel Kreide und Tafel), um eine neue Struktur zu formen (Buchstaben). Doch das ist ein Irrtum. Schreiben heißt nicht, Material auf eine Oberfläche zu bringen, sondern an einer Oberfläche zu kratzen, und das griechische Verb graphein beweist das. Der Schein trügt in diesem Fall. Vor einigen tausend Jahren hat man damit begonnen, die Oberflächen mesopotamischer Ziegel mit zugespitzten Stäben einzuritzen, und das ist der Tradition zufolge der Ursprung der Schrift. Es ging darum, Löcher zu machen, die Oberfläche zu durchdringen, und das ist immer noch der Fall. Schreiben heißt immer noch, Inskriptionen zu machen. Es handelt sich nicht um eine konstruktive, sondern um eine eindringende, eindringliche Geste.« (Flusser [1991] 2012: 261)

Die Metapher der Durchdringung, der Eindringung (*Inskription*) und Eindringlichkeit des ›Schreibens‹ dominiert dessen Begriff bei Flusser; der etymologische Zusammenhang des deutschen Worts ›Schreiben‹ mit dem englischen *writing* wird von Flusser dabei ausdrücklich herausgestellt:

»Das englische ›to write‹ (das zwar, wie das lateinische ›scribere‹, auch ›ritzen‹ bedeutet) erinnert daran, daß ›ritzen‹ und ›reißen‹ dem gleichen Stamm entspringen. Der ritzende Stilus ist ein Reißzahn, und wer Inschriften schreibt, ist ein reißender Tiger: Er zerfetzt Bilder. Inschriften sind zerfetzte, zerrissene Bildkadaver, es sind Bilder, die dem mörderischen Reißzahn des Schreibens zu Opfern wurden.« (Flusser [1987] 1990: 17)

Diese bildstürmerische Begriffsbestimmung des ›Schreibens‹ ist für ihn mit der Geschichte gesellschaftlicher Mechanismen konform. Letztendlich erfüllt eine solche *Schreibweise* die von Barthes ([1953] 2006b: 18) scharf gestellte gesellschaftliche Funktion des ›Schreibens‹, dass sie die »Beziehung zwischen dem Geschaffenen und der Gesellschaft« sei, das heißt die »durch ihre soziale Bestimmung umgewandelte literarische Ausdrucksweise«, die »in ihrer menschlichen Intention ergriffene Form«, die »somit an die großen Krisen der Geschichte gebunden ist«.[16] Diese im Zuge einer Begriffsbestimmung des ›Schreibens‹ hin und her zu wendende Schreib- und Schrift-Debatte[17] berührt eine politische Frage.[18] Mit Flusser ([1987] 1990: 43) formuliert: »Texte schreiben« ist in einer Gesellschaft die »eigentlich politische Geste«:

»Alles übrige politische Engagement folgt auf Texte und befolgt Texte. Wird obige Frage im konkreten Kontext des Textuniversums (und nicht ›in vacuo‹) gestellt, dann zeigt sich, daß ich, der Schreibende, nicht für alle Menschen, sondern für die von mir erreichbaren Empfänger da bin. Die Vorstellung, ich schreibe für jemanden, ist nicht nur megaloman, sie ist auch Symptom eines falschen politischen Bewußtseins. Erreichbar sind für den Schreibenden nur jene Empfänger, die mit ihm durch seinen Text übermittelnde Kanäle verbunden sind. Daher schreibt er nicht unmittelbar an seine Empfänger, er schreibt vielmehr an seinen Vermittler. Er ist in erster Linie für seinen Vermittler da, wobei ›in erster Linie‹ buchstäblich zu nehmen ist: Von der ersten Linie des Textes bis zur letzten wird der Text für den Vermittler geschrieben. Der ganze Text ist von der Tatsache getränkt, daß er in erster Linie für einen Vermittler geschrieben wurde.«

---

16 Siehe dazu auch Barthes (1978–80/2008, 1960/2006c, 1973/2006d).

17 Siehe dazu auch die Beiträge in Krämer/Bredekamp (2003/2009; 2005), Kiening/Stercken (2008); Giuriato/Kammer (2006); Gumbrecht/Pfeiffer (1993; 1988) sowie auch Kittler ([1985] 2003).

18 Siehe dazu auch Rancière (2004/2008) sowie einführend Morgenroth (2012) und Wegmann (1996: insbesondere 346), wo »politische Literatur« zwar als »kontextsensible Textsorte anerkannt« wird; im »Versuch« aber, »die Wahrheit oder moralische Legitimität dieses Kontextes zu belegen«, praktiziere man »den literaturwissenschaftlichen Zugriff auf das Phänomen der politischen Literatur vornehmlich als Positionszuweisung.«

Die Vermittlungsfunktion des ›Schreibens‹, die es, wie Ehlich (1983) erklärt, möglich macht, von ihr als *Zerdehnung* einer Kommunikationssituation zu sprechen,[19] konstituiert zugleich dessen hier mit Flusser kurz umrissene Begriffsdimension. Das ›Schreiben für einen Vermittler‹ impliziert, dass man, bevor man ein Schriftstück liest, wissen muss, welches Codes es sich bedient hat: »Man muß es«, erklärt Flusser ([1987] 1990: 87), »zuerst dekodifizieren, bevor man darangeht, es zu entziffern«, und Entziffern bedeute »ein Auseinanderfalten dessen, was der Bezifferer in sie hineingelegt, impliziert hat« – »nicht nur auf der Ebene der einzelnen Ziffer, sondern auf allen Ebenen der kodifizierten Botschaft.« Schriftstücke seien an Entzifferer gerichtet: »Der Schreibende streckt seine Hand dem anderen entgegen, um einen Entzifferer zu erreichen. Seine politische Geste des Schreibens geht aus, nicht um Menschen schlechthin, sondern um Entzifferer zu ergreifen.« (Ebd.: 88) Noch einmal:

»Die Leser, an die man schreibt, sind Kommentatoren (die das Geschriebene zerreden) oder Befolger (die sich wie Objekte ihm unterwerfen) oder Kritiker (die ihn zerfetzen) – falls überhaupt Leser gefunden werden. Daher ist das Gefühl der Absurdität des Schreibens, das viele Schreibende erfaßt und ihnen im Nacken sitzt, nicht nur auf äußere Tatsachen wie Textinflation und Emportauchen geeigneterer Codes zurückzuführen. Es ist vielmehr eine Folge des Bewusstwerdens des Schreibens als Engagement und als ausdrückende Geste.« (Ebd.: 91f.)

Das Bewusstwerden des Schreibens als kulturell-gesellschaftliche Teilhabe wie als *gestische* Expression bringt eine für die Begriffstheorie des ›Schreibens‹ prägende Annahme ein: Die Idee, zu schreiben, fußt auf den Vorstellungen von ›Schreiben‹ als einem Ensemble heterogener Faktoren, die eine ›Schreib-Szene‹ beziehungsweise ›Schreibszene‹ konstituieren:[20] »Auch und gerade wenn ›die Schreib-Szene‹ keine selbstevidente Rahmung der Szene, sondern ein nicht-stabiles Ensemble von Sprache, Instrumentalität und Geste bezeichnet, kann sie«, so Campe (1991: 760), »dennoch das Unter-

---

19 Siehe dazu außerdem auch Ehlich (1986).

20 »Es gehört zu den Implikationen dieses Begriffs, daß das Schreiben als ein mehr oder weniger stabiles Beziehungsgefüge umrissen wird und daß die Spuren des skripturalen Ereignisses mit Blick auf die zur Geltung gebrachten Umstände der Produktion jeweils historisch und philologisch im Einzelfall untersucht werden müssen. Wie die ›Genealogie des Schreibens‹ herausgestellt hat, wird das Schreiben – zwar nicht ausschließlich, aber mit Emphase – dort thematisch, wo Widerstände im Produktionsprozess auftreten. Demzufolge können Widerstände in medientechnischen Umbruchsphasen akzentuiert an Schreibwerkzeugen hervortreten [...].« (Giuriato [2005] 2012: 305f.) Darum geht es, wenn hier vom digitalen Textentwurf die Rede ist.

nehmen der Literatur als dieses problematische Ensemble, diese schwierige Rahmung kennzeichnen« – eine Rahmung, die Stingelin (2004b: 8) als eine sich *im*, *beim* und *durch* ›Schreiben‹ erweisende Inszenierung aufzeigt:

»1. das Schreiben hält sich bei und an sich selbst auf, indem es sich selbst thematisiert, reflektiert und problematisiert, und schafft so einen Rahmen, durch den es aus dem Alltag herausgenommen, gleichsam auf eine Bühne gehoben ist, auf der es sich präsentiert und darstellt; 2. dabei stellen sich verschiedene *Rollenzuschreibungen und Rollenverteilungen* ein; diese wiederum werfen 3. die Frage nach der *Regie* dieser Inszenierungen auf.« (Ebd.)

3. Schreibprozesse und kulturelle Praxis

Der so zum Ausdruck kommende Charakter des ›Schreibens‹ zeigt an, dass dieses *weich* sein kann, das heißt »plastisch, manipulierbar« (Flusser [1987] 1995: 61). Denn schreibt man auf Papier, wird ein Text, so Flusser, Zeilen bilden, die einem Schlusspunkt entgegen laufen; er wird ›diskursiv‹ sein und so wird »sein diskursiver Charakter, sein eindeutiges Hinzielen auf einen Schlußpunkt, den auf Papier geschriebenen Text als ein in sich geschlossenes und abgeschlossenes ›Werk‹ [...] erscheinen lassen« (vgl. ebd.). Schreibt man hingegen nicht nur auf Papier, ist das Schreib-Produkt, der Text, oft nicht mehr allein »das Resultat eines kreativen Prozesses, sondern er ist selbst dieser Prozeß, er ist selbst ein Prozessieren« (vgl. ebd.: 62).

Die Frage, die sich an die Schlussfolgerung Flussers anschließt, ist die, so Zanetti (2012b: 15), »nach der Differenz, aber auch nach dem Verhältnis von *Schreiben* (als Prozeß) und *Schrift* (als Prozeßspur)«.[21] Vor allem zwei eng miteinander verbundene Strömungen der Forschung, die je eigene Verfahren hervor bringen,[22] haben sich dieser Prozesshaftigkeit des ›Schreibens‹ näher angenommen und Modelle zu deren Erhellung entwickelt. Sie bieten geeignete Anschlussmöglichkeiten, Voraussetzungen einer Theorie des digitalen Textentwurfs, wie sie hier skizziert werden sollen, aus zwei trotz ihrer disziplinären Divergenz und der gegeneinander in Stellung gebrachten Kritik einsichtigen Stoßrichtungen beispielhaft zu beleuchten: aus der Sicht kognitionswissenschaftlich-entwicklungspsychologischer Studien

21 Siehe dazu nochmals die Beiträge in Fries/Hughes/Wälchli (2008) sowie allgemeiner auch Baurmann/Weingarten (1995b), Krings (1992).

22 Siehe dazu Hoffmann (2010).

wie sie eine Reihe anglo-amerikanischer, schreibwissenschaftlicher ›Klassiker‹ anbieten und auf der Basis textgenetisch-editionstheoretischer Ansätze, wie sie die bereits genannte französische *critique génétique* betreibt.[23]

Die Differenz zwischen beiden Disziplinen der Schreibprozessforschung betrifft unter anderem die Betrachtung der Schreibsituation: Zum einen wird diese in Feld- und Laborversuchen ins Auge gefasst, um die Zusammenhänge zwischen Wissen, Denken und ›Schreiben‹ aufzudecken; zum anderen stehen die eigentlichen (literarischen) Schreibspuren in ihrer Vielfalt und Verflochtenheit im Zentrum.

In seinem Aufsatz *Development in Writing* erläutert Bereiter ([1980] 2012) mit Bezug auf Hayes/Flower (1980a) sowie auch Scardamalia (1981) ein Stufenmodell des Schreibvorgangs,[24] das es möglich macht, die Interferenzen zwischen einzeln lokalisierbaren Schreib-Entwicklungen empirisch-experimentell mittels Daten zu verfolgen. ›Schreiben‹ wird von Bereiter in Überarbeitungsprozessen beobachtet und es wird seine Modellierung in der Integration unterschiedlicher Aspekte gefordert (vgl. [1980] 2012: 397).

Die Bestimmung und Abgrenzung des ›Schreibens‹ muss sich – so betrachtet – mit Zweckvorgaben und Einschränkungen befassen, die ein Wissen[25] generieren können, das für den Schreibenden verfügbar ist, um, wie es Bereiter ausdrückt, »auf eine bestimmte *Art* zu schreiben« (vgl. ebd.: 398). Wird diese Vorstellung eines integrativen Schreibmodells an *Vorstellungen* des ›Schreibens‹ angebunden, ergibt sich eine Bestimmung dessen, was linguistisch oft Textsortenmusterwissen[26] und medienpädagogisch Genrekompetenz[27] genannt wird. Bereiter führt eine Reihe von Elementen an, die seiner Meinung nach in einem solchen Schreibprozess enthalten sind (vgl. ebd.: 398f.).

Deutlich gemacht worden ist allerdings, dass die Prozesse des ›Schreibens‹ nicht derart eindeutig schematisch abbildbar sind, da der Schreiber nie zwangsläufig vollkommen zielgerichtet, zweckentsprechend, strategisch

---

23 Die Ersteren umfassen unter anderem Hayes (1996; 1980), ders./Flower (1980a; 1980b), Bereiter ([1980] 2012). Die zweiten beinhalten neben Hay (1984) vornehmlich die Arbeiten von Grésillon (1995/2012; 1994/1999; 1999; 1997; 1996; 1995). Siehe außerdem auch Hurlebusch (1998; 1986).

24 Eine Weiterentwicklung der Schreibprozess-Modelle US-amerikanischer Prägung wird beispielweise vorgestellt in Becker-Mrotzek/Böttcher (2006: 25–51).

25 Der Begriff des ›Wissens‹ wird unter anderem in den Arbeiten von Vogl (1999; 1997) kulturwissenschaftlich intensiv diskutiert.

26 Siehe dazu etwa näher Fix (2008).

27 Siehe dazu etwa Vorderer/Klimmt (2002).

und adressatengerecht gedanklich plane, sprachlich formuliere oder seinen ›Text‹ in allen Schreibphasen jeweils progressiv überarbeite; vielmehr verfertige er diesen *allmählich* beim Schreiben, um einen Satz Kleists ([1805–06] 1993) mit Grésillon ([1995] 2012: 152) abzuwandeln, die anlässlich dieser Einwände die ›Schule‹ der *critique génétique* maßgeblich anhand von Forschungen an literarischen Handschriften (als Fallstudien) vorstellt.

Grésillons zentraler Aufsatz *Über die allmähliche Verfertigung von Texten beim Schreiben* distanziert sich ausdrücklich von den Schreibprozessmodellen der Kommunikations-, Kognitions- und auch der Sprachwissenschaft, wie sie Bereiter vertritt und die darin ausführlich kritisiert sind (vgl. ebd.: 154–164).[28] Plädoyiert wird für ein »Zusammenspiel der betroffenen Disziplinen«, um die »Vielfalt von Schreibsituationen tatsächlich ins Auge« zu fassen (vgl. ebd.: 164f.). Grésillon stört sich an jenen »Feld- und Laborexperimenten, die mit Schreiberinterviews und Eigenkommentaren, mit Video-Aufnahmen, Fehler- und Pausenanalysen arbeiten« (vgl. ebd.: 166). Der Zugang, den die *critique génétique* im Gegensatz dazu anbietet, thematisiert weniger »Gedanken und Einfälle ›im Rohzustand‹« als »geschriebene Entwürfe, Pläne, Materialsammlungen sowie weitere Phasen des Entstehens und der Überarbeitung«. (Ebd.: 153)

Bevor auf diesen Fokus des Entwurfs nochmals zurückgekommen wird, ist es notwendig, die von Grésillon ([1995] 2012: 166–183) unterschiedenen sechs Untersuchungsstandpunkte »schwarzer Spuren auf weißem Grund« (vgl. Krings 1992) zu rekonstruieren, das heißt (1.) Zeitverhältnisse, (2.) Raumverhältnisse, (3.) Schrift und Schreibwerkzeug, (4.) Schriftsteller als Subjekt des Schreibprozesses, (5.) Teilprozesse des Schreibens, (6.) *Ecriture à processus* beziehungsweise *bottom up*-Schreibprozesse.

Ad 1.) Die Betrachtung des aus Biographien, Korrespondenzen, Papier- oder Wasserzeichenforschungen zu rekonstruierenden Entstehungsdatums eines textuellen Werkes birgt das Problem, dass der genaue zeitliche Ablauf wie auch die Dauer einzelner Schreibphasen kaum konkret festzustellen sind – Grésillon nennt dies die »gefrorene Zeit« (Grésillon [1995] 2012: 167) einer Handschrift.

Heute stellt sich, wie sich zeigen wird, vor diesem Hintergrund der Privilegierung dieses Schreibprozessaspekts die Frage nach jenem umso dringlicher, das heißt wie im ›Zeitalter‹ elektronischer Medien die Zeitverhältnisse der Computer-*Handschrift* die temporalen Phänomene des ›Schreibens‹

28 Grésillon ([1995] 2012: 154f.) bezieht sich unter anderem auf die Forschungsüberblicke in Günther/Ludwig (1996), Feilke (1993), Krings/Antos (1992), Eigler et al. (1990).

zu bestimmen sind. Auch deshalb hat das Deutsche Literaturarchiv Marbach (DLL) mit seinem Literaturmuseum der Moderne (LIMO) als wichtigste Literatur-Institution in Deutschland längst damit begonnen, nicht nur Manuskripte und Typoskripte auf Papier, sondern auch Disketten, CDs, CD-Roms, Festplatten beziehungsweise digitale/digitalisierte Datenträger und ähnliche zu archivieren, auszuwerten und kuratorisch auszustellen.[29]

Ad 2.) Problematisch ist es in gleicher Weise, zu untersuchen, in welcher Schreibersituation – mit welcher Körpersprache (Gestik, Mimik) und mit welchen metasprachlichen Kommentaren (simultan oder retrospektiv) – jemand einen Text verfasst hat. Und »[u]m so mehr« sei man, so Grésillon, »angewiesen auf die räumlichen Indizien des Papiers« (ebd.: 168) in ihrer schriftlichen Zweidimensionalität.[30] Jedem Schreiber geläufig sei die »Tatsache, daß sich gegen das untere Ende einer Seite der Zeilenabstand sowie die Schrift selbst verkleinern«, und dies werfe ein »Licht auf den Zusammenhang zwischen gedanklicher Einheit des zu Schreibenden und materieller sowie visueller Einheit des Schreibraums«; der »Griff zu einem neuen Blatt« unterbreche »nicht nur den Schreibfluß, sondern auch den visuellen Überblick über das Geschriebene.« (Ebd.)

Ad 3.) Damit nahe verwandt ist die Betrachtung der geschriebenen ›Zeichen‹, die nicht *unmittelbar* zum Text-Produkt gehören,[31] sowie diejenige der benutzten Schreibwerkzeuge, was Flussers Schrift- und Medientheorie schon erwiesen hat; es macht einen enormen Unterschied, ob man mit

29 Siehe dazu die Bestandsinformationen unter http://www.dla-marbach.de, 8.7.2013. Auf die richtige Beobachtung, dass die Gründung derartig institutioneller Archive für die Handschriftenforschung essentiell ist, hat bereits Derrida (1998) hingewiesen.

30 Grésillon ([1995] 2012: 168) verweist hier auch auf Raible (1991).

31 »Zum Raum selbst treten die graphischen Zeichen, die auf den Raum verteilt sind. Alphabetzeichen sowie metaschriftliche Angaben (Zeichen für Streichungen, Einfügungen, Permutationen, Verweise), teilweise Nummerierung der Blätter oder mit dem entstehenden Text mehr oder weniger korrespondierende Kritzeleien und Zeichnungen. Dies muß zunächst alles entziffert und bei der Komplexität literarischer Handschriften in den meisten Fällen auch transkribiert werden. [...] Auch das Schreibwerkzeug selbst verhilft zu gewissen Auskünften. Neben den schon erwähnten Eigenschaften des Papiers (bis ins 19. Jahrhundert noch handgeschöpft und mit teilweise datierbaren Wasserzeichen versehen) besitzt auch das Schreibwerkzeug selbst prozeßwichtige Indizien. So kann z.B. ein Wechsel des Mediums einer biographischen Veränderung entsprechen und auf eine Unterbrechung des Schreibprozesses schließen lassen.« (Grésillon [1995] 2012: 168f.) Siehe dazu auch Driesen et al. (2012).

Federkiel, Schreibkugel/Schreibmaschine, Bleistift/Filzstift, Kugelschreiber/Füller, mit Windows-Computer, MacBook oder iMac schreibt.[32]

Ad 4.) Eine weitere Möglichkeit, dem (literarischen) Schreibprozess auf die Spur zu kommen, besteht nach Grésillon darin, »*natürliche* Daten« (ebd.: 170) zu erheben – in dem Verständnis, den Schreiber als Schriftsteller *direkt* (über Werkstattgespräche/Interviews)[33] oder *indirekt* (über Poetikvorlesungen oder ähnliches)[34] zu befragen, nicht ohne das Risiko dieses Vorgehens zu berücksichtigen, das heißt, die Ergebnisse mit Vorsicht auszuwerten (vgl. ebd.: 171).

Ad 5.) Nicht unterschätzt werden darf, dass für eine solche Textgenetik ›Sprache‹ weniger als »Informationsträger« denn als »Kunst *in statu nascendi*« gilt: ›Schreiben‹ wird dynamisch »*in actu*«, das heißt in seiner Entstehung rekapituliert – als »Produktionsschritte« beziehungsweise »Teilprozesse«, nicht als, wie Grésillon sagt, »Laborprodukt« (vgl. ebd.: 171f.).

Ad 6.) Wie Molitor-Lübbert (1989) fasst Grésillon ([1995] 2012: 180) das ›Schreiben‹ als ein ›Schreiben im Schreiben‹ auf; empfohlen wird, nicht von einem »schemageleiteten ›top-down‹-Modell«, sondern von einem »textgeleiteten ›bottom-up‹-Verfahren« auszugehen. Hierbei weiß der Schreiber nicht, wohin ihn das ›Schreiben‹ gleichsam treibt, was mit »Strategien und ziel- wie adressatenorientierten Schemata, die dem Schreiber helfen sollten, sein Schreibproblem zu lösen« (ebd.), nicht mehr viel zu tun hat. Mit Neumann ([1999] 2012: 210) gesagt: »[D]ie Festschreibung erst bringt die Wucherung, die Normierung den Exzeß in Gang.« Dieses ›Wuchern‹ des ›Schreibens‹ soll im Folgenden durch ein allgemeines Thesenmodell des digitalen Textentwurfs dem Verständnis zugeführt werden. Hierbei wird es wiederum vorrangig um dessen theoretische Modellierung gehen.

32 Siehe dazu auch nochmals Stingelin (2004b: 8).

33 Siehe dazu näher Kessler (2012).

34 Siehe dazu unter anderem näher Volk (2003).

4. Texte digital entwerfen

Entwerfen und Entwurf[35] als Grundlagen von Design und Gestaltung gehen mit mediengeschichtlichen Entwicklungen eine Wandlung ein, zumal im Kontext digitaler Medien, mit denen der Computer, so Schmitz/Groninger (2012: 11), zu einem »Meta-Werkzeug« geworden ist. Die Bedeutung des ›Schreibens‹ für den Entwurf steht dabei im Zusammenhang mit dessen medienmateriellen Implikationen einschließlich seiner etymologischen Herkunft. Hasenhütl (2010: 116) unterstreicht, dass beim Entwerfen »Einschreibungen und Inskriptionen [es] ermöglichen, Phänomene über Zeichen in eine Trägerstruktur einzuschreiben.« Latour (1990: 26) erläutert unveränderliche mobile Elemente (»immutable mobiles«), die, so wiederum Hasenhütl (2010: 117, 119), die Übertragbarkeit von Wissen durch Symbole in andere Medien und Zeichnungssysteme ermöglichen und damit Entwerfen als ein »Zusammenziehen von verschiedenen Zeichnungssystemen, Symbolen, Schriftzeichen oder Nummern in Einschreibungen« bestimmen.[36]

Dieser Bezug des Entwerfens zum ›Schreiben‹ kann ein kurzer Überblick über den Begriff und die Bedeutung des Entwurfs nicht allein in den Künsten und der Kunstphilosophie, sondern in den Wissenschaften und der Wissenschaftstheorie eröffnen. Diesen hat Krauthausen (2010: 9) mit Hilfe von drei Profilierungen vorgestellt, bei denen (a) die Struktur, (b) die Individualität und (c) erneut die Materialität beziehungsweise das Material im Zentrum stehen.

Ad a) Eine strukturbezogene Profilierung des Entwurfsverständnisses fußt auf der Ansicht, mit Hilfe des Entwurfs paradigmatisch zwischen *wissenschaftlichem* Subjekt und Objekt zu vermitteln, und zwar in einem Sinn, wie ihn Bachelard ([1934] 1988: 17) in *Le nouvel esprit scientifique* entwickelt, den ebenfalls Krauthausen (2010: 9) zitiert: »Über dem *Subjekt* und jenseits des unmittelbaren *Objekts* gründet die Wissenschaft im *Projekt.* Im wissenschaftlichen Denken nimmt das Denken des Objekts durch das Subjekt stets die Form des Projekts an.« Krauthausen führt aus:

»Bachelards Diktum ergeht vor dem Hintergrund der nicht-euklidischen Geometrie unter Bezug auf Experimentalpraktiken. Der Entwurf (›*Projekt*‹) charakterisiert hier den eigentlichen Modus jener Wissenschaften, deren Gegenstand eben nicht

35 Zu deren näherer Bestimmung siehe unter anderem Hasenhütl (2010). Zur Begriffsgeschichte der Entwurfszeichnung (*disegno*) siehe insbesondere Kemp (1974).

36 Siehe dazu auch Latour (2009).

eine unmittelbare Wirklichkeit ist, sondern ›wissenschaftliche Wirklichkeit‹ (›le réel scientifique‹). Das Neue an der nicht-euklidischen Mathematik wie der modernen Physik eröffnet sich nach Bachelard daher nur in einer ›nichtcartesische[n] Epistemologie‹, die an die Stelle einer Dialektik von Rationalismus und Realismus deren Verschränkung setzt. In diesem Verständnis arbeiten die Wissenschaftler an der buchstäblichen Realisierung von ›rationale[n] Gebilde[n].‹ Die Realisierung geschieht als Korrekturarbeit an den Entwürfen und insbesondere im Experiment. Man muss ›die Phänomene sortieren, filtrieren, reinigen, in die Gußform der Instrumente gießen; ja, sie werden auf der Ebene der Instrumente erzeugt.‹ Die Wissenschaft ist eine ›Phänomentechnik‹, und deren Merkmal ist eine rekursive Koppelung, die poietisch und evolutiv funktioniert: ›Sie [die Wissenschaft] lernt aus dem, was sie konstruiert.‹« (Ebd.: 9f.)[37]

Ad b) Münden so strukturelle Konzeptionen des Entwurfs im Experiment beziehungsweise in Experimentalsystemen, konzentriert sich eine individualitätsbezogene Profilierung des Entwurfsverständnisses auf den einzeln Auftretenden »vor dem Hintergrund einer lebenslangen Praxis des schreibenden oder rein gedanklichen Entwerfens«, auf »reflektierte Methoden und etablierte Techniken« sowie – wiederum – auf »*implizites* und *stummes* Wissen« (vgl. ebd.: 13f., 11).[38] Nicht zufällig hat Valéry ([1926] 2010) zu Beginn des 20. Jahrhunderts in seinen Überlegungen zu *Le manuscrit* die Prägung des ›Schreibens‹ durch den individuell Schreibenden und (s)eine spezielle Schreibsituation beschrieben und dies, so auch Krauthausen (2010: 17), »auf einen Medienwechsel zurückgeführt«.

»Aber als das Schreiben aufhörte, eine Kunst zu sein, das heißt ein Kalkül unserer Akte, – zeigte es mehr und mehr die durch den Instinkt gesteuerten Bewegungen des schreibenden Lebewesens an, – seine Stimmung, seinen Zustand, die Normalwerte seiner Nerven, seinen unbewussten Kräftehaushalt, seine Zwangsvorstellungen, seine Auslassungen und seine Triebe. Das Ornament von einst hat sich in eine Graphik verwandelt, doch diese ist Bedingungen der Konventionalität unterworfen.«

Valéry verweist hier kritisch auf den Verlust einer Virtuosität der Gesten im ›Schreiben‹; profiliert wird im Hintergrund seines Postulats dagegen die Kunst der Improvisation, die eine Aufwertung von Techniken und Werk-

37 Siehe dazu auch die Bestimmungen von Meynen (2010: 83f.) über den Gebrauch des Begriffs ›Entwurf‹ als »*idea*«: »Er findet im 16. Jahrhundert über die *Geometria Pratica* in den zahlreichen Traktaten der Malerei, Perspektivkunst und Visierkunst seinen Niederschlag. In seinem lateinischen Synonym, dem Wort *Projekt*, tritt er deutlich zutage. Das Wort *Projekt* – das *Hingeworfene, Entworfene* – verweist auf das Senkblei, das *hinabfällt*.«

38 Siehe dazu auch Rheinberger ([1997] 2001).

zeugen des Entwurfs und des Entwerfens wie diejenige des Notierens und Skizzierens befördern. Krauthausen (2010: 18f.) fasst diese Ideengeschichte mit Hilfe der Explikationen Kemps (1974) zusammen:

»Das Skizzieren als Form des zeichnerischen Entwerfens wird aufgewertet, als der *disegno* (die Entwurfszeichnung) in Florentiner Künstler-Diskursen der Zeit zwischen 1547 und 1607 zum entscheidenden Element des künstlerischen Schaffens geadelt wird. Wie Wolfgang Kemp ausgeführt hat, kommt dem *disegno* vor und nach diesen sechs Jahrzehnten nur die Bedeutung eines praktischen Supplements zu den klassischen rhetorischen Kategorien der *idea* (*Idee*) und *invenzione* (*Erfindung*) zu, die gerade nicht auf dem Papier, sondern im Geiste ihren Ort haben. So verstanden, erstellt der *disegno* zwar die *forma*, aber ist hierbei ein neutrales »Medium«, in dem »der geistige Entwurf seinen vorläufigen Ausdruck« findet. Die theoretischen Diskussionen der Florentiner Künstler, die im Umkreis der Accademia del Disegno stattfinden, werten den *disegno* hingegen auf, insofern sie ihn als gemeinsames Element der bildenden Künste konzipieren, da er das eigentliche Entwurfsmoment beinhalte. [...] Wie Kemp zeigt, wird in den Debatten des späten 16. Jahrhunderts [...] der *disegno* schließlich mit der *idea* gleichgestellt [...]. Die Nobilitierung des *disegno* ist daher letztlich mit einer Zweiteilung in »ein Organ des Entwerfens und eins der Ausführung« verbunden.«

Gleichwohl darin die praktische Ausführung des Entwurfs dem geistig Erzeugten untergeordnet wird, ermöglicht nach Krauthausen (2010: 19) mit Siegert (2009: 19) die Abspaltung der Praxis aus diesem Schaffensprozess (aus der Produktion), das Entwerfen an »Exterioritäten« zurückzubinden, »die es historisch bestimmt haben«. Nicht ein »unbegreifliche[r] Schöpfungsakt« stehe im Mittelpunkt einer Sichtweise, die Praxis des Entwerfens als Kulturtechnik aufzufassen, sondern ihre Stellung unter den »historischen Aprioris von Techniken, Materialitäten, Codes und Visualisierungsstrategien« (ebd.: 23).

Ad c) Eine solche materialbezogene Profilierung des Entwurfsverständnisses basiert auf diesen Vorstellungen einer Kulturtechnik des Entwerfens, die jene des ›Schreibens‹ umfassen. In einem Interview mit Krauthausen und Nasim hat Rheinberger (2010: 141) den materialen Aspekt beziehungsweise die materiale Seite im Verhältnis zur Theorie erklärt, und die »Arbeit auf Papier« zu »Praktiken der Theorie« gezählt; hier habe man es mit einer »›Zwischenwelt‹« zu tun, mit einem »intermediären Feld von Aktivitäten«, zu dem das Notieren ebenso zähle wie das Skizzieren und »alle Arten von Praktiken, die es ermöglichen, Ideen zu fixieren oder – gewissermaßen umgekehrt – Ideen überhaupt erst hervorzubringen.« Wenn man dabei die Unterscheidung zwischen Theorie und Praxis genauer in den Blick nehme, dann erkenne man fraktale Welten – an jedem der beiden Pole dupliziere sich die Dichotomie bis in die Feinstrukturen hinein. Hoffmann (2010: 10f.) akzentuiert entsprechend in seinen Ausführungen zu Verfahren der Aufzeichnung (vor allem auch des ›Schreibens‹) seinerseits Latours (1990: 35–44) Spaltung eines Vermögens der Aufbewahrung in die Stabilität, die eine Aufzeichnung ihrem Gegenstand verleihe (sie stärkt seine Materialität) und in die Beweglichkeit, die ein Gegenstand als Aufgezeichneter gewinne (sie flexibilisiert sein Material).

Hoffmann (2008b: 10) kommt in diesem Diskurs auch auf jene Inskriptionen im Sinne Latours zurück, dessen Aufmerksamkeit auf dem Produkt (Arbeit ›mit Papieren‹) er die auf der Aktivität (Arbeit ›auf dem Papier‹) zur Seite stellt. Seine Schlussfolgerung lautet, es gebe so betrachtet eine zweite Handlungsschicht im ›Schreiben‹: Im einen Fall werde durch ›Schreiben‹ und präzise durch das entstandene Schriftstück eine Handlung vollzogen (oder antizipiert), im anderen Fall durch ›Schreiben‹ etwas behandelt; letztere Schreibakte seien weniger dadurch charakterisiert, dass sie eine Sache *bewirken*, als dadurch, dass sie eine Sache *bearbeiten*. ›Schreiben‹ bearbeitet das Material, in das es *etwas* einschreibt, in dem und mit dem es *etwas* projektierend entwirft.

Neue Grundlagen, Texte auf diese Weise zu entwerfen, bilden heute nun in der Mehrzahl digitale Schreibweisen, die Bolter (2005: 453) zufolge in »vielerlei Hinsicht« zur »vorrangigen Form schriftlicher Kommunikation unserer Zeit geworden zu sein« scheinen. Deren Möglichkeitsbedingungen drängen durch die dargestellten medien-, design- und schreibtheoretischen Explikationen zum Sichtbaren. Die hervorgehobenen Bestimmungen verdeutlichen, dass eine Verortung und Konturierung des digitalen Textentwurfs auf Grundlagen der Medien-, Design- und Schreibwissenschaft basiert. Was die vorgestellten Theorien ausleuchten, sind Momente im Komplex des ›Schreibens‹, die an das eigene Medium direkt angeschlossen sind und zu deren Effekten die immer weiter voran schreitende medientechnologische Entwicklung von Applikationen und Programmen des ›Schreibens‹ zu zählen sind. Eine Forschungsstrategie, die sich den damit einhergehenden *neuen* Szenen des ›Schreibens‹ zuwendet, muss sich einer höchst flüchtigen und kaum konstanten Medienpraxis zuwenden, die als Aktivität und im Vollzug *neue* digitale Texte hervorbringt. An dieser Stelle lässt sich ein vorläufiges Resümee zum vorgeschlagenen Forschungsgegenstand formulieren: Unter dem digitalen Textentwurf ist ein variables Gefüge aus den zusammenwirkenden Faktoren (i.) ›Schreiben‹, (ii.) Medienmaterialität, (iii.) Schreib-Gesten, (iv.) Schreibprozess und (v.) Entwurfsgeschehen zu verstehen, wobei all diese fünf Dimensionen als konstituierende Elemente zugleich Quellen von Problemen darstellen, die es im Akt und Vollzug der Beforschung zu berücksichtigen gilt.

Ad i.) Für das digitale ›Schreiben‹ bedeutet dies, dass dieses aufgrund seiner elektronischen ›Umgebung‹ einem technologischen Determinismus unterliegt, der – nochmals nach Bolter ([1997] 2012: 319) – postuliert, dass »die Internet-Kommunikation geholfen hätte, neue intellektuelle und soziale Gemeinschaften zu definieren«. So schreibt der Autor digitaler Textentwürfe nicht allein eine bestimmte Art von Text auf einem elektronischen Mediengerät; er tut dies auch nur deshalb, weil ihm die Medientechnologie sein ›Schreiben‹ überhaupt anbietet.

Ad ii.) ›Schreiben‹ als ›Einschreibung‹ ist als Faktor des digitalen Textentwurfs zwangsläufig auf die Implikationen der entsprechenden Schreib- und Schriftoberfläche sowie auf deren materielle Konstitution angewiesen. »Jede Schrifttechnik«, so erneut Bolter (2005: 459),

> »bietet besondere visuelle, fühlbare und technische Mittel, die von den einzelnen Autoren auf kreative Weise eingesetzt werden, und jede Technik ist insgesamt durch besondere Bedingungen der Produktion und Konsumption gekennzeichnet. Digitale Schrift ist auf diesen beiden Ebenen materiell. Sie ist durch Muster der Produktion und Konsumption charakterisiert, die in gewisser Weise denen des Buchdrucks ähneln, in anderer Hinsicht aber etwas mit Fernsehen und Radio gemein haben. Digitales Schreiben und Lesen stellen ebenso [...] visuelle und taktile Erfahrungen für den Autor/Designer und den Leser/Benutzer dar.« (Ebd.)

Ad iii.) Visuelle und taktile[39] Erfahrungen sind dem digitalen Textentwurf wesentlich. Daher orientiert er sich als Aktivität, wird er mit *sehr neuen* Medien produziert, an *sehr neuer* Medienbenutzung, wie diejenige des ›Wischens‹ auf (die Berührungen der menschlichen Hand sensorisch erfassenden und technisch übersetzenden) *Touch-Screens.*

Ad iv.) Der digitale Textentwurf zielt in der Regel auf Schreibresultate, die nicht unter experimentellen Labor- oder Versuchsbedingungen erforscht werden können. In der Typologie der *critique génétique* stehen hier die Zeitverhältnisse des ›Schreibens‹ jedoch (mutmaßlich) einfacher zur Erfassung bereit, da Daten- und Versionsspeicherungen durch die elektronischen Träger konkreter speicher- und gegebenenfalls dann auch rekons-

39 Siehe dazu auch Heilmann (2012; 2010).

truierbarer sein dürften;[40] die Raumverhältnisse sind aufgrund der Vorgaben des je benutzten Schreib-Programms vergleichsweise schwieriger zu erfassen, gleichwohl mittels der Möglichkeit der Formatierungsoption von Schriftgröße, Schriftart etc. sehr wohl interpretative Rückschlüsse für dieses Feld machbar sind. Das Schreibwerkzeug – sei es Desktopcomputer mit Tastatur, Laptop, Tablet-PC oder Smartphone – spielt für den digitalen Textentwurf hingegen eine große Rolle; das Schreib-Medium als, mit McLuhan et al. (1967: 26), Körper-Prothese gewinnt hier einen neuen, zentralen Stellenwert, zumal Bestimmungen zum ›Handeln‹ des Schreibenden (zu seinen Tilgungen, Überschreibungen, Überarbeitungen) nicht mehr von dessen eigenen Aussagen und/oder Interviews mit diesem abhängig sind. Denn entsprechend informationstechnisch programmierte Tools können diese Schreib-Handlungen *auf* einem digitalen Bildschirm sehr einfach aufzeichnen. Dass digitale Textentwürfe dabei nicht auf ein fertiges Textprodukt abzielen, sondern dieses vorbereiten sollen (auch wenn es möglicherweise nie gänzlich fertig gestellt werden wird), stellt die einzelnen Teilprozesse beziehungsweise, wie man hier besser sagen muss, die Projektprozesse in den Vordergrund, womit das digitale Schreiben als netzartig-›gewobenes‹, Spuren bildendes, ›rhizomartiges‹ Gebilde[41] nicht nur wörtlich genommen, sondern als solches *a priori* definiert werden kann.

Ad v.) Ausgehend von der vorgestellten Entwurfs-Theorie geht es beim digitalen Textentwurf darum, wie in einem Projekt ein Denken von Ideen auf elektronischen Bildschirmen in seiner Spezifik, seiner Variabilität und seiner Differenzierung textuell festgehalten, gespeichert und voran gebracht werden kann. Das Unterfangen, Text- und Schreibarbeit nicht nur *an*, sondern *auf* Bildschirmen forschungsgerichtet zu untersuchen, erfordert daher neben den bereits oben genannten Aufzeichnungsverfahren auch adäquate Aufbewahrungs- und Erschließungsmöglichkeiten, die allerdings zum jetzigen Zeitpunkt nur ansatzweise bestehen – eine Schlussfolgerung, die das folgende, abschließende Postulat notwendig evoziert.

Der Analyse digitaler Textentwurfsszenen steht eine (wenn überhaupt vorhandene) noch viel zu unzureichend praktizierte wissenschaftliche Ar-

---

40 Dieser Hinweis wird hinsichtlich der Praktikabilität von Wikis besonders einsichtig; in diesem Fall werden in der Regel mit jedem elektronischen Eintrag in der digitalen Eingabemaske die unterschiedlichen Varianten auf einer Text-Verlaufs-Seite dokumentiert.

41 Siehe dazu die post-modernen Text-Metaphern bei Barthes ([1973] 1986: 94), Derrida ([1986] 1994: 130) und Deleuze/Guattari (1976/1977: 11).

chivierung entgegen. Zwar stehen Digitalisate künstlerisch-gestalterischen Charakters, wie schon erwähnt, bereits unter institutioneller Beobachtung: Digitale Medienkunstwerke[42] werden gesammelt, kuratiert und ausgestellt;[43] solche textueller und speziell auch sprachkünstlerischer beziehungsweise literarischer Ausprägung finden dabei aber nur selten Berücksichtigung. Das ist umso überraschender, da es digitale Textentwürfe, die als vielversprechende Gegenstände medienkulturwissenschaftlicher Forschung zu entdecken sind, erlauben, das Kultur prägende Gefüge aus Medientechnik, Medienmaterialität, Medienraum, Medienentwurf und Medientext theoriegeleitet zu beobachten und im Hinblick auf die Diskursivierungen ihrer Produktionspraxis reflexiv zu befragen. Für diese Beobachtungen und Befragungen gilt, dass sie selbst archiviert, zunächst aber selbst systematisch *geschrieben* werden müssen.

Literatur

Bachelard, Gaston ([1934] 1988), *Der neue wissenschaftliche Geist*, aus dem Frz. v. Michael Bischoff, Frankfurt a.M.

Barthes, Roland ([1978–80] 2008), *Die Vorbereitung des Romans. Vorlesung am Collège de France 1978–1979 und 1979–1980*, aus dem Frz. v. Horst Brühmann, hg. von Éric Marty (= edition suhrkamp; 2529), Frankfurt a.M.

Barthes, Roland (2006a), *Am Nullpunkt der Literatur – Literatur oder Geschichte – Kritik und Wahrheit*, aus dem Frz. v. Helmut Scheffel, mit einem Vorwort v. dems. zu »Kritik und Wahrheit« (= edition suhrkamp; 2471), Frankfurt a.M.

Barthes, Roland ([1953] 2006b), »Am Nullpunkt der Literatur«, in: ders., *Am Nullpunkt der Literatur – Literatur oder Geschichte – Kritik und Wahrheit*, aus dem Frz. v. Helmut Scheffel, mit einem Vorwort v. dems. zu »Kritik und Wahrheit« (= edition suhrkamp; 2471), Frankfurt a.M., S. 7–69,

Barthes, Roland ([1960] 2006c), »Schriftsteller und Schreiber«, in: ders., *Am Nullpunkt der Literatur – Literatur oder Geschichte – Kritik und Wahrheit*, aus dem Frz. v.

42 »Diese Werke sind oft hybrid, Kombinationen von verschiedenen Datentypen und Datenquellen: zum Beispiel Suchmaschinen für das Web, die Bruchstücke von Seiten wieder auffinden und zustellen, oder Seiten, die der Benutzer scheinbar nicht gesucht hat.« (Bolter 2005: 464f.)

43 Neben den bereits erwähnten Beständen des DLL und seinem LIMO wären hier jene des Zentrums für Kunst und Medientechnologie Karlsruhe (ZKM) zu nennen. Siehe dazu die Informationen unter http://www.zkm.de, 8.7.2013.

Helmut Scheffel, mit einem Vorwort v. dems. zu »Kritik und Wahrheit« (= edition suhrkamp; 2471), Frankfurt a.M., S. 101–109.

Barthes, Roland ([1973] 2006d), *Variationen über die Schrift*, Französisch – Deutsch, aus dem Frz. v. Hans-Horst Henschen, mit einem Nachwort v. Hans-Josef Ortheil (= excerpta classica; II), Mainz.

Barthes, Roland ([1973] 1986), *Die Lust am Text*, aus dem Frz. v. Traugott König (= Bibliothek Suhrkamp; 378), Frankfurt a.M.

Baurmann, Jürgen; Weingarten, Rüdiger (Hg.) (1995a), *Schreiben. Prozesse, Prozeduren und Produkte*, Opladen.

Baurmann, Jürgen; Weingarten, Rüdiger (Hg.) (1995b), »Prozesse, Prozeduren und Produkte des Schreibens«, in: dies. (Hg.) (1995a), *Schreiben. Prozesse, Prozeduren und Produkte*, Opladen, S. 7–25.

Bayazit, Nigan (2004), »Investigating Design: A Review of Forty Years of Design Research«, in: *Design Issues*, H. 1, S. 16–29.

Becker-Mrotzek, Michael; Böttcher, Ingrid (2006), *Schreibkompetenz entwickeln und beurteilen. Praxishandbuch für die Sekundarstufe I und II*, Berlin.

Bereiter, Carl ([1980] 2012), »Entwicklung im Schreiben«, aus dem Engl. v. Sandro Zanetti, in: Sandro Zanetti (Hg.), *Schreiben als Kulturtechnik. Grundlagentexte* (= suhrkamp taschenbuch wissenschaft; 2037), Berlin, S. 397–411.

Bolter, Jay David (2005), »Digitale Schrift«, in: Gernot Grube; Werner Kogge; Sybille Krämer (Hg.), *Schrift. Kulturtechnik zwischen Auge, Hand und Maschine* (= Kulturtechnik; 4), München, S. 453–467.

Bolter, Jay David ([1997] 2012), »Das Internet in der Geschichte der Technologien des Schreibens«, in: Sandro Zanetti (Hg.), *Schreiben als Kulturtechnik. Grundlagentexte* (= suhrkamp taschenbuch wissenschaft; 2037), Berlin, S. 318–337.

Brandes, Uta; Erlhoff, Michael; Schemmann, Nadine (2009), *Designtheorie, Designforschung* (= UTB; 3152), München.

Bürdeck, Bernhard (2005), *Design. Geschichte, Theorie und Praxis der Produktgestaltung*, 3. Aufl., Basel.

Campe, Rüdiger (1991), »Die Schreibszene, Schreiben«, in: Hans Ulrich Gumbrecht; K. Ludwig Pfeiffer (Hg.), *Paradoxien, Dissonanzen, Zusammenbrüche. Situationen offener Epistemologie*, Frankfurt a.M., S. 759–772.

Cross, Nigel (Hg.) (1984), *Developments in Design Methodology*, Chichester/UK.

Deleuze, Gilles; Guattari, Félix (1976/1977), *Rhizom* (= Internationaler Merve-Diskurs; 67), aus dem Frz. v. Dagmar Berger et al., Berlin.

Derrida, Jacques (1998), »Une discussion avec Jacques Derrida«, in: Michel Contat; Daniel Ferrer (Hg.), *Pourquoi la critique génétique? Méthodes, théories*. Paris, S. 189–209.

Derrida, Jacques ([1986] 1994), »Überleben«, in: ders., *Gestade*, hg. von Peter Engelmann (= Passagen Philosophie), aus dem Frz. v. Monika Buchgeister und Hans-Walter Schmitt, Wien, S. 119–218,

Driesen, Christian; Köppel, Rea; Meyer-Krahmer, Benjamin; Wittrock, Eike (Hg.) (2012), *Über Kritzeln. Graphismen zwischen Schrift, Bild, Text und Zeichen*, Zürich/Berlin.

Ehlich, Konrad (1986), »Die Entwicklung von Kommunikationstypologien und die Formbestimmtheit des sprachlichen Handelns«, in: Werner Kallmeyer (Hg.), *Kommunikationstypologie* (= Sprache der Gegenwart; 67), Düsseldorf, S. 47–72.

Ehlich, Konrad (1983), »Text und sprachliches Handeln. Die Entstehung von Texten aus dem Bedürfnis nach Überlieferung«, in: Aleida Assmann; Jan Assmann; Christof Hardmeier (Hg.), *Schrift und Gedächtnis. Beiträge zur Archäologie der literarischen Kommunikation 1*, München, S. 24–43.

Eigler, Gunther; Jechle, Thomas; Merziger, Gabriele; Winter, Alexander (Hg.) (1990), *Wissen und Textproduzieren* (= ScriptOralia; 29), Tübingen.

Feilke, Helmuth (1993), »Schreibentwicklungsforschung. Ein kurzer Überblick unter besonderer Berücksichtigung der Entwicklung prozessorientierter Schreibfähigkeiten«, in: *Diskussion Deutsch*, H. 129, S. 17–34.

Fix, Ulla (2008), *Texte und Textsorten – sprachliche, kommunikative und kulturelle Phänomene*, Berlin.

Flusser, Vilém ([1991] 2012), »Die Geste des Schreibens«, in: Sandro Zanetti (Hg.) (2012a), *Schreiben als Kulturtechnik. Grundlagentexte*, Berlin, S. 261–268,

Flusser, Vilém ([1987] 1990), *Die Schrift. Hat Schreiben Zukunft?*, 3. Aufl., Göttingen.

Flusser, Vilém ([1987] 1995), »Hinweg vom Papier. Die Zukunft des Schreibens«, in: ders., *Die Revolution der Bilder. Der Flusser-Reader zu Kommunikation, Medien und Design*, Mannheim, S. 59–65.

Frayling, Christopher (1993/1994), »Research in Art and Design«, in: *Research Papers. Royal College of Art*, H. 1, S. 1–5.

Fries, Thomas; Hughes, Peter; Wälchli, Tan (Hg.) (2008), *Schreibprozesse* (= *Zur Genealogie des Schreibens*; 7), München.

Giuriato, David ([2005] 2012), »Maschinen-Schreiben«, in: Sandro Zanetti (Hg.) (2012a), *Schreiben als Kulturtechnik. Grundlagentexte*, Berlin, S. 305–317.

Giuriato, David (2006), *Mikrographien. Zu einer Poetologie des Schreibens in Walter Benjamins Kindheitserinnerungen (1932–1939)* (= Zur Genealogie des Schreibens; 5), München.

Giuriato, David; Kammer, Stephan (Hg.) (2006), *Bilder der Handschrift. Die graphische Dimension der Literatur* (= Nexus; 71), Frankfurt a.M./Basel.

Giuriato, David; Stingelin, Martin; Zanetti, Sandro (Hg.) (2008), *»Schreiben heißt: sich selber lesen«. Schreibszenen als Selbstlektüren* (= Zur Genealogie des Schreibens; 9), München.

Giuriato, David; Stingelin, Martin; Zanetti, Sandro (Hg.) (2006), *»System ohne General«. Schreibszenen im digitalen Zeitalter* (= Zur Genealogie des Schreibens; 3), München.

Giuriato, David; Stingelin, Martin; Zanetti, Sandro (Hg.) (2005), *»SCHREIBKUGEL IST EIN DING GLEICH MIR: VON EISEN«. Schreibszenen im Zeitalter der Typoskripte* (= Zur Genealogie des Schreibens; 2), München.

Greber, Erika; Ehlich, Konrad; Müller, Jan-Dirk (2002), »Einleitung zum Themenband«, in: dies. (Hg.), *Materialität und Medialität von Schrift* (= Schrift und Bild in Bewegung; 1), Bielefeld, S. 9–16.

Gregg, Lee W.; Steinberg, Erwin R. (Hg.) (1980), *Cognitive Processes in Writing*, Hillsdale, N.J.

Grésillon, Almuth ([1995] 2012), »Über die allmähliche Verfertigung von Texten beim Schreiben«, in: Sandro Zanetti (Hg.) (2012a), *Schreiben als Kulturtechnik. Grundlagentexte*, Berlin, S. 152–186.

Grésillon, Almuth ([1994] 1999), *Literarische Handschriften. Einführung in die »critique génétique«* (= Arbeiten zur Editionswissenschaft; 4), aus dem Frz. v. Frauke Rother; Wolfgang Günther, Bern u.a.

Grésillon, Almuth (1999), »Critique Génétique«, in: Wilhelm Hemecker (Hg.), *Handschrift* (= Profile; 4), Wien.

Grésillon, Almuth (1997), »Literarische Schreibprozesse«, in: Kirsten Adamzik; Gerd Antos; Eva-Maria Jakobs (Hg.), *Domänen- und kulturspezifisches Schreiben* (= Textproduktion und Medium; 3), Frankfurt a.M. u.a., S. 239–253.

Grésillon, Almuth (1996), »›Critique génétique‹. Gedanken zu ihrer Entstehung, Methode und Theorie«, in: *QUARTO*, H.7, S. 14–24.

Grésillon, Almuth (1995), »Was ist Textgenetik?«, in: Jürgen Baurmann; Rüdiger Weingarten (Hg.), *Schreiben. Prozesse, Prozeduren und Produkte*, Opladen, S. 288–319.

Grube, Gernot; Kogge, Werner; Krämer, Sybille (Hg.) (2005), *Schrift. Kulturtechnik zwischen Auge, Hand und Maschine* (= Kulturtechnik; 4), München.

Günther, Hartmut; Ludwig, Otto (Hg.) (1996), *Schrift und Schriftlichkeit. Ein interdisziplinäres Handbuch internationaler Forschung*, 2. Halbbd., Berlin.

Gumbrecht, Hans Ulrich; Pfeiffer, K. Ludwig (Hg.) (1993), *Schrift* (= Materialität der Zeichen A; 12), München.

Gumbrecht, Hans Ulrich; Pfeiffer, K. Ludwig (Hg.) (1988), *Materialität der Kommunikation* (= suhrkamp taschenbuch wissenschaft; 750), Frankfurt a.M.

Hahn, Kurt (2008), *Ethopoetik des Elementaren. Zum Schreiben als Lebensform in der Lyrik von René Char, Paul Celan und Octavio Paz* (= Zur Genealogie des Schreibens; 10), München.

Hartling, Florian (2009), *Der digitale Autor. Autorschaft im Zeitalter des Internets* (= Kultur- und Medientheorie), Bielefeld.

Hasenhütl, Gert (2010), »Hypothesen beim Entwerfen«, in: Claudia Mareis; Gesche Joost; Kora Kimpel (Hg.), *Entwerfen – Wissen – Produzieren. Designforschung im Anwendungskontext* (= Kultur- und Medientheorie), Bielefeld, S. 101–119.

Hauser, Susanne; Gethmann, Daniel (Hg.) (2009), *Kulturtechnik Entwerfen*, Bielefeld.

Hay, Louis (1984), »Die dritte Dimension der Literatur. Notizen zu einer ›critique génétique‹«, in: *Poetica*, H. 16, S. 307–323.

Hayes, John R. (1996), »A New Framework for Understanding Cognition and Affect in Writing«, in: C. Michael Levy; Sarah Ellen Ransdell (Hg.), *The Science of*

Writing: Theories, Methods, Individual Differences, and Applications, Mahwah/N.J., S. 1–27.

Hayes, John R. (1980), »The Dynamic of Composing: Making Plans and Juggling Constraints«, in: Lee W. Gregg; Erwin R. Steinberg (Hg.), *Cognitive Processes in Writing*, Hillsdale, N.J., S. 31–51.

Hayes, John R.; Flower, Linda (1980a), »Identifying the Organization of Writing Processes«, in: Lee W. Gregg,; Erwin R. Steinberg (Hg.), *Cognitive Processes in Writing*, Hillsdale, N.J., S. 3–30.

Hayes, John R.; Flower, Linda (1980b), »Writing as Problem Solving«, in: *Visible Language*, H.15, S. 388–399.

Heilmann, Till A. (2012),*Textverarbeitung. Eine Mediengeschichte des Computers als Schreibmaschine* (= MedienAnalysen), Bielefeld.

Heilmann, Till A. (2010), »Digitalität als Taktilität. McLuhan, der Computer und die Taste«, in: *Zeitschrift für Medienwissenschaft*, H. 2, S. 125–134.

Heinemann, Wolfgang; Vieweger, Dieter (1991), *Textlinguistik. Eine Einführung* (= Reihe Germanistische Linguistik; 115), Tübingen.

Höger, Hans (Hg.) (2008), *Design Research: Strategy Setting to Face the Future*, Milan/I.

Hoffmann, Christoph (2010), »Schreiben als Verfahren der Forschung«, in: Michael Gamper (Hg.), *Experiment und Literatur. Themen, Methoden, Theorien*, Göttingen, S. 181–207.

Hoffmann, Christoph (2008a) (Hg.), *Daten sichern. Schreiben und Zeichnen als Verfahren der Aufzeichnung* (= Wissen im Entwurf; 1), Berlin/Zürich.

Hoffmann, Christoph (2008b), »Festhalten, Bereitstellen. Verfahren der Aufzeichnung«, in: ders. (Hg.), *Daten sichern. Schreiben und Zeichnen als Verfahren der Aufzeichnung* (= Wissen im Entwurf; 1), Berlin/Zürich, S. 7–20,

Hurlebusch, Klaus (1998), »Den Autor besser verstehen: aus seiner Arbeitsweise. Prolegomenon zu einer Hermeneutik textgenestischen Schreibens«, in: Hans Zeller; Gunter Martens (Hg.), *Textgenetische Edition* (= Beihefte zu editio; 10), Tübingen, S. 7–51.

Hurlebusch, Klaus (1986), »Deutungen literarischer Arbeitsweise«, in: *Zeitschrift für deutsche Philologie*, H.105, S. 4–42.

Jonas, Wolfgang; Romero-Tejedor, Felicidad (Hg.) (2010), *Positionen zur Designwissenschaft*, Kassel.

Kammer, Stephan; Lüdecke, Roger (2005), »Einleitung«, in: dies. (Hg.), *Texte zur Theorie des Textes* (= Reclams Universal-Bibliothek; 17352), Stuttgart, S. 9–21.

Kemp, Wolfgang (1974), »Disegno. Beiträge zur Geschichte des Begriffs zwischen 1547 und 1607«, in: *Marburger Jahrbuch für Kunstwissenschaft*, H.19, S. 219–240.

Kessler, Florian (2012), *Werkstattgespräche: Funktionen und Potentiale einer Form literarischer Praxis*, Salzhemmendorf.

Kiening, Christian; Stercken, Martina (Hg.) (2008), *SchriftRäume. Dimensionen von Schrift zwischen Mittelalter und Moderne* (= Medienwandel – Medienwechsel – Medienwissen; 4), Zürich.

Kittler, Friedrich ([1985] 2003), *Aufschreibesysteme 1800 · 1900*, 4., vollst. überarb. Neuaufl., München.

Kleist, Heinrich von ([1805–06] 1993), »Über die allmähliche Verfertigung der Gedanken beim Reden«, in: ders., *Sämtliche Werke und Briefe* [1952], 2 Bde., hg. von Helmut Semdner, Bd. 2, 9. Aufl., München, S. 319–324.

Koskinen, Ilpo Kalevi; Redstrom, Johan; Wensveen, Stephan; Zimmerman, John; Binder, Thomas (2011), *Design Research Through Practice: From the Lab, Field, and Showroom*, Waltham/MA.

Krämer, Sybille; Bredekamp, Horst (Hg.) ([2003] 2009), *Bild, Schrift, Zahl* (= Kulturtechnik; 1), 2., unver. Aufl., München.

Krauthausen, Karin; Nasim, Omar (Hg.) (2010), *Notieren, Skizzieren. Schreiben und Zeichnen als Verfahren des Entwurfs* (= Wissen im Entwurf; 3), Berlin/Zürich.

Krauthausen, Karin; Nasim, Omar (2010), »Vom Nutzen des Notierens. Verfahren des Entwurfs«, in: dies. (Hg.), *Notieren, Skizzieren. Schreiben und Zeichnen als Verfahren des Entwurfs* (= Wissen im Entwurf; 3), Berlin/Zürich, S. 7–26.

Krings, Hans P.; Antos, Gerd (Hg.) (1992), *Textproduktion. Neue Wege der Forschung* (= FOKUS; 7), Trier.

Krings, Hans P. (1992), »Schwarze Spuren auf weißem Grund – Fragen, Methoden und Ergebnisse der Schreibprozeßforschung im Überblick«, in: Hans P. Krings; Gerd Antos (Hg.), *Textproduktion. Neue Wege der Forschung* (= FOKUS; 7), Trier, S. 45–110.

Langer, Daniela (2005), *Wie man wird, was man schreibt. Sprache, Subjekt und Autobiographie bei Nietzsche und Barthes* (= Zur Genealogie des Schreibens; 4), München.

Latour, Bruno (2009), »A Cautious Prometheus? A few Steps toward a Philosophy of Design (With Special Attention to Peter Sloterdijk)«, in: Jonathan Glynne; Fiona Hackney; Viv Minton (Hg.), *Networks of Design. Proceedings of the 2008 Annual International Conference of the Design History Society (UK). University College Falmouth 3-6 September*, Boca Raton/Flo., S. 2–10.

Latour, Bruno »Drawing Things Together« (1990), in: Michael Lynch; Steve Woolgar (Hg.), *Representation in Scientific Practice*, Cambridge/Mass., S. 19–68.

Laurel, Brenda (2003), *Design Research: Methods and Perspectives*, Cambridge/Mass.

Lodge, David (2007), *Das Handwerk des Schreibens*, Hamburg.

Ludwig, Otto (1995), »Integriertes und nicht-integriertes Schreiben. Zu einer Theorie des Schreibens: eine Skizze«, in: Jürgen Baurmann; Rüdiger Weingarten, (Hg.) (1995a), *Schreiben. Prozesse, Prozeduren und Produkte*, Opladen, S. 273–287.

McLuhan, Marshall; Fiore, Quentin; Fairey, Shepard (1967), *The Medium ist the Massage*, New York/London/Toronto.

Mareis, Claudia; Held, Matthias; Joost, Gesche (Hg.) (2013), *Wer gestaltet die Gestaltung? Praxis, Theorie und Geschichte des partizipatorischen Designs* (= Kultur- und Medientheorie), Bielefeld.

Mareis, Claudia; Windgätter, Christof (Hg.) (2013), *Long Lost Friends. Wechselbeziehungen zwischen Design-, Medien- und Wissenschaftsforschung*, Zürich/Berlin.

Mareis, Claudia (2012), »Design als Wissenskultur. Zum Stand der Forschung«, in: Birgit S. Bauer (Hg.), *Design theoretisch. Entwerfen, planen, forschen*, Kassel, S. 10–27.

Mareis, Claudia (2011), *Design als Wissenskultur. Interferenzen zwischen Design- und Wissensdiskursen seit 1960*, Bielefeld.

Mareis, Claudia; Joost, Gesche; Kimpel, Kora (Hg.) (2010), *Entwerfen – Wissen – Produzieren. Designforschung im Anwendungskontext* (= Kultur- und Medientheorie), Bielefeld.

Mareis, Claudia (2010), »The ›Nature‹ of Design. Konzeptionen einer impliziten Wissenskultur«, in: Caudia Mareis; Gesche Joost; Kora Kimpel (Hg.), *Entwerfen – Wissen – Produzieren. Designforschung im Anwendungskontext* (= Kultur- und Medientheorie), Bielefeld, S. 121–143.

Mareis, Claudia (2009), »Kunst und Design als epistemische Praktiken«, in: Stefan Selke; Ullrich Dittler (Hg.), *Postmediale Wirklichkeiten. Wie Zukunftsmedien unser Leben verändern*, Hannover, S. 203–222.

Meier, Cordula (2000), »Überlegungen zur Gestaltung als Disziplin«, in: Hermann Sturm (Hg.), *Design Retour. Ansichten zur Designgeschichte*, Essen, S. 52–56.

Meynen, Gloria (2010), »Die Insel als Kulturtechnik (Ein Entwurf)«, in: *Zeitschrift für Medienwissenschaft*, H. 1, S. 79–91.

Moebius, Stephan; Prinz, Sophia (Hg.) (2012), *Das Design der Gesellschaft. Zur Kultursoziologie des Design*s (= Sozialtheorie), Bielefeld.

Molitor-Lübbert, Sylvie (1996), »Schreiben als mentaler und sprachlicher Prozess«, in: Hartmut Günther; Otto Ludwig (Hg.), *Schrift und Schriftlichkeit. Ein interdisziplinäres Handbuch internationaler Forschung*, 2. Halbbd., Berlin, S. 1005–1027.

Molitor-Lübbert, Sylvie (1989), »Schreiben und Kognition«, in: Hans P. Krings; Gerd Antos (Hg.), *Textproduktion. Ein interdisziplinärer Forschungsüberblick*, Tübingen, S. 278–296.

Morgenroth, Claas; Stingelin, Martin; Thiele, Matthias (Hg.) (2012), *Die Schreibszene als politische Szene*, München (= Zur Genealogie des Schreibens; 14).

Morgenroth, Claas; Stingelin, Martin; Thiele, Matthias (2012), »Paradoxien des Politischen. ›Politik‹ und ›Schreiben‹«, in: dies. (Hg.), *Die Schreibszene als politische Szene* (= Zur Genealogie des Schreibens; 14), München, S. 63–96.

Neumann, Gerhard ([1999] 2012), »Schreiben und Edieren«, in: Sandro Zanetti (Hg.) (2012a), *Schreiben als Kulturtechnik. Grundlagentexte*, Berlin, S. 187–213.

Ortlieb, Cornelia (2010), *Friedrich Heinrich Jacobi und die Philosophie als Schreibart* (= Zur Genealogie des Schreibens; 13), München.

Probst, Rudolf (2008), *(K)eine Autobiographie schreiben. Friedrich Dürrenmatts Stoffe als Quadratur des Zirkels* (= Zur Genealogie des Schreibens; 8), München.

Raible, Wolfgang (1991), *Die Semiotik der Textgestalt. Erscheinungsformen und Folgen eines kulturellen Evolutionsprozesses*, Heidelberg.

Rancière, Jacques ([2004] 2008), »Politik der Literatur«, in: ders., *Politik der Literatur* (= Passagen Forum) [2007], aus dem Frz. v. Richard Steurer, hg. von Peter Engelmann, Wien, S. 13–46.

Rheinberger, Hans-Jörg (2010), »Papierpraktiken im Labor« [Interview v. Karin Krauthausen u. Omar W. Nasim mit Hans-Jörg Rheinberger, in: Karin Krauthausen; Omar Nasim (Hg.), *Notieren, Skizzieren. Schreiben und Zeichnen als Verfahren des Entwurfs* (= Wissen im Entwurf; 3), Berlin/Zürich, S. 139–158.

Rheinberger, Hans-Jörg ([1991] 2001), *Experimentalsysteme und epistemische Dinge. Eine Geschichte der Proteinsynthese im Reagenzglas*, aus dem Engl. v. Gerhard Herrgott, Göttingen.

Ruf, Oliver (2013), *Kreatives Schreiben. Eine Einführung* (= UTB; 3664), Tübingen/ Basel.

Scardamalia, Marlene (1981), »How Children Cope with the Cognitive Demands of Writing«, in: Marcia Farr Whiteman (Hg.), *Writing. The Nature, Development, and Teaching of Written Composition*, Bd. 2, Hillsdale/N.J., S. 67–79.

Schmitz, Thomas H.; Groninger, Hannah (2012), »Einleitung«, in: dies. (Hg), *Werkzeug – Denkzeug. Manuelle Intelligenz und Transmedialität kreativer Prozesse* (= transcript: Kultur- und Medientheorie), Bielefeld, S. 11–17.

Schneider, Beat (2005a), *Design – Eine Einführung: Entwurf im Sozialen, Kulturellen und Wirtschaftlichen Kontext*, Basel.

Schneider, Beat (2005b), »Design als Wissenschaft und Forschung«, in: Swiss Design Network (Hg.), *Forschungslandschaften im Umfeld des Designs. Zweites Designforschungssymposium*, Zürich, S. 11–18.

Schröter, Jens (2004), »Analog/Digital – Opposition oder Kontinuum?«, in: Jens Schröter; Alexander Böhnke (Hg.), *Analog/Digital – Opposition oder Kontinuum? Zur Theorie und Geschichte einer Unterscheidung* (= Medienumbrüche), Bielefeld, S. 7–30.

Schultheis, Franz (2005), »Disziplinierung des Designs«, in: *Swiss Design Network 2005*, S. 65–83.

Siegert, Bernhard (2009), »Weiße Flecken und finstre Herzen. Von der symbolischen Weltordnung zur Weltentwurfsordnung«, in: Daniel Gethmann; Susanne Hauser (Hg.), *Kulturtechnik Entwerfen. Praktiken, Konzepte und Medien in Architektur und Design* Science (= Kultur- und Medientheorie), Bielefeld, S. 19–47.

Stingelin, Martin (2009/2011), »Schreiben«, in: Christian Niemeyer (Hg.), *Nietzsche-Lexikon*, 2., durchges. u. erw. Aufl., Darmstadt, S. 339.

Stingelin, Martin; Thiele, Matthias (Hg.) (2009), *Portable Media. Schreibszenen in Bewegung zwischen Peripatetik und Mobiltelefon* (= Zur Genealogie des Schreibens; 12), München.

Stingelin, Martin (Hg.) (2004a), *»Mir ekelt vor diesem tintenklecksenden Säkulum«. Schreibszenen im Zeitalter der Manuskripte* (= Zur Genealogie des Schreibens; 1), München.

Stingelin, Martin (2004b), »›Schreiben‹. Einleitung«, in: ders. (Hg.), *»Mir ekelt vor diesem tintenklecksenden Säkulum«. Schreibszenen im Zeitalter der Manuskripte* (= Zur Genealogie des Schreibens; 1), München, S. 7–21.

Stingelin, Martin (2003), »Schreiben«, in: Jan-Dirk Müller (Hg.), *Reallexikon der deutschen Literaturwissenschaft. Neubearbeitung des Reallexikons der deutschen Literaturgeschichte.* Bd. III, Berlin/New York, S. 387–389.

Stingelin, Martin (2000), »›UNSER SCHREIBZEUG ARBEITET MIT AN UNSEREN GEDANKEN‹. Die poetologische Reflexion der Schreibwerkzeuge bei Georg Christoph Lichtenberg und Friedrich Nietzsche«, in: *Lichtenberg-Jahrbuch* 1999, S. 81–98.

Swiss Design Network (Hg.) (2005), *Forschungslandschaften im Umfeld des Designs. Zweites Designforschungssymposium*, Zürich.

Thüring, Hubert; Jäger-Trees, Corinna; Schläfli, Michael (Hg.) (2009), *Anfangen zu schreiben. Ein kardinales Moment von Textgenese und Schreibprozeß im literarischen Archiv des 20. Jahrhunderts* (= *Zur Genealogie des Schreibens*; 11), München.

Valéry, Paul ([1926] 2010), »Le manuscrit«, zit. nach der Übers. ins Dtsch. in: Karin Krauthausen; Omar Nasim (Hg.), *Notieren, Skizzieren. Schreiben und Zeichnen als Verfahren des Entwurfs* (= Wissen im Entwurf; 3), Berlin/Zürich, S. 17.

Vogl, Joseph (Hg.) (1999), *Poetologien des Wissens um 1800*, München.

Vogl, Joseph (1997), »Für eine Poetologie des Wissens«, in: Karl Richter; Jörg Schönert; Michael Titzmann (Hg.), *Die Literatur und die Wissenschaften 1770–1930*, Stuttgart, S. 107–127.

Volk, Ulrich (2003), *Der poetologische Diskurs der Gegenwart. Untersuchungen zum zeitgenössischen Verständnis von Poetik, dargestellt an ausgewählten Beispielen der Frankfurter Stiftungsdozentur Poetik* (= Frankfurter Hochschulschriften zur Sprachtheorie und Literaturästhetik; 13), Bern u.a..

Voorhoeve, Jutta (Hg.) (2011), *Welten schaffen. Zeichnen und Schreiben als Verfahren der Konstruktion* (= Wissen im Entwurf; 4), Berlin/Zürich.

Vorderer, Peter; Klimmt, Christoph (2002), »Lesekompetenz im medialen Spannungsfeld von Informations- und Unterhaltungsangeboten«, in: Norbert Groeben; Bettina Hurrelmann (Hg.), *Lesekompetenz. Bedingungen, Dimensionen, Funktionen*, Weinheim/München, S. 215–235.

Wegmann, Nikolaus (1996), »Engagierte Literatur? Zur Poetik des Klartexts«, in: Jürgen Fohrmann; Harro Müller (Hg.), *Systemtheorie der Literatur* (= UTB; 1929), München, S. 345–365.

Wittmann, Barbara (Hg.) (2009), *Spuren erzeugen. Zeichnen und Schreiben als Verfahren der Selbstaufzeichnung* (= Wissen im Entwurf; 2), Berlin/Zürich.

Zanetti, Sandro (Hg.) (2012a), *Schreiben als Kulturtechnik. Grundlagentexte* (= suhrkamp taschenbuch wissenschaft; 2037), Berlin.

Zanetti, Sandro (2012b), »Einleitung«, in: ders. (Hg.), *Schreiben als Kulturtechnik. Grundlagentexte* (= suhrkamp taschenbuch wissenschaft; 2037), Berlin, S. 7–34.

Zanetti, Sandro (2006), *»zeitoffen«. Zur Chronographie Paul Celans* (= Zur Genealogie des Schreibens; 6), München.

Schreiben mit Zettel und Link: Ein Einstieg in digitale Zettelkastensysteme

Annina Klappert

Dieser Text wird über ein spezifisches Schreibverfahren sprechen, mit dem das Schreiben *vor* dem Schreiben organisiert werden kann. Das Schreiben *vor* dem Schreiben beginnt mit der Aufnahme anderer Texte, mit der Aufzeichnung eigener Ideen und mit der Verknüpfung von Textstücken; es beginnt also dort, wo Texte gesammelt und bearbeitet werden, wo Gedanken ins Material fließen und wo aus dem Material heraus Gedanken entwickelt werden. *Ein* mediales Verfahren hierfür ist der Zettelkasten, der als individuelle Gedächtnisstütze schriftliche Versatzstücke nicht nur auf längere Sicht speichern, sondern auch so vor Augen bringen kann, dass durch den visuellen Überblick über das Material Relationen zwischen den gespeicherten Elementen besser erkennbar werden.

Entsteht ein Projekt durch die Arbeit mit einem Zettelkasten, wird der Fiktion eines voraussetzungslosen Schreibens die Affirmation eines materialbasierten Schreibens entgegengesetzt. So ist an Jean Paul um 1800 zu sehen, wie ein ganzes poetisches Universum aus Notizen und Verweisen gebildet werden kann (Müller 1988; Klappert 2004).[1] Hiervon zeugt nicht nur die enorme Menge an Material, die von ihm in Form von Exzerpten gesammelt wurde,[2] sondern auch die große Produktivität, die seine Schreibweise nachgewiesenemaßen entwickelt hat. Die Sammlung und Verlinkung von Schreibmaterial lässt sogar so viele Schreibmöglichkeiten entstehen, dass der Schreibprozess sich zu verselbständigen scheint: »Wenn ich die kleinste Schleuse aufziehe,« schreibt Jean Paul, »so schießet so viel Wasser zu, daß allezeit mehr Räder in Gang kommen und also mehr gemahlen wird, als ich wollte« (zit. n. Ueding 1993: 96f.).

1 Ein ebenso prominentes Beispiel ist die Entstehung von Arno Schmidts Texten aus seinen Zettelkästen. Schmidt hat jedoch, anders als Jean Paul, immer einen Zettelkasten pro Text zusammengestellt.

2 Jean Pauls Exzerpte umfassen 12.600 Seiten in 110 Bänden (vgl. Sick 2002: 53).

Ebenso hilfreich, aber weniger überraschend, ist indessen der Einsatz von Zettelkästen im Rahmen des wissenschaftlichen Schreibens. Selbst wenn man auch hier immer die Möglichkeit hat, sich wie Jean Paul ein eigenes System zu organisieren, gibt es mittlerweile zahlreiche digitale Zettelkästen, die einem diese Arbeit abnehmen, gleichzeitig aber auch strukturelle Vorgaben machen, wie das gesammelte Wissen geordnet wird. Die Entscheidung für oder gegen ein Schreibsystem hat daher weit reichende Konsequenzen, und es lohnt sich abzuwägen, worauf man sich auf Jahre hin festlegt. Um ein Kriterium für eine solche Entscheidung herauszuarbeiten, schlage ich vor, das gut reflektierte papierene Zettelkastensystem von Niklas Luhmann als Folie zu nutzen, und hierbei insbesondere das, was er die »offene Anlage« seines Zettelkastens nennt. Hierdurch soll zumindest eine Möglichkeit aufgezeigt werden, die digitalen Systeme zu spezifizieren.

1. Der Zettelkasten als Partner

In seinem kurzen Text »Kommunikation mit Zettelkästen« behauptet Luhmann, dass man, »[o]hne zu schreiben nicht denken« kann (Luhmann 1992: 53). Zumindest auf einer komplexeren Ebene sei das Denken auf eine Materialbasis angewiesen.[3] Für den Aufbau dieser Materialbasis entscheidet Luhmann sich gegen eine systematische Ordnung nach Themen und Unterthemen. Ein solches inhaltliches System würde ähnlich der Buchgliederung »bedeuten, daß man sich ein für allemal (für Jahrzehnte im Voraus!) auf eine bestimmte Sequenz festlegt. Das muß [...] sehr rasch zu unlösbaren Einordnungsproblemen führen« (ebd.: 55). Luhmann entscheidet sich daher für eine »feste Stellordnung«, die eine »offene Anlage« der Ordnung ermöglicht, weil sie kein Thema privilegiert. Diese offene Anlage kennzeichnen im Wesentlichen vier Merkmale.

(1) Wachsende Sammlung von Zetteln mit fester Stellordnung
Erstens ist wichtig, dass alle Gedanken in das System eingetragen werden, damit ein wachsender Materialvorrat entsteht. Dabei erhält jeder neue Gedanke einen Zettel. Dieser ist wiederum mit einer Nummer einem eindeutigen Stellplatz zugewiesen, etwa als Zettel mit der Nummer 57, dessen

3 »Ich denke ja nicht alles allein, sondern das geschieht weitgehend im Zettelkasten.« (Luhmann 1987: 142)

Standort sich auf keinen Fall ändern darf (ebd.), wie Luhmann auch in einem Fernseh-Interview betont.[4]

(2) Beliebige innere Verzweigungsfähigkeit
Zweitens können von einem Zettel aus Gedankenwege abgezweigt werden, etwa auf den Zetteln mit den Nummern 57/1, 57/2 und so weiter. Es ergibt sich damit das, was Luhmann die »beliebige innere Verzweigungsfähigkeit« nennt: »Ein Zettel mit der Nummer 57/12 kann dann im laufenden Text über 57/13 usw. weitergeführt werden, kann aber zugleich von einem bestimmten Wort oder Gedanken aus mit 57/12a ergänzt werden, fortlaufend über 57/12b usw.; wobei intern dann wieder 57/12a1 angeschlossen werden kann.« (1992: 56) Es entsteht also durch immer feiner verzweigte Seitenwege eine Art »Wachstum nach innen« (ebd.):

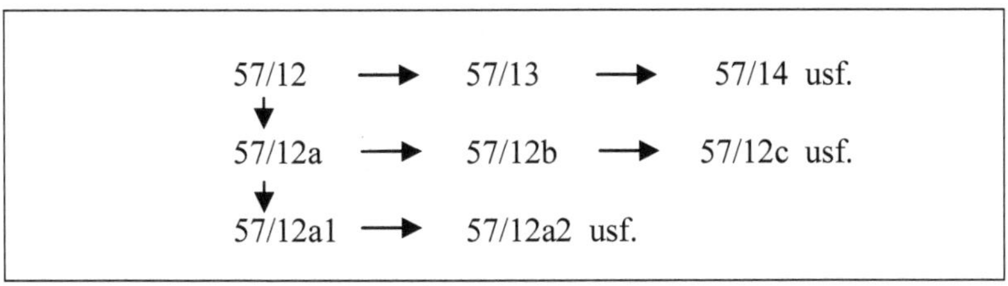

Abbildung 1: »Wachstum nach innen« (Quelle: Eigene Darstellung).

(3) Verweise
Drittens ist die offene Anlage durch Verweisungsmöglichkeiten gekennzeichnet, die das Problem des *multiple storage* lösen. Das Problem ist vielleicht bekannt: Wohin soll man einen Text oder ein Buch einordnen, wenn man es gerade nicht mehr braucht? Entweder man sortiert alphabetisch und löst den thematischen Zusammenhang auf, oder man sortiert projektweise, sucht den Text dann aber nach Jahren vielleicht erfolglos zwischen Textstapeln. Ordnet man dagegen einer Notiz eine Nummer zu und organisiert ihren thematischen Zusammenhang über Verweise, so gibt es keine privilegierten Plätze, und es ist dann nicht mehr wichtig, wo sie steht, sondern in welchem Zusammenhang sie über Verweise festgehalten wird. Im Rückschluss bedeutet das, dass jede unvernetzte Notiz möglicherweise nie mehr auftauchen wird: »Jede Notiz ist nur ein Element, das seine Qualität erst aus dem Netz der Verweisungen und Rückverweisungen im System er-

4 Vgl. http://www.youtube.com/watch?v=7gxXkbEag6k, 8.7.2013.

hält. Eine Notiz, die an dieses Netz nicht angeschlossen ist, geht im Zettelkasten verloren, wird vom Zettelkasten vergessen.« (Luhmann 1992: 58; vgl. ebd.: 56)

(4) Zugriff per Schlagwortregister
Da es keine systematische Stellordnung gibt, muss allerdings das Wiederfinden geregelt werden. Viertens sind daher dem Zettelkasten ein Schlagwortregister und ein bibliographischer Apparat zur Seite gestellt, um die Zugriffsmöglichkeiten zu koordinieren, wobei die Zusammenhänge über die Verweise im System gefunden werden.

Im Ergebnis erhält man laut Luhmann mit der offenen Anlage einen höheren Ordnungstyp, nämlich eine »Unordnung mit nichtbeliebiger interner Struktur« (ebd. 57).[5] Zwar sehe man manche Notiz nie wieder, aber umgekehrt gebe es »Klumpenbildungen« (ebd.: 57) und »Nebeneinfälle, die sich nach und nach anreichern und aufblähen« (ebd.: 58). Durch diesen »Einbau von Zufall ins System« (ebd.: 54) ergebe sich »eine Art Zweitgedächtnis« mit »Eigenleben«, wie Luhmann schreibt (ebd.: 57). Irgendwann überrascht das System den Nutzer, der es angelegt hat, und damit gelingt es, »sich im System der Notizen einen kompetenten Kommunikationspartner zu schaffen« (ebd.: 53). Die Bedeutung des konkret Notierten tritt dadurch hinter seiner Generalisierung zurück, nämlich hinter der »Relationierung von Relationen« (ebd.: 60). Gemeint ist hiermit die Inbezugsetzung der Verweise selbst, durch die neue Ideen im eigentlichen Sinne entstehen können.

»Ohne die Zettel«, schreibt Luhmann, »also allein durch Nachdenken«, würde er auf solche Ideen nicht kommen und insofern wie ein Computer arbeiten, »der ja auch in dem Sinne kreativ sein kann, daß er durch die Kombination eingegebener Daten neue Ergebnisse produziert, die so nicht voraussehbar waren« (Luhmann 1987: 144). Arbeitet Luhmann in seiner Selbstbeschreibung »wie ein Computer«, lautet die Frage im Umkehrschluss, ob die Computer auch ›wie Luhmann‹ arbeiten können, und die Antwort lautet: nein. Luhmanns Zettelkasten ist ein extrem persönliches »Zweitgedächtnis«, dessen Aufbau weder durch einen Computer generierbar noch durch eine andere Person nutzbar, sondern nur für ihn selbst nachvollziehbar ist. Das Wissen wird zwar von Luhmann in einem externen Medium geordnet, aber dies geschieht in so enger Anlehnung an seine

5 Ordnung entsteht »nur aus Kombination von Ordnung und Unordnung«, also durch eine systematische Nicht-Systematik (vgl. Luhmann 1992: 61).

individuellen Denkstrukturen, dass es nicht mehr, aber eben auch nicht weniger als das ist: ein externes Gedächtnis, ein »Zweitgedächtnis«. Dennoch können digitale Bibliographiersysteme durchaus danach befragt werden, ob *sie* das individuelle Gedächtnis und das Denken eines Users über eine vergleichbar offene Anlage unterstützen.

Die offene Anlage ist dabei als medienübergreifende Struktur zu denken; denn auch wenn Luhmann in medienmetaphorischer Selbstbeschreibung »wie ein Computer« arbeitet, nutzt er eine der ältesten Sammeltechniken in der Geschichte der Wissensordnung: Sein Zettelkasten ist ein Kasten im eigentlichen Sinne, aus Holz, mit Fächern und Schüben, in die die Zettel einsortiert werden können.[6] Ebenso handelt es sich auch umgekehrt nur um eine Medienmetapher, wenn die digitalen Systeme als ›Zettelkästen‹ bezeichnet werden, nennen sich diese im Fachjargon doch eigentlich »Literaturverwaltungsprogramme«, »Bibliographie-Software« oder »Dokument-Manager«. Die Metaphorik des Zettelkastens macht hier jedoch insofern Sinn, als sie auf die Grundidee des Sammelns und Ordnens von Wissen in einem Behältnis zurückgeht, auch wenn dieses Behältnis nun ein digitaler Speicher ist.

2. Schreiben mit digitalen Zettelkästen

Die Idee eines digitalen Zettelkastens entwickelt Vannevar Bush schon in den 1940er Jahren (Bush 1945). Sein *Memex* soll das Problem lösen, auf unübersichtliche Datenmengen zugreifen, verschiedene Themen über *links* individuell zu *trails* verbinden und sie noch Jahre später auf dem Screen des *Memex* abrufen und verändern zu können.[7] Was damals Fiktion bleiben musste, ist längst Wirklichkeit geworden. Ich werde nun vier digitale Bibliographiersysteme vorstellen, wobei ich webbasierte Konzepte wie *Endnote Web* oder *RefWorks* nicht berücksichtige. Ich richte stattdessen den Fokus auf gängige Einzelplatzanwendungen, die im beschriebenen Sinne für

---

6 Vgl. zur (Technik-)Geschichte des Kastens als Wissenstechnik des Sammelns und Ordnens Heesen (1997: 141–192). Heesen führt die Technik des rubrizierenden Einordnens von informationshaltigen Dingen in Fächern auf die Entstehung des Buchdrucks mit seinen Lettern-Kästen zurück und hebt die haptische Qualität dieser Form von Lesen hervor.

7 »The difficulty seems to be [...] that publication has been extended far beyond our present ability to make real use of the record.« (Bush 1945: 102)

den Aufbau eines individuellen, externen Gedächtnisses genutzt werden können, und zwar *Citavi*, *Endnote*, *Bibliographix* und *Synapsen*.[8]

Mich interessiert dabei vor allem, welchen Unterschied es im Blick auf das wissenschaftliche Schreiben (vor dem Schreiben) macht, sich für eines dieser Systeme zu entscheiden. Dabei vernachlässige ich ganz die unterschiedlichen Leistungsmerkmale in der Literaturverwaltung. Alle Systeme verfügen – auf im Grunde vergleichbare Weise – über einen komfortablen Datenimport, verschiedene Zitierstile, die Möglichkeit, eigene Kommentare und Dateien anzuhängen sowie die Daten in Dokumente einzufügen oder Literaturlisten auszugeben. Die Unterschiede sind in diesen Punkten so marginal und die Systeme so schnell und bedienungsfreundlich, dass ich dem hier nicht nachgehen möchte. Ich möchte vielmehr die digitalen Zettelkästen darauf hin untersuchen, wie sie sich in der Gesamtanlage unterscheiden, und danach fragen, ob sie das ermöglichen, was Luhmann als die »offene Anlage« seines Zettelkastens beschreibt: die wachsende Sammlung an Zetteln mit eigenen Gedanken, deren innere Verzweigungsfähigkeit, die Verweisungsmöglichkeiten sowie eine effiziente Zugriffsorganisation. Mein Interesse ist es also nicht, eine ohnehin nicht mögliche absolute Bewertung von digitalen Systemen vorzunehmen. Letztlich hat jedes System Qualitäten, die sich aus dem Zuschnitt auf seine spezifischen Zwecke hin ergeben. Vielmehr wähle ich gezielt als Fokus das Kriterium der offenen Anlage, von dem her ich die digitalen Systeme sortiere. Die vier Systeme, die ich vorstellen werde, sind daher so ausgewählt, dass sie in Bezug auf diese Fragestellung vier verschiedene Typen darstellen. Sie sind also bisweilen nur exemplarisch, insofern sich weitere Systeme zu den einzelnen Typen hinzusortieren ließen, so dass ihre Darstellung in diesem Sinne tatsächlich in erster Linie als ›Einstieg‹ verstanden sein will.[9]

2.1 *Citavi*

Bei *Citavi*, einem Programm einer Schweizer Softwarefirma (Swiss Academic Software), funktioniert in der Gesamtorganisation alles über so ge-

8 Die Webadressen aller Bibliographiersysteme befinden sich am Ende des Textes in einem eigenen Verzeichnis.

9 Auf Vollständigkeit abzielende Listen von Literaturverarbeitungsprogrammen sowie weitere vergleichende Darstellungen sind unter den Webadressen in einem eigenen Verzeichnis am Ende dieses Textes zu finden.

nannte Projekte, wobei in jedes Projekt die einzelnen Literaturtitel eingespeist werden können. Im Screenshot in Abbildung 2 ist etwa das Projekt ›Information Literacy‹ aus der Demoversion zu sehen, wobei links die Literaturtitel und rechts die Details zum aktuell markierten Titel erscheinen.

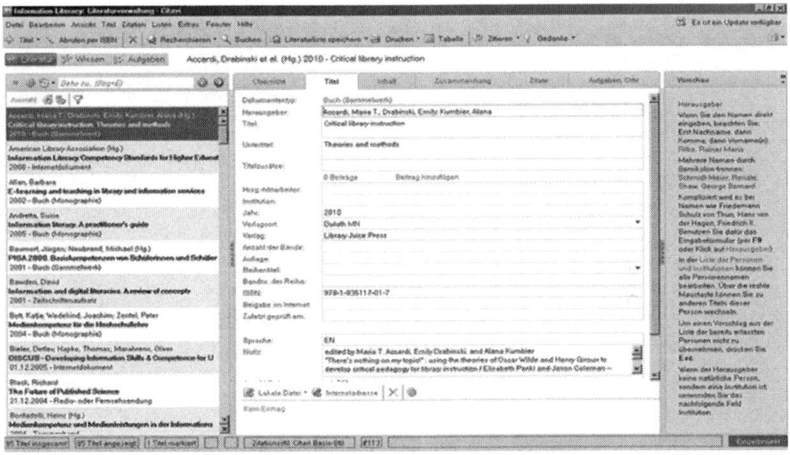

Abbildung 2: Literaturtitel im Citavi-Projekt ›Information Literacy‹ (Quelle: Citavi-Demoversion).

Die Titel sind nur diesem Projekt zugeordnet und auch nur auf dem Weg über dieses Projekt einsehbar. Es gibt also keine gemeinsame Ebene, die zwischen diesem und anderen Projekten, etwa zur ›Organisation von Universitäten‹ oder zum ›Bildungsroman‹ vermitteln könnte, so dass ein Titel immer manuell einem Projekt zugeordnet werden muss und damit das Problem des *multiple storage* bestehen bleibt. Zwar ließe sich das Problem mit der Einrichtung eines thematisch übergreifenden und unspezifizierten Master-Projekts lösen, in das dann alle Literatureinträge manuell hineinkopiert werden könnten, bevor sie einem thematisch umrissenen Projekt zugeordnet würden. Praktisch ist das aber nicht.

Innerhalb der Projekte gestaltet sich das System dagegen etwas offener. So gibt es neben dem Bereich für die Literaturtitel einen Bereich, der sich »Wissen« nennt (vgl. Abbildung 3).

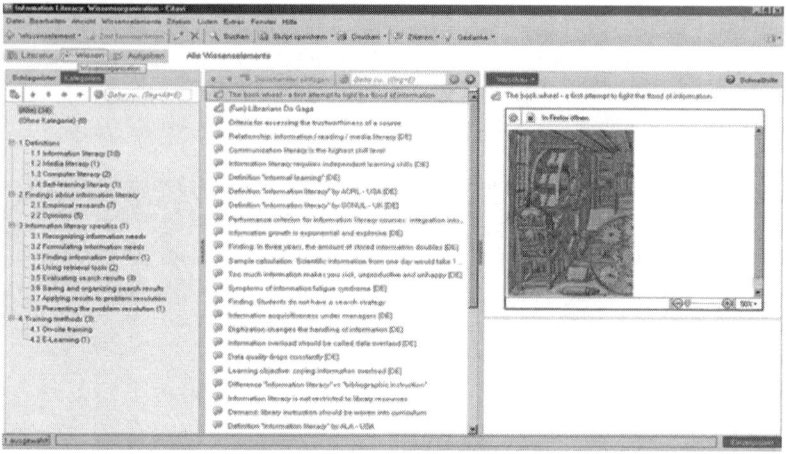

Abbildung 3: Wissenselemente im Citavi-Projekt ›Information Literacy‹ (Quelle: Citavi-Demoversion).

Hier hat man nicht nur die Möglichkeit, einzelne so genannte »Wissenselemente« in Text und Bildform abzuspeichern, sondern auch Zettel mit eigenen Gedanken. So können vorläufige, noch losgelöste Gedanken notiert und schon einmal als »Wissen« aufbewahrt werden. Die Liste der Elemente ist in der mittleren Spalte zu sehen. Deutet dies in Richtung einer offenen Anlage, sind die Gedankennotate jedoch dadurch eingeschränkt, dass sie nur innerhalb eines Projekts erscheinen. Gleiches gilt für die Verweismöglichkeiten, die es immerhin gibt, aber ebenfalls nur innerhalb eines Projektes (unter dem Tab »Zusammenhang«). Zudem ist die Verweisrichtung einseitig: Es kann nur von Gedanken oder Titeln auf andere Titel verwiesen werden, nicht aber von Titeln auf Gedanken. Allenfalls kann indirekt auf Gedanken verwiesen werden, da sie über ihre Schlagworte erreichbar sind: Ruft man ein bestimmtes Schlagwort ab, erscheinen neben den Titeln auch alle Gedanken, die hiermit versehen wurden. *Citavi* hat also nur punktuell eine offene Struktur und das auch nur innerhalb der Projektebene. Beim nächsten System, das ich vorstellen möchte, ist es genau umgekehrt: Hier gibt es zwar mehr Offenheit auf der Ebene der Gesamtorganisation, dafür aber weniger in der Binnenstruktur.

2.2 *Endnote*

Endnote, ein Programm des US-amerikanischen Medienkonzerns Thomson Reuters, ist auf den ersten Blick ähnlich wie *Citavi* organisiert: Findet man in *Citavi* Projekte, arbeitet man in *Endnote* mit Bibliotheken (*libraries*). Alle Daten zu einem Literaturtitel, zum Beispiel zu Sarah Kofmans *Schreiben wie eine Katze* werden also in eine Bibliothek eingespeist, hier in die Bibliothek ›Roman‹. Anders als bei *Citavi* können sie in einer *Endnote*-Bibliothek dann aber noch einmal spezifischen Gruppen, zum Beispiel zur Gruppe ›Bildungsroman‹ oder zur Gruppe ›Theorie des Schreibens‹, zugeordnet werden, wie im Screenshot in Abbildung 4 in der linken Spalte zu sehen ist.

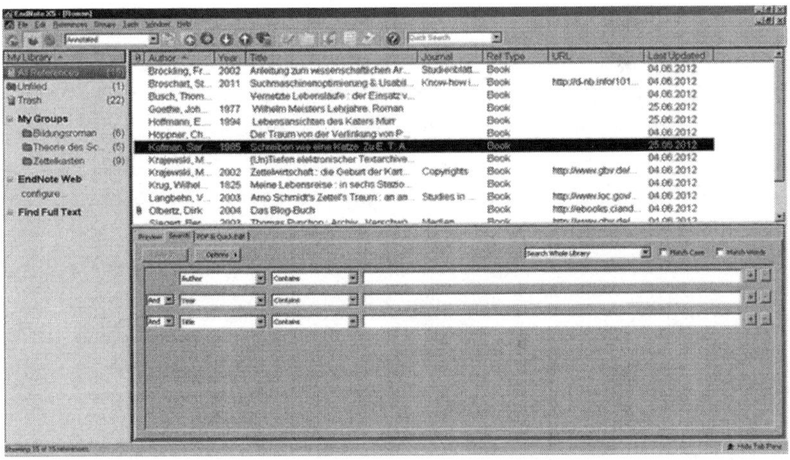

Abbildung 4: Endnote-Library (mit Gruppen) (Quelle: Eigene Endnote-Anwendung).

Ganz oben stehen alle Literaturtitel unter ›All References‹, die in der aktuellen Ansicht aufgelistet sind (hier sind es 15 Titel). Unter ›My groups‹ findet die fakultative Zuordnung dieser Literaturtitel statt, also hier etwa zu den Gruppen ›Bildungsroman‹ (6 Literaturtitel), ›Theorie des Schreibens‹ (5 Literaturtitel) und ›Zettelkasten‹ (9 Literaturtitel). Problemlos wäre im Sinne einer offenen Anlage die Bibliothek nicht ›Roman‹ zu nennen, sondern ›Alle Zettel‹ oder ähnliches, so dass dort alles zu sammeln wäre, wobei die Gruppen dann einzelne Projekte, Ideen oder Themencluster darstellen würden. Müsste man nämlich bei *Citavi* denselben Literaturtitel mehrfach speichern, um mit ihm in verschiedenen Projekten arbeiten zu können, muss ein Titel in *Endnote* nur einmal gespeichert werden. Auf diese Weise hat man immer die Gesamtdaten im Überblick und ein einfaches Verfahren dafür, einen Titel mehrfach zuzuordnen. Der umgekehrte Schritt funktioniert indessen nicht: Man kann einem Titel, also hier dem Literaturtitel zu Kofmans Text, nicht ansehen, zu welchen Gruppen er zugeordnet wurde.

Von einer offenen Anlage ist *Endnote* nicht nur aus diesem Grund weit entfernt. Es gibt – anders als bei *Citavi* – keine Zettel, auf denen man eigene Gedanken notieren könnte, und damit auch keine innere Verzweigungsfähigkeit von Gedankengängen auf Zetteln. Es gibt nur die, zudem sehr beiläufig untergebrachte, Möglichkeit, zu den gespeicherten Titeln Anmerkungen, Abstracts oder Attachments hinzuzufügen, wobei die Felder hierfür so weit am Ende stehen, dass die zugehörigen Titeldaten bei normaler Bildschirmgröße schon aus dem Fenster gescrollt sind.

Das ganze System ist also ausschließlich auf die Arbeit mit Literaturtiteln angelegt. Ein Tool für manuelle Verweise gibt es nicht, ebenso wenig automatische Verweise, so dass auch dieses wichtige Kriterium einer offenen Anlage nicht gegeben ist. Man könnte höchstens sagen, dass es wie bei *Citavi* ein indirektes Verweissystem gibt, und zwar durch die Listen von Schlagworten, Autoren und Journaltiteln, die automatisch erweitert werden. Greift man auf ein Schlagwort zu, etwa auf das Schlagwort ›Schreiben‹, so werden alle Titel angezeigt, die mit diesem Schlagwort verknüpft wurden, also etwa auch der von Kofman. Eine Verweisstruktur jenseits der Schlagwortabfrage ist aber nicht vorgesehen. Deutlich mehr Offenheit bietet in diesem Punkt *Bibliographix*.

2.3 *Bibliographix*

Bibliographix ist ein privates Nonprofit-Projekt zweier Professoren für Management, Olaf Winkelhake und Marcus Schäfer. Hier ist es wie bei *Endnote* so, dass innerhalb der Bibliothek, die hier »Datenbank« heißt, einzelne Literaturtitel ebenfalls mehreren Gruppen, die hier »Projekte« heißen, zugeordnet werden können. Wie bei *Citavi* können außerdem eigene Ideen notiert werden, aber anders als dort gibt es hierfür einen völlig eigenen Bereich:

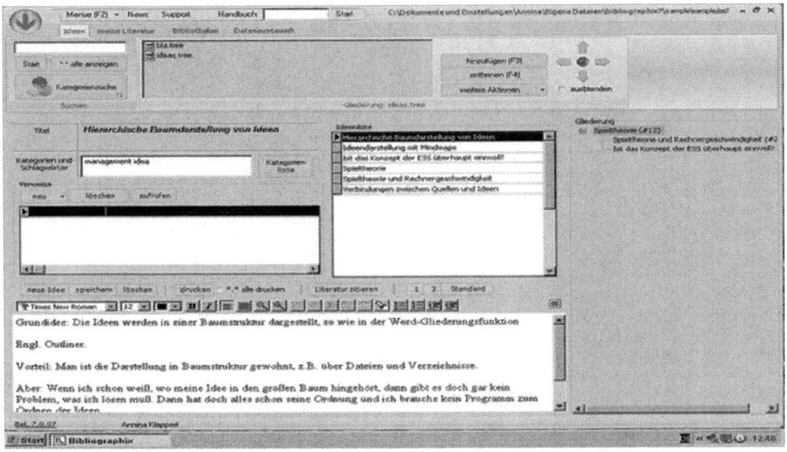

Abbildung 5: »Ideenmanagement« in Bibliographix (Quelle: Bibliographix-Demoversion).

Ausgehend von der These, dass in der Frühphase eines Projekts ein Gliederungsbaum noch wenig hilfreich ist, weil er eine Ordnung der Gedanken bereits voraussetzt, hilft das Ideenmanagement von *Bibliographix* dabei, Gedanken und ihre Verknüpfungen allererst aufzubauen. Jede Idee erhält einen Titel, unter dem man Gedanken festhalten und die Idee ausführen kann. Dazu kann man jede Idee mit Kategorien versehen und Verweise eingeben, und zwar jeweils von der Idee entweder auf Literaturtitel, auf eine andere Idee, auf eine Datei oder auf eine Internetseite. Ist eine Idee weit genug entwickelt, kann immer noch der Gliederungsbaum genutzt werden. Am »Ideenmanagement«, das nichts anderes ist als ein Tool, um Verweise inhaltlich zu bündeln, wird bereits deutlich, wie sehr das Programm Verweise unterstützt, und es verfügt damit über gleich zwei wichtige Merkmale einer offenen Anlage: die Verweise und die Möglichkeit, Verweise zu relationieren.

Den zweiten großen Bereich des Programms stellen die Literaturtitel dar (vgl. Abbildung 6).

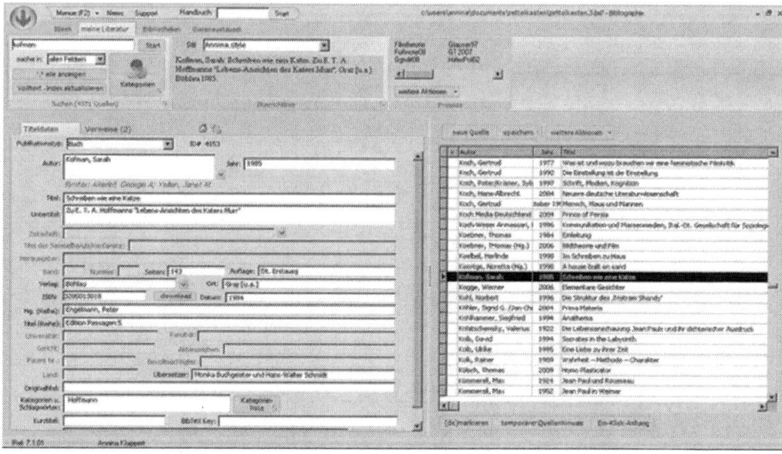

Abbildung 6: Literaturtitel in Bibliographix (Quelle: Eigene Bibliographix-Anwendung).

Auch hier sind die Verweismöglichkeiten wie bei den »Ideen« fest ins Programm integriert. *Bibliographix* rückt damit näher als *Citavi* oder *Endnote* an den Aufbau eines »Zweitgedächtnisses« »mit Eigenleben« im Luhmannschen Sinne heran: Es gibt die Möglichkeit, von den Literaturtiteln auf andere Dateien und Seiten zu verweisen sowie Querverweise anzulegen, und zwar zwischen Literaturtiteln oder zwischen Literaturtiteln und Ideen (Winkelhake/Schäfer 2012: 5). Wird ein Querverweis eingerichtet, wird automatisch ein Verweis auch in die andere Richtung gesetzt. Das Tool für die Querverbindungen ist dabei kein einfaches Nebenprodukt des Programms; vielmehr ist die Verbindung von Literaturtiteln und Ideen dessen erstes Anliegen: »An dieser Stelle«, so heißt es im Handbuch, »setzt Bibliographix an« (vgl. ebd.). Das Programm ist also dezidiert dazu gedacht, Literatur zwar auch zu sammeln und zu pflegen, aber immer und vor allem im Blick auf ihre Vernetzung mit eigenen Gedanken.

Auch bei der Suche baut *Bibliographix* auf Vernetzung. Zwar kann innerhalb der Ideen auch nach Volltext gesucht werden, die Relationierungsleistung zeigt sich aber erst bei der Abfrage der Kategorien, dem so genannten »Kategoriensieb« (ebd.: 9): Gibt man eine Kategorie ein, so erscheinen nicht nur die Ideen, die mit dieser Kategorie versehen sind, sondern – in einer eigenen Liste – auch Kategorien, die schon einmal zusammen mit dieser Kategorie vergeben wurden. Die Kategorien sind dabei nicht hierarchisiert:

»Wenn ihre Datenbank Ideen über italienische Barockmusik enthält, müssen Sie an keiner Stelle definieren, ob ›Musik‹ eine Kategorie ist, die ›Italien‹ und ›Barock‹ übergeordnet ist, oder ob die Hierarchie eine andere sein soll. [...] Wenn Sie ihre Suche mit ›Barock‹ beginnen, bleiben ›Italien‹ und ›Musik‹ im Sieb hängen. Fangen Sie mit ›Musik‹ an, bleiben ›Barock‹ und ›Italien‹ hängen.« (Ebd.: 10)

Neben der Suche nach Volltext oder Kategorien gibt es schließlich auch noch die Suche nach Schlagwörtern. Das gleiche Suchschema – also die Suche nach Volltext, Kategorien oder Schlagwörtern – greift zudem, wenn man die Literaturtitel der Datenbank durchsucht. Insgesamt stellt *Bibliographix* damit insofern eine »offene Anlage« dar, als an die Stelle einer Systematik ein Verweissystem tritt, das nicht nur im Aufbau, sondern auch in der Abfrage dabei behilflich ist, das zu organisieren, was Luhmann die »Relationierung von Relationen« nennt. Noch dezidierter geschieht dies im vierten System.

2.4 *Synapsen*

Wie in *Bibliographix* gibt es auch in *Synapsen* von Markus Krajewski, einem ebenfalls privaten Projekt, eine gemeinsame Plattform für alles, hier unter dem Namen »Literaturdatenbank«, in der Zettel in systematischer und thematischer Unabhängigkeit gespeichert werden. Die Bezüge auf Luhmanns Zettelkasten sind hierbei zahlreich, da *Synapsen* explizit dessen Organisationsstruktur in weiten Teilen digital nachzuahmen versucht.[10] Dem ist es wahrscheinlich auch geschuldet, dass hier die offenste Anlage entstanden ist, denn: *Synapsen hat* nicht nur Zettel; es *besteht* aus Zetteln. Über die Zettel hinaus gibt es keine übergeordnete Strukturierung, also keine Einteilung etwa nach übergeordneten Rubriken wie ›Literatur‹, ›Wissen‹ oder ›Ideen‹. Vielmehr ist der Zettel die Grundeinheit der Organisation, auf dem alles eingetragen wird: bibliographische Angaben, Stichworte, Lektüren, Ideen, Exzerpte und Verweise zu anderen Zetteln (vgl. Abbildung 7).

10 Zur Erläuterung von *Synapsen* vgl. Krajewski (1997). Ebenfalls explizit an Luhmanns Zettelkasten angelehnt ist Daniel Lüdeckes Zettelkastenprogramm *Zkn³*.

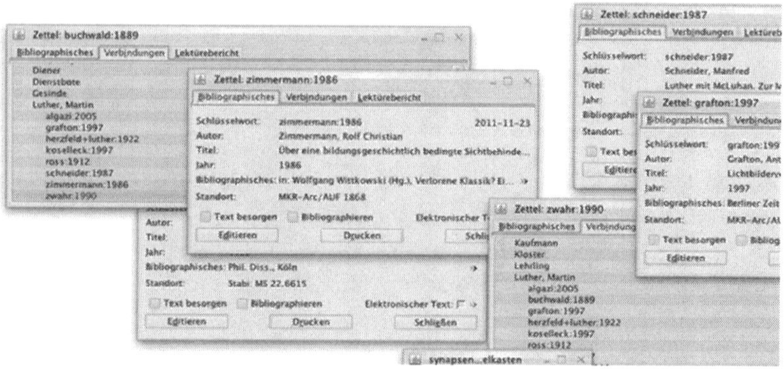

Abbildung 7: »Zettel« in Synapsen (Quelle: http://www.verzetteln.de/synapsen/, Ansichten, 8.7.2013).

Die Verweise haben einen hohen Stellenwert in *Synapsen*. Die ganze Literaturdatenbank ist in einen Hypertext-Code eingebettet, dessen Aufgabe es ist, »Querverweise zwischen den jeweiligen bibliographischen Einträgen zu ermöglichen, um Verbindungslinien zwischen thematisch zusammengehörigen Literaturangaben zu knüpfen« (Krajewski 1997: 4f.). Die Grundlage für das Hypertextgewebe sind dabei die Stichworte. Ist ein Stichwort bei einem neuen Eintrag schon bekannt, so wird ein automatischer Link von dem neuen Zettel zu den bereits vorhandenen Zetteln mit dem gleichen Stichwort errichtet (ebd.: 5, 10). Die Besonderheit hierbei ist: Die Querverweise, die manuell oder automatisch eingerichtet werden, sind auf jedem Zettel zu sehen. Die Zettel sind damit der Ausgangspunkt des Verweisungszusammenhangs, also anders als bei *Bibliographix*, wo die Stichworte die Ausgangspunkte sind: Dort ist das Stichwort zwar unter den Einträgen zu sehen, aber die anderen Einträge mit dem gleichen Stichwort erscheinen erst über den Umweg einer Stichwortrecherche.

Für den Zugriff auf die Zettel erläutert Krajewski zwei Suchstrategien. Den ersten Zugriff nennt er »linear«, weil man »sukzessiv« die alphabetisch geordneten Stichworte oder das Personenregister durchsucht – dies wäre eine Suche nach vorausgesetzten Begriffen; den zweiten Zugriff nennt er eine »enzyklopädische[ ] Lesereise durch den eigenen Textspeicher« (ebd.: 10). Ausgehend von einem Zettel oder einem Stichwort aus der alphabetischen Liste gelangt man zu einem Stichwort, das auf ein weiteres Stichwort verweist und so weiter, so dass eine assoziative Bewegung entlang von Verweisen entsteht, die man so vorher nicht gesucht und auch nicht gewusst hat: »Beide Suchstrategien unterscheiden sich [also] dergestalt: Während die lineare Suche darauf zielt, Argumente, Begriffe und Gedanken *wiederzufinden*, besteht der Einsatz der assoziativen Suche darin, den Hyperlink einzuberufen als Erinnerung an Fragmente, um aus ihnen [...] Gedankengänge zu *erfinden*« (ebd.: 13). Diese Differenzierung zwischen Wiederfinden und Erfinden spitzt den Anspruch von *Synapsen* noch einmal zu, nämlich ein Schreibinstrument im Sinne von Luhmann zu sein, das nicht nur einmal Entdecktes speichert, sondern Überraschungen produziert, indem es die »Relationierung von Relationen« und damit das Erfinden neuer Zusammenhänge ermöglicht.

3. Fazit

Die vorgestellten digitalen Zettelkästen unterstützen das Schreiben, das *vor* dem Schreiben einsetzt: das Notieren und Verlinken von Schreibmaterial. Sie stehen in einer Reihe mit anderen Schreibtechniken, aus denen sie eine spezifische Konfiguration darstellen: In ihnen werden in ›Abstracts‹ Inhalte zusammengefasst, in ›Notizen‹ Gedanken oder Ideen gesammelt, es wird in ›Literaturtiteln‹ bibliographiert, es wird durch ›Links‹ auf andere Texte verwiesen und ihre ›Cluster‹ und ›Bäume‹ gleichen dem Mindmapping, bei dem es ebenfalls um die Übersicht von Relationierungsmöglichkeiten geht. Jedes digitale System setzt in der Ausgestaltung dieser Schreibtechniken andere Schwerpunkte, wobei die hier eingeschlagene Orientierung an Luhmanns Zettelkasten dazu diente, die »offene Anlage« als Sortierungskriterium zu nutzen.

Während die feste Stellordnung in digitalen Systemen durch die medialen Bedingungen gleichsam automatisch installiert ist, da jeder Eintrag eine feste ID-Nummer trägt, zeigt sich indessen, dass keins der Systeme einen ähnlich großen Schwerpunkt auf die Verzeichnung eigener Gedanken legt wie Luhmann: In dessen Zettelkasten sind vornehmlich Gedanken notiert (Luhmann 1987: 143), während die bibliographischen Titel in einem getrennten System untergebracht sind. Zudem ist das, was bei Luhmann den größten Stellenwert hat, nämlich die Verzweigung der Gedanken durch das innere Wachstum von Zetteln, in keinem der Systeme vorgesehen, selbst in *Synapsen* nicht. Möglicherweise hieße dies auch nur, etwas Unnötiges nachzuahmen, weil es den Notwendigkeiten eines papierenen Zettelsystems geschuldet ist, verfügt es doch nicht über hypertextuelle Links, um Elemente miteinander zu verknüpfen. Dennoch – ein Wachstum nach innen, das die Gedankenzweige auf Zetteln zeigt und deren thematische Nähe durch räumliche Nähe sichtbar macht, ist eine Qualität, die die vier digitalen Zettelkästen so nicht bieten.[11]

Anders verhält es sich mit den anderen Kriterien der offenen Anlage, wobei nicht alle Systeme ein gleiches Maß an Offenheit bieten. Stimmen wir Luhmanns These zu, dass eine offene Anordnung ein höheres Ordnungssystem ermöglicht, so wäre *Citavi* als reduziertes System oder vielmehr reduzierendes System zu beschreiben. *Citavi* ordnet nach getrennten Projekten, die nicht aufeinander verweisen können,[12] und in *Endnote* gibt es trotz der projektübergreifenden Plattform keine Organisation eigener Ideen und Verweise. Ist in *Endnote* alles der Arbeit an Literaturtiteln untergeordnet, ist *Citavi* ein Programm für nur eine Arbeitsphase, aber kein Programm für den Aufbau eines »Kommunikationspartners«, der für die Dauer eines ganzen Forscherlebens genutzt werden kann.

Gerade das ist aber wichtig, damit sich der Aufbau und die Pflege des Zettelkastens wirklich lohnen und damit er in dem Maße produktiv genutzt werden kann, wie Luhmann es beschreibt. Dessen Produktivität nämlich entsteht gerade aus den Notizen, den Verweisen zwischen den Notizen sowie einem Zugriff, der »das interne Verweisungsnetz in Betrieb zu setzen« weiß, so dass »mehr an Informationen verfügbar wird, als man bei der Anfrage im Sinn hatte; und vor allem mehr an Informationen, als jemals in der Form von Notizen gespeichert worden waren.« (Luhmann 1992: 59) In Worten Jean Pauls ließe sich sagen, dass eine Anfrage gleichsam als »kleinste Schleuse« aufgezogen wird, und dann »schießet so viel Wasser zu, daß allezeit mehr Räder in Gang kommen und also mehr gemahlen wird, als [derjenige] wollte« (Jean Paul, zit. n. Ueding 1993: 96f.). Beide Theorien vom Zettelkasten begleitet diese Rhetorik des Überschusses, die sich der

11 Eng an dieser Struktur orientiert ist hingegen *Hypercard* von Apple, dessen Entwicklung aber eingestellt wurde. Apple hat die letzte Version von Hypercard 1998 veröffentlicht, und 2004 nahm die Firma die Seite zu Hypercard von ihrer Webseite (vgl. Lischka 2012). Der eng an Luhmanns Zettelkasten angelehnte *Zkn³* von Lüdecke wird indessen noch gepflegt und verfügt genau über die Funktionen von »Folgezettel« und »Cluster«, die ein inneres Wachstum in Luhmanns Sinne ermöglichen.

12 *Citavi* funktioniert also hier nicht wie Luhmanns Zettelkasten, sondern eher wie die Zettelkästen von Arno Schmidt, die thematisch arbeiten und nicht wie Jean Pauls Exzerpte eine poetische Gesamtanlage aufbauen, sondern die innere Komplexität einzelner Buchprojekte.

praktischen Erfahrung verdankt. Weil sie auf diesen Überschuss nicht mehr verzichten möchten, investieren Zettelkastenarbeiter/innen in der Regel mehr Zeit in den Zettelkasten als in das Bücherschreiben, jedenfalls solange der Zettelkasten dieses produktive Kombinationspotential organisieren kann.

Genau dies leisten Systeme des Typs von *Bibliographix* und *Synapsen*, weil sie eine Oberfläche bieten, von der aus verschiedene Projekte organisiert und auf der eigene Gedanken notiert werden können, weil sie Verweise zulassen und automatisch erstellen und weil sie den Zugriff so organisieren, dass neue Relationen entdeckt werden können. In ihnen kann, wenn man die Systemangebote nutzt, tatsächlich »eine innere Struktur [entstehen], die auf diese Weise nie hineingegeben worden ist, die man dann aber herausziehen kann« (Luhmann 1987: 143). Der Unterschied von *Bibliographix* und *Synapsen* zu den anderen Systemen ist mithin, dass sie anbieten, aus einer Zitier- und Bibliographierhilfe ein »Zweitgedächtnis« mit Eigenleben zu machen, das Überraschungen bereithält.

Literatur

Baecker, Dirk; Stanitzek, Georg (Hg.) (1987), *Archimedes und wir. Interviews*, Berlin.

Bush, Vannevar (1945), »As We May Think« (1.7.1945), in: *Atlantic Monthly* 176, S. 101–108, http://www.theatlantic.com/magazine/archive/1945/07/as-we-may-think/303881, 8.7.2013.

Heesen, Anke te (1997), *Der Weltkasten. Die Geschichte einer Bildenzyklopädie aus dem 18. Jahrhundert*, Göttingen.

Klappert, Annina (2004), *Die Perspektiven von Link und Lücke. Sichtweisen auf Jean Pauls Texte und Hypertexte*, Bielefeld.

Krajewski, Markus (1997), »Käptn Mnemo. Zur hypertextuellen Wissensspeicherung mit elektronischen Zettelkästen«, http://www.uni-weimar.de/medien/wissenschaftsgeschichte/publikationen/Mnemo.pdf, S. 1–17, 8.7.2013; auch erschienen in: Martin Rost (Hg.), *PC und Netz effektiv nutzen*, Kaarst, S. 90–102.

Lischka, Konrad (2012), »25 Jahre Hypercard. Wie Apple beinahe das Web erfand«, in: *Spiegel online*, 2.6.2012, http://www.spiegel.de/netzwelt/web/hypercard-apples-offline-browser-wird-25-a-836237.html, 8.7.2013.

Luhmann, Niklas (1987), »Biographie, Attitüden, Zettelkästen«, in: Dirk Baecker; Georg Stanitzek (Hg.), *Archimedes und wir. Interviews*, Berlin, S. 125–156.

Luhmann, Niklas (1992), *Universität als Milieu. Kleinere Schriften*, hg. von André Kieserling, Bielefeld.

Luhmann, Niklas (1992), »Kommunikation mit Zettelkästen. Ein Erfahrungsbericht«, in: ders., *Universität als Milieu. Kleinere Schriften*, hg. von André Kieserling, Bielefeld, S. 53–61.

Luhmann, Niklas, Interview, http://www.youtube.com/watch?v=7gxXkbEag6k, 8.7.2013.

Müller, Götz (Hg.) (1988), *Jean Pauls Exzerpte*, Würzburg.

Rost, Martin (1997) (Hg.), *PC und Netz effektiv nutzen*, Kaarst.

Sick, Birgit (2002), *»Bücher-Vampyr« und »Schreibmensch«. Jean Paul zum 175. Todestag*, Würzburg.

Stanitzek, Georg (Hg.), *Archimedes und wir. Interviews*, Berlin.

Ueding, Gerd (1993), *Jean Paul*, München.

Winkelhake, Olaf; Schäfer, Marcus (2012), *Bibliographix-Handbuch*, http://manual9.mybibliographix.de/index.php?n=Einleitung.Home, 8.7.2013.

Digitale Zettelkästen (Auswahl)

Bibliographix (Olaf Winkelhake; Marcus Schäfer), http://www.bibliographix.de/, 8.7.2013.

Citavi (Swiss Academic Software), Nachfolger von LiteRat, http://www.citavi.com/de/, http://www.literat.net/index.html, 8.7.2013.

Endnote (Thomson Reuters), http://www.hsl.unc.edu/services/tutorials/endnote/Intro.htm, 8.7.2013.

Hypercard (Apple) (1993–1995), http://www.hypercard.de/, 8.7.2013.

Synapsen (Markus Krajewski), http://www.verzetteln.de/synapsen, 8.7.2013.

Zkn^3 (Daniel Lüdecke), http://zettelkasten.danielluedecke.de/, 8.7.2013.

Weiterführende Übersichten (Auswahl)

Böhner, Dörte; Stöber, Thomas; Teichert, Astrid, *Softwarevergleich Literaturverwaltung (Juli 2009)*, akt. v. Dorothea Lemke und Petra Frommer (März 2012), http://www.informationskompetenz.de/fileadmin/DAM/documents/Literaturverwaltungs_3348.pdf, 8.7.2013.

Eberhardt, Joachim, »Über Literaturverwaltungsprogramme, Dokumentenmanager und andere elektronische Helfer«, *IASL online*, http://iasl.uni-muenchen.de/discuss/lisforen/Eberhardt_Softwaretest.html, 8.7.2013.

Krajewski, Markus, »Mein elektronisches Textgedächtnis. Eine Gebrauchsanleitung«, http://www.verzetteln.de/LiteraturVerwaltung.pdf, 8.7.2013.

Froese, Annika-Valeska; Musiat, Jutta; Wenzel, Christina für die Staats- und Universitätsbibliothek Dresden (SLUB), »Gesamtbewertung«, http://www.slub-dresden.de/fileadmin/groups/slubsite/Service/PDF_Service/Literarturverwaltungsprogramme_im_%C3%9Cberblick.pdf, 8.7.2013.

Wikipedia, Bibliographic/Software and Standards Information, http://wiki.openoffice.org/wiki/Bibliographic_Software_and_Standards_Information, 8.7.2013.

Wikipedia, Comparison of reference management software, http://en.wikipedia.org/wiki/Comparison_of_reference_management_software, 8.7.2013.

Papierlose Notizen: Zum Gebrauch von Handyfotografie als Mnemotechnik des Alltags

Michael A. Conrad

1. Ein Kollektiv sonderbarer Amateure

Der junge Mann hat sich gerade von seinem Stuhl erhoben. Er beugt sich so weit vor, dass sein Gesicht und den Flachbildschirm vor ihm nur etwa eine halbe Armlänge trennt. Die Augen fest auf den Monitor richtend, hält er – in geringem Abstand von seinem Oberkörper entfernt – ein Mobiltelefon, dessen Rückseite auf den Bildschirm zeigt. Diese ist mit einer kleinen Kameralinse ausgestattet. Mit dem Zeigefinger der rechten Hand drückt er einen Knopf am Außenrand des Geräts. Es erklingt ein Klickgeräusch, das an den Auslöser einer Analogkamera erinnert. Offenbar fotografiert er die Bildschirmanzeige. Diese Handlung wiederholt der Unbekannte einige Male und verlässt dann den Arbeitsraum der Bibliothek.[1]

Innerhalb des räumlichen und institutionellen Kontextes einer Bibliothek hatte der fremde Körper sich wortwörtlich ›merk-würdig‹ aufgeführt. Nicht nur der Akt des Fotografierens als solcher erscheint in dieser Hinsicht ungewöhnlich, sondern auch die Banalität des gewählten Objekts. Die plausibelste Erklärung für die Handlung besteht darin, dass diese Fotos erzeugt wurden, um wichtige Informationen auf möglichst zuverlässige Weise und ohne Verluste festzuhalten und ästhetische Aspekte daher als sekundär empfunden werden. Der Fotograf hatte der Leistungsfähigkeit und Zuverlässigkeit seines eigenen Erinnerungsvermögens nicht vollends vertraut und deswegen auf die Handykamera zurückgegriffen. Damit erfüllen die Bilder eine mit schriftlichen Notizen vergleichbare Funktion – allerdings nur dann, wenn man ein betriebsbereites Mobiltelefon bei sich trägt. Dass die Verwendung von Fotografie zur Erzeugung gedächtnisstützender Bilder als ungewöhnlich empfunden wird, hängt demnach – neben dem hier gegebenen Kontext – vor allem mit unterschwellig an sie herangetragene, ästhetische und mediale Erwartungshaltungen zusammen, derentwe-

1 So geschehen im August 2010 im Grimm-Zentrum der Humboldt-Universität Berlin.

gen einem fotografierten Objekt gemeinhin eine gewisse Exklusivität zugeschrieben wird.

Hat man sich diese neue fotografische Praxis einmal bewusst gemacht, fällt auf, wie alltäglich sie inzwischen geworden ist. Immer häufiger kann man Menschen beobachten, die mit ihren Mobiltelefonen beispielweise Informationstafeln fotografieren, um Kontaktdaten und Öffnungszeiten von Arztpraxen und öffentlichen Institutionen festzuhalten. In Vorlesungen und Seminaren halten Studierende auf dieselbe Weise Diagramme, Tafelbilder oder Präsentationsfolien fest und sparen sich so die mitunter mühevolle Praxis des Abschreibens oder -zeichnens. In Bibliotheken werden einzelne Textpassagen und ganze Buchseiten mit Handykameras abfotografiert, was den Kopierakt überflüssig macht und das Exzerpieren von Informationen in ein ungewisses Später verschiebt. Der Gebrauch des Fotohandys für die Reproduktion schriftlicher Informationen befindet sich demzufolge in einer Phase soziokultureller Normalisierung.

Diese spezifische Gebrauchsweise von Fotografie entspricht einer Notationspraxis. Dadurch nähert sie sich eigentümlicherweise dem allgemeinen Sinne des vieldeutigen lateinischen Verbs *notare* an, welches ursprünglich die Praxis meinte, eine Sache mit einem Zeichen (*nota*) zu versehen, etwas anzumerken oder aufzuzeichnen. Man kann das Verb auch schlicht mit ›schreiben‹ oder ›beschreiben‹ übersetzen, allerdings im allgemeinen Sinne einer Deskription, die nicht zwingend auf Schriftzeichen oder Sprache zurückgreifen muss. Eine dieser allgemeinen Semantik entsprechende Bedeutung von ›Notiz‹ strebt demnach eine Ausweitung des Begriffs auf verschiedene Medien an und führt von einer eindimensionalen Reduktion auf einen mit handschriftlichen Zeichen überzogenen Papierzettel weg. Schon auf etymologischer Ebene enthüllt sich so eine Verbindung zwischen Fotografie und Notiz, die zwar schon seit den frühen Anfängen der Fotografie bestand und reflektiert wurde, jedoch erst im Zuge der Digitalisierung vieler Lebensbereiche umfassend zum Tragen gekommen ist. Exemplarisch soll dieser historische Zusammenhang im Folgenden anhand des Werkes von William Henry Fox Talbot (1800–1877) illustriert werden, der, neben den Franzosen Nicéphore Nièpce und Louis Daguerre, als einer der Erfinder der Fotografie gilt. Das von ihm entwickelte Verfahren stellte der Brite am 31. Januar des Jahres 1839 der *Royal Society* vor – ein Ereignis, das sich im Jahre 2014 zum 175. Mal jähren wird.

Die aufzeichnende Projektion des dreidimensionalen Raums auf die planare Ebene verbindet Fotografie und Notizzettel nicht nur in einem geometrischen Sinne; die bevorzugte Verwendung von Papier als Speicher- und Trägermedium führt beide »Aufschreibesysteme« (Kittler 1986) auch in materieller Hinsicht zusammen. Wie der kanadische Medientheoretiker Harold Innis zeigte, ist Papier schon allein aufgrund seiner besonderen physikalischen Eigenschaften ein herausragendes Beispiel für die Existenz mobiler Medien vor den elektronischen und digitalen Medien unserer Tage.[2] Seine Mobilität, Leichtigkeit und universelle Einsetzbarkeit haben es zu einem ›Grundstoff der Moderne‹ gemacht. Dementsprechend sind Fotografie und Papiernotiz beide gleichermaßen Produkte des Papierzeitalters, wenngleich sich im Zuge der Digitalisierung eine zunehmende Emanzipation von diesem Trägermedium abzeichnet.

2. Handyfotografie als Sonderform digitaler Fotografie

Handyfotografie ist ein noch sehr junges Phänomen. Derzeit existieren keine einschlägigen wissenschaftlichen Publikationen, die sich ausschließlich diesem Thema widmen. Wenn überhaupt, dann wird sie entweder im Zusammenhang mit mobilen Medien (vgl. Farman 2012) und Martin/Pape 2012) oder mit Digitalfotografie behandelt (vgl. Burkart 2007 und Weber 2008).[3] Das hat sicherlich auch damit zu tun, dass noch nicht recht abzusehen ist, inwiefern der Handyfotografie ein autonomer kultureller Status zugeschrieben werden kann. Von technologischer, aber auch von

2 In diesem Sinne wird gerne übersehen, dass auch schon verbale Sprache als mobiles Medium betrachtet werden kann, welches zusammen mit den Körpern der Sprecher wandert. Zu Harold Innis' Theorie der Trägermedien sei vor allem an Bemerkungen Lothar Müllers (Müller 2012: 97–98), aber auch Harold Innis' selbst verwiesen (Innis 1997 beziehungsweise Graeme 1990).

3 Die Recherche am 18.12.2012 im Katalog der Deutschen Nationalbibliothek in Frankfurt a.M. führte zu folgendem Ergebnis: Unter dem Schlagwort »Handyfotografie« findet man keinen, unter »mobile Fotografie« 13 Einträge, von denen nur zwei thematisch relevant waren. 1.563 Publikationen findet man hingegen für das Schlagwort »Digitalfotografie«, von denen aber nur sehr wenige einen wissenschaftlichen Wert besitzen. Zumeist handelte es sich um Leitfäden zu Photoshop und einzelnen Digitalkameras. 980 Einträge verteilen sich auf die Jahre 2008 bis 2012, unter denen sich allerdings nur ein bis drei (!) eigenständige wissenschaftliche Titel finden. Für die Jahre 1995 bis 2004 existieren nur noch 183 Katalogeinträge, von denen keiner für das Thema relevant war. Insgesamt entstand der Eindruck, dass bereits die Digitalfotografie noch zu wenig von geisteswissenschaftlicher Seite her beleuchtet wurde.

bildästhetischer Seite her betrachtet, gehört sie eindeutig in den Bereich der Digitalfotografie. Von anderen Formen der Digitalfotografie unterscheidet sie sich jedoch durch ihre Mobilität und Ubiquität. Daher soll Handyfotografie in diesem Kontext als eine Sonderform von Digitalfotografie aufgefasst werden. Im Fokus steht demzufolge eine spezifische Gebrauchsweise von (Digital-)Fotografie, für die das Verwenden von Handykameras zwar nicht notwendig, jedoch besonders charakteristisch ist. Der Einsatz von Handykameras zur Erzeugung fotografischer Notizen war von den Entwicklern der Technologie dabei keineswegs intendiert. Eine Deutung der Praxis im Sinne des Technikdeterminismus würde somit zu kurz greifen. Die besondere Gebrauchsweise schöpft sich zwar aus den dieser Technologie innewohnenden Möglichkeiten, doch wurde sie erst durch einen kreativen Umgang mit den besonderen technologischen Gegebenheiten im Zusammenspiel mit ihrer soziokulturellen Umgebung gefunden. Daher wird in der weiteren Analyse weder von einer rein technik- noch von einer rein kulturdeterministischen Perspektive ausgegangen, sondern stillschweigend vorausgesetzt, dass konkrete Gebrauchsweisen aus einem Wechselspiel zwischen Anwendern und Technologien hervorgehen.

So setzt der rege, allgegenwärtige Gebrauch von Handykameras eine gesellschaftliche Akzeptanz des Fotografierens im öffentlichen Raum voraus. Zwar gehört Fotografie im öffentlichen Raum schon seit längerer Zeit zu einer normalisierten Alltagspraxis,[4] doch trat sie im Analogzeitalter noch nicht mit der heute charakteristischen Häufigkeit auf. Der wichtigste Schritt in diese Richtung war die Einführung digitaler Kleinbildkameras in den 1990ern, doch hat sich die Frequenz öffentlichen Fotografierens durch die hohe Verbreitungsdichte von Handykameras inzwischen nochmals deutlich gesteigert: Statistisch gesehen besaßen in Deutschland im Jahre 2011 112 Millionen Menschen ein Mobiltelefon, also 137 Prozent der Bevölkerung.[5]

4 Seit wann man von einer Normalisierung des Fotografierens im öffentlichen Raum ausgehen kann, konnte nicht genau ermittelt werden. Es ist jedoch davon auszugehen, dass das erste Auftreten von Fotografen in der Öffentlichkeit im 19. Jahrhundert zu Irritationen geführt haben muss. Die Ausbreitung der Fototechnologie erfuhr durch die Entwicklung von Amateurkameras einen neuen Schub, wie zum Beispiel die legendäre Kodak Nr. 1. Die ab dem Jahre 1888 massenindustriell gefertigte Kamera hatte ein, im Unterschied zu ihren Vorgängerinnen, relativ leichtes Gewicht und war dadurch sehr mobil. Auch verwendete sie als eine der ersten Kameras einen Rollfilm.

5 Das heißt, dass viele Bundesbürger ein zweites Mobiltelefon besitzen (zu den Daten vgl. die Pressemitteilung der BITKOM, der Branchenverband für Informations- und Tele-

Es gehört heute zu einer normalisierten Alltagspraxis, das Mobiltelefon jederzeit bei sich zu tragen. Daher ist es prinzipiell möglich, jederzeit mit der integrierten Mikrokamera zu fotografieren, ganz gleich, wo man sich gerade aufhält. In seiner Funktion als ständiger Begleiter ähnelt das Mobiltelefon einem Kleidungsstück, das man nahe am Körper trägt und dessen Fehlen zu einem Gefühl unterschwelligen Unbehagens führt. Von diesem Standpunkt aus betrachtet ist es nur folgerichtig, wenn immer wieder auf die identitätsstiftende Kraft hingewiesen wird, die das Mobiltelefon im heutigen Leben eingenommen hat (zum Beispiel Burkart 2007: 119–128). Auch wenn dieser Aspekt an dieser Stelle nicht weiter ausgeführt werden kann, so lässt sich hieran ablesen, wie sehr die identitären Grenzen zwischen Mensch und Technologie zunehmend ins Schwimmen geraten. Die Handykamera wird zu einer Verlängerung des Subjekts, zu einem das natürliche Auge in seiner Präzision und Gedächtnisleistung übertreffenden, dritten Sehorgan, das einem Handybesitzer erlaubt, jederzeit und überall Fotografien zu erzeugen.

Bei Smartphones kommt zudem die Möglichkeit einer ununterbrochenen Verbindung zum Internet hinzu, sodass Handyfotos unmittelbar nach ihrer Aufnahme auf sozialen Netzwerken wie Facebook, Instagram oder Pinterest veröffentlicht werden können. Bei Instagram und Pinterest handelt es sich dabei sogar um Netzwerke, die ausschließlich zum Zweck der Veröffentlichung und Verbreitung von Fotos entwickelt wurden. Die Kommentierung durch Mitglieder des individuellen sozialen Netzwerks, zum Beispiel auf Facebook, ermöglicht einen interaktiven, kommunikativen Austausch über miteinander geteilte Fotos. Des Weiteren bieten viele Smartphones Möglichkeiten zur Bildbearbeitung, sodass Fotos unmittelbar nach ihrer Entstehung verändert und über das Internet verbreitet werden können. Die kontinuierliche Begleitung durch Smartphones konstituiert einen Lebensstil, der sich auf das Internet als ständig verfügbaren Aktionsraum öffnet. Mit der Digitalisierung löst sich das in analogen Technologien enge Beziehungsgefüge zwischen Träger-, Anzeige- und Speichermedium auf. Diese geraten zueinander in Bewegung und lassen sich nun auf unterschiedliche neue Arten realisieren und zueinander in Beziehung setzen. Für die Digitalfotografie ergeben sich spezifische Freiheitsgrade: Die Wiedergabemodi digitaler Bilder können zu einem späteren Zeitpunkt entschieden

---

kommunikationswirtschaft, vom 26.02.2012: »Neuer Rekord bei Mobilfunkanschlüssen in Deutschland«. Zu finden auf der Homepage des Verbandes: www.bitkom.org, 8.7.2013).

werden, zum Beispiel in Form von Papierausdrucken oder, in temporärer, transitorischer Form auf elektronischen Bilderrahmen. Bezüglich der diskutierten fotografischen Notizen wäre es allerdings ungewöhnlich, diese auf Papier zu drucken. In der Regel begnügt man sich mit dem Monitor des Mobiltelefons. Hier zeigt sich eine Wertung, die dem Ausdrucken auf Papier eine Exklusivität bestimmter Sujets einräumt und die dadurch strukturell derjenigen der Analogfotografie ähnelt. Die Digitalisierung führt demnach dazu, dass die vormals notwendige materielle Bindung an Film oder Papier als Trägermedien sich auflöst und in den universelleren Formen elektronischen Speicherns und Verarbeitens von Bits und Bytes, von digitaler Codierung und Decodierung aufgeht. Dem entspricht eine Homogenisierung auf informationeller Ebene; im Reich digitaler Daten treten sich alle Informationen, gleich welcher Provenienz, als zunächst gleichrangig und ebenbürtig gegenüber.[6]

Digitale Fotografien sind nach ihrer Aufnahme unmittelbar verfügbar. Schwindend geringe Kosten entstehen allein durch den minimalen und daher nahezu vernachlässigbaren Stromverbrauch pro Aufnahme. Auch ist die Anzahl an Bildern kaum limitiert. Zwar gibt die Speicherkarte (*flashcard*) durch ihre Kapazität gewisse Grenzen vor, doch umfasst diese heutzutage mehrere Gigabytes. Je nach Auflösung kann man zwischen 100 und 250 Bildern pro Gigabyte speichern. Die Kapazitäten der Analogfotografie sind damit nicht einmal ansatzweise zu vergleichen: Bei Kleinbildformaten ergibt eine Filmrolle bestenfalls 36, bei mittleren Formaten 12 Bilder. Zudem können die Ergebnisse erst nach Entwicklung und Fixierung betrachtet werden. Das bedeutet eine zeitliche Verzögerung von einigen Stunden bis

6 Ähnlich äußert sich Friedrich Kittler in einem berühmt gewordenen Zitat: »In der allgemeinen Digitalisierung von Nachrichten und Kanälen verschwinden die Unterschiede zwischen den einzelnen Medien. Nur noch als Oberflächeneffekt, wie er unterm schönen Namen Interface bei Konsumenten ankommt, gibt es Ton und Bild, Stimme und Text. [...] In den Computern selber dagegen ist alles Zahl. [...] Mit Zahlen ist nichts unmöglich. [...] ein totaler Medienverbund auf Digitalbasis wird den Begriff Medium selber kassieren« (Kittler 1986: 7f.). Auch wenn kaum zu bestreiten ist, dass nahezu jede Informationsart digitalisiert werden kann und der Computer somit als eine Art ›Übermedium‹ fungiert, so ist nicht ganz gewiss, ob der Medienbegriff deswegen obsolet werden muss. Eine weitere Schwierigkeit besteht darin, dass die Rede von »Zahlen« hier problematisch ist, da der Computer von solchen keinen Begriff haben kann. Diejenigen Einheiten, die man als Zahlen bezeichnet, sind ›für diesen‹, obwohl es streng genommen gar kein ›Für-ihn-Sein‹ des Computers gibt, nichts weiter als eine unüberschaubare Vielfalt an offenen und geschlossenen elektronischen Schaltungen. Davon zu sprechen, im Computer befänden sich »Zahlen«, stellt eine Anthropomorphisierung dar.

hin zu mehreren Tagen oder gar Wochen – je nachdem, wie schnell die Filme unter den jeweiligen Umständen entwickelt werden können. Jeder einzelne Arbeitsschritt in dieser Kette – Filmherstellung, Aufnahme, Entwicklung, Fixierung – kann einen erheblichen Einfluss auf das Ergebnis haben. Im Normalfall wird versucht, diese Einflüsse zu minimieren, doch können sie auch, wie etwa in der Kunstfotografie, produktiv gemacht werden. Die Erfahrung eines Fotografen kann die Gefahr unerwünschter Resultate in der Analogfotografie zwar eindämmen, nicht jedoch vollkommen verhindern. Ihr sind somit überraschende Momente von Kontrollverlust eingeschrieben. Um jedoch als alltagstaugliche Technik für das Notieren brauchbar zu werden, muss diese Verlustgefahr minimiert werden. Die sofortige Überprüfbarkeit fotografischer Ergebnisse stellt daher ein wichtiges konstitutives Element dafür dar, warum die digitale Fotografie sich im Gegensatz zur analogen besser für die Verwendung als Notiertechnik eignet: Sie garantiert mehr Zuverlässigkeit und Sicherheit.

Das Zusammenspiel der qualitativen Charakteristika digitaler Bildgenese hat die Entstehung einer visuellen Kultur begünstigt, deren Mitglieder sich um eine bewusste Konzeption oder Vorselektion ihrer Gegenstände so gut wie keine Gedanken mehr machen müssen. Die Bildauswahl kann in eine vage Zukunft verschoben werden, während sie in der Analogfotografie (wie im Übrigen auch beim Zeichnen und Malen) im Vorhinein geplant werden muss. In der Digitalfotografie kann man hingegen beliebig viele Fotos desselben Gegenstands erstellen, um im Nachhinein eine Auswahl zu treffen. Diese Entwertung des Einzelbildes stellt ein Novum in der Fotografie- und Bildgeschichte dar. Bemängelte man schon im ›reinen Analogzeitalter‹[7] eine unüberschaubare Bilderflut, so hat sich dieser Umstand im Digitalzeitalter um ein Vielfaches potenziert. Niemand kann die Menge an Bildern, die im Internet und auch an anderen Orten zirkuliert, noch überblicken, geschweige denn verwalten. Das Schicksal eines Großteils heutiger Bilder besteht daher paradoxerweise darin, für das Vergessen produziert zu werden. Und doch ist es gerade dieser ungezwungene Umgang mit Fotografien, der ihre Verwendung als eine dem Vergessen entgegen-

7 Der Begriff des »reinen« Analogzeitalters will darauf hinweisen, dass die übliche Rhetorik, die das ›Davor‹ des Digitalzeitalters leichtfertig mit ›Analogzeitalter‹ tituliert, übersieht, dass auch nach der Etablierung digitaler Technologien die weitere Verwendung analoger Technologien keineswegs aufgehört hat. Im Gegenteil existieren sie in vielen Bereichen, wie etwa in der Praxis des Notierens, noch weitgehend gleichberechtigt nebeneinander.

wirkende ›Mnemotechnik des Alltags‹ überhaupt erst möglich gemacht hat. Dieser Widerspruch wird im Folgenden geklärt werden, doch muss dazu zunächst der Begriff ›Mnemotechnik‹ genauer in Augenschein genommen werden, unter dem die untersuchte fotografische Praxis subsumiert wird.

3. Mnemotechniken: Praktiken gegen das Vergessen

Was den Begriff ›Mnemotechnik‹[8] betrifft, der im Lateinischen unter dem Namen *ars memoriae* bekannt war, sind die Bemerkungen von Frances A. Yates nach wie vor hilfreich, auch wenn einige Passagen ihres Buches *Gedächtnis und Erinnern* (1990) *cum grano salis* gelesen werden sollten. Sie schreibt:

»Wenige wissen, dass die Griechen, die ja viele Künste erfunden haben, auch die Erfinder einer Gedächtniskunst sind, die wie ihre anderen Künste an Rom weitergereicht wurde, von wo aus sie dann ihren Weg durch die europäische Geistesgeschichte nahm. In dieser Kunst soll mit Hilfe einer Technik, bei der dem Gedächtnis ›Orte‹ und ›Bilder‹ eingeprägt werden, memoriert werden. Sie ist gewöhnlich als ›Mnemotechnik‹ eingestuft worden, was heutzutage ein ziemlich unwichtiger Zweig der menschlichen Tätigkeiten zu sein scheint. Aber in den Zeiten vor dem Buchdruck war ein geschultes Gedächtnis ungeheuer wichtig; auch musste bei der Manipulation von Bildern im Gedächtnis bis zu einem gewissen Grad immer die Psyche als ganze beteiligt sein.« (Yates 1990: 7)

Demzufolge handelt es sich bei Mnemotechniken um ein Bündel standardisierter und wiederholbarer Praktiken, deren Erlernung und Ausführung dazu dient, Informationen gezielt und präzise zu erinnern und dadurch zu garantieren, dass diese zu einem späteren Zeitpunkt ohne Verluste abgerufen werden können. Damit wirken Mnemotechniken dem Vergessen entgegen und steigern die Leistungsfähigkeit der biologischen Disposition des menschlichen Erinnerungsvermögens. Traditionell wird die durch derartige Kulturtechniken transformierte und hinsichtlich ihrer Leistungsfähigkeit verbesserte Merkfähigkeit als »künstliches Gedächtnis«

8 Der Begriff setzt sich zusammen aus dem altgriechischen μν□μη (mnémê): Gedächtnis, Gedenken, Erinnerung, und τ□χνη (téchnê): Kunst, Wissenschaft, Kunstfertigkeit. Ein weiterer Begriff, der oft synonym verwendet wird lautet ›Mnemonik‹ von μνημονικά (mnêmoniká). Diese Begriffe sind allerdings nicht antiken Ursprungs, sondern wurden im 19. Jahrhundert in Analogie zum im lateinischen Mittelalter gebräuchlicheren Terminus *ars memoriae* geprägt.

bezeichnet. Grob lassen sich Mnemotechniken danach unterscheiden, ob sie materielle Artefakte einbinden oder nicht, sowie, inwieweit und auf welche Weise sie sich Externalisierungs- und Internalisierungsprozessen bedienen. Ein Archiv von Notizen stellt beispielsweise eine vollständig materielle und externalistische Form eines »künstlichen Gedächtnisses« dar. Erst durch Re-Lektüre oder Auswendiglernen der in den Notizen geborgenen Informationen durch ein Individuum findet eine Internalisierungsleistung statt, bei der, wie Yates betont, die »Psyche als [G]anze« beteiligt ist und es zu einem aktiven Erinnern kommt.

Die eingangs beschriebene Gebrauchsweise von Fotografie zur Herstellung von Notizen entspricht damit strukturell der funktionalen Definition von Mnemotechniken. In noch allgemeinerer Weise lässt sich daneben feststellen, dass Fotografie immer schon ein mnemotechnischer Aspekt eingeschrieben ist, auch wenn dieser nicht immer als dominierendes Motiv in Erscheinung tritt und sich häufig allein auf die Minimalaussage reduzieren lässt, dass ein auf einem Foto dargestelltes Objekt von einem Fotografen während der Aufnahme ›genau so‹ gesehen worden war.[9] Von diesem allgemeinen Charakteristikum der Fotoästhetik unterscheidet sich die untersuchte Praxis allerdings insofern, als dass die Fotografie sich hauptsächlich in der mnemotechnischen Funktion erschöpft. Dadurch treten andere Aspekte, insbesondere ästhetische Fragen, in den Hintergrund.

Was den Begriff ›Gedächtnis‹ beziehungsweise ›Erinnerungsvermögen‹ betrifft, der bislang weitgehend unterbestimmt blieb, so muss eingeräumt werden, dass es prinzipiell nicht möglich ist, diesen allgemein zu definieren. Vielmehr muss man ihn, wie Jörg Jochen Berns (Berns 2003: 596f.) betont, als eine »absolute Metapher« im Sinne Hans Blumenbergs (Blumenberg 2001) fassen. Das bedeutet, dass er sich einer eindeutigen Bestimmung entzieht und nur durch historisch sich wandelnde Metaphorisierungen verfügbar gemacht werden kann. Diese Metamorphisierungen des Unbegrifflichen können, wie Berns es in seinem umfangreichen *Documenta Mnemonica*-Projekt für Gedächtnis und Gedächtniskünste unternimmt, jedoch in ihren historischen Wirkungen analysiert werden.[10] Problembe-

9 Mit diesem Elementaraspekt der Ästhetik von Fotografie beschäftigt sich insbesondere Roland Barthes (2007) in *Die Helle Kammer*.

10 Die von Jörg Jochen Berns und Wolfgang Neuber herausgegebene Reihe der *Documenta Mnemonica* erscheint im Rahmen des Interdisziplinären Zentrums *Mittelalter Renaissance Frühe Neuzeit* an der Freien Universität Berlin. Der Internetseite des Projekts zufolge

haftet ist seit den frühesten kulturellen Reflexionen dabei die Frage, wie man sich das Beziehungsgeflecht zwischen Erinnerungen, Erinnerungsakten und Gedächtnis genau vorzustellen habe. Diesbezüglich wurden in der Geschichte unterschiedlichste Antworten gefunden, die sich in zeittypischen Metaphorisierungen niederschlagen. Das Verb ›sich einprägen‹ enthält beispielsweise die Vorstellung des Gedächtnisses als *tabula rasa*, als leere (Wachs-)Tafel, in die Erinnerungen wie durch einen Stempel eingedrückt werden. Alternativ kann man das Gedächtnis aber auch als einen *thesaurus* konzeptualisieren, als wortwörtliche ›Schatzkammer‹, in der Erinnerung wie in einem neutralen, leeren Container konserviert werden. Um aber dennoch eine für die Analyse brauchbare und voreilige Schlüsse über reale Verfasstheiten vermeidende Arbeitsdefinition von ›Gedächtnis‹ zu geben, soll mit diesem Begriff der – zumeist körperliche – Ort bezeichnet werden, an dem Erinnerungen aufbewahrt werden, um bei Bedarf aufgerufen und dem erinnernden Bewusstsein zugeführt werden zu können.

In ihrer mnemotechnischen Funktion stellt sich Fotografie demnach wie folgt dar: Ein einzelnes Foto ist Reproduktion eines Gesehenen. Als materialisiertes Duplikat kann es zu einem späteren Zeitpunkt genutzt werden, um die im Bild konservierten Inhalte zu erinnern und gegebenenfalls weiterzuverarbeiten. Demnach stellt ein Foto in seiner Materialität eine Auslagerung potenzieller Gedächtnisinhalte dar, die zu einem späteren Zeitpunkt verinnerlicht werden können. Dem Akt des Fotografierens eignet, für sich genommen, keine Erinnerungsleistung. Es ist daher nur ein scheinbarer Widersprich, dass die Ubiquität der Digitalfotografie Vergessen und Erinnern gleichermaßen fördert. Jedes Foto ist ein Artefakt *potenziellen* Erinnerns; um *aktual* erinnert zu werden, muss es in individuelle Verinnerlichungsprozesse eingebunden werden.

Ein weiterer wichtiger Punkt, der bereits beiläufig zur Sprache kam, ist die Medialität spezifischer Mnemotechniken. Ihre gedächtnisstützende und -verfeinernde Funktion speist sich aus der Verwendung verschiedener Medien und medialer Genres, wie zum Beispiel Merkbilder, imaginäre Raumanordnungen, rhetorische Figuren, handschriftliche Notizen und dergleichen mehr. Mit formalen Eingrenzungen dieser Art gehen zugleich Ausgrenzungen einher: Ein erinnertes Bild kann keinen Ausschnitt aus der

sind innerhalb der Reihe insgesamt sieben Bände geplant, von denen bereits die beiden Teilbände I/1 und I/2 sowie Band II erschienen sind (http://www.geisteswissenschaften.fu-berlin.de/izma/editionen/docmnemonica/index.html, 8.7.2013).

»Auferstehungs-Symphonie« Gustav Mahlers wiedergeben, da das Akustische dem rein Visuellen des Bildes äußerlich ist.[11]

Kann ein Foto also überhaupt eine Notiz sein? Vom Begriff der ›Mnemotechnik‹ ausgehend, der auf die praxeologische Perspektive dieser Überlegungen verweist, stehen beim Verständnis dessen, was eine Notiz sei, spezifische Verwendungsweisen im Vordergrund, nicht jedoch materielle oder mediale Prädispositionen. Die visuell gegebenen Informationen in Diagrammen erschließt ein Leser anders als die sprachlichen Informationen eines wissenschaftlichen Kommentars. Die Weitung und praxeologische Fundierung des Notiz-Begriffs bietet den Vorteil, dass man ihn auf verschiedene Trägermedien und Genres übertragen kann. Ferner kann ein und dasselbe Artefakt dadurch verschiedene Funktionen in sich aufnehmen, nicht nur eine mnemotechnische. An einer Papiernotiz lassen sich beispielsweise auch ihre ästhetischen, rhetorischen, physikalischen, psychologischen oder soziologischen Qualitäten untersuchen.

4. »Words of Light«: Fotografie als Notizbuch der Natur

Als Notizen verwendet, stellen Schrift und Fotografie demnach externalistische Mnemotechniken dar. Die Nähe zwischen beiden, die sich bereits von etymologischer Seite her über das griechische Verb *graphein* andeutet, wurde bereits im 19. Jahrhundert von William Henry Fox Talbot, einem der Pioniere und Erfinder der Fotografie sowohl bemerkt als auch reflektiert. Sein *The Pencil of Nature* (Talbot [1844] 2011), das zunächst zwischen 1844 bis 1846 in sechs Lieferungen erschien, gilt als das erste mit Fotografien illustrierte Buch. Seinem Wunsch entsprechend, Fotografie und Schrift zusammenzurücken, gesellte Talbot jeder Fotografie schriftliche Reflexionen über die neue Technologie bei. Damit gilt er nicht nur als ein Erfinder,

11 Ein weiterer Aspekt, der in diesem Kontext jedoch nicht weiter ausgeführt werden kann, hängt mit der Frage zusammen, ob der Gedächtnisbegriff aufgrund der Einbindung von Handyfotografien in die Erinnerungsarbeit möglicherweise neu konzeptualisiert wird. Demzufolge würde der Einsatz von Fotografie dasjenige modifizieren, was überhaupt unter dem Begriff »Gedächtnis« verstanden werden kann. Auch wenn eine genauere Untersuchung dieser bilateralen Dynamik an dieser Stelle nicht zu leisten ist, scheint es mehr als wahrscheinlich, dass bildhaftes Erinnern auf diese Weise durch die Verbreitung von Handyfotografie deutlich an Gewicht gewonnen hat, wodurch andere, gleichfalls mnemotechnisch relevante Sinnesbereiche und Medialitäten marginalisiert werden.

sondern auch als einer der Begründer einer Theorie der Fotografie. Erst durch das von ihm entwickelte Negativverfahren auf Papierbasis, das Talbot im Jahre 1839 der *Royal Society* vorstellte, wurden Fotografien überhaupt reproduzierbar.[12] Im Unterschied dazu sind Daguerrotypien Unikate und zudem, aufgrund der Verwendung von Kupfer als Trägermedium, sehr teuer. Der Vorteil des Talbotschen Verfahrens bestand demgegenüber darin, einfaches Schreibpapier mit den für die Bildgenese benötigten Chemikalien zu tränken, um die photochemische Reaktion innerhalb des Trägermediums stattfinden zu lassen. Dadurch war Talbots Verfahren wesentlich billiger als dasjenige Daguerres. Nach einigen Weiterentwicklungen stand dieses fotografische Verfahren somit immer mehr Menschen zur Verfügung. Erst dadurch war der Siegeszug der Fotografie als Massenmedium gewährleistet:

»Talbot kam nun auf die Idee, Chlorsilber im Augenblick seiner Bildung im Papierträger selbst zu nutzen. Zu diesem Zweck tauchte er das Blatt in eine Kochsalz-Lösung, ließ es trocknen und bestrich es darauf mit Silbernitrat: die chemische Reaktion der beiden Substanzen erzeugte einen Niederschlag von Chlorsilber. Er versuchte es mit verschiedenen Dosierungen des Kochsalzes und entdeckte, dass eine schwache Lösung dieses Salzes eine sehr viel lichtempfindlichere Substanz ergab. Das bedeutete, verglichen mit den früheren Versuchen eines Wedgwood oder Davy, einen bemerkenswerten Fortschritt: ein Bild in der *Camera obscura*!« (Jammes 1972: 6)

Die Fixierung des Bildes gelang etwas später, zusammen mit dem befreundeten Chemiker John Herschel, unter Zuhilfenahme von Natriumthiosulfat. Auch wenn es seither viele Verbesserungen dieses photochemischen Verfahrens gegeben hat, war damit das Grundprinzip des noch heute üblichen, lichtempfindlichen Fotopapiers geboren. Erst dadurch wurde es möglich, aus einem einzigen Negativ beliebig viele positive Abzüge herzustellen. Da technische Reproduzierbarkeit eine wesentliche Eigenschaft ist, die man der Fotografie heute gemeinhin zuschreibt, kann man Talbot durchaus als eigentlichen Erfinder der Fotografie ansehen.

Es waren, wie Talbot beschreibt, die Defizite des Zeichnens, die ihn zu seiner Erfindung inspiriert hatten. Während eines Aufenthaltes am Comer See im Jahre 1833 hatte er versucht, die Seelandschaft mithilfe einer *camera*

---

12 William Talbot stellte seine Erfindung am 31.1.1839 der *Royal Academy* in London vor. Daguerre hatte sein Verfahren, das auf Vorarbeiten Nicéphore Nièpces beruhte, bereits am 7.1.1839 der *Académie des Sciences* in Paris präsentiert, also gerade einmal 24 Tage früher als Talbot.

lucida und eines Bleistifts zu zeichnen. Ungeduld und – betrachtet man einige der überlieferten Zeichnungen – auch mangelndes Talent führten jedoch zu unbefriedigenden Resultaten. Der Detailreichtum der Wirklichkeit war durch die Kulturtechnik des Zeichnens selbst mit größtem Aufwand nicht zu erzielen. Diese Erfahrungen medialer Defizienz regten Talbot zu einer weitschweifigen Reflexion über die ephemere Natur der Bilder in der *camera lucida* an. An deren Ende nahm der Wunsch nach einer technologischen Fixierung dieser Bilder Gestalt an: »It was during these thoughts that the idea occurred to me [...] how charming it would be if it were possible to cause these natural images to imprint themselves durably, and remain fixed upon the paper« (Talbot [1844] 2011: o. S.; Sansom 2012: 193; Berg 2001: 45). Sofern man der Selbstdarstellung Talbots in *The Pencil of Nature* Glauben schenken darf, führte diese Idee natürlicher Bilder, die sich quasi von selbst detailgetreu und permanent abdrucken, schließlich zur Erfindung seines fotografischen Verfahrens.

In diesem Kontext ist daran zu erinnern, dass das von Talbot so sehr geschmähte Zeichnen bis *dato*, sieht man einmal von der nur wenigen Experten zur Verfügung stehenden Malerei ab, die einzige Möglichkeit gewesen war, visuelle Eindrücke – in visueller Form – permanent festzuhalten. Doch nicht nur die Verwendung von Papier und die Geburt der Fotografie aus dem Geiste des Zeichnens rücken Fotografie in die Nähe des Schreibens. Talbots eigene Affinität zur Schrift fügen einen weiteren Aspekt hinzu. Denn Talbot war nicht nur Naturwissenschaftler und Erfinder, sondern auch ein begabter Philologe. So hatte er einige vielbeachtete Arbeiten zu altägyptischen Hieroglyphen und zur mesopotamischen Keilschrift veröffentlicht. Es mag nicht zuletzt dieser Faszination für die Glyphe geschuldet sein, dass Talbot den Akt des Fotografierens als ein ›Schreiben mit Licht‹ auffasste. Fotografien bezeichnete er dementsprechend einmal als »words of light« (Amelunxen: 1988: 60–61). Deutlich hervorgehoben wird diese Analogie auch durch den Titel seines Buches *The Pencil of Nature*. Die Natur übernimmt gewissermaßen den Zeichenstift des Künstlers und bringt sich selbst zu Papier. Mnemotechnisch gewendet könnte man auch sagen: In der Fotografie nimmt die Natur ›von sich selbst Notiz‹. Diese Idee verdankt sich nicht zuletzt der positivistischen Wissenschaftskultur des 19. Jahrhunderts sowie dem Umstand, dass Talbot keinen Begriff von ›Technik‹ im heutigen Sinne hatte. Daher entging ihm auch, dass sich in der Fotografie nicht etwa die Natur selbst aufs Papier zeichnet, sondern menschlicher Kontrolle unterworfen wird.[13] Die große Nähe zwischen Schrift, Sprache und Fotografie, die Talbot reflektiert hatte, führt Ronald Berg zu folgendem Schluss:

»Mit der Photographie als erstem technischem (Bild-)Medium [der Photographie war nur der Telegraph als erstes technisches Medium vorausgegangen], bricht die Spur des Realen selber in die Archive ein. Das Photo ist in gewisser Weise mehr als die losgelöste, wortgewordene Repräsentation, die keine natürliche Beziehung zu dem unterhält, für das sie steht. Was vormals nur dem Wort zugestanden werden konnte, wird nun in einer Reihe von Anwendungen durch die Photographie ersetzt.« (Berg 2001: 74)

Gerade dieses Versprechen einer Imitation und Ersetzung der Sprache durch die Fotografie scheint sich erst heute vollends einzulösen, derweil sie durch die Mobiltechnologie überall und zu jeder Zeit verfügbar geworden ist – und zwar ironischer Weise zu einem Zeitpunkt, an dem einige Autoren, unter diesen Berg selbst, die Fotografie für tot erklären.[14] Ähnliche Verlautbarungen betreffen auch das von Talbot eingeführte Trägermedium Papier. Im Kontext der Digitalisierung wird immer wieder ein Ende des Papierzeitalters konstatiert. Überhaupt wird Digitalisierung in vielen ähnlich gelagerten Debatten häufig mit Entmaterialisierung verwechselt. Man muss es daher auch als eine Reaktion auf dieses Menetekel lesen, wenn allein im Jahre 2012 zwei Publikationen zur Geschichte des Papieres erschienen sind, die diesem Gedanken ausdrücklich widersprechen: Lothar Müllers *Weisse Magie. Die Epoche des Papiers* sowie *Paper. An Elegy.* von Ian

---

13 Eine weitere Einschränkung des naiven Naturalismus, die hier nicht ausgeführt werden kann, hängt mit dem heutigen Bewusstsein um die grundsätzliche und unentrinnbare Konstruiertheit und Inszeniertheit von Fotos zusammen. Dieses Bewusstsein verunmöglicht ein unvoreingenommenes Verständnis von Fotos als neutrale Dokumente, wie Talbot es noch hatte.

14 So übrigens Ronald Berg selbst, der in der Einleitung zu seinem Buch von einem »Ende der Fotografie« und deren Ablösung durch digitale Bilder spricht (vgl. Berg 2001: 9). Allerdings rührt diese Einschätzung vor allem daher, dass Berg die Digitalfotografie als eine sich vollständig von der Analogfotografie unterscheidende Technologie auffasst. Auch wenn das digitale Bild aus vielen Bildpunkten (Pixeln) errechnet wird, die sich aus der Belichtung photoelektrisch sensibler Sensoren ergeben, so haben die Digitalkamera und ihre Praxis doch immer noch viel mit den Prinzipien der analogen Fotografie gemein. Das betrifft vor allem das Grundprinzip der Reproduktion des Blicks durch das in die *camera obscura* einfallende Licht. Digitalfotografie ist vielmehr als elektronische Imitation analoger Fotografie aufzufassen. Es wäre überstürzt, von einem »Tode« der Fotografie zu sprechen. Das fotografische Zeitalter ist, ebenso wenig wie das Papierzeitalter zu Ende; es hat möglicherweise jetzt erst wirklich begonnen.

Sansom (Müller 2012; Sansom 2012). Beide Autoren unterstreichen stattdessen, dass in den letzten Dekaden nicht weniger, sondern mehr Papier genutzt worden sei als jemals zuvor.[15]

Angesichts der ungebrochenen Bedeutung des Papiers wendet sich etwa Lothar Müller ausdrücklich gegen die McLuhansche Formel des »from script to print« (Müller 2012: 349) und beschreibt stattdessen ein historisches Übergangsfeld, in dem digitale und analoge Medien gleichzeitig und nebeneinander existieren. Die McLuhansche »Gutenberg-Galaxis« betrachtet Müller als Teil einer umfassenderen Kulturgeschichte des Papiers. In Anlehnung an Paul Valéry spricht Müller zwar von einem »Rückzug« (*retraite*) des Papiers, nicht jedoch von seinem Ende. Das Papier, einst im Mittelalter aus dem arabischen Raum nach Europa eingewandert, hat auch in den Zeiten der Digitalisierung seine zentrale Stellung als Träger- und Speichermedium nicht völlig verloren, auch wenn digitale Medien ihm zunehmend den Rang streitig machen mögen. Es waren seine Mobilität, Leichtigkeit, universelle Einsetzbarkeit und Verfügbarkeit, derentwegen Papier eine so wichtige kulturelle Bedeutung zukam.[16] Erst nachdem es Talbot erfolgreich gelungen war, die medialen Eigenschaften des Papiers in die Fotografie zu integrieren, konnte diese ihren Siegeszug als Massenmedium der Moderne antreten. Schriftliche und fotografische Notiz wurzeln demnach beide im Papierzeitalter.

5. Auf der Suche nach dem verlorenen Hand-Werk

Mit Talbots fotografischem Verfahren beginnt die Geschichte einer Pluralisierung von – zunächst analogen – Aufschreibesystemen, zu denen unter anderem auch Schreibmaschine und Grammophon gehören (Kittler 1986). Mithilfe dieser Aufschreibesysteme wurden neue Formen des Notierens möglich, sodass der Begriff der Notiz sich immer mehr vom Papier als be-

15 Darauf macht zum Beispiel die Internetkampagne »Think before Printing« aufmerksam, die sich dafür einsetzt, dass immer überlegt werden sollte, bevor man eine Email oder ein digitales Dokument ausdruckt (vgl. www.thinkbeforeprinting.org, 8.7.2013).

16 In diesem Sinne wird gerne übersehen, dass auch schon verbale Sprache als mobiles Medium betrachtet werden kann, das mit den Körpern der Sprecher wandert. Zu Harold Innis' Theorie der Trägermedien sei vor allem an Bemerkungen Lothar Müllers (Müller 2012: 97–98), aber auch Harold Innis selbst verwiesen (Innis 1997 beziehungsweise Graeme 1990).

vorzugtem Schreibgrund und von der Schrift als bevorzugtem Medium hat lösen können. Der Begriff der Notiz erfuhr dadurch erste Erweiterungen und Neujustierungen. Zwar konnte die Fotografie, wie am Beispiel Talbots gezeigt, schon seit ihren Anfängen auch mnemotechnisch genutzt werden, doch hat erst die mobile Fotografie dazu geführt, dass Fotografie zu einer alltagsfähigen Mnemotechnik werden konnte. Allerdings sind beide Medien deswegen nicht etwa vollkommen ebenbürtig. Einige Unterschiede wurden bereits *en passant* angesprochen. Andere lassen sich kulturkritischen Argumenten entlehnen, die einen Niedergang der Schriftkultur durch die weite Verbreitung digitaler Medien befürchten.

Beklagt werden insbesondere Kompetenz- und Konzentrationsverluste, die sich in einer Sorge um einen Verlust des ›Hand-Werklichen‹, des Verlustes manueller Fertigkeiten artikulieren. Dabei handelt es sich um einen weitverbreiteten kulturkritischen Topos, der bereits die frühe Fotografie heimgesucht hatte. Angesichts der zentralen Bedeutung von Computer, Mobiltelefon und Internet für das heutige Leben ist es daher sicherlich kein Zufall, wenn im Jahre 2012 mit *Schreiben dicht am Leben. Notieren und Skizzieren* von Hanns-Josef Ortheil ein Lehrbuch für das Schreiben von Notizen erscheint. Gleich zu Beginn ruft Ortheil kulturpessimistische Bedrohungsszenarien auf. Anhand einer fiktiven Figur namens »Kurt« führt er die Gefahr eines Kompetenzverlustes handschriftlichen Notierens exemplarisch vor:

> »Eigentlich ist Kurt medial perfekt ausgerüstet und hat auch immer alles dabei, was man heutzutage im Medientrubel so braucht: ein Smartphone, einen Laptop, ein iPad. Mit alledem kommt er gut über die Runden, er simst, mailt und twittert, er arbeitet alle paar Tage an einem Blog, schreibt mindestens dreimal täglich in Facebook, er telefoniert, was das Zeug hält, und er holt sich jeden Tag seine Informationshäppchen frisch aus dem Netz. [...] Dann aber kommt der Tag, als einer von Kurts Freunden plötzlich mit einem Notizbuch auftaucht.« (Ortheil 2012: 5)

Indem Ortheil seinen Protagonisten als Stereotyp des multimedial zugerüsteten Menschen inszeniert, konstruiert er zugleich die Legitimationsbegründung für das eigene Buch. Durch Überfrachtung mit und exzessivem Gebrauch von unterschiedlichsten neuen Medien gehe die Fähigkeit eines selektiv vorgehenden, manuellen Notierens verloren. Mediale Vielfalt, so wird impliziert, verringere die Aufmerksamkeitsspanne drastisch, so dass diese nur noch für kleine »Informationshäppchen« ausreiche. Statt Konzentration, Kontemplation und Verinnerlichung drohe verschwenderische Verzettelung und Zerstreuung. Ortheils – ebenso stereotyp dargestelltes –

Gegenprogramm ist das der Entschleunigung, verkörpert durch das Inerscheinungtreten eines Notizbuches. Als kulturelles Artefakt wirkt dieses im hochtechnologischen Szenario freilich nostalgisch. Das soll es auch. Denn der Autor konstruiert das handschriftliche Notieren als einen Gegentrend, einen beinahe subversiven Akt gegen eine Umwelt, die Wahrnehmung und Aufmerksamkeit zunehmend zu atomisieren droht. Die Notizbücher in Kurts Umgebung vermehren sich daher wie von Zauberhand.

»Klar, dass Kurt diesem Trend nicht widersteht. Er legt sich auch ein Notizbuch zu und sitzt mindestens einmal täglich draußen im Freien, vor seinem Lieblingscafé, um zu notieren, was er beobachtet und was ihm durch den Sinn geht. Das alles hat etwas Handwerkliches und sehr Beruhigendes und ist, wie Kurt findet, eine angenehme Gegen-Erfahrung zum flotten medialen Notieren. Allerdings: Im Grunde weiß Kurt nicht, wie man mit der Hand notiert. Und vor allem weiß er nicht, was er überhaupt notieren soll.« (Ortheil 2012: 6)

Diese Lücke zu füllen ist das erklärte Ziel des Ortheilschen Handbuchs. Folgt man dem hier entwickelten kulturpessimistischen Programm, so leide der moderne Mensch vor allem daran, dass das Arsenal seiner Gesten auf das Drücken von Knöpfchen und Tasten reduziert werde. Durch diese Entfremdung zerfalle die Fülle menschlicher Bewegungswelt vom Prozessualen in die rhythmische Zerrissenheit immergleicher, diskreter Mikrohandlungen ohne mnemonische Langzeiteffekte. Die programmatische Rückkehr zum (schreibenden) ›Hand-Werk‹ wäre demnach ein Versuch, eine Intensität zeitlicher Lebenserfahrung und eine Vollständigkeit des Körpers zurückzugewinnen, die angesichts der medialen Fragmentierungen zu verschwinden droht. Die Ersetzung des Hand-Werklichen durch Technologien begreift Ortheil als Mangel, wo Talbot umgekehrt die Beschränkungen desselben als defizitär empfunden hatte. Die Wirklichkeitsnähe des Fotos – im Sinne einer vollkommenen visuellen Notiz – hebt bei Talbot die Trennung zwischen Abbild und Realität der handwerklichen Bildgenese auf; dies jedoch, wie Ortheil beklagt, zum Preis der Erfahrung einer Fragmentarisierung des Körpers.

Man sollte sich allerdings davor hüten, der Schrift eine prinzipielle mnemotechnische Überlegenheit zu unterstellen wie Ortheil. Allein dadurch, dass etwas verschriftlicht wird, wird es doch deswegen noch längst nicht bewusst erinnert oder verinnerlicht. Wie bemerkte schon einst Georg Lichtenberg? »Er exzerpierte beständig, und alles, was er las, ging aus einem Buch *neben dem Kopfe vorbei* in ein anderes Buch« (Lichtenberg 1986: 345, Kursivierung im Original). Im Unterschied zum Foto ist das geschriebene Wort sicherlich besonders in der Lage, Gedachtes, Gehörtes und Gefühltes differenziert auszudrücken. Damit es seine mnemotechnische Wirkung voll entfalten kann, ist jedoch eine Verinnerlichungsleistung des Lesenden unerlässlich. Demgegenüber kann das Foto nur in sichtbarer Form Vorgefundenes im Sinne von *objets trouvés* aufzeichnen, niemals jedoch Unsichtbares. Daran zeigt sich eine der zentralen Begrenztheiten fotografischen Notierens: Das Schriftbild muss dazu in bereits materialisierter Form vorliegen. Als Ausdrucksmedium innerer Vorgänge, von Gedanken, Gefühlen, Träumen oder Wünschen kann Fotografie zwar gleichfalls produktiv gemacht werden – wie etwa in der Kunstfotografie. Allein, die Differenziertheit verbaler Sprache kann sie kaum erreichen – zumindest nicht, solange es nicht gelingt, mittels eines noch zu entwickelnden fotografischen Verfahrens die unter der Körperoberfläche liegenden Gefühle und Gedanken transparent werden zu lassen. Ferner: So, wie »am Kopfe vorbei« geschrieben werden kann, kann man natürlich auch an ihm vorbei fotografieren. Ohne zu kulturpessimistisch werden zu wollen, kann dennoch nicht vollkommen bestritten werden, dass die Verinnerlichungs-leistung beim Schreiben in der Regel höher zu sein scheint als bei der Nutzung des Fotoapparates, dem man die Arbeit des Einprägens und Reproduzierens visueller Informationen vollständig überantwortet. Nicht im Widerspruch zu diesem Einwand steht, dass ein routinierter Gebrauch von Fotografie zu einer Schulung des Blicks führen kann, der es erlaubt, auch jenseits der Fotografie bildhafte Eindrücke besser zu verinnerlichen und zu erinnern. Doch das wäre eine wiederum andere Bedeutung von Fotografie als Mnemotechnik als diejenige, um die es hier geht, und muss daher an einem anderen Ort diskutiert werden.

6. Schlussbetrachtung: Zwei Welten voller Notizzettel

Es ist heute keine Frage mehr, *ob* Handyfotografie eine alltagstaugliche Alternative zur handschriftlichen Notiz darstellt. Sie ist es bereits. Wie weiter oben gezeigt wurde, erscheint diese Praxis – an einer etablierten Gebrauchsweise von (Analog-)Fotografie gemessen – immer noch als ungewöhnlich. Denn obzwar von kulturkritischer Seite her fotografischen Sujets generell Banalität und Beliebigkeit unterstellt wird, zeigt sich gerade angesichts der durch die Digitalfotografie ausgelösten Inflation von Bildern, dass die Analogfotografie im Vergleich wesentlich wählerischer vorgeht. Eine Verwendung von Analogfotografie als alltagstaugliche und massenkompatible Mnemotechnik stellt eine Ausnahmeerscheinung dar. Erst die Digitalisierung hat Fotografie zu einer ernstzunehmenden Alternative zur schriftlichen Notiz werden lassen. Besonders faszinierend an dieser Praxis ist jedoch, dass sie aus einem kreativen Umgang mit einer bereits vorhandenen, wenngleich relativ neuen Technologie hervorgegangen ist.

Der in dieser Untersuchung in Anschlag genommene, funktionalistische Notizenbegriff schuf die nötige Vergleichsbasis, um Unterschiede und Gemeinsamkeiten zwischen Digitalfotografie und Schrift hinsichtlich ihrer mnemotechnischen Einsatzmöglichkeiten deutlich hervortreten zu lassen. Beide Kulturtechniken gliedern sich dadurch in eine umfassendere Geschichte von Mnemotechniken ein, unter denen Schrift und Foto nur zwei besonders favorisierte Medien, jedoch keineswegs die einzig möglichen darstellen. Ihre nahezu ungehinderte, zeitliche und räumliche Verfügbarkeit machte es möglich, dass handschriftliche Notiz und Handyfotografie sich als Mnemotechniken des Alltags etablieren konnten. Die ihnen gleichermaßen zukommenden Eigenschaften der Mobilität, Ubiquität und die geringen Kosten bilden wesentliche Voraussetzungen für diesen Erfolg – Eigenschaften, die sie vor allem aus den spezifischen Qualitäten ihrer Trägermedien übernehmen: bei der Schrift das Papier, bei der Handy- beziehungsweise Digitalfotografie eine Kombination aus globalen Standards elektronisch gestützter, binärer Codierung und Decodierung von Bildinhalten und der entsprechenden Speichermedien. Indessen zeigte der historische Vergleich, dass die Mobilität und globale Verbreitung von Fotografie ursprünglich ebenfalls mit dem Trägermedium Papier zusammenhing. Auch wenn sich die Digitaltechnik weitgehend vom Papier gelöst hat, so erwies sich auch das Massenmedium Fotografie letztlich als Kind des Papierzeitalters und konnte nur durch dieses zu einem brauchbaren Alltagsmedium werden.

Betrachtet man ihre gemeinsame Geschichte, waren die Grenzen zwischen fotografischem und schriftlichem Notieren stets fließend. Bereits Talbot verglich das Fotografieren mit einem Schreibakt. Allerdings wird die manuelle Fließbewegung des Schreib- und Zeichenakts in der Fotografie in eine Monotonie immergleicher, Staccato-artiger Mikrohandlungen überführt. Auch handelt es sich um ein bestenfalls als ›äußerlich‹ zu charakterisierendes Schreiben, da Innerpsychisches nicht ausreichend präzise und differenziert erfasst werden kann. Talbots Schrift-Assoziationen sind vom heutigen Standpunkt aus demnach nur in einem allgemeinen Sinne zuzustimmen: Der Fixierung und Konservierung von Inhalten wegen ähnelt Fotografie dem Schreiben, weshalb diesbezüglich auch heute noch häufig auf Aufzeichnungsmetaphoriken zurückgegriffen wird.

Im Unterschied dazu muss man bei der Fotografie streng zwischen Bildgenese und Erinnerungsakt unterscheiden. Der Erinnerungsvorgang ist dem Foto äußerlich, auch wenn man im Alltag zu der unbewussten Annahme neigt, mit dem Fotografieren sei auch das Erinnern schon erledigt. Demgegenüber lassen sich innerpsychische Vorgänge, wie man unter Berufung auf Yates sagen kann, beim Schreiben nie ganz von solchen des (Wieder-)Erinnerns lösen. Jedes geschriebene Wort war, wenn auch für noch so kurze Zeit, einmal in einem Bewusstsein gewesen. Die Beliebigkeit und Beiläufigkeit der Digitalfotografie macht die Bildgenese hingegen zu einer flüchtigen Erfahrung. Die Reduktion des Manuellen auf monotone Mikro-Gesten verstärkt diesen ›Kopiergerät-Effekt‹, da mit der Minimierung des Haptischen die unmittelbare Beziehung zum Produkt der Handlung beschnitten wird, derweil das Taktile in besonderer Weise in der Lage ist, Nähe und Intimität zwischen Herstellendem und Hergestelltem zu stiften. Allerdings lässt sich diese Feststellung nur bedingt verallgemeinern, da es individuelle Unterschiede gibt, welche sensorischen Kanäle für die Erinnerungsarbeit jeweils bevorzugt werden.

Die bereits angesprochenen Defizite der Fotografie unterstreichen, warum diese – trotz einer gewissen, nicht zu leugnenden Rivalität – kein vollkommener Ersatz für die Schrift sein kann. Ihren inhärenten medialen Verfasstheiten wegen setzt Fotografie notwendig eine ›Vorhandenheit‹ und ›Äußerlichkeit‹ des Objekts voraus. Fotografie kann also bestenfalls ›be-schreiben‹ – womit wieder auf das lateinische *notare* angespielt würde –, nicht jedoch die Prozessualität und Innerlichkeit manueller Schreibvorgänge erreichen. Wahrscheinlicher als ein Ersetzungsszenario scheint daher ein Prozess zunehmender medialer Ausdifferenzierung zu sein: Dort, wo Informationen bereits in verschriftlichter Form vorliegen, wird man – aus Gründen von Zeit- und Ressourcenersparnis – lieber auf das Fotohandy zurückgreifen wollen. Will man jedoch über die bloße Reproduktion bereits vorhandener Informationen hinauskommen oder sogar neue schaffen, wird man sich anderer Kulturtechniken und -praktiken im Umgang mit Informationen bedienen müssen. Diese müssen nicht zwingend auf Schrift basieren. Denkbar wären beispielsweise auch digitale Medien zur akustischen Aufzeichnung von Gesprächen oder gesprochener Gedanken.

Auch das ist mittlerweile mit Mobiltelefonen möglich, die eine integrierte Diktaphon-Funktion besitzen. Verkoppelt man diese Aufzeichnungen ferner mit einer Spracherkennungs-Software, enthebt man sich außerdem der mühevollen Transkriptionsarbeit.

Auch eine Transkription des Gesehenen wird durch neuere technologische Entwicklungen immer überflüssiger. Ein aktuelles Beispiel hierfür ist der Dienst *Google Goggles* des US-amerikanischen Internetunternehmens Google, der seit dem 5. Oktober 2010 für *iPhone* und *iPad* erhältlich ist.[17] Die zugehörige Software liest die in Handyfotos enthaltenen Bildinhalte automatisch aus und kann sie mit weiteren digitalen Informationen, zum Beispiel aus dem Internet, verknüpfen. Auf diese Weise erhält ein Anwender ohne weiteren Rechercheaufwand alle verfügbaren Informationen zu dem Objekt, das er gerade gesehen und fotografiert hat. Auch fotografierter Text kann mithilfe von *Google Goggles* erkannt und in ein Format für die digitale Textverarbeitung umgewandelt werden. Dieser Dienst ist ein prägnantes Beispiel für eine technologische Tendenz, die Versprachlichung und Verschriftlichung von Wahrgenommenen obsolet werden zu lassen. Welche kommenden Gebrauchsweisen, aber auch welche Risiken mit derartigen technologischen Möglichkeiten einhergehen, lassen sich derzeit noch nicht abschätzen. Von den bereits erwähnten Abhängigkeitstendenzen und Kompetenzverlusten einmal abgesehen, könnte mit dem Verzicht auf Versprachlichung die Haltung einer bewussten Auseinandersetzung mit der eigenen Umwelt unterminiert werden, da insbesondere reflektierendes Nachdenken über Wahrgenommenes gewöhnlich im Medium der Sprache erfolgt. Auch wird das aktive Erinnern an Fakten immer weniger beansprucht, da das Nichtgewusste jederzeit im externalisierten, »künstlichen Gedächtnis« des Internet nachgeschlagen werden kann. Was das Beispiel von *Google Goggles* jedoch in besonderer Weise für die hier vorgebrachten Überlegungen relevant macht, hat mit dem Umstand zu tun, dass die Praxis des Notierens mithilfe von Handykameras hier offensichtlich nicht nur erkannt, sondern auch weiterentwickelt wurde – womit noch einmal von anderer Seite her unterstrichen wird, wie sehr Digitalfotografie bereits zu einer alltags- und massentauglichen Kulturtechnik des Notierens geworden ist.

17 Weiterführende Informationen zu *Google Goggles* vgl. http://www.google.com/mobile/goggles/#logo, 8.7.2013. Die Daten des offiziellen Launch von *Google Googles* wurden mithilfe der englischsprachigen Wikipedia ergänzt, da andere verlässliche Quellen hierzu nicht aufzutreiben waren (vgl. www.en.wikipedia.org, 8.7.2013).

Der bisherige Umweg über Versprachlichung und Verschriftlichung des Gesehenen würde sich demzufolge in vielen Fällen erledigen. Ein mögliches Resultat wäre die Verschmelzung von Wahrnehmung und virtueller Information. Eine Vision der *augmented reality*: Die Welt überlagert sich zunehmend mit einem unsichtbaren Netzwerk aus Informationen, in das man sich über das Mobiltelefon oder ein anderes mobiles Interface einklinkt. Dann aber erübrigte sich auch das öffentliche Ausstellen schriftlicher Informationen auf materiellen Trägermedien. Was irgendwann einmal mit Schildern, Plakaten, und Informationstafeln im öffentlichen Raum begann, würde dann konsequent im virtuellen fortgeführt: An jedem Objekt, jedem geografischen Punkt der Welt haftet nunmehr mindestens ein virtueller Notizzettel, von dem aus man sich von Link zu Link durch die nahezu unendlichen Weiten des ›Über-Archivs‹ Internet und seiner Informationsströme hangeln könnte.

Vielleicht liegt darin ja die eigentliche Herausforderung durch digitale Kulturtechniken: Erkennen und anerkennen zu müssen, dass die Verwendung von Schrift und Sprache sich in vielen Lebensbereichen als ein zwar liebgewonnener, aber überflüssiger medialer Umweg erweist, den man nur vorläufig und unter dem Vorbehalt akzeptiert hatte, dass einmal bessere Lösungen gefunden werden würden.

Literatur

Amelunxen, Hubertus von (1988), *Die aufgehobene Zeit. Die Erfindung der Photographie durch William Henry Fox Talbot*, mit einem Text von Michael Gray, Übersetzungen von Sebastian Wohlfeil, Berlin.

Barthes, Roland (2007), *Die helle Kammer. Bemerkungen zur Photographie*, Frankfurt a.M.

Berns, Jörg Jochen (1998ff.), *Documenta Mnemonica*, Tübingen.

Berns, Jörg Jochen; Neuber, Wolfgang (Hg.) (2003), »Text- und Bildzeugnisse zu Gedächtnislehren und Gedächtniskünsten von der Antike bis zum Ende der Frühen Neuzeit«, in: dies., *Documenta Mnemonica*, Band II, Tübingen.

Berg, Ronald (2001), *Die Ikone des Realen. Zur Bestimmung der Photographie im Werk von Talbot, Benjamin und Barthes*, München.

Blumenberg, Hans (2001), *Ästhetische und metaphorologische Schriften*, Auswahl und Nachwort von Anselm Haverkamp, Frankfurt a.M.

Burkart, Günter (2007), *Handymania. Wie das Mobiltelefon unser Leben verändert hat*, Frankfurt a.M./New York.

Farman, Jason (2012), »Historicizing Mobile Media. Locating the Transformations of Embodied Space«, in: Noah Arcenaux; Anandam Kavoori (Hg.), *The Mobile Media Reader*, New York, S. 9–22.

Innis, Harold A. (1997), *Kreuzwege der Kommunikation. Ausgewählte Texte*, hg. von Karlheinz Barck, Wien/New York.

Jammes, André (1972), *William H. Fox Talbot. Ein großer Erfinder und Meister der Photographie*, Luzern/Frankfurt a.M.

Kemp, Wolfgang (1979ff), *Theorie der Fotografie*, 4 Bände, München.

Kittler, Friedrich (1986), *Grammophon. Film. Typewriter*, Berlin.

Lichtenberg, Georg Christoph (1986), *Sudelbücher*, herausgegeben von Franz H. Mautner, Frankfurt a.M.

Martin, Corinne; Pape, Thilo von (Hg.) (2012), *Images in Mobile Communication. New Content, New Uses, New Perspectives*, Wiesbaden.

McLuhan, Marshall (2011), *Die Gutenberg-Galaxis. Die Entstehung des typographischen Menschen*, Hamburg u.a.

Müller, Lothar (2012), *Weisse Magie. Die Epoche des Papiers*, München.

Ortheil, Hanns-Josef (2012), *Schreiben dicht am Leben. Notieren und Skizzieren*, Mannheim u.a.

Sansom, Ian (2012), *Paper. An Elegy*, London.

Talbot, William Henry Fox ([1844] 2011), *The Pencil of Nature*, mit einer Einleitung von Colin Harding, Chicago/London.

Weber, Heike (2008), *Das Versprechen mobiler Freiheit. Zur Kultur- und Technikgeschichte von Kofferradio, Walkman und Handy*, Bielefeld.

Yates, Frances A. (1990), *Gedächtnis und Erinnern. Mnemonik von Aristoteles bis Shakespeare*, Berlin.

Internetquellen

Englischsprachige Wikipedia, http://www.en.wikipedia.org, 8.7.2013.

Deutsche Nationalbibliothek, Online-Katalog, http://www.dnb.de, 8.7.2013.

Documenta Mnemonica, http://www.geisteswissenschaften.fu-berlin.de/izma/editionen/docmnemonica/index.html, 8.7.2013.

Google Goggles, http://www.google.com/mobile/goggles/#logo, 8.7.2013.

Google Goggles, Videopräsentation, http://www.youtube.com/watch?v=Hhgfz0zPmH4, 8.7.2013.

o.A., »Neuer Rekord bei Mobilfunkanschlüssen in Deutschland« [Pressemitteilung der BITKOM, des Branchenverbandes für Informations- und Telekommunikationswirtschaft vom 26.02.2012], http://www.bitkom.org, 8.7.2013.

Think before Printing, Internetkampagne http://www.thinkbeforeprinting.org, 8.7.2013.

Digitales Schreiben im Deutschunterricht

Florian Radvan

> »Zweifellos […] ist, dass das Schreiben durch Computer die Einstellung des Schreibenden und des Empfängers zum Text radikal verändert. Das schöpferische Engagement wird anders als vorher erlebt. Es ist eine neue Art von Selbstkritik und von Verantwortlichkeit dem andern gegenüber hinzugekommen, und der Text hat eine neue Art von Eigenleben gewonnen.«
> (Flusser 1995: 65)

1. Beflügelung durch Stift oder Tastatur?

Als Vilém Flusser vor einem guten Vierteljahrhundert, im Jahr 1987, unter dem Titel »Hinweg vom Papier« die Neuartigkeit des digitalen Schreibens apostrophierte, sprach aus seinen Zeilen eine unverhohlene Begeisterung: Die Möglichkeiten, immateriell zu schreiben, sah er im Rahmen einer Bewegung, die die Kreativität beim Verfassen von Texten allgemein und womöglich für immer verändern würde. Die Botschaften von Schreibenden, die einen Computer benutzten, flögen nun und »sie werden beflügelt« (Flusser 1995: 59).

Indem Flusser insbesondere die Dialogizität des Denkens, des Schaffens, ja des Lebens selbst angesichts einer digitalen Schreiberfahrung herausstellte, zeigt sich, was er als das genuin Neuartige empfand: Das Schreiben »ins elektromagnetische Feld« (ebd.: 61), wie er es nannte, sei ein weiches, ein plastisches geworden, das keine natürlichen materiellen Grenzen mehr kenne. Schreiben vollziehe sich ohne Unterlage, nur noch auf einer Simulation von Papier, sich auf dem Bildschirm endlos ausdehnend. In Anspielung auf die etymologische Dimension des Text-Begriffes, aber auch die später inflationär verwendete Netzmetapher vorwegnehmend, stellte Flusser schließlich fest: »So entstehen sich verzweigende, sich bündelnde und zurücklaufende Fäden, und aus der papiergebundenen, eindeutig laufenden Zeile ist ein Gewebe geworden – die Unidimensionalität des Schreibens ist in Pluridimensionalität aufgehoben worden.« (ebd.: 63)

Zwei Punkte aus Vilém Flussers Nachdenken über digitale Schreibpraktiken (welches in eine Zeit zurückverweist, in der der Computer sich als Schreibgerät im privaten Bereich, aber auch in der Schule erst langsam zu etablieren begann) sind für den Deutschunterricht inzwischen bedeutsam geworden: Rekursivität und Dialogizität. Schreibdidaktisch gewendet sind sie treffender zu bezeichnen als Prozessorientierung und die Möglichkeit zur Kooperation beim Verfassen von Texten. Beide haben die Didaktik des Kompetenz- und Lernbereichs Schreiben seit Flussers Diktum – seinem als freudige Exklamation oder Appell zu lesenden »Hinweg vom Papier!« – entscheidend geprägt und sie sind in die Curricula, in die Lehr-Lernmaterialien und somit als pädagogische Praxis in die Klassenräume eingezogen.

Tatsächlich scheinen in den letzten 25 Jahren zwei Entwicklungen, auf der einen Seite im technischen Bereich, auf der anderen im Bereich der Schreibdidaktik, konvergiert zu sein, die sich gleichsam als natürliche Partner betrachten lassen: die prozessorientierte Schreibdidaktik (mit ihr das Interesse an kooperativen Lernformen) und die Ubiquität digitaler Schreibmedien, das heißt die »Vollversorgung mit Computer/Laptop (100 %) in Haushalten, in denen Jugendliche aufwachsen« (JIM-Studie 2012: 31). Indem Computer als digitale Schreibgeräte inzwischen ohne Einschränkung verfügbar sind, sollte die von Flusser mit Emphase begrüßte, neue Praxis des Schreibens auch für den Deutschunterricht problemlos einsetzbar sein. Sie scheint einem auf das Erlernen von Verschriftung und Vertextung ausgerichteten Unterricht entgegen zu kommen.[1]

Es ist deshalb verständlich, dass Flussers Enthusiasmus für die neuen Schreibgeräte und -oberflächen mehr als zwei Jahrzehnte später in der Deutschdidaktik noch einen Widerhall findet, zweifellos intensiviert durch die Kommunikationsmöglichkeiten des Internets (insbesondere denen des Web 2.0). So greift Oliver Ruf 2010 in *Deutsch 5–10*, einem Magazin für

1 Allerdings sollte auch auf die Probleme einer fehlenden Dissoziation von Schreibwerkzeug und Produktion von Sprache hingewiesen werden, die dem Schreiben als einer kulturellen Praxis, die sich immer unterschiedlicher Werkzeuge bedient, nicht gerecht wird. Aber auch dem Computer als einem dieser Werkzeuge würde es nicht gerecht: »Computer [gehen] nicht einfach in einer Geschichte von Schreibwerkzeugen auf […], wie auch Schrift nicht umstandslos mit der Funktionslogik von Computern zusammenfällt. Computer ›sind‹ keine Schreibwerkzeuge; Schrift ›ist‹ nicht programmgesteuerte Datenverarbeitung. In der Geschichte der Schrift und der Zweckoffenheit programmierbarer Rechenmaschinen offenbart sich vielmehr die ›Un-Beständigkeit des Technischen‹.« (Heilmann 2012: 7)

Unterrichtsplanung, auf ähnlich gelagerte Beschreibungstopoi für die Möglichkeiten digitalen Schreibens zurück wie Flusser, wenn er zu einem Wiki-Projekt schreibt:

»Die Dynamik der Netzkommunikation schafft demzufolge andere Schreibweisen und Adressierungen als die asynchrone, zerdehnte und zumeist auf zwei Nutzer beschränkte Briefkultur. So entstehen Textgeflechte, die durch kollektive Arbeit erschaffen und in ständiger Veränderung gehalten werden – auch als literarische Texte, beispielsweise in Form eines WiKi-Romans.« (Ruf 2010: 38)

Doch zunächst einen Schritt zurück, in Richtung der Definition digitalen Schreibens sowie einer Unterscheidung zwischen einzelnen Schreibpraktiken: Versteht man Schreiben – im Anschluss an John Hayes und Linda Flowers kognitionspsychologisches Modell (1980) – als einen Prozess, in dessen Rahmen interne Sprache in extern aufgezeichnete Symbole übertragen wird (vgl. Berninger 2009: 124), dann stellen manuelles und digitales Schreiben zwei Transkriptionsmodi dar.[2] Die Unterschiede zwischen beiden bestehen dabei primär auf Ebene der Instrumentalität und Körperlichkeit des Schreibens – also der Art und Weise, wie Schreibmedien verschiedenartig eingesetzt werden und welche grapho-motorischen Spezifika es jeweils gibt. Bei Handschriftlichkeit besteht die Basisoperation in der Formation eines Buchstabens auf einer physischen Oberfläche mittels eines Schreibgerätes, das die Oberfläche durch Bearbeitung, also etwa Einritzen, Auftragen einer Flüssigkeit oder einer sonstigen Strukturgebung, verändert. Dem gegenüber funktioniert digitales Schreiben durch die Selektion von Buchstaben, die in der Regel auf einer Fläche (Tastatur, Display oder ähnliches) angeordnet sind. Es handelt sich um einen Auswahlprozess, nicht um die physische Formation eines Zeichens. Die Speicherung und gegebenenfalls auch Vermittlung erfolgt immateriell, sodass es zunächst keine irreversiblen Veränderungen an Oberflächenstrukturen gibt, wie bei der Handschriftlichkeit etwa auf dem Papier (vgl. auch Dürscheid/Brommer 2009: 5).[3]

Digitales Schreiben bezeichnet hier ferner die Produktion eines Textes, bei dem digitale Schreibmedien in allen Phasen eines Schreibprozesses operativ und funktional eingesetzt werden. Unter Schreibmedien verstehe

2 Zur kontrastiven Diskussion des Schreib- und Schreibkompetenzbegriffes in einem didaktischen Kontext vgl. Dürscheid et al. (2010: 15–19).

3 Immateriell ist die Speicherung jedoch nur insofern, als sie nicht wahrnehmbar ist, gleichwohl aber lediglich »mit gegenwärtige[r] physikalische[r] Technik« (Bolter 2005: 453), also elektronisch, zu realisieren ist.

ich dabei – im Anschluss an Stephan Habscheids technologische Bestimmung des Begriffes – »materiale, vom Menschen hergestellte Apparate zur Herstellung/Modifikation, Speicherung, Übertragung oder Verteilung von sprachlichen (und nicht-sprachlichen) Zeichen« (Habscheid 2000: 127). Eine *conditio sine qua non* für digitales Schreiben ist folglich das Vorhandensein von Medien-Eigenschaften wie Interaktivität, Konnektivität und Multimedialität. Konkret: Nicht bereits das Abtippen eines handgeschriebenen Textes auf dem Computer konstituiert digitales Schreiben, sondern der Einbezug digitaler Schreibmedien von der Planung und Vorbereitung über das Entwerfen und Formulieren bis hin zum (kooperativen) Überarbeiten eines Textes. Gegebenenfalls schließt es auch seine digitale Präsentation mit ein. In der alltäglichen Praxis von Textproduktion kommt es häufig jedoch zu teildigitalen Schreibprozessen, in denen nur einzelne Operationen digital ausgeführt werden (vgl. analog die Unterscheidung zwischen digitalisierter und digitaler Literatur bei Haarkötter 2007: 29).

2. Lehrpläne, Lehrwerke und schulische Praxis

Curricular ist digitales Schreiben nicht erst in der Sekundar-, sondern bereits in der Primarstufe fest verankert: So steht beispielsweise in den 2008 veröffentlichten *Richtlinien und Lehrpläne für die Grundschule in Nordrhein-Westfalen* neben dem flüssigen und formklaren Schreiben in Druckschrift die Nutzung des »PC als Schreibwerkzeug« gleichrangig als Kompetenzerwartung zum Ende der Schuleingangsphase (*Ministerium für Schule und Weiterbildung* 2008: 29, vgl. auch S. 50). Entsprechend der Bedeutung, die digitale Textproduktion heutzutage besitzt, sind in allen aktuell zugelassenen Lehrwerken Aufgabenstellungen zum digitalen Schreiben ein integraler Bestandteil; sie knüpfen an zentrale Fertigkeiten im Bereich Schreiben – von der Notation erster Textideen über orthographische Problemlösestrategien (Selbstkorrektur) oder Wortfeldübungen bis hin zur Textrevision und kooperativem Schreiben – an. Digital zu schreiben, das umfasst natürlich auch die mit den Lehrwerken zu trainierende Produktion verschiedener Textsorten, darunter etwa Gedicht, Bewerbung, Vorgangsbeschreibung, Erörterung, Lebenslauf und zahlreiche weitere (vgl. zum Beispiel Schurf/Wagener 2004ff. und Biesemann et al. 2005ff.). Ähnliches gilt für den Bereich der angewandten Didaktik, in dem es keinen Mangel an medienintegrativen Unterrichtskonzepten in Form von Themenheften oder Themenmonografien gibt (vgl. beispielsweise Breilmann et al. 2003).

Die JIM-Studie von 2012 (vgl. S. 34ff.), eine Basisstudie zum Umgang Jugendlicher mit Medien, weist – wie bereits die Vorgänger-Studien – auf das Vorhandensein großer Wissensbestände beziehungsweise Routinen im Umgang mit Schriftlichkeit in digitalen Umgebungen hin. Aus der Gruppe der 12- bis 19-Jährigen nutzen, je nach Alter, zwischen 34 und 89 Prozent der Jugendlichen das Internet zur Kommunikation mittels Schreiben (in Online-Communities und Chatrooms oder per E-Mail). Dabei ist auffällig und schreibdidaktisch bedeutsam, dass diese Art der Kommunikation weit vor den medial mündlichen Nutzungsmöglichkeiten des Internets (etwa Skypen oder Telefonieren) rangiert, die – wiederum nach Alter – nur bei 13 bis 27 Prozent liegen. Als ein Schreibwerkzeug scheint der Computer, hier metonymisch zu verstehen für alle digitalen Schreibmedien, in dieser Altersgruppe folglich fest etabliert zu sein.

Auf die Praxis des Deutschunterrichts lassen sich die oben skizzierten Befunde (curriculare Integration, Gestaltung von Lehr-Lern-Materialien, Verbreitung von Computern bei Kindern und Jugendlichen) freilich nur *cum grano salis* übertragen, da

- unterrichtlich in der Regel andere Textsorten produziert werden und das digitale Schreiben damit eine im Vergleich zur Freizeit abweichende Funktionalität hat (konzeptionelle Schriftlichkeit etwa eine größere Rolle spielt, vgl. Dürscheid/Brommer 2009: 6),
- curricular noch keine systematische Aufnahme des digitalen Schreibens in die Lehrpläne der einzelnen Bundesländer stattgefunden hat, beziehungsweise es zu signifikanten Unterschieden kommt – von der Anbindung des Computers an konkret benannte Schreibkompetenzen (vgl. *Lehrplan Deutsch Hessen* 2010) bis hin zu seinem Einbezug vor allem im Rahmen einer allgemeinen Methodenkompetenz (vgl. *Lehrplan für den Erwerb der allgemeinen Hochschulreife Thüringen* 2011),
- kontextuell die Mediennutzung in der Familie und/oder der Peergroup Jugendlicher eine größere Rolle spielt als eine institutionelle Vermittlung digitaler Textproduktion in der Schule,
- in den Lehrwerken sehr verschiedenartig Bezug genommen wird auf die für digitales Schreiben erforderlichen Kompetenzen (markiert etwa durch einen differierenden Zugriff auf die Bereiche des deklarativen,

des Problemlöse-, des prozeduralen und des metakognitiven Wissens)[4] und

– praktisch die Ausstattung an Schulen mit digitalen Schreibgeräten sehr variiert (von Notebook-Klassen bis hin zu komplett fehlender oder nicht adäquat nutzbarer Medienausstattung).[5]

In diesem Sinne ist eine von der JIM-Studie 2012 aufgedeckte Diskrepanz in der Nutzung des Computers in verschiedenen Lebens- und Anwendungsbereichen bedeutend: »In der Schule selbst ist die Arbeit mit Computer und Internet allerdings nach wie vor eher selten die Regel (25 %) und auch die Entwicklung der letzten Jahre fällt hier sehr bescheiden aus (2011: 22 %, 2010 und 2009: 16 %).« (JIM-Studie 2012: 37) Die Schule und der Deutschunterricht als eines der Leitfächer, die sich mit Textproduktion

---

4 Wertet man zwei Deutschlehrwerke für die Jahrgangsstufen 5–8 aus, die momentan für G8 in Nordrhein-Westfalen zugelassen sind, so ergibt sich, dass die zum digitalen Schreiben beziehungsweise zu teildigitalen Schreibprozessen gestellten Aufgaben unterschiedlich auf die vier Wissensbereiche Bezug nehmen. Bezüglich der Schreibentwicklung sind die Doppeljahrgangsstufen 5/6 und 7/8 eine uneinheitlich verlaufende, dynamische Phase. In ihr findet der Übergang vom *knowledge telling* zum *knowledge transforming* hin statt. Die Neuorganisation von Wissensbeständen resultiert in einer zunehmenden Übernahme fremder Perspektiven und einer deutlicheren Adressatenorientierung (vgl. Becker-Mrotzek/Böttcher 2011: 65ff.). Um die zunehmend komplexen Schreibaufgaben, bis hin zur Einführung der Textsorte Erörterung, und die ebenfalls zunehmenden sprachlichen Differenzierungsmöglichkeiten zu unterstützen, scheinen digitale Schreibmedien ideal geeignet. Im *Deutschbuch* (Schurf/Wagener 2004) finden sich insgesamt 26 Aufgaben, die sich mit digitalem Schreiben befassen, wobei die zahlreichen Aufgaben zur Recherche mit dem Computer unberücksichtigt blieben, da sie nicht unmittelbar für eine Textproduktion relevant sind (deklaratives Wissen: 8 Aufgaben, Problemlösewissen: 6, prozedural: 11, metakognitiv: 1). Dem gegenüber finden sich bei *Duo Deutsch* (Schmitz/Sondershaus 2006ff.) 7 Aufgaben bei deklarativem Wissen, 1 beim Problemlösewissen, 8 beim prodzeduralem und 2 bei metakognitivem Wissen. Als erste Schlussfolgerung lässt sich festhalten, dass deklaratives Wissen bei der Erstellung von Digiskripten schon aufgrund der Komplexität beim Umgang mit den digitalen Schreibmedien eine bedeutend Rolle spielt. Ferner wird deklaratives Wissen – anhand der Aufgabenstellungen über die einzelnen Jahrgänge betrachtet – zunächst und hauptsächlich in der 5. Klasse aufgebaut, dann herrscht eine prozedurale Wissensvermittlung vor, im Sinne der Anwendung oder Routine-Bildung. In der 8. Jahrgangsstufe treten zudem Hypertexte als Thema hinzu, weshalb der Anteil an deklarativem Wissen vermutlich wieder zunimmt.

5 »Bring your own device!« ist ein Slogan, der in vielen Unternehmen inzwischen den Alltag im Umgang mit digitaler Kommunikation beherrscht. Was bisher schwerpunktmäßig den Bereich der Wirtschaft betrifft, könnte bald auch für die Schule relevant sein, das heißt eine dezentrale, nicht von der jeweiligen Institution verantwortete Beschaffung von Geräten (vgl. auch »Bring your own Device at my Company«, http://www.iais.fraunhofer.de/bring_your_own_device.html, 8.7.2013).

auseinandersetzen, partizipieren an der rapide wachsenden Nutzung des Computers also nur in Teilen. Obwohl einzelne Studien belegen, dass sich die Entwicklung spezifischer, zum Beispiel. narrativer Schreibfähigkeiten bei der Nutzung von Internetplattformen verbessert (vgl. Schneider et al. 2012: 1), findet der Erwerb von Schriftsprachlichkeit und die Produktion von Texten noch weitestgehend auf Papier statt: Die von der Institution Schule ausgehenden Prozesse des Schreibens resultieren also im Hinblick auf Materialität in der Regel in der Produktion von Manuskripten, nicht Digiskripten. Bestätigt wird dies auch von Untersuchungsergebnissen zu anderen Altersgruppen: Obwohl auch die Hälfte der 6- bis 13-Jährigen den Computer – wenn er unterrichtlich eine Rolle spielt – im Fach Deutsch einsetzen und über drei Viertel ihn schulisch zur Produktion von Wörtern oder Texten anwenden, bleibt die Bilanz auch hier ernüchternd: »Die Verwendung von Computern im normalen Unterricht findet derzeit offensichtlich nur sporadisch statt.« (KIM-Studie 2010: 28) Zumindest ergibt die aktuelle KIM-Studie, dass bei der Computernutzung in der Schule »das Schreiben von Texten und Wörtern an erster Stelle (mindestens einmal pro Woche: 80 %)« steht (KIM-Studie 2012: 31).

Vor dem Hintergrund der Diskrepanz von curricularer Theorie und unterrichtlicher Praxis möchte ich im Folgenden anhand von zwei Beispielen skizzieren, auf welche Weise digitales Schreiben in der Deutschdidaktik bisher bewertet wurde. In Anlehnung an ein Modell von Otto Ludwig werden anschließend Operationen zur Erstellung von Digiskripten benannt und Veränderungen gegenüber der Produktion von Manuskripten ausgewiesen.

3. Schreibmodelle und digitales Schreiben

Es ist vielleicht nicht überraschend, dass digitales Schreiben in der Deutschdidaktik vielfach im Hinblick auf die zu produzierende Textsorte, auf die von ihr ausgehenden Anforderungen an Leserinnen- und Leserorientierung sowie auf die Praktikabilität bei der Durchführung hin reflektiert wird. Verdeutlichen lässt sich dies an einer Tabelle zum »Schreiben für unterschiedliche Medien« von Petra Anders (2010). Sie versteht darunter Blog, Online-Schülerzeitung, Homepage, E-Mail, Chat und Wiki – sämtlich softwarebasierte Kommunikationsoberflächen, die sich zur Produktion beziehungsweise Veröffentlichung digitaler Texte eignen. Neben den so genannten Schreibaktivitäten (die bei ihr eine Stufe des Produktionsprozesses bezeichnen) werden von Anders besonders Strategien des Schreibens und die damit korrespondierenden Begründungen genannt, warum ein Text spezifische Merkmale aufweisen sollte. Zum Blog etwa notiert sie: »Beim Schreiben Aussagen und Formulierungen überprüfen und/ oder nachrecherchieren«, da Kommentare von einer »größere[n] Zielgruppe« (Anders 2010: 40) gelesen würden. Mit Blick auf die Planung und Durchführung von Unterricht ist dies sinnvoll und zielführend, da die schreibdidaktische Praxis natürlich stets bei den schon in diesem Beispiel aufgerufenen Anforderungen an Textproduktion ansetzt. Bezüglich einer differenzierenden Kategorisierung von Digiskripten scheint die tabellarische Zusammenstellung allerdings problematisch: Weder liegt bei Anders ein zweifelsfreier Medienbegriff zugrunde noch beziehen sich die erwähnten Schreibstrategien ausschließlich auf das Schreiben mit dem Computer (als Distinktionsmerkmal), sondern betreffen auch übergeordnete Fragen nach Textkohärenz, Textsortencharakteristika und Prozesshaftigkeit. Allgemein liegt keine eindeutige Grenzziehung im Hinblick auf Instrumentalität vor.

Auch Gegenüberstellungen von manuellem und digitalem Schreiben, die sich explizit auf Modellierungen von Schreibprozessen berufen, resultieren mitunter nicht in der Möglichkeit, Differenzen im Bereich von Instrumentalität präzise auszuweisen – und, vielleicht noch bedeutsamer, die vorhandenen Unterschiede als graduell oder kategorial zu bestimmen. In einem fachdidaktischen, vielfach rezipierten Sammelband zu *Schreibprozessen im medialen Wandel* legte Inge Blatt 2004 dar, wie neue Schreibmedien »zur Überbrückung der Kluft zwischen Denk- und Schreibprozessen« (Blatt 2004: 49) beitragen können: Welche Brücken – im Sinne von Vereinfachungen und Erleichterungen – kann digitales Schreiben gegenüber Handschriftlichkeit für die Schülerinnen und Schüler bauen? Indem sie sich mit der Auswahl ihrer Analyse- und Darstellungskategorien (Kurzzeitgedächtnis, Langzeitgedächtnis, Schreibprozess, Monitor) unmittelbar auf das Modell von Hayes und Flower beruft und es partiell weiterentwickelt, fokussiert Blatt auf die kognitive Dimension des Schreibens sowie auf den im Modell angelegten Gedanken von Rekursivität (vgl. Blatt 2004: 48f.).[6] Auch

6 Vgl. auch eine aktuelle Interventionsstudie zum Einsatz der Internetplattform »myMoment« im Primarbereich: In der theoretischen Grundlegung zur Studie wird das Modell von Hayes und Flower als dominanter Bezugspunkt genannt, in Bezug auf das digitale Schreiben allerdings nicht ausdifferenziert (vgl. Schneider et al. 2012: 4f.).

bei Blatt überlappen sich Fragen nach den kognitiv-mentalen Voraussetzungen des Schreibens, wie der Rolle des Kurz- und Langzeitgedächtnisses, einerseits mit einem Blick auf den Schreibprozess als Ganzes und die drei sich wechselseitig bedingenden Subprozesse des Planens, Formulierens und Überarbeitens andererseits. Ergänzt wird dies bei Blatt um Einschätzungen zur Motivation von Schreibenden. Dass es sich dabei um einen empirisch schwierig zu bestimmenden und im Hinblick auf Kompetenzen nicht in Niveaustufen einzuteilenden Einflussfaktor handelt, wird bei ihr bereits anhand der Formulierungen (»kann entlasten«, ebd.: 49) deutlich.

Obwohl die von Blatt diagnostizierten »Kluften« (ebd.: 49) grundsätzlich zutreffen, sind die in der Metaphorik von ›Kluft‹ und ›Brücke‹ aufgehobenen Vorstellungen problematisch: Sie weisen dem Schreiben mit der Hand eine defizitäre Rolle zu und pointieren den Computer gleichzeitig als ein Instrument, der das Schreiben in jedem Fall erleichtert. Dabei wird nicht auf die in anderen Wissensbereichen – etwa dem des deklarativen oder prozeduralen Wissens (Kenntnisse und Handhabung von Computerprogrammen zum Schreiben) – eventuell auch steigenden Anforderungen hingewiesen. Ferner ergeben sich die Vorteile des digitalen Schreibens hier nur aufgrund von Defiziten in der Kognition. Dies erschwert einen analytischen – im Sinne von ›zergliedernden‹ – Zugriff auf das komplexe Feld der Instrumentalität des Schreibens, da die Tabelle auf Vorannahmen bezüglich der Kompetenz des Schreibenden beruht. Konkretisieren lässt sich dies an der Formulierung »Schreibhilfen können Unterstützung im Hinblick auf Rechtschreibung, Ausdruck und Grammatik geben« (Blatt 2004: 49), die sowohl die Notwendigkeit dieser Schreibhilfen impliziert als auch einen problemlosen und im Vergleich zu nicht-digitalen Schreibhilfen zeiteffizienten Umgang mit ihnen.[7]

---

7 Dass die von Blatt postulierten ›Brücken‹ nicht immer stringent mit den von ihr diagnostizierten ›Kluften‹ in Verbindung stehen, wird bei der Kategorie des Kurzzeitgedächtnisses deutlich: »Ideen können stichwortartig aufgeschrieben werden, um später ausformuliert zu werden, ohne dass alles neu geschrieben werden muss« (Blatt 2004: 49), formuliert Blatt als einen Vorteil für die Textproduktion mit dem Computer. Während der erste Aspekt, das heißt die stichwortartige (Spontan-)Notation, jedoch durch digitale Schreibgeräte nicht genuin vereinfacht und verbessert wird, betrifft die Weiterverarbeitung der Stichworte bereits nicht mehr den Bereich des Kurzzeitgedächtnisses, sondern kann als Kennzeichen des Schreibprozesses an sich, also einer von ihr später genannten Kategorie, gesehen werden.

Indem hier auf ein kognitives Schreibprozessmodell rekurriert wird, ist Blatt grundlegend auf die im Modell vorliegende Einteilung und Interdependenz der Kategorien angewiesen, ohne dass in allen eine genuin mediale Dimension des (digitalen) Schreibens zutage träte – wie sie auch selbst konzediert: Die in der Tabelle aufgelisteten Erleichterungen und Verbesserungen beim Schreiben mit dem Computer bestünden »großenteils auch beim Schreiben mit der Hand« (Blatt 2004: 50). Darüber hinaus scheint problematisch, dass Blatt das von ihr erweiterte Schreibprozessmodell für die Bestimmung medienspezifischer Schreibunterschiede nur teilweise rezipiert: Gerade die wesentliche Kategorie der Schreibumgebung, unter der sich auch Hilfsmittel wie Schreibgeräte subsumieren lassen, wird nicht mit einbezogen.[8]

4. Manuskripte und Digiskripte

Um digitales Schreiben differenzierter darzustellen, bietet sich der Rückgriff auf ein Modell von Otto Ludwig (2005: 11–19, siehe Abbildung 1) an: Es beruht auf der Unterscheidung zwischen einer Basishandlung (der Produktion von Buchstaben) und mehreren möglichen Zielhandlungen beim Schreiben (der Produktion von Buchstaben, Wörtern, Sätzen, Texten und Skripten). Sollen Buchstaben produziert werden, so sind Basis- und Zielhandlung identisch. Doch bereits beim Wortschreiben klaffen sie auseinander, da das Ziel in der Produktion eines Wortes besteht, wobei dies auf eine bestimmte Anzahl von Basishandlungen zurückzuführen ist. Analog gilt dies für die weiteren Ebenen, bis hin zur schriftlichen Kommunikation. Ludwig hierarchisiert den Schreibvorgang folglich, indem er das sich verändernde Verhältnis von Basis- und Zielhandlungen bestimmt und dabei nicht nur aufeinander aufbauende, sondern miteinander verbundene Ebenen des Schreibens modelliert. Die Konzeption des Modells, das sich auf alle Alphabetschriften anwenden lässt, ist dazu geeignet, »sowohl den Unterschieden zwischen den verschiedenen Ausprägungen des Schreibens Rechnung zu tragen, als auch alle begrifflichen Ausdifferenzierungen in seiner Extension zu umfassen« (Ludwig 2005: 12). Das Modell bezieht sich

8 Nicht zuletzt hat sich seit 2004 die mediale Umgebung für digitales Schreiben (Web 2.0, Möglichkeiten von Desktop-Publishing etc.) sowie die Verfügbarkeit von Geräten und Kommunikationstechnik (Ubiquität von Internetzugang etc.) signifikant verändert.

auf die visuell zu beobachtende Produktion und Kombination linguistischer Zeichen (Buchstaben, Spatien, Diakritika) – also auf deren Präsenz auf einem Trägermaterial. Da es die Instrumentalität des Schreibens nicht integral aufnimmt, lässt es sich gleichermaßen auf die Textproduktion mit der Hand, mittels einer mechanischen Schreibmaschine, am Computer oder mit anderen Schreibmedien anwenden.

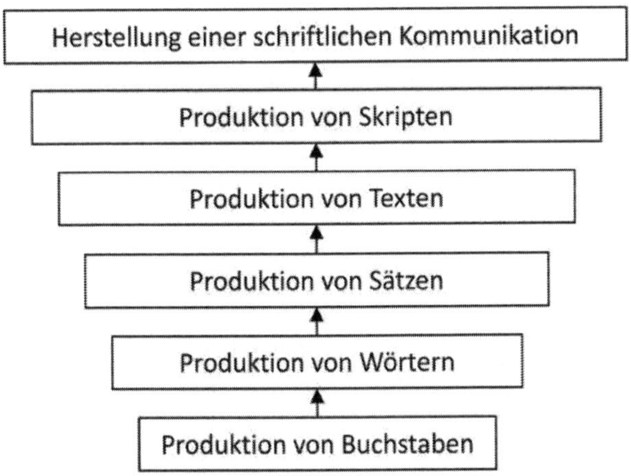

Abbildung 1: Modellierung des Schreibbegriffes von Otto Ludwig (2005: 16), von unten zu lesen.

Im Gegensatz zu kognitiven Modellen erleichtert Ludwigs schichtweise Modellierung auch eine Operationalisierung: Ihr lassen sich beobachtbare und somit beschreibbare Handlungen zuordnen, die sich ausschließlich auf die Produktion schriftlicher Kommunikation (und somit das Produkt der Tätigkeit des Schreibens) beziehen, ohne personale, institutionelle oder soziokulturelle Faktoren zu berücksichtigen – wie sie in die kognitiven Modelle mit den Einflussfaktoren des Langzeitgedächtnisses oder der Aufgabenumgebung eingeschrieben waren (vgl. Hayes/Flower 1980 und daran anschließend Blatt 2004).

Obwohl das im Folgenden abgedruckte Modell (siehe Abbildung 2) sich grundsätzlich an Ludwigs Modellierung orientiert, indem es ebenfalls auf Graphem-Ebene ansetzt und die Erstellung eines Digiskripts auflöst in eine Abfolge gegebenenfalls konsekutiver Tätigkeiten, wird es in Schreiboperationen einerseits (die sich hin bis zur Ebene des Lexems bewegen, horizontal) und in Textoperationen (vertikal) andererseits unterteilt.[9]

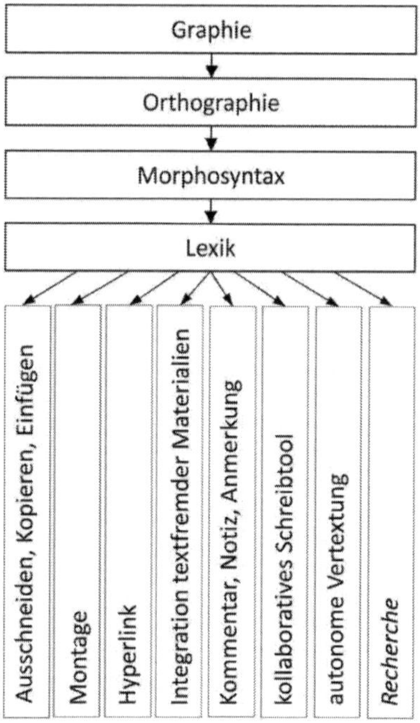

Abbildung 2: Modell zu den Ebenen digitalen Schreibens als Schreiboperationen (horizontal) und Textoperationen (vertikal), von oben zu lesen (Quelle: Eigene Darstellung).

Anders als bei Ludwig wird dabei eine morphologische beziehungsweise morpho-syntaktische Ebene berücksichtigt (vgl. Ludwig 2005: 13).[10] Die

9 Die Anlage der Tabelle 1 »Digitales Schreiben« (siehe S. 120–122) bezieht sich in Teilen auf: Suter (2006). Um die Einheitlichkeit und damit Lesbarkeit der Tabelle nicht zu beeinträchtigen, wurden direkte Übernahmen nicht als Zitat gekennzeichnet. Es handelt sich um die Bezeichnungen »Interoperabilität«, »konkrete Intermedialität«, »konkrete Intertextualität«, »asynchrone Interaktivität«, »asynchrone Konkreativität«. Aufgenommen sind nur Tätigkeiten und Faktoren, die direkt zur Textproduktion beitragen, also zum Beispiel nicht programmgestützte Fassungsvergleiche, Versionenkontrollen (Textgenese) oder Möglichkeiten der Veröffentlichung im Internet.

10 In der Bildung der Kategorien ergeben sich damit Ähnlichkeiten zur Ebene der Textrealisierung bei der »Grundstruktur des Textbeschreibungsmodells«, das Christa Dürscheid et al. (2010: 80) ihrer empirischen Untersuchung, veröffentlicht als »Wie Jugendliche schreiben«, zugrunde gelegt haben.

auf den Schreiboperationen aufbauenden Textoperationen bezeichnen die Möglichkeiten des digitalen Schreibens, die Abfolge von Wörtern, das heißt die Produktion in einer syntagmatischen Relation, auf bestimmte Weise zu manipulieren: von der Textrevision durch Ausschneiden, Kopieren und Einfügen bis hin zur computergestützten Generierung von Texten. Letztlich soll die Blickrichtung hier eine fachdidaktische beziehungsweise unterrichtspraktische bleiben, auf den Einbezug digitaler Schreibmedien abzielend, die textsortenabhängig und im Hinblick auf die Konzeption (mündlich/schriftlich) das Schreiben eines orthographisch und lexikalisch angemessenen Textes ermöglichen. Deshalb bezieht die erläuternde Tabelle (siehe unten) auch Sozialformen mit ein, in denen eine kooperative Arbeit an Texten stattfinden könnte.

Die grundlegenden Veränderungen zwischen Manuskripten und Typoskripten (als Ergebnisse zweier Transkriptionsmodi) lassen sich bereits bei der Produktion von Graphen beobachten. Da die Graphen für alle weiteren Ebenen konstitutiv sind, also im graphischen Sinne präsent, wirken die Veränderungen sich auch auf die verknüpften, nachgeordneten Schreib- und Textoperationen aus. Bereits bei den Graphen zeigt sich, dass viele Unterschiede zwischen digitalem und manuellem Schreiben als kategorial, nicht graduell zu klassifizieren sind – etwa die Trennung von Produktion des Textes und seiner (nicht zwangsläufigen) Materialisierung im Druck oder die Zuweisung von Tastaturkombinationen zu Zeichen, die produziert werden sollen. *Vice versa* zeigt sich, dass mediale Eigenschaften einen Einfluss auf die gesamte Arbeit des Schreibens erlangen: »›Die Schreibszene‹ kann einen Vorgang beschreiben, in dem Körper sprachlich signiert werden oder Gerätschaften am Sinn, zu dem sie sich instrumental verhalten, mitwirken […].« (Campe 1991: 760) Legt man diesen von Rüdiger Campe vor gut 20 Jahren ins Spiel gebrachten Begriff, die Schreibszene, zugrunde, so haben sich die Veränderungen des digitalen im Vergleich zum manuellen Schreiben besonders in den Bereichen des Instrumentell-Technischen und des Körperlich-Gestischen ausgeprägt – und sie lassen sich umreißen, indem man einerseits auf das Gegensatzpaar von »Ort« und »Stelle«, andererseits auf das von »staccato« und »legato« rekurriert.

Digitales Schreiben

Abfolge *konsekutive Tätigkeiten* *(1-4)*	**Bezeichnung** *und linguistischer Bezugsbereich* *(1-4)*	**Operation**	**Konnek-tivität**	**Veränderung gegenüber Handschriftlichkeit** *Kategoriale Unterschiede zwischen Manuskripten und Digiskripten durch* ***Fettdruck*** *ausgewiesen*	**Sozialform** *Möglichkeit der Zusammenarbeit*
Schreiboperationen					
1	Schriftproduktion Graphie	Erzeugen von Schriftzeichen durch Selektion, nicht durch Formation	offline	Instrumentalität des Schreibens: - **veränderte Materialumgebung in Bezug auf technisch-physikalische Voraussetzungen (z.B. Strom) und Transportabilität der Schreibmedien (z.B. Gewicht von Computern)** - **Schrift als algorithmische Repräsentation mit codierten Zeichen, Unabhängigkeit von visueller Figurierung** - **graphische Standardisierung und Gebundenheit durch Schriftarten** - **Möglichkeit des typographischen Edierens (mit einem Wechsel von Schriftart, Schriftgrad, Schriftauszeichnung, Satzbreite, Zeichen-, Wort- und Zeilenabstand, Zeilenfall) ohne erneuten Schreibprozess, d.h. kein festgelegtes Schriftbild** - **Trennung von Produktion (häufig als Papiersimulation sichtbar auf Bildschirm) und Materialisierung (z.B. im Druck)** - **beliebige, flexible und potentiell unbegrenzte Zuweisung von Tastaturkombinationen (Shortcuts) zu den zu erzeugenden Zeichen auch ohne Berücksichtigung der physischen Tastaturbelegung** - **unsichtbare, d.h. der konkreten (visuellen) Wahrnehmung nicht zugängliche Speicherung und Archivierung von Schriftzeichen** - **hohe Kapazität des Trägermediums (z.B. Festplatte) ohne gesicherte Durabilität der gespeicherten Daten**	individuell

Tabelle 1: Digitales Schreiben (Quelle: Eigene Darstellung).

				<u>Körperlichkeit des Schreibens:</u> - **Trennung in ein Trägermedium der textuellen Informationen (Speicher) und ein Darstellungsmedium für die textuellen Informationen (Lesegerät)** - **motorische Prozesse (z.B. Schreibgeschwindigkeit) durch veränderte visuelle und haptische Abläufe: selektiv-kombinierendes Bedienen von Tasten** - **häufig zeitlich versetzter, damit distanzierender Blick: einerseits auf eine Produktionsfläche (z.B. Tastatur), andererseits auf eine Darstellungsmedium (z.B. Bildschirm oder Display)** → Verlust von Individualität und Expressivität (Bedeutungsüberschuss im Duktus der Handschrift, auch situativ)	
2	Autovervollständigung, Autotext / Rückgängigmachung und Wiederherstellung <u>Orthographie und Morphosyntax</u>	eigenständiges Komplettieren bzw. Löschen oder Wiederherstellen eines Wort- oder Textteils	offline	- **Beschleunigung der Textproduktion durch antizipierte Graphemergänzung** - **Immaterielles Löschen und (Wieder-)Einfügen von Graphemen und Lexemen** → ggf. erwartete / unerwartete sowie richtige / falsche Ergänzung (Paare nicht korrelierend)	individuell
3	(Auto-)Rechtschreib- und Grammatikkorrektur <u>Orthographie und Morphosyntax</u>	automatisiertes Zugreifen auf ein Standard- sowie ein erweiterbares Benutzerlexikon und eventuell Verbesserung	offline	- **effizienteres, zum Teil nicht bemerkbares Vermeiden von Fehlern in den Bereichen Orthographie und Grammatik ohne erneuten Schreibprozess oder materielles Löschen, Durchstreichen bzw. Überschreiben** → ggf. erwartete / unerwartete sowie richtige / falsche Ergänzung (Paare nicht korrelierend)	individuell
4	Thesaurus, Wortfeld- und Registerkontrolle <u>Lexik</u>	Finden und Einsetzen von Synonymen oder Antonymen zu ausgewählten Wörtern, Hervorheben von Register(ebenen)	offline	- effizienteres und beschleunigtes Ersetzen von Wörtern ohne erneuten Schreibprozess oder materielles Löschen, Durchstreichen bzw. Überschreiben - Vermeiden von Wortwiederholungen, adäquate Verwendung von Wortfeldern und Registern	individuell

Tabelle 1: - fortgesetzt -

Textoperationen					
5	Ausschneiden, Kopieren und Einfügen (ggf. mit wachsender Zwischenablage)	Umstellen, Duplizieren und Löschen von Textteilen (innerhalb des Dokuments)	offline	- keine fixe, d.h. weitgehend unveränderbare räumliche Zeichenabfolge (Aufwertung der paradigmatischen gegenüber der syntagmatischen Achse) - flexiblerer und zeitökonomischer Schreibprozess, prinzipielle Reversibilität (in Teilen und als Ganzes) → ggf. Anpassung von Kohärenz und Kohäsion	individuell
6	Montage	Umstellen von Textteilen zwischen Dokumenten	off-/online	- erleichterte Interoperabilität	individuell
7	Hyperlink	Erstellen von Verweisen auf andere Texte	off-/online	- beschleunigte konkrete Intertextualität	individuell
8	Integration textfremder Materialien	Einfügen von Bild-, Ton- oder Filmmedien	off-/online	- wesentlich erleichterte konkrete Intermedialität (mediale Hybridbildung)	individuell
9	Kommentar, Notiz, Anmerkung	schriftliches Reagieren auf einen Text, Erstellen von Paratexten	off-/online	- beschleunigte und vereinfachte asynchrone Interaktivität	kooperativ
10	kollaboratives Schreibtool	zeitversetztes oder zeitgleiches Produzieren eines Textes mit mehreren Autor/innen	off-/online	- asynchrone oder synchrone Konkreativität und Interaktivität	kooperativ
11	autonome Vertextung	benutzerunabhängige Generierung eines Textes	off-/online	- von einem (momentan) schreibenden Subjekt losgelöste Produktion eines Textes auf der Basis computerlinguistisch zu verarbeitender Informationen	–
12 *kein integraler Teil des Schreibprozesses*	*Recherche*	*unmittelbares Zugreifen auf Informationen (z.B. programminterne Schreibtipps, Internet z.B. mit Online- Enzyklopädien)*	*off-/online*	- *wesentlich beschleunigte Möglichkeit, für die Produktion des Textes relevante Informationen (von schreibpraktisch bis thematisch) zu beschaffen* → *Bewertung, Kontextualisierung und Hierarchisierung von Informationen aufgrund der Menge erschwert*	*individuell / kooperativ*

Tabelle 1: - fortgesetzt -

Dass Schrift, bedingt durch die Praxis des digitalen Schreibens, eine andere Präsenz erlangt als bei Handschriftlichkeit, zeigt eine von Roland Reuß im Rahmen der Editionsphilologie entwickelte Unterscheidung in »Ort« und »Stelle« (vgl. Reuß 2006: 60). Diese Dichotomie ist insofern signifikant, als sie die Bedingungen, unter denen Schrift entsteht und das zu Schreibende beziehungsweise das schon Geschriebene sich dokumentiert, mit reflektiert: In Manuskripten hat der Text stets seinen konkreten, individuellen Ort, führt im graphisch-materiellen Sinn ein singuläres Da-Sein; das in Manuskripten wie etwa Autographen »wirkende energetische Feld wirkt wie ein Magnet und bezieht die Materialität der Aufzeichnung in sich ein« (ebd.: 60). Bei Digiskripten hingegen ist dem Text qua Produktionscharakter eine Stelle zugewiesen worden, jedoch mit der Möglichkeit einer nahezu unendlich variierenden (Re-)Produktion dieser Stelle im Druck oder mittels einer Anzeige auf Bildschirmen beziehungsweise Displays.

Ebenso lassen sich die Veränderungen in der Dimension des Körperlich-Gestischen mittels eines Gegensatzpaares illustrieren, das heißt in der Beschreibungskategorie eines anderen Mediums (Musik) fassen: vom linearen »legato« der Handschrift hin zum rekursiven »staccato« der Tippbewegung auf einer Tastatur. Die Produktion von Texten hatte immer schon ihren Sound, wurde begleitet von den Geräuschen, die beim Umgang mit Schreibutensilien entstehen: das Kratzen der Feder auf dem Papier, das Aneinanderschlagen der Typenhebel bei der Schreibmaschine oder das Klicken von Federn im Inneren der Computertastatur, meist begleitet vom sublimen Rauschen eines Ventilators.[11] So ist es vielleicht nicht erstaunlich, dass sich musikalische Artikulations- und Phrasierungsvorschriften (und damit auch ihre Verzeichnung in Form von Punkten und Bögen über den Noten) gut in den Bereich des Körperlich-Gestischen beim Schreiben übertragen lassen. Sie dienen einerseits als Anhaltspunkt für eine punktuelle und unverbundene, eher vertikal verlaufende Bewegung beim digitalen Schreiben (»staccato«). Demgegenüber lässt sich das Schreiben mit einem Stift (»legato«) als verbunden, gleitend und tendenziell horizontal verlaufend charakterisieren.

11 Die Affinität von Schriftproduktion und Geräusch reicht so weit, dass es bei Display-Tastaturen die Möglichkeit gibt, künstlich erzeugte Tippgeräusche ein- oder abzuschalten.

5. Digitales Schreiben in der Schule

Freilich lässt sich die Gegenüberstellung von Manuskripten und Digiskripten (und den darin implizierten unterschiedlichen Schreibpraktiken) nicht für bare didaktische Münze nehmen. Indem man digitales Schreiben in seinen Produktionscharakter zergliedert, werden zum Teil auch Fragen aufgeworfen, die der Deutschunterricht gar nicht beantworten kann: So ist es im Rahmen eines schreibdidaktischen Curriculums nicht realisierbar, Fragen der Programmierung (algorithmische Repräsentation) zu thematisieren. Andere Aspekte, wie die Möglichkeiten typographischen Edierens, bieten jedoch einen klaren Anschluss an Lehrpläne: »Schrift auch am Computer als Gestaltungsmittel unterschiedlicher Texte einsetzen«, wie es als Kompetenzerwartung für das Ende der vierten Klassenstufe etwa im *Lehrplan für den Erwerb der allgemeinen Hochschulreife* in Thüringen (2011: 25) verzeichnet ist, verweist auf das Layout als ein bedeutungstragendes und bedeutungsgenerierendes Element.

In die, in Anlehnung an Otto Ludwig, horizontal ausgewiesenen Ebenen der Schriftproduktion können sieben Vertikalschnitte eingezogen werden, die das gesamte digitale Schreiben vom Graphem bis zur autonomen Vertextung durchdringen. Sie zeichnen sich dadurch aus, dass sich aus ihnen jeweils didaktische Perspektiven ergeben und lassen sich bezeichnen mit den Begriffen »Prozess«, »Komplexität«, »Kooperation«, »Textsorte«, »Publikation«, »Medialität« und »Interface«. Sie können als Grundlage für die Konstruktion eines digitales Schreibcurriculums dienen, vor allem in Kombination mit weiteren Modellierungen von Schreibkompetenz (vgl. Becker-Mrotzek/Schindler 2007), die die domänenspezifischen Anforderungen an das Schreiben mit den vier Wissensbereichen in Beziehung setzen.

(1) Prozess: Das digitale Schreiben individualisiert Prozesse, indem es vielfältige und unterschiedliche Schreibpraktiken erlaubt und divergente Schreibertypen unterstützt. Es kommt dem Schreiben als diskursivem und/oder rekursivem Prozess entgegen, ermöglicht lineares ebenso wie non-lineares Schreiben (vgl. auch Dürscheid/Brommer 2009: 6).
   → Schreibdidaktisch ergeben sich Synergien zur Prozessorientierung und der mit ihr einhergehenden Binnendifferenzierung in Lerngruppen, da digitales Schreiben die verschiedenen Schreibphasen transparent gestaltet und sie einer (selbst-)kritischen Auseinandersetzung öffnet. Dies trifft insbesondere auf die Textrevision und

ihre Subprozesse zu, die unterschiedlich tief in die Textstruktur eingreifen und sich zusehends nach dem (ersten) Schreiben vollziehen (Nachträge, Korrekturen, Verbesserungen, Redigierungen und Reformulierungen, vgl. Fix 2008: 166).

(2) Komplexität: Das digitale Schreiben stellt neue Anforderungen an den Umgang mit Schreibgeräten, was unter Umständen in einer gleichzeitigen Reduktion und Erhöhung der Komplexität resultiert, zum Beispiel durch das Erlernen eines effizienten Umgangs mit der Benutzeroberfläche und Programmstruktur. So ist es möglich, dass die Tätigkeit des Verschriftens vorübergehend gegenüber der des Vertextens wieder an Gewicht gewinnt, wenn die Motorik bei Tastaturschreiben, das Auffinden der Grapheme und anderer Zeichen, erlernt oder verbessert wird (vgl. Becker-Mrotzek/Schindler 2007: 12 und Becker-Mrotzek/Böttcher 2011: 67). Das Vorhandensein mehrerer parallel genutzter Schreibpraktiken fördert auch die Metakognition, die sich auf die sinnlichen Erfahrungen beziehen könnte, welche von den unterschiedlichen Geräten ausgehen (vgl. auch Bolter 2005: 459).

→ Schreibdidaktisch erfordert digitales Schreiben also die Vermittlung von Wissen auf unterschiedlichen Ebenen (deklarativ, prozedural, Problemlösung und metakognitiv), orientiert sich – stärker als bei der Handschriftlichkeit – auch an dem individuellen, von Schülerinnen und Schülern außerhalb der Schule bereits erworbenen Wissen: Der Erwerbsprozess verläuft, zumindest bislang, ungesteuerter und erratischer.

(3) Kooperation: Das digitale Schreiben bewirkt und fördert eine Öffnung der Textproduktion über das Individuum hinaus, indem andere den Schreibprozess über räumliche Entfernungen hinweg beeinflussen können (zum Beispiel Inspiration, Kommentar, Revision), sowohl synchron als auch asynchron. Eine digitale Kooperation kann die zerdehnte Kommunikationssituation des Schreibens in gewisser Weise wieder aufheben, indem sie räumliche wie zeitliche Abstände zusammenschmelzen lässt. Schreibvorgänge lassen sich dann dialogisch(er) gestalten.

→ Schreibdidaktisch haben sich die Möglichkeiten einer gemeinsamen Erstellung und Überarbeitung von Texten wesentlich vereinfacht und die Akzeptanz der Methoden des kooperativen Schreibens durch die Schülerinnen und Schüler kann sich aufgrund des Medieneinsatzes erhöhen.

(4) Textsorte: Das digitale Schreiben unterstützt Schreibprozesse je nach Textsorte mehr oder weniger wirkungsvoll und extensiv. Bei Briefen bieten sich hierfür Formatvorlagen (Templates), aber auch Textbausteine an, wobei diese der großen Varianz der Textsorte (formaler Geschäftsbrief, Informationsschreiben, Liebesbrief etc.) nur teilweise gerecht werden können. Ebenso ändert sich die Funktion der (para-)textuellen Elemente einzelner Textsorten, beispielsweise des Postskriptums bei Briefen, das nun nicht mehr aus Gründen der Schreibökonomie, sondern primär aus inhaltlichen Gründen gesetzt wird.
→ Schreibdidaktisch kann digitales Schreiben dafür sensibilisieren, wie Textsorten durch vorgegebene Normierungen (zum Beispiel der Grad an Formalisierung) geprägt sind und welche programmbasierten Hilfen die Programme dafür anbieten.

(5) Medialität: Das digitale Schreiben erlaubt die Produktion schriftlicher Texte auf der Basis medialer Mündlichkeit (etwa Diktieren mit Programmen zur Spracherkennung).
→ Schreibdidaktisch können die Konzepte von konzeptioneller wie medialer Mündlichkeit und Schriftlichkeit thematisiert beziehungsweise veranschaulicht werden (zum Beispiel überschneidend bei Chat-Kommunikation oder Live-Tickern). So geht es auch darum zu verdeutlichen, dass manche digitale Schreibmedien das Auftreten von Ausdrucksweisen, die eher dem Bereich der medialen Mündlichkeit zuzuordnen sind, verstärken (»Gesprächspartikel, Assimilations- und Reduktionsformen, Satzabbrüche, Interjektionen, umgangssprachliche Ausdrucksweisen und Dialektismen«, Dürscheid/Brommer 2009: 7).

(6) Publikation: Schreiben in digitalen Umgebungen generiert neue, das heißt technisch problemlos umzusetzende und kostenneutrale Veröffentlichungsmöglichkeiten.
→ Schreibdidaktisch lassen sich im Deutschunterricht mehr lebensweltliche, das heißt für Schülerinnen und Schüler relevante und nicht als artifiziell wahrgenommene Schreibanlässe schaffen. Da die Publikationsmöglichkeiten sich online technisch und finanziell wesentlich vereinfacht haben, ist eine Ergebnispräsentation von ge-

schriebenen Texten, zum Beispiel auf der Schulhomepage, problemlos möglich.

(7) Interface: Das digitale Schreiben ermöglicht zunehmend auch den Einbezug manueller Schreibroutinen (etwa über digitale Stifte oder Programme beziehungsweise Apps zur Erkennung von Handschrift).
→ Schreibdidaktisch bietet sich eine weitergehende und vertiefte Integration in andere Lernbereiche (zum Beispiel Lesen und Schreiben in *enhanced e-books*) an, ohne dass Handschriftlichkeit als eine von der Schule vermittelte kulturelle Praxis geschwächt oder diskreditiert würde.

Obwohl es eine zum Teil von medienpessimistischen, populistisch geprägten Topoi getragene Warnung vor dem Verlust handschriftlicher Fertigkeiten gibt (»Alarm! Handschrift stirbt aus!«, wie die BILD-Zeitung vom 27. Juni 2012 titelte, vgl. auch Zimmer 2005, kommentierend Brommer 2007 und Dürscheid/Brommer 2009), gibt es gute Gründe, auch unterrichtlich das digitale Schreiben zu stärken und Anschlussmöglichkeiten an die Kompetenzbereiche des Deutschunterrichts zu suchen – allerdings im Sinne einer friedlichen Koexistenz mit dem Manuskript. Dabei scheint es fragwürdig, die Veränderungen gegenüber Handschriftlichkeit vorderhand qualitativ zu bewerten, da Schülerinnen und Schüler (wie Schreibende allgemein) die Produktion von Digiskripten je nach Grad ihrer Kompetenz in den Subbereichen des Schreibens und je nach Textsorte nicht unmittelbar als Verbesserung oder Vereinfachung empfinden. Gerade da empirische Studien, die sich mit unterschiedlichen Schreibpraktiken, Stift versus Tastatur, auseinandersetzen (vgl. Hill/Reeves 2004; Ross et al. 2001; Dürscheid/Brommer 2009), scheint es für die Deutschdidaktik sinnvoll, an die bereits bestehenden Modelle zur Schreibkompetenz (vgl. etwa Becker-Mrotzek/Schindler 2007: 24) anzuknüpfen und sie aus der Perspektive des digitalen Schreibens neu zu lesen. Ziel sollte hier eine Formulierung von Kompetenzen sein, vor dem Hintergrund einer konsequenteren Integration in den curricularen Bereich des Schreibens.

Literatur

Anders, Petra (2010), »Schreiben für unterschiedliche Medien«, in: *Deutsch 5-10,* H. 24, S. 40–41.

Becker-Mrotzek, Michael; Böttcher, Ingrid (2011), *Schreibkompetenz entwickeln und beurteilen,* 3. Aufl., Berlin.

Becker-Mrotzek, Michael; Schindler, Kirsten (2007), »Schreibkompetenz modellieren«, in: Michael Becker-Mrotzek; Kirsten Schindler (Hg.), *Texte schreiben,* Duisburg, S. 7–26.

Berninger, Virgina W.; Abbott, Robert D.; Augsburger, Amy; Garcia, Noelia (2009), »Comparison of Pen and Keyboard Transcription Modes in Children with and without Learning Disabilities«, in: *Learning Disability quarterly* 32, S. 123–140.

Biesemann, Jutta; Burgert, Katrin; Dresen, Joachim; Fillies, Anke; Holzbrink, Michaela; Meyer-Bothling, Jörg Ulrich; Michels, Hans-Joachim; Neißer, Barbara; Orthen, Heike; Schwarzwald, Michael; Thürmann, Eike; Werden, Angelika (Hg.) (2005), *deutsch.punkt 1. Gymnasium. Sprach-, Lese- und Selbstlernbuch,* Stuttgart.

Blatt, Inge (2004), »Schreiben und Schreibenlernen mit neuen Medien«, in: Inge Blatt; Wilfried Hartmann (Hg.), *Schreibprozesse im medialen Wandel,* Baltmannsweiler, S. 30–70.

Bolter, Jay David (2005), »Digitale Schrift«, in: Gernot Grube; Werner Kogge; Sybille Krämer (Hg.), *Schrift. Kulturtechnik zwischen Auge, Hand und Maschine,* München, S. 453–467.

Breilmann, Sybille; Grunow, Cordula; Schopen, Michael (Hg.) (2003), Computer, Internet & Co. im Deutschunterricht ab Klasse 5, Berlin.

Brommer, Sarah (2007), »›Ein unglaubliches Schriftbild, von Rechtschreibung oder Interpunktion ganz zu schweigen‹ – Die Schreibkompetenz der Jugendlichen im öffentlichen Diskurs«, in: *Zeitschrift für germanistische Linguistik* 35, H. 3, S. 315–345.

Campe, Rüdiger (1991), »Die Schreibszene, Schreiben«, in: Hans Ulrich Gumbrecht; Ludwig K. Pfeiffer (Hg.), *Paradoxien, Dissonanzen, Zusammenbrüche. Situationen offener Epistemologie,* Frankfurt am Main, S. 759–772.

DeVoss, Dànielle Nicole ; Eidman-Aadahl, Elyse; Hicks, Troy (2010), *Because Digital Writing Matters (National Writing Project),* San Francisco.

Dürscheid, Christa; Brommer, Sarah (2009), »Getippte Dialoge in neuen Medien. Sprachkritische Aspekte und linguistische Analysen«, in: *Linguistik online 37*, H. 1, http://www.linguistik-online.de/37_09/duerscheidBrommer.pdf, 8.7.2013.

Dürscheid, Christa; Wagner, Franc; Brommer, Sarah (2010), *Wie Jugendliche schreiben. Schreibkompetenz und neue Medien,* Berlin.

Fix, Martin (2008), *Texte schreiben. Schreibprozesse im Deutschunterricht,* 2. Aufl., Paderborn.

Flusser, Vilém (1995), »Hinweg vom Papier. Die Zukunft des Schreibens«, in: Vilém Flusser: *Die Revolution der Bilder. Der Flusser-Reader zu Kommunikation, Medien und Design*, Mannheim, S. 59–65.

Haarkötter, Hektor (2007), *Nicht-endende Enden. Dimensionen eines literarischen Phänomens*, Würzburg.

Habscheid, Stephan (2000), »›Medien‹ in der Pragmatik. Eine kritische Bestandsaufnahme«, in: *Deutsche Sprache* 28, H. 1, S. 126–143.

Hayes, John R.; Flower, Linda S. (1980), »Identifying the Organization of Writing Processes«, in: Lee W. Gregg; Erwin R. Steinberg (Hg.), *Cognitive Processes in Writing*, Hillsdale, S. 3–30.

Heilmann, Till A. (2010), »Digitalität als Taktilität. McLuhan, der Computer und die Taste«, in: *Zeitschrift für Medienwissenschaft 3*, H. 2, S. 125–134. Online auch: http://www.zfmedienwissenschaft.de/index.php?HeftBeitragID=46, 8.7.2013.

Heilmann, Till A. (2012), *Textverarbeitung. Eine Mediengeschichte des Computers als Schreibmaschine*, Bielefeld.

Hessisches Kultusministerium (Hg.) (2010), *Lehrplan Deutsch. Gymnasialer Bildungsgang. Jahrgangsstufen 5G-9G und gymnasiale Oberstufe*, Wiesbaden.

Hill, Janette; Reeves, Tom (2004), »Change takes time. The Promise of Ubiquitous Computing in Schools. A Report of a Four Year Evaluation of the Laptop Initiative at Athens Academy«, in: *LPSL Learning & Performance Support Laboratory at the University of Georgia*, http://lpsl.coe.uga.edu/Projects/Aalaptop/pdf/FinalReport.pdf, 8.7.2013.

Ludwig, Otto (2005), *Geschichte des Schreibens. Bd. 1, Von der Antike bis zum Buchdruck*, Berlin.

MacArthur, Charles A. (2006), »The Effects of New Technologies on Writing and Writing Processes«, in: Charles A. MacArthur; Steve Graham; Jill Fitzgerald (Hg.), *Handbook of Writing Research*, New York, S. 248–262.

Merchant, Guy (2007), »Writing the Future in the Digital Age«, in: *Literacy 41* (Nr. 3), S. 118–128.

Ministerium für Schule und Weiterbildung des Landes Nordrhein-Westfalen (Hg.) (2008), *Richtlinien und Lehrpläne für die Grundschule in Nordrhein-Westfalen*, Frechen.

o.A. (2013), »Bring your own Device at my Company«, in: *Fraunhofer IAIS*, http://www.iais.fraunhofer.de/bring_your_own_device.html, 8.7.2013.

Reuß, Roland (2006), »Spielräume des Zufälligen. Zum Verhältnis von Edition und Typographie«, in: *Text. Kritische Beiträge 11*, S. 55–100.

Ross, Steven M.; Lowther, Deborah L.; Morrison, Gary L. (2001), »Anytime, Anywhere Learning. Final Evaluation Report of the Laptop Program: Year 2«, in: *NTeC Integrating Computer Technology into the Classroom*, http://www.nteq.com/Research/Laptop%20Yr2%20Final%2012-10-01.pdf, 8.7.2013.

Ruf, Oliver (2010), »Schreiben in medialen Umgebungen. Neue Impulse für die Schreibmotivation«, in: *Deutsch 5–10*, H. 24, S. 36–38.

Schmitz, Ulrich; Sondershaus, Christian (2006), *Duo Deutsch A5. Sprach- und Lesebuch*, München.

Schneider, Hansjakob; Wiesner, Esther; Lindauer, Thomas; Furger, Julienne (2012), »Kinder schreiben auf einer Internetplattform. Resultate aus der Interventionsstudie myMoment2.0«, in: *dieS-Online* Nr. 2.

Schurf, Bernd; Wagener, Andrea (2004), *Deutschbuch*. Neue Ausgabe, Berlin.

Simanowski, Roberto (2010), »Reading Digital Literature«, in: Roberto Simanowski; Jörgen Schäfer; Peter Gendolla (Hg.), *Reading Moving Letters. Digital Literature in Research and Teaching*, Bielefeld, S. 9–28.

Suter, Beat (2006), »Das Neue Schreiben 1.0«, in: *Netzliteratur*, http://www.netzliteratur.net/suter/dasneueschreiben1.html, 8.7.2013.

Thüringer Ministerium für Bildung, Wissenschaft und Kultur (Hg.) (2011), *Lehrplan für den Erwerb der allgemeinen Hochschulreife Thüringen*, Erfurt.

Zimmer, Dieter E. (2005), *Sprache in Zeiten ihrer Unverbesserlichkeit*, Hamburg.

Medien-Studien

JIM-Studie (2012), Medienpädagogischer Forschungsverbund Südwest (Hg.) (2012), *Jugend, Information, (Multi-)Media. Basisstudie zum Medienumgang 12- bis 19-Jähriger in Deutschland*, Stuttgart, http://www.mpfs.de/fileadmin/JIM-pdf12/JIM2012_Endversion.pdf, 8.7.2013.

KIM-Studie (2010), Medienpädagogischer Forschungsverbund Südwest (Hg.) (2010), *Kinder + Medien Computer + Internet. Basisuntersuchung zum Medienumgang 6- bis 13-Jähriger in Deutschland*, Stuttgart, http://www.mpfs.de/fileadmin/KIM-pdf10/KIM2010.pdf, 8.7.2013.

KIM-Studie (2012), Medienpädagogischer Forschungsverbund Südwest (Hg.) (2013), *Kinder + Medien Computer + Internet. Basisuntersuchung zum Medienumgang 6- bis 13-Jähriger in Deutschland*, Stuttgart, http://www.mpfs.de/fileadmin/KIM-pdf12/KIM_2012, 8.7.2013.

(Un)Sicherheit im wissenschaftlichen Schreiben: Webbasierte Untersuchungen zu konzeptionellen Prozessen und Schreibflüssigkeit

Annika Dix, Lisa Schüler und Jan Weisberg

1. Einleitung

Wissenschaftliches Schreiben ist eine komplexe Tätigkeit: Bereits die Produktion kurzer Texte kann eine Vielzahl verschiedener Aktivitäten erfordern, wie die Recherche, das Exzerpieren relevanter Inhalte, das Ordnen und Gliedern des heterogenen Materials sowie das Schreiben und Überarbeiten eines neuen Textes. Alle diese Teilhandlungen erfolgen in der Regel rekursiv und iterativ (vgl. Ludwig 1983: 47) und sprengen die Einheit von Ort, Zeit, Medium und Handlungen. Die kontrollierte Untersuchung der Teilhandlungen wissenschaftlichen Schreibens ist daher methodisch eine besondere Herausforderung. Durch die Entwicklung und Ausbreitung neuer Technologien entstehen für die Schreibforschung in dieser Hinsicht jedoch erweiterte Möglichkeiten. Hier setzt der Beitrag an und zeigt beispielhaft neue Möglichkeiten zur Analyse von Schreibprozessen, die bei der Bearbeitung von Aufgaben in einem speziell für das wissenschaftliche Schreiben entwickelten *Mikrokosmos* entstanden sind – dem Schreibkontroversenlabor SKOLA[1].

Im ersten Abschnitt dieses Artikels werden Konzeption und Aufbau der webbasierten Lern- und Forschungsumgebung vorgestellt. Anhand von in SKOLA erhobenen Schreibprozessdaten wird im zweiten Abschnitt ge-

---

1 SKOLA (SchreibKOntroversenLAbor) wurde in dem von Helmuth Feilke und Katrin Lehnen geleiteten Projekt »Schreib- und Textroutinen: Kultur-, fach- und medienbezogene Perspektiven« des LOEWE-Schwerpunkts »Kulturtechniken und ihre Medialisierung« von Martin Steinseifer gemeinsam mit den Verfassern konzeptionalisiert und entwickelt. Weitere Informationen sowie eine Demonstration der Lernumgebung unter www.kulturtechniken.info. SKOLA wird derzeit in dem von der VW-Stiftung geförderten Projekt »Eristische Literalität. Erwerb und Ausbau wissenschaftlicher Textkompetenz im Deutschen« als Lern- und Forschungsumgebung eingesetzt und weiterentwickelt.

zeigt, wie mit einem nuancierten Begriff der Schreibflüssigkeit sichere und unsichere Textproduktionen bestimmt und beschrieben werden können. Um mithilfe von SKOLA methodisch und inhaltlich der Frage nachzugehen, ob und wie sich bestimmte konzeptionelle Prozesse auf die Inskription (das heißt Handlungen des Aufschreibens, vgl. Ludwig 1995: 281ff.) auswirken können, werden in zwei kontraststarken Fällen die Schreibflüssigkeit und das Konzeptionsverhalten von zwei Schreibenden in Bezug auf die übergreifende Prozessqualität *Sicherheit* (sicher/unsicher) analysiert. Sicherheit, als Indikator für Schreibkompetenz, wird dabei weiter in drei Subparameter ausdifferenziert, die geeignet erscheinen, um sowohl Inskriptions- als auch Konzeptionsprozesse adäquat zu beschreiben: *Produktionsgeschwindigkeit* (schnell/langsam), *Flüssigkeit* (flüssig/stockend) und *Zielstrebigkeit* (zielstrebig/wechselhaft). Die Ausdifferenzierung ermöglicht Analysen, welche die für die wissenschaftliche Textproduktion typische Vernetzung von (digitalen) Schreib- und Leseprozessen in den Fokus nehmen.

2. SKOLA: Ein Mikrokosmos für das wissenschaftliche Schreiben

Das Schreibkontroversenlabor ist eine webbasierte Lern- und Forschungsumgebung für das wissenschaftliche Schreiben. Als Lernumgebung setzt SKOLA ein Konzept des Erwerbs wissenschaftlicher Schreib- und Textkompetenz didaktisch um. Gleichzeitig ermöglicht SKOLA als linguistisches Forschungsinstrument, Daten über die Entwicklung wissenschaftlicher Schreibkompetenz zu erheben (vgl. Feilke/Lehnen 2011: 279f.). Diese beiden Dimensionen von SKOLA werden in den folgenden Abschnitten dargestellt, um Konzeption, Struktur und Einsatzmöglichkeiten von SKOLA zu skizzieren.

2.1 SKOLA als Lernumgebung: Schreibdidaktische Annahmen, Aufbau und Aufgabenszenario

Wissenschaftliches Schreiben ist eine Kulturtechnik, die domänenspezifisch auf Forschung bezogen ist und vollständig erst im Rahmen universitärer Ausbildung erworben wird. Forschendes und damit wissenschaftliches Handeln dient primär der Erzeugung neuen Wissens (vgl. zum Beispiel Krohn/Küppers 1989: 28) und spiegelt sich im wissenschaftlichen Artikel als prototypischer Textform wieder (vgl. zum Beispiel Graefen 1997: 57ff.). Wenn es Aufgabe der modernen Wissenschaft ist, neues Wissen zu erzeugen, ist der wissenschaftliche Diskurs nach Assmann (1992: 281) »hypoleptisch«, das heißt auf eine Kultur des Widerspruchs, der *Kontroversität* ausgerichtet: Bestehendes Wissen wird der Kritik ausgesetzt, um neue Erkenntnisse zu gewinnen. Dazu nehmen die Autoren in einer »Struktur des Streitens« (Ehlich 1993: 26) auf andere wissenschaftliche Texte Bezug und positionieren sich damit zum Forschungsdiskurs. Dieser von Ehlich als »eristisch« (streitförmig) bezeichneter Grundzug ist konstitutiv für wissenschaftliche Texte, sie haben einen kontroversen Charakter (vgl. Steinhoff 2007: 117). Daraus ergeben sich unmittelbare Konsequenzen für den Erwerb wissenschaftlicher Textkompetenz: Ziel muss es sein, die Schreibenden zu befähigen, wissenschaftliche Kontroversen in ihren Texten darzustellen und gleichzeitig Kontroversität als diskursive Praxis beim wissenschaftlichen Schreiben anzuwenden. In Bezug auf die Entwicklung von Lehr-Lern-Szenarien ist demzufolge die genaue Analyse von Schreibkompetenz als einer »Kontroversenkompetenz« (Steinhoff 2008: 6) im wissenschaftlichen Schreiben der Studierenden von besonderem Forschungsinteresse. In Anlehnung an Feilke (2012b: 11) kann diese Kompetenz anhand zweier Teilkomponenten ausdifferenziert werden: Kontroversenkompetenz zeigt sich einerseits als Kompetenz im Textprodukt, andererseits als Kompetenz im Produktionsprozess. Im Folgenden wird der Fokus auf Kontroversenkompetenz als Produktionskompetenz liegen: Darunter verstehen wir ein routiniertes, weil wiederholt erfolgreiches und deshalb sicheres Vorgehen bei der Konzeption und Inskription eines eristischen Textes, das (so wird zu zeigen sein) durch zur Verfügung stehende Lese- und Schreibprozeduren gewährleistet und gestützt wird.

Um den Erwerb der Kontroversenkompetenz systematisch zu fördern, werden spezifische Lernarrangements benötigt, die sprachliche Lerngegenstände, wie zum Beispiel die Integration und Synthese alternativer und/oder widersprechender Positionen und Argumente in einen eigenen Text, didaktisch aufbereiten und stützen. Im Sinne des *scaffolding* (vgl. Wood et al. 1976) werden in SKOLA »exemplarisch verdichtete Lernsituationen« (Feilke/Lehnen 2011: 271) für das wissenschaftliche Schreiben bereitgestellt. Mit der textdidaktischen Gattung *Kontroversenreferat* wird wissenschaftliches Schreiben zu Kontroversen in einer Art Lern- und Übungsform didaktisch modelliert, um die Entwicklung von Kontroversenkompetenz zu fördern.[2] Steinseifer (2012: 67) beschreibt das Kontroversenreferat als Miniaturform einer Forschungs- beziehungsweise Theoriediskussion, ähnlich einem Forschungsbericht. Dabei werden mehrere Texte, die zu einem bestimmten Thema konträre Positionen beziehen, in einem eigenen Text zusammengeführt, vergleichend referiert und kommentiert. Dem liegt die didaktische Annahme zugrunde, dass die diskursive Auseinandersetzung mit mehreren Texten eine argumentative Textentfaltung und die argumentativ gestützte Entwicklung einer eigenen Position fördert (vgl. Steinseifer 2010: 98). Für das Verfassen eines Kontroversenreferats werden in der Lernumgebung SKOLA neben der expliziten Aufgabenstellung mehrere Bezugstexte mit divergierenden Positionen zur Kontroverse dargeboten, die im zu verfassenden Text berücksichtigt werden sollen. Das zu schreibende Kontroversenreferat kann beispielsweise als Teil einer Hausarbeit situiert und so didaktisch motiviert werden. Die im Folgenden exemplarisch dargestellten Analysen beziehen sich auf die Aufgabenstellung:

»Stellen Sie sich folgende Situation vor: Sie nehmen an einem Seminar zum Thema ›Medienkompetenzen im Deutschunterricht‹ teil und schreiben darin Ihre Hausarbeit zum Einsatz von Powerpoint in der Schule. In Kapitel 1 Ihrer Arbeit – nach der Einleitung – wollen Sie die Debatte darstellen, die in mehreren Wellen um die Präsentationssoftware entbrannt ist. Stützen Sie sich dafür auf die beiliegenden Texte. Für ihre Darstellung sollten Sie geeignete Streitpunkte auswählen und aufeinander beziehen. Berücksichtigen Sie dabei bitte alle Autoren.«

Der Aufbau von SKOLA orientiert sich in Grundzügen an einschlägigen Schreibprozessmodellen (vgl. Hayes/Flower 1980; Ludwig 1983): Schreiben wird als ein über die Textproduktion hinausgehender Problemlöseprozess betrachtet, der sich aus Dimensionen des Planens, Formulierens und Überarbeitens zusammensetzt. SKOLA legt darüber hinaus einen Schwerpunkt auf die für das wissenschaftliche Schreiben typische enge Verknüpfung zwischen dem Lesen von Fachtexten und der Produktion eines eigenen Textes. Der Zusammenhang von Lesen und Schreiben wird in SKOLA im Sinne eines »Writing from Sources« (Jakobs 2003) modelliert. Eine zentrale Stellung nimmt dabei die Konzeption des zu schreibenden Textes ein, um wissenschaftliche *Schreibroutinen* des Auswählens, Be-

---

2 Zum Konzept der Didaktischen Gattungen und seiner Einbettung in die Diskussion über Schulsprache vgl. Feilke (2012a).

wertens und Ordnens von relevanten Aussagen und Argumenten aus einer Mehrzahl von Bezugstexten zu fokussieren (vgl. Steinseifer 2012: 69). Die Navigationsleiste (vgl. Abbildung 1) verdeutlicht den modularen Aufbau von SKOLA[3].

Abbildung 1: Screenshot der SKOLA-Navigationsleiste (Quelle: Lernumgebung SKOLA).

Links befindet sich die *Aufgabenstellung*. Daran schließt der Bereich *Lesen* mit den einzelnen Bezugstexten, im dargestellten Beispiel zu einer Kontroverse zum Thema »Powerpoint«, an. Hier können relevanten Aussagen und Argumente im jeweiligen Bezugstext ausgewählt und bewertet, sowie zentrale Themen der Kontroverse durch das Anlegen von Textanmerkungen identifiziert werden. Die Textanmerkungen sind zum einen textfunktional als vordefinierte Marginalien wie *Kernthese* oder *Zitat* realisiert, die zusätzlich mit Kommentaren (sogenannte Annotationen) versehen werden können, zum anderen als freie Notizfelder, die textübergreifend angelegt werden.

Es folgt ein Bereich für das *Ordnen* der relevanten Aussagen und Argumente. Dieser ermöglicht das für das wissenschaftliche Schreiben notwendige Planen und Gliedern des zu schreibenden Textes: Positionen und Themen können miteinander in Beziehung gesetzt sowie eine Textstruktur entwickelt werden. Diese Handlungen der Synthese und Restrukturierung führen im Idealfall dazu,

> »dass die Quelltexte nicht linear abgearbeitet und referiert werden, sondern dass Argumente verschiedener AutorInnen ausgewählt und aufeinander bezogen, also wechselseitig integriert und in einer eigenen Position verarbeitet werden: Die SchreiberInnen müssen eine eigene Ordnung herstellen.« (Feilke/Lehnen 2011: 276)

Die SKOLA-Marginalien und die Ordnung bleiben als Planungstexte für das spätere Schreiben verfügbar. Schließlich folgt der Bereich für die ei-

3 Eine umfassende (grafische) Darstellung und Erläuterung der einzelnen Teilbereiche von SKOLA findet sich bei Steinseifer (2012).

gentliche Produktion des Zieltextes: Im *Schreiben* steht das Formulieren und Überarbeiten des Kontroversenreferats im Vordergrund. Die Schreibenden müssen die individuell angelegte Ordnung in einer angemessenen Textstruktur realisieren und entsprechende sprachliche Formulierungen finden.

Der Konzeption von SKOLA liegt die Annahme zugrunde, dass durch die didaktische Modellierung der Erwerb von Schreibroutinen gefördert werden kann, die für das wissenschaftliche Schreiben, speziell für die Entwicklung von Kontroversenkompetenz, zentral sind. Sie stellen typische (mehr oder weniger bewusste) Vorgehensweisen im Prozess der Textproduktion dar (zum Beispiel das Auswählen, Bewerten und Ordnen), die zwar individuell geprägt sein können, als Schreibstrategien aber lehr- und lernbar sind (vgl. Feilke 2012b: 9). Das Bereitstellen von Werkzeugen zum Bearbeiten der Texte im Bereich *Lesen* und zum (Re)Strukturieren im Bereich *Ordnen* hat Aufforderungscharakter. Konzeptionelle Handlungen bei der Synthese verschiedener Texte (siehe Abschnitt 3.3) werden nicht nur ermöglicht, sondern gezielt motiviert.

Über die hier verwendeten Termini *Strategie*, *Routine* und *Prozedur* existiert ein intensiver Begriffsdiskurs, auf den nur verwiesen werden kann: In der (Lern)Psychologie (zum Beispiel Mandl/Friedrich 2005) aber auch in der Lese- und Schreibforschung (zum Beispiel Artelt 2005, Ortner 2000) werden Vorgehensweisen, für die wir im Anschluss an Feilke/Lehnen (2012) den Terminus *Schreibroutinen* verwenden, in der Regel als Strategie bezeichnet. Feilke/Lehnen fassen Schreibroutinen neben *Textroutinen* (verstanden als typische sprachliche Ausdrücke für Funktionen im Textprodukt, zum Beispiel Routinen des Zitierens wie »Autor X ist der Ansicht, dass...«) als literale Prozeduren auf. Zurzeit ist jedoch im deutschdidaktischen Diskurs eine Abwendung vom Terminus der Textroutine hin zum Terminus *Textprozedur* erkennbar.[4]

4 Vgl. zum Beispiel die Diskussion auf dem 19. Symposion Deutschdidaktik zu der in Kürze eine Publikation erscheinen wird. Analog zur Textprozedur wäre auch ein Terminus *Schreibprozedur* denkbar. Der Terminus *Prozedur* verweist einerseits stärker auf den didaktisch wichtigen Status zwischen Prozess und Produkt und andererseits werden die zum Teil mit *Routine* verbundenen negativen Konnotationen der normativen Mustervorgabe, des *pattern drill* und der Stereotypie vermieden.

2.2 SKOLA als Forschungsumgebung: Datentypen und Auswertungsmöglichkeiten

Die technische Realisierung von SKOLA als Webanwendung ermöglicht die empirische Begleitung und Auswertung der initiierten Lehr-Lernsettings, indem Schreiberaktivitäten parallel zur Textproduktion teilautomatisiert aufgezeichnet, gespeichert und anschließend rekonstruiert werden können. Forschungsperspektivisch ermöglicht das Erfassen von Kontroversenreferaten unterschiedlich erfahrener Studierender im Rahmen einheitlicher Aufgabenszenarien den Zugriff auf untereinander vergleichbare Korpusdaten (vgl. Steinseifer 2010: 98). Die Kombination modular-flexibler Aufgabengestaltung für spezifische Untersuchungszwecke mit den automatisierten Aufzeichnungs- und Auswertungsfunktionen, die in der Lernumgebung zentral an einem Ort realisiert wurde, ist zum derzeitigen Kenntnisstand ein wesentliches Alleinstellungsmerkmal von SKOLA.[5]

Analyserelevante Datentypen, die Rückschlüsse auf den Einsatz von literalen Prozeduren im Schreibprozess erlauben und im Erhebungssetting mit SKOLA erfasst werden können, sind (1) *Prozessdaten*, zum Beispiel in Form von Arbeitsprotokollen, Textzwischenprodukten (Textanmerkungen, Notizen) sowie Bildschirmaufzeichnungen (inklusive Maus- und Tastaturaktivitäten), (2) *Produktdaten*, zum Beispiel als geschriebene (Kontroversen-)Texte sowie (3) *reflexive Daten*, zum Beispiel retrospektive Interviews. Diese Datentypen wurden mit SKOLA erstmals in einer Studie im März/April 2011 erhoben, in der insgesamt 70 Studierende die oben wiedergegebene Aufgabe zur Powerpoint-Debatte bearbeitet haben. Das Korpus besteht aus vier Teilgruppen in denen unterschiedliche Erhebungsvariabeln getestet wurden.[6] Die zwei im Folgenden beispielhaft vorgestellten Fälle sind einem Teilkorpus mit 16 Teilnehmenden entnommen, die unter den gleichen Aufgabenbedingungen gearbeitet haben. Sie wurden in Bezug auf die Prozessqualitäten schnell/langsam, sicher/unsicher (siehe Abschnitt 3.1) nach dem Prinzip des größtmöglichen Unterschieds ausgewählt. Die beiden Schreibprozesse stellen deshalb keine Idealtypen, son-

---

5 Zum Vergleich mit anderen Lernumgebungen siehe Steinseifer (2012).

6 Alle Studierenden hatten an zwei aufeinanderfolgenden Tagen jeweils maximal zwei Stunden Arbeitszeit zur Verfügung. Den Teilgruppen, aus denen sich das Erhebungskorpus zusammensetzt, wurden unterschiedliche Kombinationen der Arbeitsbereiche *Lesen*, *Ordnen*, *Schreiben* sowie verschiedene Hilfsmaterialien zur Verfügung gestellt.

dern in diesem Teilkorpus und bezogen auf die hier relevant gesetzten Beschreibungskriterien Extreme auf einem Kontinuum dar.

Im folgenden Abschnitt wird im Vergleich zweier Schreibprozesse beispielhaft gezeigt, wie SKOLA als Forschungs- und Analyseinstrument eingesetzt werden kann: Exemplarische Analysen zur Schreibflüssigkeit und zu Konzeptionsprozessen zeigen die konkreten Handlungen von zwei SKOLA-Nutzern, die bei ihrer Textproduktion sehr unterschiedlich vorgehen. Die Unterschiede werden anhand der hier neu eingeführten Ausdifferenzierung von (Un-)Sicherheit beschreib- und analysierbar.

3. Fallbeispiele für Analysemöglichkeiten mit und in SKOLA: Zusammenhänge zwischen Schreibflüssigkeit und konzeptionellen Prozessen

Die Prozessqualität *(Un-)Sicherheit* als Indikator für Schreibkompetenz wird hier durch das Maß an Routiniertheit konzeptionalisiert, dass die Schreibenden in ihrer Prozessperformanz zeigen. Routinertheit beim Schreiben kann als ein Verfügen über hinreichende literale Prozeduren verstanden werden, die für das Lösen der sich im Prozess stellenden Teilprobleme notwendig sind.

In der bisherigen Forschung zu Lese-Schreib-Aufgaben besteht ein Desiderat darin, Routiniertheit als Kompetenzaspekt nicht nur für die Inskriptionsprozesse, sondern zugleich auch für Konzeptionsprozesse zu beschreiben, also als übergreifende Prozessqualität zu erfassen. Deshalb soll im Folgenden explorativ untersucht werden, ob sich im Vergleich von zwei konkreten Fällen (zwei Personen bearbeiten dieselbe Schreibaufgabe in SKOLA) Zusammenhänge zeigen lassen, zwischen einerseits der Art und Weise wie die beiden Schreibenden ihre Texte aufschreiben (Inskribieren) und andererseits ihrem rekursiv-iterativ vorausstrukturierenden Arbeitsverhalten (Konzeptionsprozesse). Dazu wird zunächst das Schreibverhalten in Bezug auf die Flüssigkeit der Inskriptionshandlungen skizziert und damit unter anderem über die Berücksichtigung der Produktionsgeschwindigkeit an einen in der Schreibforschung bereits etablierten Parameter angeknüpft. Im Anschluss daran werden die konzeptionellen Tätigkeiten der Schreibenden anhand ihrer Aktivitäten in den SKOLA-Arbeitsbereichen *Lesen* und *Ordnen* nachgezeichnet.

3.1 Schreibflüssigkeit

Flüssigkeit wird in Bezug auf Sprache in der Regel als performativer Ausdruck von Kompetenz verstanden (vgl. Weisberg 2012). Mit Blick auf die gegenwärtige Forschung kann als gemeinsame Grundannahme für Flüssigkeit der Sprachproduktion die folgende Bestimmung angesehen werden: »A person who is fluent [...] does not have to stop many times to think of what to say next or how to phrase it.« (Fillmore [1979] 2000: 51). Fillmore definiert hier Flüssigkeit als fortlaufende Sprachproduktion, die nur durch wenige Pausen unterbrochen wird. Außerdem markiert er drei grundlegende Probleme oder Gestaltungsräume[7] jeder Sprachproduktion:

1. WAS (»What«): Inhalt, Funktion
2. WIE (»how«): Form, Struktur
3. REALISIEREN (»say«/»phrase«): Artikulieren/Inskribieren

Dieser Konzeption von Flüssigkeit liegt die Annahme zugrunde, dass die Sprachproduktion dann fließt, wenn der Sprachproduzent nicht durch inhaltliche (WAS), formale (WIE) oder technische (REALISIEREN) Probleme aufgehalten oder unterbrochen wird. Dies kann erreicht werden, wenn einerseits die Inhalte und die kontexttypischen Organisations- und Ausdrucksmuster bekannt sind und andererseits hinreichende Realisierungsroutinen (also insgesamt hinreichende Schreib- und Textroutinen beziehungsweise literale Prozeduren) zur Verfügung stehen, so dass Entscheidungen schnell getroffen und Probleme schnell gelöst werden können. Stehen dem Sprachproduzenten diese Ressourcen nicht zur Verfügung, hat er ein *Problem* und der Produktionsfluss gerät ins Stocken. In diesem Sinn kann Sprachproduktion als »ein Abwechseln zwischen Routinen und Problemlöseprozessen aufgefasst werden« (Molitor 1984: 9). Vor diesem Hintergrund soll Flüssigkeit in Bezug auf die schriftliche Sprachproduktion folgendermaßen definiert werden: Flüssigkeit ist ein Fortschreiten des Arbeitens unter ständigem Wechsel von Routine- und Problemlöseprozessen.

---

7 Die drei Problemräume korrespondieren mit den zum Beispiel von Ossner (2006) in die Schreibforschung übertragenen Modellierungen von für das Schreiben notwendigen Wissenstypen und kognitiven Ressourcen. Wesentliche Aspekte der hier sogenannten Problemräume WAS und WIE beschreiben Bereiter und Scardamalia (vgl. 1987: 11f.) mit den Begriffen »content space« und »rhetoric space«. Einen Aspekt des Problemraums REALISIEREN beschreibt mit Blick auf die Produktion schriftlicher Sprache zum Beispiel Grabowski (2009) als Tastaturkompetenz.

In der Folge können in Schreibprozessen die beiden grundlegenden Produktionssituationen *dichte Folge von bestimmten Realisierungshandlungen* und *keine der bestimmten Realisierungshandlungen* als die Produktionsmodi *Routinehandeln* und *Problemlösen* interpretiert werden. Sequenzen von Realisierungshandlungen (in der Folge: *Züge*) werden so interpretiert, dass dem Schreibenden in diesem Moment hinreichende Lösungen für Inhalt, Form und Realisierung zur Verfügung stehen. Unterbrechungen der Produktionshandlungen (in der Folge: *Pausen*) werden so interpretiert, dass dem Schreibenden in diesem Moment keine hinreichenden Lösungen für Inhalt, Form und/oder Realisierung zur Verfügung stehen.

Für die Schreibdidaktik entstehen mit diesem integrativen Ansatz der Konzeption von Schreibflüssigkeit als Wechselspiel von Routine- und Problemlösehandeln neue diagnostische Möglichkeiten zur individuellen Lernstandanalyse. Das skizzierte Konzept lässt vermuten, dass sich, mit hinreichender analytischer Erfahrung, im Wechselspiel von Zügen und Pausen sowohl die bereits erworbenen Routinen der Lernenden, als auch die bearbeiteten Probleme erkennen lassen – und damit die Momente und Themen des gegenwärtigen Lernens (vgl. Weisberg 2012: 164).[8]

3.2 Schreibflüssigkeit im Kontrast

Als Fallbeispiele wurden aus dem oben beschriebenen SKOLA-Korpus (vgl. Absatz 2.2) anhand quantitativer Prozessparameter zwei kontraststarke Fälle ausgewählt: Das Vorgehen von Studentin A steht für maximale Flüssigkeit, das heißt sie realisiert (im Vergleich) in einer kurzen Gesamtarbeitszeit viele zeichenproduzierende Tastaturanschläge (zpA)[9]. Gleichzeitig gibt sie, im Verhältnis zu ihren zeichenproduzierenden Tastaturanschlägen, vergleichsweise wenig tastaturbasierte Löschbefehle (Del)[10]. Im Gegensatz

8 An dieser Stelle muss betont werden, dass Pausen und Probleme stets relative Größen sind. Sie können nur als Negative von zu bestimmenden Handlungen definiert werden.

9 Als zpA werden hier alle Tastaturanschläge gezählt, die die Produktion von einzelnen Zeichen zur Folge haben, zusätzlich Leerzeichen und Zeilenwechsel. Nicht mitgezählt werden zum Beispiel Anschläge auf die Tasten <Del>, <Backspace> (siehe unten), <Shift>, alle Navigations- und Sonderfunktionstasten sowie programmsteuernde Tastenkombinationen.

10 Als Del werden hier alle Tastaturanschläge auf die Tasten <Del> und <Backspace> gezählt. Diese Auswahl lässt weitere Möglichkeiten zur Realisierung von Löschbefehlen

dazu steht der Arbeitsprozess von Student B: Dieser realisiert (wiederum im Vergleich) in einer langen Gesamtarbeitszeit wenig zeichenproduzierende Tastaturanschläge. Gleichzeitig gibt er, im Verhältnis zu seinen zeichenproduzierenden Tastaturanschlägen, viele tastaturbasierte Löschbefehle. Tabelle 1 zeigt die genannten Parameter im Vergleich. Der performative Kontrast wird besonders in der *Produktionsrate* (zpA/t)[11] und im *Deletionsquotienten* (Del/100zpA)[12] deutlich.

	t (min, sec)	zpA	Del	zpA/min	Del/100zpA
Studentin A	188,17	14957	1238	79,49	8
Student B	262,45	3873	1266	14,76	33
Ø (16 TN)	235,34	11959,88	2401,31	50,82	20

Tabelle 1: Quantitative Prozessparameter der Vergleichsfälle und Durchschnitt der Teilgruppe: t = Gesamtarbeitszeit, zpA = zeichenproduzierende Tastaturanschläge im Gesamtprozess, Del = tastaturbasierte Deletionsbefehle im Gesamtprozess (Quelle: Eigene Darstellung).

Beide Parameter sind, für sich genommen, relativ unscharf und lassen noch keine differenzierten Aussagen zu. Der Produktionsquotient zeigt lediglich an, ob in einem Schreibprozess in vergleichsweise schneller Folge Grapheme produziert wurden. Weiterführende Aussagen über Kompetenz (vgl. Chenoweth/Hayes 2001) und Schreibstrategie (vgl. van Waes/Schellens 2003) des Produzenten sind an dieser Stelle unseres Erachtens noch nicht möglich. Dasselbe gilt für den Deletionsquotienten.

Doch wenn man annimmt, dass die Produktion von Schriftsprache auch in computergestützten Schreibprozessen ein relativ aufwändiger Vorgang bleibt und die Produktion von Überschusstext eher vermieden wird, können beide Parameter zusammen einen ersten Eindruck davon vermitteln, ob die schreibende Person vergleichsweise *schnell* und *sicher* oder eher *langsam* und *unsicher* geschrieben hat. Aus diesem Blickwinkel lassen die beiden globalen Kennzahlen deutliche Unterschiede im lokalen Schreibverhal-

unberücksichtigt. Der Parameter Del stellt folgerichtig nur eine Annäherung an das Löschverhalten der Schreibenden dar.

11 Zeichenproduzierende Anschläge pro Minute.

12 Tastaturbasierte Löschbefehle pro 100 zeichenproduzierende Anschläge.

ten der beiden Studierenden erwarten. Solche Unterschiede werden beispielsweise im Vergleich von zwei Ausschnitten aus sogenannten Zugprotokollen der beiden Schreibprozesse (Abbildungen 2 und 3) deutlich. Dargestellt wird die Produktion der ersten Sätze im Texteditor des Bereichs *Schreiben* in SKOLA (siehe Abschnitt 2.1).

Nr.	Pause: Dauer (sec)	Zug: Inhalt
1	12,22	Durch die zunehmende Mei¬dialisierung unserer Gesellschaft
2	4,02	und die zunehmende Anzahl an Programmen, de¬ie das Arbeiten und Leben mit technischen Geräten vereinfachen und attraktier¬¬ver machen soll,
3	3,50	entse¬tehend ¬¬ auch zunehm
4	2,07	end Diskussu¬ionen über das¬¬en Nutzen
5	5,19	Vereinzel
6	2,36	ter Programme und deren AUswirkungen
7	3,91	¬u
8	2,82	uf¬¬auf
9	2,32	das (Are¬¬¬¬
10	2,47	(Berufs-) Leben.J¬JBesonders heiss diskutiert wird der EInsatz des Windows Programmes PowerPoinr, zudem unterschiedlichste Stimmen vorherrschen.

>>Durch die zunehmende Medialisierung unserer Gesellschaft und die zunehmende Anzahl an Programmen, die das Arbeiten und Leben mit technischen Geräten vereinfachen und attraktiver machen sollen, entstehen auch zunehmend Diskussionen über den Nutzen vereinzelter Programme und deren Auswirkungen auf das (Berufs-) Leben.
Besonders heiß diskutiert wird der EInsatz des Windows Programmes PowerPoint, zu welchem unterschiedlichste Stimmen vorherrschen.<<

Abbildung 2: Die ersten zwei Sätze von Studentin A (Zugprotokoll und finales Textprodukt)[13]*: □ = <Enter>, ¬ = <Backspace> oder <Delete>) (Quelle: Eigene Darstellung).*

Im oberen Teil der Abbildungen sind links die Produktionspausen (P > 2s) und rechts die darauffolgenden Produktionszüge dargestellt. Die Darstellung der Produktionszüge ist zeichenorientiert, das heißt es wurden zeichenproduzierende Anschläge, sowie tastaturbasierte Löschbefehle dargestellt. Im unteren Teil der Abbildung ist die dazugehörende Passage aus dem endgültigen Textprodukt zu sehen. Studentin A produziert in zehn Zügen zwei Sätze mit insgesamt 448 Zeichen (Leer- und Satzzeichen inklusive). Dabei legt sie fünf kurze ($p<3s$), vier mittlere ($3s \leq p<10s$) Pausen und nur eine längere Pause ($10s \leq p$) ein, vermutlich um Inhalt, Konstruktion und Formulierungen ihrer Sätze zu planen. Sie gibt insgesamt 18

13 Die Differenzen zwischen beiden Texten (zum Beispiel »PowerPoinr« versus »PowerPoint«) sind auf spätere Überarbeitungen zurückzuführen.

tastaturbasierte Löschbefehle. Ihre Löschungen und die nachfolgenden Überarbeitungen beschränken sich auf spontane Korrekturen der Form: zum Beispiel Rechtschreibung (Züge 1, 2) oder Format (Zug 10). Studentin A nimmt weder erkennbare Veränderungen der syntaktischen Struktur, noch tiefgreifende Veränderungen der propositionalen Struktur an bereits geschriebenen Textteilen vor.

Nr.	Pause: Dauer (sec)	Zug: Inhalt
1	9,56	Mit der einfhrung
2	15,81	und der Etablierung
3	9,37	des Pras¬¬sentationsprogramms
4	2,50	Powerpoupn¬¬¬ints
5	2,92	in der
6	24,59	¬¬ ¬¬¬¬¬¬¬¬¬¬¬¬¬¬¬¬Die Geaf¬f¬¬fahr der
7	2,56	¬¬
8	2,11	¬¬, die aus
9	2,98	¬
10	4,47	¬¬¬¬¬¬¬¬¬¬¬¬¬¬¬¬¬¬¬¬¬¬¬¬Das Prens¬¬¬¬¬¬¬¬¬¬er Einzug
11	7,61	des Präsentaio¬¬uio¬¬¬
12	3,42	tionsprogrammes powerPoun¬¬int
13	3,58	
14	10,73	¬¬¬¬¬¬¬¬
15	6,30	¬¬¬häufige
16	8,97	Gebr¬¬¬¬¬¬¬¬¬¬¬¬¬¬immer häug¬fige Gebrauch des Präsentationsprogrammes Poer¬¬
17	9,84	grammes bei
18	8,59	Re
19	28,14	U
20	2,85	¬
21	3,94	und
22	7,95	der haugi¬¬¬¬¬¬
23	5,00	¬
24	3,87	¬¬¬¬die ¬¬¬¬¬ie
25	3,94	¬¬¬¬¬¬¬¬¬
26	7,17	¬¬¬¬¬¬¬¬¬¬¬¬¬¬¬¬
27	14,99	Da
28	5,61	¬¬wird oft als
29	2,39	
30	4,30	Bedrohiu¬¬ung
31	2,05	wahrgenommen ¬, das ¬¬ er
32	2,61	¬¬¬er im
33	4,19	¬¬¬gleichzeitig mit der ¬¬m Rückganng der traditionellen Rede in V¬Kore¬relation gebracht.¬ wird.

>>Der immer häufigere Gebrauch des Präsentationsprogrammes wird oft als Bedrohung wahrgenommen, da er gleichzeitig mit dem Rückganng der traditionellen Rede in Bezug gebracht wird.<<

*Abbildung 3: Der erste Satz von Student B (Zugprotokoll und finales Textprodukt): □ = <Enter>, ¬ = <Backspace> oder <Delete>*14 *(Quelle: Eigene Darstellung).*

14 In den Zügen 13 und 29 produziert Student B jeweils ein Leerzeichen.

Student B hingegen produziert in 33 Zügen einen Satz mit insgesamt 178 Zeichen. Dabei legt er neun kurze, 19 mittlere und fünf längere Pausen ein, das heißt er pausiert im Vergleich zu Studentin A länger und öfter. Insgesamt gibt Student B 254 tastaturbasierte Löschbefehle. Wie Studentin A führt auch Student B Sofortkorrekturen der Form durch: zum Beispiel Rechtschreibung (Züge 3, 4) und Wortwahl (Zug 33). Um einen kürzeren Satz zu produzieren, wendet er also fasst drei Mal so viel Schreibarbeit auf wie Schreiberin A für zwei insgesamt längere Sätze. Darüber hinaus nimmt Student B aber auch tiefgreifende Revisionen der syntaktischen Struktur vor (Züge 7, 21–27, 31, 33). Besonders auffällig ist, dass Student B zur Produktion des Satzes vier Mal neu ansetzt (Züge 6, 10, 14) und dabei den jeweils zuvor geschriebenen Satzanfang nahezu vollständig löscht und mehrfach die Planung der propositionalen Struktur seines Satzes verändert.

Dieses wiederholte Neu- und Umplanen von Lexik, Syntax und Proposition lässt sich vor dem Hintergrund des Probleme-Routinen-Konzeptes so interpretieren, dass für Student B das Schreiben seines Textanfangs keine Routinesache ist. Inhalt und Form scheinen dem Schreibenden zu Beginn seiner Inskriptionsaktivitäten nicht hinreichend klar zu sein, denn mit seinen Formulierungsbemühungen bearbeitet Student B – im Unterschied zu Studentin A – beide Probleme, WAS und WIE, tiefgreifend.[15]

Das hier in Ausschnitten dargestellte gegensätzliche Produktionsverhalten der Studierenden beschränkt sich nicht auf die unter Umständen besonders schwierige Konstruktion des Einstiegssatzes. Die Differenz lässt sich in der Tendenz für alle Inskriptionen im gesamten Arbeitsprozess bestätigen und verweist auf einen performativen Unterschied: Im Vergleich erscheint die Vorgehensweise von Student B als *langsam*, *stockend*, *wechselhaft* das heißt *unsicher;* im Unterschied dazu erscheint die Vorgehensweise von Studentin A als *schnell*, *flüssig*, *zielstrebig*, das heißt *sicher*. Die Interpretation der Ausschnitte aus den Zugprotokollen legt nahe, dass Student B (im Gegensatz zu Studentin A) nicht hinreichend genau weiß, WAS er WIE schreiben soll.

Im Folgenden soll gezeigt werden, dass diese Prozessqualitäten (*sicher/unsicher*, das heißt *schnell/langsam*, *flüssig/stockend*, *zielstrebig/wechselhaft)*

15 Neben den Möglichkeiten zur Rekonstruktion und Interpretation von Produktionsverhalten bieten die Zugprotokolle auch einen gestaltbasierten, ästhetischen Zugang zur Einschätzung der Produktionsflüssigkeit (zum Beispiel der optische Eindruck von Dichte/Streuung des Schreibprozesses durch Pausensegmente und Länge der Graphemketten).

auch geeignet sind, um die konzeptionellen Prozesse der beiden Studierenden zu beschreiben. Die Untersuchung der Konzeptionsprozesse legt die Vermutung nahe, dass Studentin A ihre WAS-und-WIE-Probleme bereits vorbereitend durch vorausstrukturierende Handlungen so löst, dass ihre Inskription vergleichsweise flüssig und insgesamt sicherer erfolgen kann.

3.3 Konzeptionelle Prozesse bei der Textsynthese

Es wurde bereits erwähnt, dass sich die Schreibenden in SKOLA mit komplexen Lese-Schreib-Aufgaben konfrontiert sehen, die im Hinblick auf die Konzeption von eigenen Texten hohe Anforderungen an die Textproduzenten stellen, jedoch besonders typisch für das wissenschaftliche Schreiben sind (siehe auch 2.1): Zu diesen Charakteristika der wissenschaftlichen Textproduktion zählt der beständige Zu- und Rückgriff auf externe Wissensspeicher, insbesondere die Rezeption von Fachtexten (vgl. Jakobs 1995, 2003; Molitor 1984). Schreiben und Lesen sind eng miteinander verbunden und müssen koordiniert werden, so dass Jakobs (1995: 92) das Verfassen wissenschaftlicher Texte »als interaktive Einheit von Rezeptions, Re-Produktions- und Produktionsprozessen« beschreibt. Im Gegensatz zum Schreiben auf der Grundlage von lediglich einem Bezugstext (beispielsweise Zusammenfassungen), bei der die Struktur des Ausgangstextes einen Orientierungspunkt bieten kann, muss bei der Zusammenführung verschiedener Bezugstexte in der Kontroversendarstellung außerdem eine eigene Struktur entwickelt werden, die es ermöglicht, unterschiedliche, teilweise einander widersprechende Textpropositionen unter einer neuen Makroproposition zusammenzuführen. Dies erfordert verschiedene intertextuelle Verarbeitungsstrategien (zum Beispiel das Vergleichen von Texten, das Herausarbeiten von Gemeinsamkeiten, Unterschieden und inhaltlichen Schwerpunkten, Verallgemeinerungen, Schlussfolgerungen, vgl. Segev-Miller 2007: 283ff.). Offensichtlich sind es gerade die Prozesse der intertextuellen Verarbeitung, die eine besondere Hürde in Schreibprozessen mit mehreren Ausgangstexten darstellen und somit auch im Hinblick auf lerndiagnostische Fragestellungen von Interesse sind. In SKOLA sind diese Prozesse durch die Arbeitsbereiche Lesen und Ordnen vormodelliert. Der Zugriff bei der kontrastiven Beschreibung der Konzeptionsprozesse setzt in diesen Arbeitsbereichen an.

3.4 Konzeptionelle Prozesse im Kontrast

Eine erste Annäherung an die Vorgehensweisen der beiden Schreibenden Studentin A und Student B während des Lesens und Ordnens kann über den Vergleich von Aufenthaltszeiten in den Arbeitsbereichen der Lernumgebung vorgenommen werden.

	Aufgabe	**Lesen**	**Ordnen**	**Schreiben**	**Arbeitszeit insgesamt**
Studentin A	2,15 (1%)	51,9 (28%)	7,07 (4%)	127,05 (67%)	188,17[16]
Student B	10,07 (4 %)	134,0 (51%)	26,29 (10%)	92,06 (35%)	262,45
Ø (16 TN)	2,75	65,27	27,87	139,44	235,34

Tabelle 2: Aufenthaltszeit (Minuten, Sekunden) in den Arbeitsbereichen der Lernumgebung (Quelle: Eigene Darstellung).

Tabelle 2 zeigt, dass Studentin A insgesamt kürzer arbeitet als Student B. Sie verbringt vergleichsweise weniger Zeit im Bereich *Lesen* und *Ordnen*, hat aber anteilig mehr Zeit zum Schreiben zur Verfügung. Student B wendet für das Lesen und Ordnen fast dreimal soviel Zeit auf. Durch die in der Aufgabenstellung festgelegte Gesamtbearbeitungszeit bleibt ihm infolgedessen verhältnismäßig wenig Zeit zum Schreiben. Auffällig ist außerdem die hohe Aufenthaltszeit von Student B im Bereich der Aufgabenstellung. Dies ist auch den Abbildungen 4 und 5 zu entnehmen, die, auf der Grundlage der durch die Lernumgebung automatisch erfassten Daten, eine Visualisierung der Arbeitsprozesse der Schreibenden darstellen. Der Zugriff auf die Aufgabenstellung ist durch Pfeile gekennzeichnet.

Die Verlaufskurven schematisieren auf der Y-Achse die Wechsel der Schreibenden zwischen den Arbeitsbereichen der Lernumgebung: Auf der Nulllinie (fett) werden Zugriffe auf die Aufgabe abgebildet, auf Linie eins bis drei darüber der Zugriff auf die Bezugstexte eins bis drei. Linie vier

16 Schreiberin A schließt (mit 188 Minuten Gesamtarbeitszeit) in ihrer Probandengruppe als eine der ersten die Schreibaufgabe ab und verlässt circa 1 Stunde vor Ende der zur Verfügung gestellten Bearbeitungszeit (die Student B voll beansprucht hat) das Schreibsetting.

steht für den Bereich *Ordnen* und die oberste Linie fünf zeigt Aufenthalte im Schreiben-Bereich an.[17]

Student B ruft die Aufgabe insgesamt sechs Mal auf, während Studentin A lediglich zu Beginn des Arbeitsprozesses und am Anfang ihrer Inskriptionsarbeit im Modul Schreiben darauf zugreift. Die wiederholten Rückgriffe auf die Aufgabenstellung können unterschiedliche Gründe haben (zum Beispiel Verständnisschwierigkeiten, Vergewisserung über die Aufgabenstellung), in Kombination mit den anderen Prozessdaten von Student B können sie als ein Anzeichen für Unsicherheit gedeutet werden.

Die Visualisierungen dienen hier nicht der detaillierten Analyse, sondern einem holistischen Überblick. Eine Gegenüberstellung der Abbildungen 4 und 5 zeigt auf den ersten Blick, dass der Graph, der den Schreibprozess von Student B abbildet, generell wechselhafter ist, während der Prozess von Studentin A gradliniger verläuft. Diese Schreibprozessdaten können als weitere Hinweise darauf gewertet werden, dass die Prozessqualitäten *sicher/unsicher* nicht nur für das Inskriptionsverhalten dieser Schreibenden charakteristisch, sondern auch für die Konzeptionsprozesse kennzeichnend sind. Sie lassen sich einerseits ebenfalls anhand der Produktionsgeschwindigkeit, (das heißt *schnell/langsam,* vgl. Aufenthalte in den Arbeitsbereichen der Lernumgebung), andererseits aber auch an den Kriterien *zielstrebig/wechselhaft* (vgl. Verlaufsgraph) festmachen.[18]

17 Die beiden ›Ausbrüche nach unten‹ auf die Linie -2 ungefähr in der Mitte der Abbildungen steht für die Unterbrechung der Schreibprozesse (siehe oben), da die Erhebung verteilt auf zwei Tage stattgefunden hat. Die Unterbrechung ist in den Graphen mit jeweils einer halben Stunde veranschlagt, weswegen die Gesamtzeit in diesen Abbildungen auch 30 Minuten mehr beträgt.

18 Wichtig ist, dass nicht generell die ausgeprägtere Rekursivität und Iterativität des Schreibverlaufs von Student B als Anzeichen für Unsicherheit gewertet werden. Der Wechsel zwischen Lese- und Schreibprozessen wird als charakteristisch für die hier thematisierten Schreibaufgaben betrachtet. Die verschiedenen Prozessdaten von Student B legen aber in ihrer Kombination den Schluss nahe, dass die Wechsel nicht zielgerichtet sind, sondern vielmehr als Such- und Orientierungsbewegungen zu deuten sind.

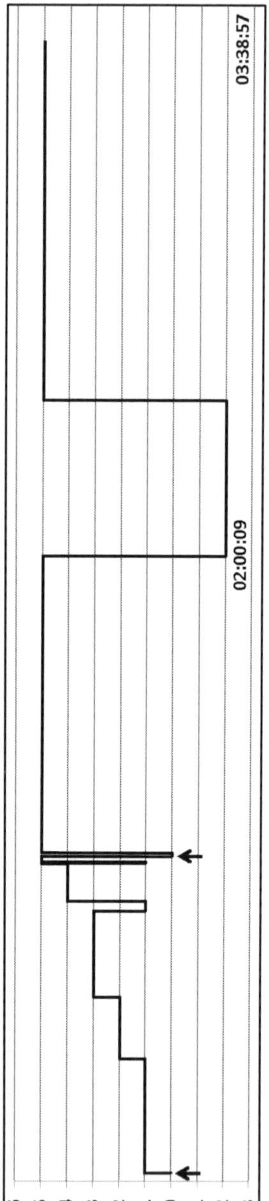

Abbildung 4: Schreibprozessverlauf von Studentin A (Quelle: Eigene Darstellung).

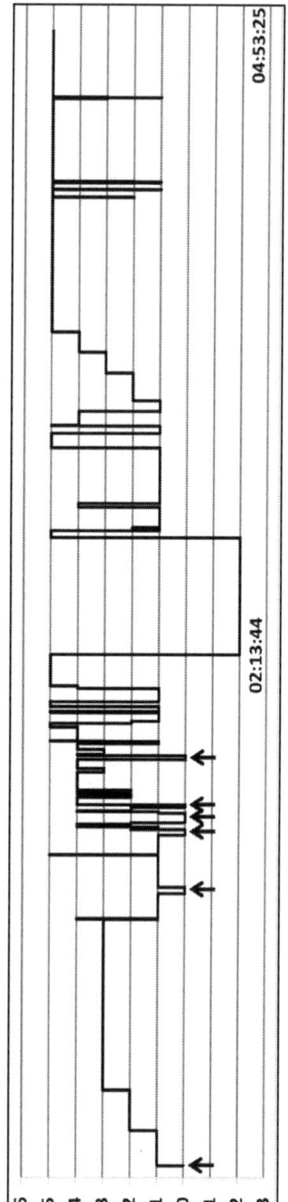

Abbildung 5: Schreibprozessverlauf von Student B (Quelle: Eigene Darstellung).

Die kurze Aufenthaltszeit von Studentin A im Bereich Ordnen der Lernumgebung (vgl. Tabelle 2), in dem sie (wie unter anderem aus zusätzlich vorliegenden Bildschirmaufzeichnungen hervorgeht) extrem zielstrebig ihre zuvor angelegten Marginalien unter inhaltlich-strukturellen Gliederungspunkten zusammenführt und restrukturiert, kann als Indiz dafür gewertet werden, dass diese Schreiberin wesentliche konzeptionelle Vorarbeit im Hinblick auf Struktur und Inhalt ihres selbst zu schreibenden Textes bereits zuvor, das heißt beim Lesen und Bearbeiten der Bezugstexte, leistet. Diese Annahme kann durch einen detaillierteren Blick auf das Vorgehen der beiden Schreibenden im Bereich *Lesen* der Lernumgebung gestützt werden: Student B legt, wie Tabelle 3 zeigt, bei der Bearbeitung der Ausgangstexte insgesamt 58 Marginalien an, löscht allerdings knapp die Hälfte davon wieder. Studentin A legt im Vergleich dazu weniger Textanmerkungen an (insgesamt 28) und löscht lediglich sechs davon wieder. Die Ähnlichkeit mit dem Deletionsverhalten von Student B während des Inskribierens ist unverkennbar.[19]

	Studentin A	Student B
Insgesamt angelegte Marginalien	28	58
Insgesamt gelöschte Marginalien	6	22
Insgesamt verbleibende Marginalien	22	36

Tabelle 3: Angelegte und gelöschte Marginalien (Quelle: Eigene Darstellung).

Die Textanmerkungen der Schreibenden unterscheiden sich aber nicht nur in quantitativer Hinsicht, sondern vor allem auch in der Art und Weise wie Marginalien angelegt wurden. Abbildung 6 zeigt beispielhaft Textanmerkungen der beiden Schreibenden zu Text 1.

Die Anmerkungen von Studentin A (links) weisen im Vergleich zu Student B (rechts) einen wesentlich höheren Anteil an Eigenformulierungen auf: Im Unterschied zu Student B versieht Studentin A über die Hälfte ihrer Marginalien mit zusätzlichen Annotationen, die als grau abgehobene

19 Der Vollständigkeit halber sei hier angemerkt, dass sich dieses Löschverhalten auch im Bereich *Ordnen* wiederspiegelt: Studentin A nimmt keinerlei Änderungen an ihrer einmal erstellten Ordnung vor; Student B hingegen löscht bei der Erstellung seines Schreibplanes insgesamt neun Mal zuvor eingefügte Marginalien.

Flächen innerhalb der Marginalienbox dargestellt werden. Aus der Leseforschung ist bekannt, dass eigene Formulierungen dieser Art besseres Verstehen und Behalten von Textinhalten bewirken können (vgl. Feilke 2002: 137 mit Verweis auf Keseling 1993).

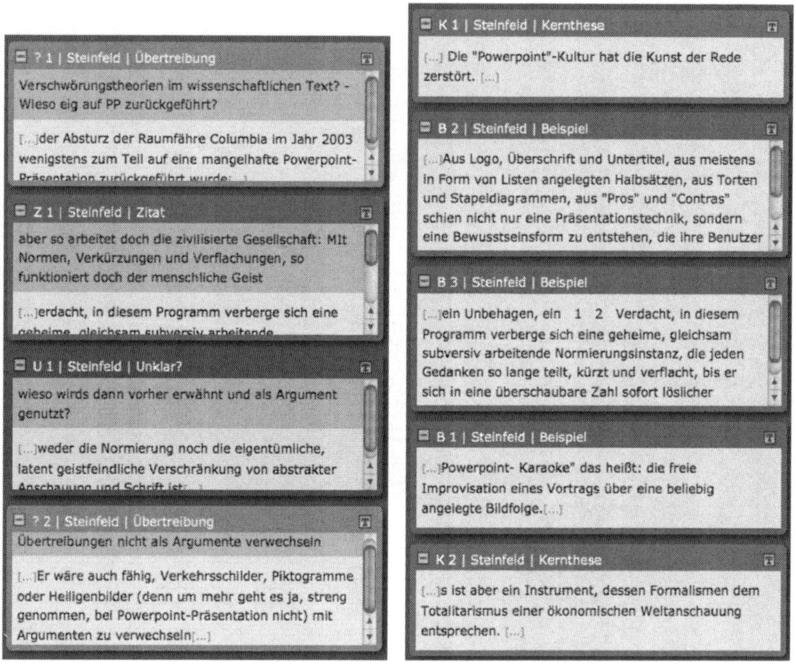

Abbildung 6: Textanmerkungen zu Ausgangstext 1 der Schreibenden im Vergleich (Quelle: Lernumgebung SKOLA).

Als ein weiterer Hinweis auf die ausgeprägte konzeptionelle Vorarbeit der Studentin A kann demzufolge insgesamt die Anzahl der von ihr geschriebenen Zeichen vor der eigentlichen Inskriptionsarbeit im Bereich *Schreiben* gewertet werden: Schreiberin A produziert bereits in den Bereichen *Lesen* und *Ordnen* der Lernumgebung über sechsmal so viel Text wie Student B (1491 Zeichen bei Studentin A *versus* 232 Zeichen bei Student B).

Die Studentin A nutzt außerdem unterschiedlichste Arten von Marginalien. Während bei Student B hauptsächlich die von der Lernumgebung angebotenen Qualifizierungen für Textstellen als *Kernthese* oder als *Beispiel* vorkommen, verwendet Studentin A eine breitere Palette von Auszeichnungen (siehe Abbildung 6: die vorgegebenen Marginalien *Unklar* und *Zitat* sowie eine von der Schreiberin selbst erstellte Marginalie namens *Übertreibung*).[20] Schreiberin A scheint ein großes Repertoire an Strategien für die Bearbeitung und Synthese von Texten zu haben.

Eine genauere Analyse der Marginalien dieser Studentin lässt die vielfältige Nutzung sogenannter *Organisations- und Elaborationsstrategien* erkennen (vgl. Philipp 2012; Grütz 2010). Während Organisationsstrategien (wie beispielsweise Unterstreichungen oder einfache Textrand-Notizen) vornehmlich der Klärung von Textinformationen und -teilen zueinander dienen, zielen Elaborationsstrategien auf die dauerhafte Verarbeitung und Speicherung neuer Informationen ab, so dass diese Teil des Wissens der Rezipienten werden (zum Beispiel durch Fragenstellen an den Text oder durch das Finden neuer Beispiele, vgl. Philipp 2012: 40). Organisationsstrategien lassen sich bei Studentin A beispielsweise darin erkennen, dass sie sich Annotationen darüber macht, wie sie ihre Marginalien später im eigenen Text verwenden möchte. So qualifiziert sie zum Beispiel ein *Zitat* als mögliches Pro-Powerpoint-Argument (siehe Abbildung 7: Marginalienbox *B 2 | Lobin | Beispiel* »für Vorteile PP«).

In der Marginalie *W 3 | Lobin | Wichtig* formuliert die Schreiberin intratextuelle Textbezüge, indem sie den Inhalt dieser Anmerkung mit einer anderen Stelle im Text in Verbindung setzt (»Bezug zu oben«).

Die Marginalienbox rechts in Abbildung 7 beinhaltet Notizen, die die Schreiberin nach dem Bearbeiten eines jeden Textes im Bereich Lesen angefertigt hat. Die Schreiberin gruppiert diese Notizen beim Erstellen ihres Schreibplans im Bereich Ordnen unter dem gemeinsamen Titel *Fazit/eigene Meinung* und verwendet sie dann später, um in ihrem eigenen Text einen Schluss zu verfassen. Der Titel ist ein Hinweis darauf, dass diese Anmerkungen bereits während der Konzeptionsphase für den Textschluss eingeplant wurden. Die Notizen zeigen sowohl weitere Organisations- als auch Elaborationsstrategien an. In diesen textübergreifenden Anmerkungen werden Inhalte aus den verschiedenen Texten zusammengefasst, miteinander in Beziehung gesetzt (zum Beispiel in der zweiten Notiz »beide Texte versuchen ...«) und weiterführende Gedanken zur Thematik entwickelt, die so nicht in den Ausgangstexten behandelt werden (als Beispiel dafür kann in der dritten Notiz der Hinweis darauf gelten, dass der

20 Student B nutzt im Verlauf seiner Markierungsarbeit zwar immer wieder auch andere Marginalien, die aber zu großen Teilen seinen Löschungen zum Opfer fallen, so dass im Bereich *Lesen* und *Ordnen* schlussendlich hauptsächlich Markierungen vom Typ *Beispiel* (16) und *Kernthese* (12) überbleiben.

richtige Umgang mit den unterschiedlichen Darstellungsformen gelernt werden müsse). Weiterhin stellt die Studentin Fragen an den Text (siehe Marginalienbox *U 1 | Schlaffer | Unklar*: »Def Vortrag? Was ist denn eigentlich der Unterschied [...]?«. Anhand des Desktopscreenings vom Schreibprozess der Schreiberin kann nachverfolgt werden, wie die Fragen nach der Definition und den Unterschieden zwischen klassischem Vortrag und moderner Präsentation handlungsleitend für die Produktion des gesamten Textes werden. Die Studentin stellt in der Folge die gesamte Kontroverse entlang dieser Fragen dar.

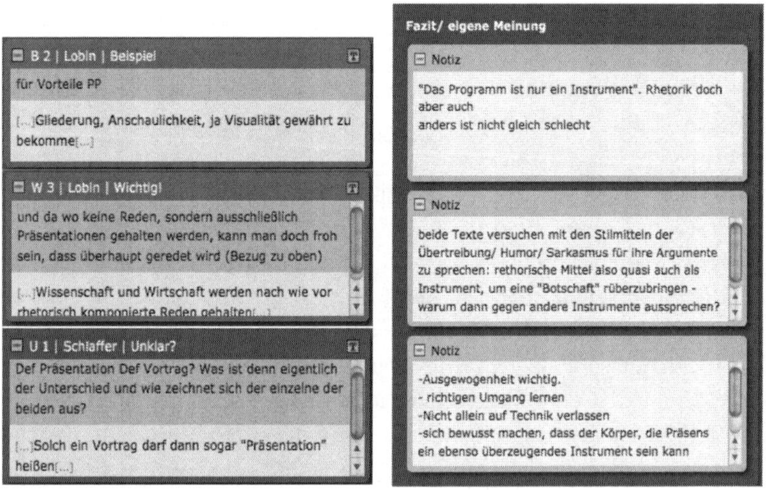

Abbildung 7: Anmerkungen der Schreiberin A (links einzelne Marginalien; rechts durch eine Zwischenüberschrift gebündelte Marginalien) (Quelle: Lernumgebung SKOLA).

Die vorliegenden Daten zur Konzeption zeigen Spuren intertextueller Verarbeitungsstrategien die typisch für die Arbeit mit mehreren Texten im Rahmen komplexer Synthese-Aufgaben sind (vgl. Segev-Miller 2007) und von der Studentin A souverän angewendet werden. Die sichere Textproduktion der Schreiberin A kann vor dem Hintergrund ihrer konzeptionellen Vorarbeit besonders im Bereich *Lesen* begründet und verständlich gemacht werden.

4. Zusammenfassung

SKOLA als Mikrokosmos für das wissenschaftliche Schreiben ermöglicht es einerseits, Lernszenarien zur Verfügung zu stellen, anhand derer zentrale Fähigkeiten des wissenschaftlichen Schreibens trainiert werden können und mittels derer es andererseits möglich ist, eine Kombination verschiedener Datentypen während des Lesens, Ordnens und Inskribierens zu erfassen und auszuwerten. Dadurch können Zusammenhänge zwischen den Teilprozessen beim Schreiben wie der Textkonzeption und -inskription näher untersucht werden, die bisher technisch und methodisch nur schwer zu erfassen waren.

Die vorgestellte Ausdifferenzierung der übergreifenden Prozessqualität *Sicherheit* (sicher/unsicher) über die Indikatoren *Produktionsgeschwindigkeit* (schnell/langsam), *Flüssigkeit* (flüssig/stockend) und *Zielstrebigkeit* (zielstrebig/wechselhaft) erlaubt Prozessbeschreibungen, die sowohl digitale Schreib- als auch Leseprozesse anhand der gleichen Prozesskriterien erfassen. An zwei kontraststarken Fallbeispielen zum wissenschaftlichen Schreiben Studierender wurde exemplarisch gezeigt, wie sich Untersuchungen von Inskriptions- und Konzeptionsprozessen ergänzen und zu einem ganzheitlicheren Verständnis von schriftsprachlichen Produktionsprozessen führen können. In den vorgestellten Fällen bestehen einerseits sehr starke Ähnlichkeiten zwischen dem intra-individuellen Inskriptions- und Konzeptionsverhalten und andererseits ein sehr starker Kontrast zwischen dem Gesamt-Produktionsverhalten der beiden Studierenden. Wenn man motivationale und konditionale Faktoren ausschließt, drängen sich Kompetenzunterschiede (im Sinne der Verfügbarkeit von hinreichenden literale Prozeduren) als Erklärung für die Verhaltensunterschiede der Studierenden in den Vordergrund. Die Prozessbeschreibungen der beiden Fallbeispiele wurden anhand von methodisch weiterführenden Analyse- und Darstellungsformen wie den Zugprotokollen und den visualisierten Prozessverläufen expliziert. Diese neuen Instrumentarien wurden maßgeblich durch die technische Realisierung des Erhebungssettings mit der Lernumgebung und den daraus resultierenden Aufzeichnungs- und Auswertungsfunktionen ermöglicht.

Literatur

Artelt, Cordula (2005), *Strategisches Lernen* [Reihe: Pädagogische Psychologie und Entwicklungspsychologie], Münster.

Assmann, Jan (1992), *Das kulturelle Gedächtnis. Schrift, Erinnerung und politische Identität in frühen Hochkulturen*, München.

Bereiter, Carl; Scardamalia, Marlene (1987), *The Psychology of Written Composition*, Hillsdale/London.

Chenoweth, N. Ann; Hayes, John R. (2001), »Fluency in Writing. Generating Text in L1 and L2«, in: *Written Communication*, Nr. 18/2001, S. 80–98.

Ehlich, Konrad (1993), »Deutsch als fremde Wissenschaftssprache«, in: *Jahrbuch Deutsch als Fremdsprache*, Bd. 19, S. 13–42.

Feilke Helmuth (2002), »Lesen durch Schreiben. Fachlich argumentierende Texte verstehen und verwenden«, in: *Praxis Deutsch* 176, S. 58–67.

Feilke, Helmuth (2012a), »Schulsprache – Wie Schule Sprache macht«, in: Susanne Günthner; Wolfgang Imo; Dorothee Meer; Georg Schneider (Hg.), *Kommunikation und Öffentlichkeit: Sprachwissenschaftliche Potenziale zwischen Empirie und Norm*, Berlin/New York, S. 153–179.

Feilke, Helmuth (2012b), »Was sind Textroutinen? Zur Theorie und Methodik des Forschungsfeldes«, in: Helmuth Feilke; Katrin Lehnen (Hg.), *Schreib- und Textroutinen*, Frankfurt a.M., S. 1–32.

Feilke, Helmuth; Lehnen, Katrin (2011), »Wie baut man eine Lernumgebung für wissenschaftliches Schreiben? Das Beispiel SKOLA«, in: Nicola Würffel; Barbara Schmenk (Hg.), *Drei Schritte vor und manchmal auch sechs zurück. Internationale Perspektiven auf Entwicklungslinien im Bereich Deutsch als Fremdsprache. Festschrift für Dietmar Rösler zum 60. Geburtstag*, Tübingen, S. 269–282 [Reihe: Gießener Beiträge zur Fremdsprachendidaktik].

Feilke, Helmuth; Lehnen, Katrin (Hg.) (2012), *Schreib- und Textroutinen. Theorie, Erwerb und didaktisch-mediale Modellierung*, Frankfurt a.M. u.a. [Reihe: Forum Angewandte Linguistik 52].

Fillmore, Charles J. ([1979] 2000), »On Fluency«, in: Heidi Riggenbach (Hg.), *Perspectives on Fluency*, Michigan, S. 43–60.

Graefen, Gabriele (1997), *Der Wissenschaftliche Artikel – Textart und Textorganisation*, Frankfurt a.M. u.a.

Grabowski, Joachim (2009), »Was ist Tastaturkompetenz? – Strategien des Tastaturschreibens bei Studierenden«, in: Friedrich Lenz (Hg.), *Schlüsselqualifikation Sprache: Anforderungen – Standards – Vermittlung*, Frankfurt a.M., S. 101–118.

Grütz, Doris (2010), »Unterstreiche das Wichtigste! Kompetenzorientiertes Unterrichten auf der Basis von empirischen Befunden zu einer Textverstehensstrategie«, in: Madeline Lutjeharms; Claudia Schmidt (Hg.), *Lesekompetenz in der Erst-, Zweit- und Fremdsprache*, Reihe Giessener Beiträge zur Fremdsprachendidaktik, Tübingen, S. 89–106.

Hayes, John R.; Flower, Linda S. (1980), »Identifying the organization of writing processes«, in: Lee W. Gregg; Erwin Ray Steinberg (Hg.), *Cognitive Processes in Writing*, Hillsdale, S. 3–30.

Krohn, Wolfgang; Küppers, Günter (1989), *Die Selbstorganisation der Wissenschaft*, Frankfurt a.M.

Jakobs, Eva-Maria (1995), »Text und Quelle. Wissenschaftliche Textproduktion unter dem Aspekt der Nutzung externer Wissensspeicher«, in: Eva-Maria Jakobs; Dagmar Knorr; Sylvie Molitor-Lübbert (Hg.), *Wissenschaftliche Textproduktion. Mit und ohne Computer*, Frankfurt a.M. u.a., S. 91–112.

Jakobs, Eva Maria (2003), »Reproductive Writing – Writing from Sources«, in: *Journal of Pragmatics*, Nr. 35/2003, S. 893–906.

Keseling, Gisbert (1993), *Schreibprozess und Textstruktur*, Tübingen.

Ludwig, Otto (1983), »Einige Gedanken zu einer Theorie des Schreibens«, in: Siegfried Grosse (Hg.), *Schriftsprachlichkeit*, Düsseldorf, S. 37–73.

Ludwig, Otto (1995), »Integriertes und nicht-integriertes Schreiben. Zu einer Theorie des Schreibens: eine Skizze« in: Jürgen Baurmann; Rüdiger Weingarten (Hg.), *Schreiben. Prozesse, Prozeduren und Produkte*, Opladen, S. 273–287.

Mandl, Heinz; Friedrich, Helmuth Felix (Hg.) (2005), *Handbuch Lernstrategien*, Göttingen u.a.

Molitor, Sylvie (1984), *Kognitive Prozesse beim Schreiben*, Deutsches Institut für Fernstudien [Forschungsbericht Nr. 31], Tübingen.

Ossner, Jakob (2006), »Kompetenzen und Kompetenzmodelle im Deutschunterricht«, in: *Didaktik Deutsch*, Nr. 21/2006, S. 5–19.

Ortner, Hanspeter (2000), Schreiben und Denken, Tübingen [Reihe: Germanistische Linguistik 214].

Philipp, Maik (2012), »Lesestrategien – wirksame Werkzeuge für das Textverstehen«, in: *Illettrismus. Schweizerische Zeitschrift für Heilpädagogik*, Nr. 5/2012, S. 40–45.

Segev-Miller, Rachel (2007), »Cognitive processes in discourse synthesis: The case of intertextual processing strategies«, in: Gert Rijlaarsdam; Mark Torrance; Luuk van Waes; David W. Galbraith (Hg.), *Writing and Cognition: Research and Applications*, Amsterdam, S. 231–250 [Reihe Studies in Writing Vol. 20].

Steinhoff, Torsten (2007), *Wissenschaftliche Textkompetenz. Sprachgebrauch und Schreibentwicklung in wissenschaftlichen Texten von Studenten und Experten*, Tübingen.

Steinhoff, Torsten (2008), »Kontroversen erkennen, darstellen, kommentieren«, in: Iris Bons; Dennis Kaltwasser; Thomas Gloning (Hg.), *Fest-Platte für Gerd Fritz*, Gießen, http://www.festschrift-gerd-fritz.de/files/steinhoff_2008_kontroversen_erkennen_darstellen_und_kommentieren.pdf, 8.7.2013.

Steinseifer, Martin (2010), »Textroutinen im wissenschaftlichen Schreiben Studierender. Eine computerbasierte Lernumgebung als Forschungs- und Lerninstrument«, in: Eva Maria Jakobs; Katrin Lehnen; Kirsten Schindler (Hg.), *Schreiben und Medien. Schule, Hochschule, Beruf*, Frankfurt a.M., S. 91–114.

Steinseifer, Martin (2012), »Schreiben im Kontroversen-Labor. Konzeption und Realisierung einer computerbasierten Lernumgebung für das wissenschaftliche Schreiben«, in: Helmuth Feilke; Katrin Lehnen (Hg.), *Schreib- und Textroutinen*, Frankfurt a.M., S. 61–82.

Van Waes, Luuk; Schellens, Peter Jan (2003), »Writing profiles: the effect of the writing mode on pausing and revision patterns of experienced writers«, in: *Journal of Pragmatics*, Nr. 35/2003, S. 829–853.

Weisberg, Jan (2012), »IF Routine THEN Fluss ELSE Problem – Überlegungen zu Schreibflüssigkeit und Schreibroutine«, in: Helmuth Feilke; Katrin Lehnen (Hg.), *Schreib- und Textroutinen*, Frankfurt a.M., S. 155–193.

Wood, David; Bruner, Jerome S.; Ross, Gail (1976), »The role of tutoring and problem solving«, in: *Journal of Child Psychology and Psychiatry*, Nr. 17/1976, Cambridge, S. 89–100.

Between Work and Network: A Qualitative Approach to Quantitative Textuality

Andrew Patten

Many theorists differ in their exact approaches to reading within the ever-forming and unknowably vast, that is, global model of literary study. Yet, there is a general agreement that the increasing awareness of transnational involvement, world-wide textual circulation, and ineffable quantities of literary output, demand a fresh perspective toward literature and a new vantage point toward single texts in an immense planetary system. Franco Moretti's plea for »distant reading« exemplifies such new perspectives. Turning once again to the persistent notion of world literature, no longer as an object, but as a problem, Moretti provokes literary knowledge by contrasting the few texts one reads against the unknowable superabundance of literature throughout the world and its history (see Moretti 2004: 149).[1] Moretti asserts that the often dominant mode of reading, the close reading of a small selection, is shortsighted in its devotion to a minute handful of texts at the necessary expense of ignoring the infinite body of the unread. To avoid what he calls the »theological exercise« of close reading, or the »solemn treatment of very few texts taken very seriously«, he argues for a radical change in perspective and a »condition of knowledge« based on distance, in order to »focus on units that are much smaller or much larger than the text: devices, themes, tropes, – or genres and systems« (Moretti 2004: 151). Distance turns literature into data and enables a broad view; it makes possible those wide-angle analyses, those quantitative elements that often go unrepresented in literary study. Beyond the disci-

1 The problem of perspective in literature has gained attention since Moretti's perennially contentious articulation of unknowable literary plurality; however, this observation is preceded by Erich Auerbach's 1952 claim that the mastery of literature is impossible due to the ever-expanding »superabundance of materials, of methods, and of points of view« (Auerbach 1969: 8). While Auerbach also addresses the crises of perception in the increasingly global body of literary output, Moretti's response is indeed novel in its application of quantitative methods as an answer to the problem.

plinary provocation, distant reading is largely about what becomes visible in literature when the angle of observation is radically altered.

What role does digital technology play in shifting the vantage point of literary observation? The emerging field of the digital humanities addresses precisely the trans-disciplinary cooperation between technology and culture that provides new angles of perception. While Moretti replaces reading books with the graphing and mapping once reserved for the sciences, a recent collaborative study by computer scientists investigates the stylometric evolution of literature through mass analysis of texts at the *Project Gutenberg Digital Library* (Hughes et al. 2012).[2] Google's digitalization of millions of books and its *Ngram* software have allowed so-called »culturomics« to »extend the boundaries of scientific inquiry to a wide array of new phenomena«.[3] These recent marriages of technology and literature successfully extend the vantage point of literary study by engaging quantitative analysis and enabling a wide view of literary works and systems through processed data on a vast scale. Yet, despite the gains of such a broadened vista of literary observation, a purely quantitative approach also carries the risk of reducing literature to mere calculable objects of lifeless materiality, their literariness vanishing as the perspective widens. How might it be possible to maintain the new perspectives of technology while avoiding the juncture between quality and quantity that forces what David Damrosch calls the »either/or between global systematicity and infinite textual multiplicity« (Damrosch 2003: 26)? Trapped in this binary, we would be pitted on either side of the warring factions, forced to choose between literary myopia or literary hyperopia, closeness or distance (see ibid.).[4]

A shift in the location of textual observation does not necessarily involve drastic separation from internal literary structures, or single texts. Treating the similarly enormous *World Republic of Letters*, Pascale Casanova has also argued for a change in perspective, but one that attempts to balance distance and closeness alike. Like Moretti, Casanova identifies a problem of perspective given the larger composition of the literary economy,

2 This project attempts to identify trends in literary style in the body of digitalized works in the public domain, a project that endeavors to harness the »dramatic new opportunities for scholarly studies in literature as well as other disciplines« (see Hughes et al. 2012: 768).

3 Similarly, this quantitative approach seeks »underlying phenomena« in literature and culture (see Michel et al. 2011: 176).

4 Damrosch emphasizes the need to overcome the dichotomy of the literary episteme on the axis of distance and closeness (see Damrosch 2003: 26).

noting that the practice of treating texts as individual entities, separate from one another, fails to address their true originality by ignoring the complex entirety of the literary configuration in which texts are created and deciphered. »Understanding a work of literature«, Casanova maintains, »is a matter of changing the vantage point from which one observes it« (Casanova 2004: 3). Unlike the exclusive privileging of the big picture in distant reading, this change in perspective attempts to locate the singularity of a work of literature specifically in and against the complex structure it necessarily occupies: »A literary work can be deciphered only on the basis of the whole composition, for its rediscovered coherence stands revealed only in relation to the entire literary universe of which it is a part.« (ibid.) Despite the diverging solutions to the problem, there is indeed a general consensus that the macro-economy of letters continues to announce its pertinence in literary study and its demand for a new mode of consideration.

A striking and underexplored possibility for such modes of consideration occurs outside of the digital humanities; namely in marketing and commerce. Amazon.com, the largest online retailer of books, has been at the forefront of marketing software that uses algorithms to sort through consumer data in order to make individualized recommendations tailored to the specific interests of each customer. Likely unnoticed or ignored as a banal commercial apparatus, Amazon's data-driven recommendation software demonstrates an application of a digital technology that inadvertently provides a new vantage point for literary study. For each work of literature viewed at Amazon, the website presents a neighboring row of up to more than 100 recommended works. The function is best recognized by its now iconic heading »Customers Who Bought This Item Also Bought…«. With this software, literary works appear always within the company of recommended texts. Beyond the marketing function, these clusters of texts, or networks, form an alternative archive and a new mode of textual organization based on pre-reading processes that are informed by a colossal architecture of reader experience. The logic governing the groupings requires the quantitative advantage of consumer data from which careful networks of links are discerned. These networks function as both an accurate visualization tool for literary norms and a formative force in producing the norms themselves.

Amazon's recommendation program employs *collaborative filtering* software, a system of algorithms that collects and sorts data so that individual items can be recommended on the basis of past consumer behavior. These automated systems gather the preferences of customers in order to identify others with similar tastes based on mutual interest in the same products (Riedl/Konstan 2002: 14). Amazon uses a variety of *collaborative filtering* applications in its recommendation systems: *cluster models*, which match each customer with a specifically divided base of consumers; *user-to-user correlations*, which match one customer with another based on a shared interest in a product from the website in question; as well as a number of manually run programs that require direct consumer involvement, such as Amazon's *Eyes* feature, which generates email recommendations for newly added products according to the expressed interests of the customer, or the active involvement of consumers in rating and reviewing features (Linden et al. 2003: 78; Schafer et al. 1999: 159; Schafer et al. 2001: 137). While these programs may depend heavily on the influence of individuals, and thus carry a stronger risk of direct subjectivity, Amazon's most conspicuous application of algorithm recommendation, *item-to-item collaborative filtering*, relies not on isolated pairs between specific customers, but on a matrix of links between products, generated by the filtered data of previously purchased books as interconnected nodes (Linden et al. 2003: 78; Schafer et al. 1999: 163; Schafer et al. 2001: 137). As gathered points of intersection, tailored recommendations emerge from the patterns of association shared by the title in question, stemming from the comparable consumer histories and statistical overlap. In Amazon's book recommendations, *item-to-item collaborative filtering* software illustrates latent affinities in the larger economy of letters. Its associations, while commercial in their application, reveal operative assumptions of literary value by organizing books along an axis of assumed similarity.

The distinct view of literature gained through algorithmic organization is a novel perspective of literary norms as they are dispersed, not just through the traditional top-down, authority-based distribution from established cultural institutions (publications, universities, critical forums, etc.), but also through the connections driven by shared reader experience in the sub-groups and niche corners of the literary marketplace. A composition of disparate readers with overlapping nodes of literary interest is brought forth from the enormous wealth of data gathered by the software. The way in which knowledge is distributed in such groups is largely a matter of connecting the points of contact between scattered individuals. In his study of crowdsourcing, Clay Shirky describes the so-called »birthday paradox« as an example of the statistical potential of overlap and its correlation to the dissemination of knowledge in groups (Shirky 2008: 25–26).[5] The birthday paradox imagines a room of 35 people and asks you to bet on whether two people in this group will have the same birthday. The odds seem, on first thought, to be terrible; however, the actual probability of finding two shared birthdays is over 80 percent. Shirky explains that this is surprising, because people tend to think about themselves instead of the whole group (ibid.: 26). The odds that someone in the room shares ›your‹ birthday are indeed low, about one in ten. »But in a group«, Shirky explains, »other people's relationship to you isn't all that matters; instead of counting people, you need to count links between people« (ibid.). By shifting the emphasis from the individual to links between multiple individuals based on a determined point (in this case a given birthday), Shirky demonstrates how the probability of intersection becomes much higher when the entire group is considered not with a center or as a hierarchy, but as a network of connected nodes.

The example provides a corollary for the distribution of literary knowledge in a group. There are measurable qualitative effects when the object is no longer birthdays, but the histories of literary consumption. Amazon's algorithms apply a similar logic of links rather than a specific center of value in the organization of books along shared understandings. The results are not, like the false math of the birthday match, specifically in relation to a single determined point of literary authority, but based on a linked community of scattered but congenial readers and the assumptions about literature that are reflected by their patterns of consumption. The effect is an image of a reader-based distribution of value, which precedes and informs each literary object through an act of pre-reading the textual network.

Like the turn toward vast pools of information in the digital humanities, Amazon's recommendation software utilizes *data mining* to build models of connections and infer unseen literary correlations and »association rules«, which, in other commercial applications, »can help a merchandiser arrange products so that, for example, a consumer purchasing ketchup sees relish nearby« (Schafer et al. 2001: 119). Yet, while it may make sense in a commercial context to assume the association rule between condiments, the notion of a law of relations is distinctly more complex when the object

5 Shirky notes rightfully that the »birthday paradox« is not a paradox but simply a surprising detail (see Shirky 2008: 25–26).

is no longer ketchup, but literature. What then are the forces driving literary associations?

The rule of association drawing ketchup to relish relies on experience and repetition, whereas the recommendation of new works of literature requires validation without direct experience. Amazon's consolidation of recommended titles functions on expectations and pre-formed ideas of what each work might entail. The system organizes books based on a core understanding of the text *before* a direct engagement with the content of the work has begun or before it has been read. It is safe to assume that in most cases the books being purchased have not yet been read by the consumer; therefore, the driving force of organization is not the traces of other texts as they are known from actual experience, but the traces of an expected textuality that is partially shaped by structures of collected reader experience to which the text itself is secondary. The organizing method is not what is known about literature, but what is thought to be known before reading, a mode of reading and reproducing assumed value.

Thus, Amazon's textual organization is at least in part a pre-textual event. In a latent planetary system of letters, its groups emerge from a sort of collective literary unconscious that is driven by an understanding of literary works prior to reading, a sort of literary pre-knowledge. Moretti's call for distant reading is largely an attempt to bypass the biases of pre-knowledge that create the very interest, need, or demand for a text before it is read: »you invest so much in individual texts *only* if you think that very few of them really matter« (Moretti 2004: 151). But the forces that draw a reader to a text and announce that it is worthy of time and consideration (the pre-knowledge) are also a key feature in the individual literariness of any given work. Amazon's groups are largely effects of such forces, driven by a plethora of ephemeral cultural systems that inform the text before it may be read. The quantitative and digital perspective reveals the position of a text within its network to be determined in part by pre-knowledge, a sort of invisible hand of literary value.

The interaction between each work and its network is comparable to that of texts and what Gérard Genette categorizes as paratexts, or »those liminal devices and conventions, both within and outside the book, that form part of the complex mediation between book, author, publisher and reader« (Genette 2001: ii). Paratexts enact a zone of communication between the interior and exterior of a book, a transaction of the thresholds of textuality. Yet, while Genette's discussion of paratexts complicates the separation between literary exteriors and interiors, it posits single texts as interior and their accompanying devices of mediation as exterior. Amazon's groupings differ in their exclusive mode of textuality that is *before* and *outside* of the text in terms of materiality and lived reader experience. Its logic is first and foremost a matter of exteriority in that the formulation of the network is prior to any direct engagement with the textual interior. Thus, the relationship between texts in their Amazon networks is not paratextual, but *extratextual.* The creation of such networks is an act of reading outside of the formal lines of the text.

Extratextual associations between works invert the role of authority between the addresser and addressee of the literary message. For Genette, the public is the addressee of the author and the text, while at Amazon, public influence itself is an active agent in the dissemination of textuality and one that is cogent enough to produce the compelling bonds of literary networks (Genette 2001: 9). Demonstrating a sort of broad extratextual participation, Genette also considers the public of readers to include those who may buy or participate in the reception and circulation of a book without reading it in the traditional sense (Genette 2001: 74–75).[6] Itamar Even-Zohar has similarly proposed that textual exteriors are created in part by unintended agents: »All members of any community are at least ›indirect‹ consumers of literary texts. In this capacity we, as members, simply consume a certain quantity of literary fragments, digested and transmitted by various agents of culture and made an integral part of daily discourse« (Even-Zohar 1990: 36). Literary authority is further decentralized in the disruption of central and marginal positioning within the arrangement of recommendations. Observers may exercise the autonomy of perspective by steering the view of any text to the center or periphery of the network. Each book is at once a center surrounded by orbiting works of affiliation and a surrounding work of multiple other centers.

Amazon's literary organization based on the overlapping nodes of reader interest in micro-communities demonstrates that texts occupy networks of affiliation which are governed, at least in part, by a system of pre-literary relations, extratextual influences, and reader experience, which put each

6 While Genette identifies the public beyond »the sum total of readers«, he also notes a distinction between the public and readers proper, as well as readers and consumers. As the joining force of Amazon's networks, literary consumerism must be considered an integral aspect of the reading process, at least in its commencement of the pre-reading process.

text in concert with a number of socially embedded forces that frame a context with which to read in or against. What is at stake is a reading of books, titles, and authors first as a form of metonymy, or as metonymic signifiers for desired or expected outcomes. The text appears as a piece representing a whole: a name of an author with a predetermined value, a widely lauded title, or another indication of qualitative measure determined in part by a surrounding field of thematically consistent works. Amazon's networks function, therefore, as a tool for visualizing the field of literary institutions that shape not just the text, but also the path that leads to it.

But how exactly does the critical shift in perspective unveil the richly composed structure of textual affinities? How does the digital view provide briefly frozen glances of the ephemeral positioning of literary works as they circulate between competing spheres and orbit around in planetary clusters with a gravity of literary capital? How can Amazon's recommendation networks be read as expressions of textual circulation and extratextual influence? An articulate example of these processes is found in Bernhard Schlink's ([1995] 2009) novel *The Reader* (*Der Vorleser)* and its frequent and unusual pairing with nineteenth-century Russian playwright Anton Chekhov's short story *The Lady with the Little Dog* in Amazon's networks.[7] In terms of literary classification, Schlink and Chekhov are indeed unlikely bedfellows; their works may be safely divided in terms of language (German and Russian), periodization (nineteenth and twentieth-centuries), and general style and thematic content. However, that the arguably dissimilar works appear together in a number of Amazon groups suggests precisely the veiled forces of a specific literary economy at work. Amazon presents this unlikely union as the result of its subject matter (the canon of literature) being conveyed and altered in multiple processes of textual circulation, misinterpretation, and adaptation, which create its external textual life and influence that of others.

The *fabula* of Schlink's novel can be very briefly summarized as the story of a teenage boy and his affair with an illiterate woman who is later convicted of crimes committed at Auschwitz and is sentenced to prison. In addition to a love story and a sort of *Vergangenheitsbewältigung*, a central element of the novel is the notion of *Bildung* and literary knowledge, expres-

7 Although the mutual recommendations of these texts appear as a frequent occurrence at Amazon, the exact details of each recommendation are ephemeral and subject to constantly changing, date-specific data. For this reason, I have omitted any specific links to this and further textual pairings at Amazon.

sed through the reading aloud of great works of literature, the spoken names and titles performing their own canonical capital. This begins with Lessing's *Emilia Galotti* and Schiller's *Kabale und Liebe*. Further works are *Aus dem Leben eines Taugenichts* by Joseph von Eichendorff, Homer's *The Odyssey*, and Tolstoy's *War and Peace*. In addition to these titles, there are also names as metonymic references to other German language classics: Gottfried Keller, Theodor Fontane, Heinrich Heine, and even more indirectly, Franz Kafka, Max Frisch, Uwe Johnson, Ingeborg Bachmann, and Jakob Michael Reinhold Lenz.

For a German audience, the cultural capital of these names is indisputable; yet, the German canon is not easily translatable to a general international audience, a problem that producers must have quickly realized during the making of the 2009 Hollywood film adaptation. While the English translation of the novel leaves the literary works as they appear in the German original, the film version of *The Reader* makes significant changes in translating the canon. In the English-language film, *Emilia Galotti* remains introduced by title and author, keeping with the novel despite the relative obscurity of the work to an international audience. It is followed by a reading of the *The Odyssey*. The remaining texts are less obviously introduced by name and appear in a sort of montage of passages read aloud. Among the more recognizable, either by reference to title or characters, are: *Lady Chatterley's Lover* by D. H. Lawrence, *The Adventures of Huckleberry Finn* by Mark Twain, *Tintin* (comic book), *War and Peace* by Leo Tolstoy, and with particular emphasis in numerous significant scenes, *The Lady with the Little Dog* by Anton Chekov. In later scenes, careful viewers might recognize subtly placed passages from Kafka's *The Metamorphosis*, or Pasternak's *Doctor Zhivago* (see Hare 2009: 90).[8] The move from an inter-lingual translation of the novels to an inter-semiotic translation of assumed literary value is an attempt to transfer the canonicity from the German to the Hollywood context with a »dynamic equivalence« approach, a process that now resonates in the Amazon network (see Nida: 2002).

Aside from the subtle similarities in the themes of clandestine affairs, the short story by the nineteenth-century Russian writer shares no immediate connection to Schlink's original novel. Yet, there is a persistent curious relationship between these works at Amazon.com: The recommendation

8 A number of allusions to novels appear jumbled in a montage of reading. The screenplay to the film lists additional titles from Ernest Hemingway, Arthur Schnitzler, and Stefan Zweig (see Hare 2009: 90).

network for *The Lady with the Little Dog* shows in multiple contexts, that customers who bought Chekhov's short story also bought *The Reader* by Bernhard Schlink, as well as other books referenced in the film.[9] The US-based Amazon.com page presents Chekhov's short story amidst a set of recommendations whose logic may be hastily and perhaps unsurprisingly condensed into a few generic divisions: Russian literature, accounting for nearly half of the suggestions (namely writers such as Dostoyevsky, Tolstoy, Pushkin, Turgenev, Lermontov, Gogol, Leskov, and numerous other works by Chekhov); canonical European/American works (Poe, Joyce, Ibsen, Hemingway, Flaubert, Proust, Goethe, among others); and the institutional or pedagogical context of literary anthologies, cultural histories, and introductions to Russian language. Schlink's *The Reader* is situated among the classics of Russian literature and what appears to be the reading list of an introduction to modern Western literature.

Of course, this may be a wholly unspectacular observation. It would be reckless to ascribe concrete meaning on the basis of an isolated occurrence of deviation from the seemingly dominant modes of organization otherwise in play. But, this nuptial bond between reader and lady is not an isolated event. At Amazon.co.uk (United Kingdom), there is a two-way relationship between these books in that Schlink is suggested in the network surrounding Chekhov, and Chekhov in the network surrounding Schlink.[10] Although the specific recommendations differ from those at Amazon.com, the generic patterns of organization are comparable to the American website in their general agreement with Russian and canonical titles. The network surrounding *The Reader*, however, hosts German titles (in translation) in place of Russian (Brecht, Kafka, Weiss, Kaminer, et al.); Holocaust memoirs and histories; as well as similar Western classics and pedagogical works pertaining to contemporary German literature and Schlink's novel. The also somewhat predictable core of this network converges along similar lines of subject matter, language, and time-period, but is also equally

9 The network surrounding *Lady with the Little Dog and Other Stories, 1896-1904* (Penguin Classics) includes *The Reader* (Movie Tie-in Edition), which, as further evidence of its path corresponding to the film, relates directly to the film adaptation. Furthermore, the network also reflects a correspondence to the adapted group of canonical authors in the film in its recommendation of Lawrence, Pasternak, Tolstoy and Hemingway.

10 Schlink's novel: *The Reader* (Movie Tie-in) leads to *Lady with the Little Dog and Other Stories, 1896-1904* (Penguin Classics). Changing the view of the network with *Lady with the Little Dog and Other Stories, 1896-1904* (Penguin Classics) at the center produces *The Reader* (Movie Tie-in) as well as the 2009 film on DVD.

disrupted by the appearance of Chekhov's *The Lady with the Little Dog*. Perhaps most surprising is the network of recommendations surrounding *Die Dame mit dem Hündchen: Erzählungen 1896-1903* at Germany's Amazon.de, which, among the dominant Russian literature in German translation, also presents Schlink's *Der Vorleser*, the film version on DVD, and a number of titles referenced through the liberal adaptation in the film: *Krieg und Frieden*, *Doktor Schiwago*, and *Odyssee*.[11] The ubiquity of Chekhov's title in the film version accounts almost directly for the extratextual associations and translational interference. The consistent affiliation across multiple cultural spheres is affirmed by the common point of contact that is the (mis)translation of the film, influencing even the German »original«.

The network of recommendations is in this sense not just marketing software, but also a snapshot of the operative factors of literary influence and the measurable trans-medial path taken by a number of readers that moves from *Der Vorleser*, to *The Reader*, to the Hollywood film version and its adaptation of literary capital and finally to Chekhov. Influenced by the adapted film, these readers were likely persuaded by the literariness or the *Bildung* that this particular text appears to have due to the canonical company it keeps. Its value, formed in advance, is largely a product of its proxymity to other canonical works. Through this affiliation the text becomes ordained into that rare group of texts which, as Moretti argues, we believe to be worth our time. In this one of many contexts, the very textuality of Chekhov's work begins not with the first sentence of the book itself, but with its external appearance as an artifact of a literary idea that has formed throughout the trajectory of its textual movement. This process of pretextual framing presents Chekhov as an essential player in a cluster of literary knowledge, a notion of the text precedes its very reading. The signifycance of this observation is not, however, simply that the path to a text is traceable. It also affirms in its visualization of literary norms the way in which textual affinities are constructed, consciously or not. It serves to illustrate that literary works function in concert with one another, part of a larger configuration of collective and interactive literary knowledge, which, visible at a distance, shapes, but does not strictly determine, the way a text is absorbed by a reader in close proximity.

11 This affiliation is also evident in multiple versions: *Die Dame mit dem Hündchen: Erzählungen 1896-1903* (2000) also connects to *Der Vorleser*. The dual language Reclam edition, Anton Tschechow: *Die Dame mit dem Hündchen*, Russisch/Deutsch (1986) equally recommends *Der Vorleser* and the 2009 film.

The example of Schlink and Chekhov is not unique; it simply lends itself well to the expression of textual affinities driven by multiple layers of translation, adaptation, (pre)reading and (mis)reading. Translation theorist André Lefevere has argued that a »writer's work gains exposure and achieves influence mainly through ›misunderstandings and misconceptions‹« (Lefevere 1982: 4), a series of what he calls »refractions« (ibid.). The notion of textual refraction assumes steady interplay and interference between writers, readers, and literature with constant influence on the interpretational trajectory of a work: »Writers and their work are always understood and conceived against a certain background or, if you will, are refracted through a certain spectrum, just as their work itself can refract previous works through a certain spectrum« (ibid.). Working backward from the ephemeral map of textual refraction in Amazon's networks, it becomes possible to observe some of the spectra of translation and misreading that have driven this one of arguably infinite textual pairings. Such refractions, these moments and forces that propel texts across a trans-medial and multilingual path of competing spheres, emerge as integral elements of the greater literary economy. Amazon's ever-changing presentation of literary data allows a brief snapshot of the planetary system in which literature occurs; it is arguably one step closer to a view of individual texts as they exist and participate in the »vast composition« of »everything that is translated, published, theorized, commented upon, [and] celebrated« (Casanova 2004: 3).

Despite the clearly vital function of literary systems in this context, caution must be practiced in order to retain the view of literary uniqueness. For Amazon's networks and the organization of literature, a purely systems-based approach carries with it the risk of consigning the vantage point of literary study solely to the dissonant disciplinary perspective in which texts may vanish into systems. Even-Zohar's claim that in literary polysystems »the ›text‹ is no longer the only, and not necessarily for all purposes the most important, facet, or even product, of the system« (Even-Zohar 1990: 33-34), cannot be separated from the latent process of textual interaction in literary relations. However, this should not serve to shift the focus of literary study strictly toward systemic processes, relegating the text to an always secondary position to that of the system, if the goal remains to utilize the unique view provided by digital technologies to examine both literary works *and* systems/networks. Fundamentally, the novel view provided by the digital, by the algorithmic sifting of literary data, is neither that of single texts, nor of single systems alone, but of pre-reading processes and the dissemination of literary knowledge that precede and shape close reading. This view may serve as a sort of positioning system between the individual text and its vast background. To view both text and textual constraint together is to reject what Casanova calls the »difference in orientation that has long profoundly divided literary studies, separating the practitioners of internal history – on which ›close reading‹, in particular, is founded – and the partisans of an external history of literature« (Casanova 2004: xii), favoring instead the two-sided view of literature within »world literary space«.

The digital vantage point enables an illustration not purely of literary systems or of single isolated literary works, but of the constant dialog between textual interiors and the surroundings that frame them. Amazon's program is not comprehensive and its groupings should not be considered anything but ephemeral fragments. But it does function as an unintended visualization program for the formative forces of literary knowledge in its depiction of literary works and their relationship to an active network of reader expectations. The cultural forces of its textual organization exist despite Amazon, but are partly visible because of it. This is a starting point for a mode of reading both text and network, or the weight of extratextual influence on qualitative literary analysis. This new view, this condition of knowledge, helps emphasize the process that is always at work in determining what and consequently *how* to read; it elucidates the way in which literature offers its knowledge (Lefevere 1982: 19); and it complicates the separation between closeness and distance in literary study.

References

Auerbach, Erich (1969), »Philology and Weltliteratur«, in: *The Centennial Review*, p. 1–17.

Casanova, Pascale (2004), *The World Republic of Letters*, Cambridge.

Daldry, Stephen (2009), *The Reader*, The Weinstein Company Home Entertainment.

Damrosch, David (2003), *What is world literature?*, Princeton.

Even-Zohar, Itamar (1990), »The Literary System«, in: *Poetics Today*, 11(1), Durham, p. 27–44.

Genette, Gérard (2001), *Paratexts: Thresholds of Interpretation*, Cambridge.

Hare, David (2009), *The Reader: A Screenplay by David Hare*, New York.

Hughes, James M.; Foti, Nicholas J.; Krakauer, David C.; Rockmore, Daniel N. (2012), »Quantitative patterns of stylistic influence in the evolution of literature«, in: *Proceedings of the National Academy of Sciences*, p. 7682–7686.

Lefevere, André (1982), »Mother Courage's Cucumbers: Text, System and Refraction in a Theory of Literature«, in: *Modern Language Studies*, p. 3–20.

Linden, G.; Smith, B.; York, J. (2003), »Amazon.com recommendations: Item-to-item collaborative filtering«, in: *Internet Computing, IEEE*, p. 76–80.

Michel, Jean-Baptiste; Yuan, Kui Shen; Aiden, Aviva Presser; Veres, Adrian; Gray, Matthew K.; The Google Books Team; Picket, Joseph P.; Hoiberg, Dale; Clancy, Dan; Norvig, Peter; Orwant, Jon; Pinker, Steven; Nowak, Martin A.; Aiden, Erez Lieberman (2011), »Quantitative analysis of culture using millions of digitized books«, in: *Science*, p. 176–182.

Moretti, Franco (2004), »Conjectures of World Literature«, in: Christopher Prendergast (ed.), *Debating World Literature*, London, p. 148–162.

Nida, Eugene (2002), »Principles of Correspondence«, in: Lawrence Venuti (ed.), *The Translation Studies Reader*, London/New York, p. 153–167.

Riedl, John; Konstan, Joseph (2002), *Word of Mouse: The Marketing Power of Collaborative Filtering*, New York.

Schafer, J. Ben; Konstan, Joseph; Riedl, John (2001), »E-commerce recommendation applications«, in: *Data mining and knowledge discovery*, p. 115–153.

Schafer, J. Ben; Konstan, Joseph; Riedl, John (1999), »Recommender systems in e-commerce«, in: *Proceedings of the 1st ACM conference on Electronic commerce*, p. 158–166.

Schlink, Bernhard ([1995] 2009), *Der Vorleser*, Zürich.

Shirky, Clay, (2008), *Here Comes Everybody: The Power of Organizing without Organizations*, New York.

Volltextsuche und der philologische Habitus

Mirco Limpinsel

Die für Literaturwissenschaftler vielleicht folgenreichste unter den zahlreichen Entwicklungen der digitalen Medien ist die Möglichkeit der digitalen Volltextsuche im Internet. Projekte, die Bestände ganzer Bibliotheken zu digitalisieren, gibt es seit den 1990er Jahren. Aber die wirkliche Änderung hat sich erst innerhalb der letzten vier bis fünf Jahre abgespielt. Seitdem sind nämlich die Resultate der Suchanfragen sehr viel präziser geworden, vor allem weil nun auch die Frakturschriften immer besser erkannt werden. Es lassen sich heute mit recht hoher Treffsicherheit Stellen in Büchern auffinden, die der Benutzer nie in Händen hatte und von deren Existenz er vielleicht gar nicht wusste. Innerhalb der vergangenen vier Jahre hat sich die Möglichkeit der Volltextsuche so grundlegend verbessert, dass die Technik heute auch für viele literaturwissenschaftliche Anwendungen eingesetzt werden kann. Auf *Google Books*[1] stehen Millionen Bücher zur Lektüre und zur Volltextsuche zur Verfügung, viele davon können vollständig eingesehen werden – dies betrifft auch und gerade Bücher, die besonders für professionelle Leser interessant sind: Für die meisten etwa vor der Mitte des 19. Jahrhunderts veröffentlichten Bücher bestehen heute keine Urheberrechte mehr, so dass beispielsweise die philosophische Literatur des 18. Jahrhunderts sehr gut zugänglich ist. Mit dem Internetdienst *Google Ngram Viewer*[2] besteht zudem neuerdings eine einfach zu bedienende Oberfläche für gezielte Häufigkeitssuchen bestimmter Zeichenketten in einem definierten Korpus, so dass sich das Vorkommen von Wörtern zu bestimmten Zeitpunkten leicht nachvollziehen lässt.

Mein Beitrag fragt nach den Konsequenzen dieser neuen Zugänglichkeit für die Philologie. Die leitende These lautet, dass Volltextsuche und Philologie in einer bestimmten Hinsicht funktional äquivalent sind. Es handelt sich um zwei sehr unterschiedliche Strategien, mit demselben Problem

---

1 Vgl. http://books.google.de, 8.7.2013.

2 Vgl. http://books.google.com/ngrams, 8.7.2013.

umzugehen: dem Zugang zu gespeichertem Wissen. Die spezifischen Schwierigkeiten, die die Speicherung im Buchmedium für die Zugänglichkeit mit sich bringt, haben, so die These, maßgeblich zur Ausprägung des philologischen Habitus beigetragen. Dabei begreife ich den Habitus des Philologen nicht nur als wissenssoziologisch interessanten Gegenstand, sondern auch als konstitutiv für die literaturwissenschaftliche Methodologie. Die Philologien haben immer gerne über Methoden nachgedacht, und meist hat man die Letztgarantie für Wissenschaftlichkeit allein habituellen Eigenschaften zugetraut. Diese Zusammenhänge werden im Folgenden diskutiert; anschließend wird gefragt, welche Konsequenzen es hat, wenn eine neue Technik wie die digitale Volltextsuche der traditionellen philologischen Praxis Konkurrenz macht – sie kann, so kann man das Ergebnis zusammenfassen – vollends abgelehnt werden; wenn sie aber adoptiert wird, so wird dies fast zwangsläufig auch mit weitreichenden methodologischen und programmatischen Umbauten einhergehen.

Der philologische Habitus wird im Folgenden hauptsächlich in Auseinandersetzung mit historischen Positionen der philologischen Methodologie entwickelt, wie sie bereits zu Beginn der disziplinären Ausdifferenzierung formuliert wurden. Wenngleich sich das Selbstverständnis der Literaturwissenschaften seitdem fundamental verändert hat, ist der philologische Habitus doch bis heute wirksam geblieben. Damit soll nicht behauptet werden, dass es der Philologie unmöglich wäre, sich zu verändern. Die spezifischen philologischen Kompetenzen werden aber gerade in Opposition zu lehrbarem Regelwissen formuliert und sind nur als Habitus reproduktionsfähig. Der auf diese Weise etablierte Habitus strukturiert dann auch alle zukünftigen Modifikationen und wirkt insofern als latente Beschränkung der Möglichkeiten – Bourdieu spricht in diesem Sinne von einem »Weiterwirken der Erstkonditionierungen in Gestalt des Habitus« (Bourdieu 1987: 117). Die sich aus diesem Zusammenhang ergebenden Idiosynkrasien sind Gegenstand der folgenden Überlegungen.

Fragt man nach den Funktionen der Philologie für die Gesellschaft, so besteht eine dieser Funktionen unzweifelhaft in der Möglichkeit des Zugriffs auf gespeichertes Wissen. Solange nämlich Wissen in Büchern aufbewahrt wird, müssen, damit das Wissen später wieder zugänglich werden kann, die Bücher gelesen werden. Wegen der ungeheuren Vielzahl der Bücher ist es aber nicht praktikabel, dieses Lesen dem Einzelnen zu überlassen. Um eine relevante Stelle zu finden, musste es also Menschen geben, die einen Überblick über die Bücher besaßen und die angeben konnten, wo man suchen musste. Ohne solche Spezialisten wäre das Auffinden von Stellen nur durch Zufall möglich gewesen – oder aber durch die vollständige Lektüre aller Bände.[3]

Geht man von dieser starken Funktionsbestimmung aus, so ergeben sich daraus unmittelbar bestimmte Kompetenzen, die das philologische Lesen auszeichnen müssen: Der Philologe muss nicht in jedem Fall wissen, was ganz genau an einer bestimmten Stelle steht. Er muss es auch nicht im Sinne eines Fachmanns inhaltlich voll durchdringen und beurteilen können. Aber er soll einen Überblick über die Gesamtheit des menschlichen Wissens haben und sagen können, welches Buch möglicherweise für einen bestimmten Zweck einschlägig ist. Auch kann er, gleichsam als Nebeneffekt, Bezüge zwischen sehr disparaten Bereichen des Wissens herstellen. Es kann ihn also eine bestimmte Auffälligkeit an einer Stelle an eine ganz andere Stelle erinnern, so dass beide Stellen nun in einen Zusammenhang gerückt werden können.

Besonders anschaulich wird das an der Altphilologie, weil dort der Gegenstand ganz allgemein ›die Antike‹ ist, und nicht, wie später, nur noch die Dichtung. Die habituellen Prägungen dieser Zeit sind gleichwohl nach wie vor gültig. Sieht man sich philologische Fachenzyklopädien des ausgehenden 18. und des beginnenden 19. Jahrhunderts an, also solche Lehrbücher, die das philologische Studium in Form eines Gesamtüberblicks anleiten sollten, so fällt auf, dass diese Kompetenzen tatsächlich als spezifische philologische Kompetenzen gefordert werden. Ich nenne nur zwei solcher Kompetenzen: erstens eine selektionslose Neugier. Ein guter Philologe, so der im Prinzip immer noch gültige Topos, findet alles interessant. Er liest gleichsam um des Lesens Willen, gute wie schlechte, alte wie neue, abwegige wie populäre Bücher. Er muss sie nicht alle auch goutieren, aber zumindest kennen sollte er sie. Damit verbunden ist zweitens die enzyklopädische Bildung des Philologen: Der gute Philologe ist kein Spezialist, sondern er hat umfassende Kenntnisse in vielen Bereichen – Ökonomie, Naturwissenschaften, politische Geschichte und Sittengeschichte der Antike, Geographie; die Kunst- und Literaturgeschichte im engeren Sinne bildet darunter nur einen Bereich. Beides: Das selektionslose Interesse und die enzyklopädische Bildung wird in den philologischen Fachenzyklopä-

3 Kataloge, Register und Verzeichnisse ändern daran nichts, denn auch sie müssen zunächst erstellt werden. In diesem Sinne ist auch die Edition als klassisches philologisches Arbeitsfeld mitgemeint, auch wenn im Folgenden eher von den hermeneutischen Methoden die Rede ist.

dien, beispielsweise bei Friedrich August Wolf oder bei August Boeckh, immer wieder formuliert und es schlägt sich bei beiden auch in den Definitionen der Philologie nieder. Wolf spricht anstatt von Philologie lieber von »Altertumswissenschaft«, weil der eigentliche Gegenstand sich eben nicht auf die Poesie und nicht auf die Literatur beschränke, sondern alle genannten Gebiete umfasse. Wolf beschreibt die zum Verstehen eines Autors erforderlichen Kenntnisse wie folgt:

> »Was von gelehrten Kenntnissen nothwendig ist, ist die Kenntniss der Sprache, in der der Schriftsteller geschrieben. Hiezu gehören allerlei Untersuchungen von grammatischer Art, so dass diese vorausgehen muss. Mit der blossen Sprache kommt man aber auch nicht aus. Wir müssen Kenntnisse haben von den Sitten der Zeiten, aus denen wir lesen, wir müssen Geschichts- und Litteraturkenntnisse haben und müssen den Geist der Zeiten kennen. Will man ganz allgemein von der Sache sprechen, so gehören noch mehrere Kenntnisse dazu: die Analogie aller Sprachen, mathematische Kenntnisse, kurz es gehört zu jedem Autor der Umfang der Kenntnisse, die er selber hatte.« (Wolf 1831: 274)

Die Altertumswissenschaft definiert er dementsprechend mit einer weit über jede heute gültige Auffassung von Literaturwissenschaft hinausgehenden Formel:

> »Darnach fasse ich die Definition: Alterthumskunde, – dies der natürliche Name – als Wissenschaft betrachtet, ist der Inbegriff historischer und philosophischer Kenntnisse, durch welche wir die Nationen der alten Welt oder des Alterthums in allen möglichen Absichten durch die uns von ihnen übrig gebliebenen Werke kennen lernen können.« (Ebd.: 13)

Wolfs Definition zeigt an, dass das primäre Ziel der Wissenschaft, die er den Studenten beibringen will, nicht die hermeneutische Erklärung von Dichtwerken ist. Bei Wolf – auch dies ein Hinweis auf den habituellen Charakter der philologischen Kompetenzen – sind Methodologie und Pädagogik noch eng verbunden, weil er die Fachtheorie nur im Kontext der erst postum durch Schüler herausgegebenen Vorlesungen über die *Encyclopädie der Alterthumswissenschaft* entwickelt (vgl. auch Grafton 1986: 427). Die Studenten sollen ausgebildet werden zu umfassenden Kennern der antiken Welt, insofern sie in den Dokumenten überliefert ist; das heißt aber: zu Spezialisten für gespeichertes Wissen. Sehr viel deutlicher formuliert das Wolfs Schüler August Boeckh in seiner *Encyklopädie und Methodenlehre der philologischen Wissenschaften.* Boeckh, der, viel stärker als Wolf, strenge systematische Ansprüche an seine philologische Wissenschaftstheorie hat, fasst die Philologie in seiner bekannten Formel als eine »Erkenntnis des Erkannten«:

»Das Handeln und Produciren, womit sich die Politik und Kunsttheorie beschäftigen, geht den Philologen nichts an; aber das Erkennen des von jenen Theorien Producirten. Hiernach scheint die eigentliche Aufgabe der Philologie das Erkennen des vom menschlichen Geist Producirten, d.h. des Erkannten zu sein. Es wird überall von der Philologie ein gegebenes Wissen vorausgesetzt, welches sie wiederzuerkennen hat. Die Geschichte aller Wissenschaften ist also philologisch. Allein hiermit ist der Begriff der Philologie nicht erschöpft, vielmehr fällt er mit dem der Geschichte im weitesten Sinne zusammen.« (Boeckh 1877: 10)

Der Philologe soll demnach nicht selbst beispielsweise naturwissenschaftliche Hypothesen aufstellen oder bewerten; gleichwohl soll er aber Platons *Timaios* (also einen thematisch eher naturwissenschaftlichen Text, sofern man das von einem platonischen Dialog sagen kann) »ebensogut verstehen und erklären können wie Aesops Fabeln oder eine griechische Tragödie« (ebd.: 10). Sein eigentlicher Gegenstand ist nach Boeckh das menschliche Wissen selbst, aber nicht inhaltlich, sondern nur, insofern es Erkenntnis ist. Der Philologe soll also erforschen, was die Menschen zu bestimmten Zeiten schon wussten und wissen konnten, ohne deshalb selbst ein inhaltlicher Experte für all dieses Wissen zu sein; er ist, modern gesprochen, ein Beobachter zweiter Ordnung. Hierin liegt auch die Differenz zur Philosophie, die nach Boeckhs System der Wissenschaften prinzipiell Beobachtungen erster Ordnung produziert und sich daher für Geschichte nicht interessieren muss.[4] »Insofern«, so Boeckh (ebd.: 33), »ist die Philologie eine methodische Propädeutik für alle Wissenschaften.«

Wie kann nun aber die Philologie gewährleisten, dass ihre Schüler diese Universalkompetenzen auch erwerben? Es handelt sich bei diesen »Kenntnissen« ja nicht um disziplinäres Wissen im eigentlichen Sinne und auch nicht um Kompetenzen, die wie immer methodisch gelehrt werden könnten. Der einzige Garant für eine glückliche Ausübung der Philologie ist der persönliche Habitus des Philologen. Tatsächlich wurde das philologische Studium in seinen Grundlagen eher als eine habituelle Sozialisation beschrieben, denn als eine Vermittlung propositionaler Kenntnisse. Insbesondere die Hermeneutik, die ja (neben der Theorie der Textkritik) den theoretischen Kern der Philologie gebildet hat, wird von fast allen Autoren seit Ende des 18. Jahrhunderts gerade in Abgrenzung zum Regelsystem als

4 Vgl. Boeckh (1877: 16), »die Philosophie erkennt primitiv, γιγνώσκει, die Philologie erkennt wieder, α□ναγιγνώσκει«.

eine Kunstlehre konzipiert, die nur durch Nachahmung erlernbar sei. In einer mindestens bis Dilthey reichenden Tradition wird dann sogar die hermeneutische Theoriebildung als Resultat eines Bewusstmachens der unbewusst ausgeübten Interpretationstätigkeit von bedeutenden Vorbildern angesehen: Ein berufener Interpret kommentiert einen Text auf Grundlage seines Gefühls, und die späteren Generationen studieren dann diese Kommentare, um daraus hermeneutische Regeln abzuleiten.[5]

Der persönliche Kontakt zum Lehrer im philologischen Seminar erhält dadurch eine kaum zu überschätzende Bedeutung. Lutz Danneberg (2007: 105) meint, dass diese spezielle Ausbildungssituation »ein massives Vertrauen nicht in personale Autoritäten, sondern in die Autorität der philologischen Praxis« erzeuge. Da sich die Ausbildung immer auf den ganzen Menschen beziehe, bilde sich so »ein wissenschaftliches Ethos, ein Berufsethos, in einem sozialen Sondermilieu aus, bei dem die Geltung moralischer Normen als Garanten für eine gelungene philologische Praxis gelten« (ebd.: 108). Die Sicherheit der Urteile, die die kontrollierte Regelanwendung in anderen Disziplinen gewährleistet, wird daher im Falle der Philologie durch das philologische Taktgefühl substituiert. So mangelt es nicht an Hinweisen auf die enorme Bedeutung bestimmter Charaktereigenschaften zur Ausübung guter Philologie – ihre häufigsten Namen lauten »Gefühl«, »Talent« und »Takt« (siehe dazu Martus 2007). Sie liefern, als philologische Tugenden tradiert, bis heute eine weithin als plausibel angesehene Selbstbeschreibung der Philologie.

Diese Ausführungen sollen vor allem auf die Bedeutung des philologischen Habitus hinweisen: Es handelt sich nicht um ein soziales Beiwerk, das sich aus ähnlichen Dispositionen über die Jahre in der Cafeteria ergibt, sondern er ist unmittelbar methodologisch relevant. Man könnte sogar umgekehrt überlegen, ob nicht die philologischen Konjunkturen bestimmter Sprechweisen, die Praxis des virtuosen Kontextualisierens und dergleichen philologische Eigenarten, ihrerseits Effekte der bei Wolf und Boeckh empfohlenen Studienanweisungen sind. Dass der Habitus methodologisch relevant ist, heißt auch, dass er es der Philologie allererst ermöglicht, ihre Aufgaben zu erfüllen. Daraus erklärt sich auch seine bis heute andauernde Persistenz: Ein basales Bezugsproblem der Philologie ist nach wie vor die Orientierung auf hochgradig unübersichtlichem Terrain.

---

5 Die Genese der philologischen Methodologie aus der Nachahmung von Vorbildern wird unter anderem behauptet bei Boeckh (1877: 76f.), sowie bei Dilthey (1974: 320).

Das Problem der Unüberschaubarkeit stellt sich für die modernen Philologien noch viel stärker als für die Altphilologien, die immerhin mit einem relativ abgeschlossenen und überschaubaren griechisch-römischen Korpus arbeiten: »Zählt man die litterarischen Werke beider Nationen zusammen«, heißt es bei Wolf (1831: 17), »so kommt man beinahe auf die Zahl Tausend.« Etwa zeitgleich mit der disziplinären Ausdifferenzierung der Philologien, spätestens in den 1820er Jahren, entsteht aber der Eindruck einer unüberschaubaren Fülle an Büchern. Neuartige Produktionsverfahren für Papier und Druck ermöglichen nun eine massenweise Verbreitung, und innerhalb weniger Jahre entsteht ein moderner, korporativ gegliederter Buchmarkt mit neuen Bedingungen für die Produktion, Verbreitung und die Rezeption von Literatur (vgl. Wittmann 1982: 111ff.). In seinem Buch über *Die deutsche Literatur* widmet der Literaturkritiker Wolfgang Menzel der »Masse der Literatur« ein eigenes Klagekapitel: »Was wir auch in der einen Hand haben mögen«, so heißt es dort, »in der andern haben wir gewiß immer ein Buch.« (Menzel 1828: 2). Die Literatur habe »an Mannigfaltigkeit und Masse ins Ungeheure zugenommen, daß der Einzelne, der zum erstenmal in die Bücherwelt geräth, sich in ein Chaos versetzt findet« (ebd.: 15).

Eine Reaktion auf dieses Problem ist der Kanon. Auch Menzel sieht das größte Übel der Masse an Büchern in der Qualität der Texte und bedauert, dass sie offenbar von »zehntausend Thoren« (ebd.: 4) produziert würden. Die Trivialliteratur, anfangs noch nicht kategorial von der »hohen« unterschieden, bildet die große Masse der Texte und bleibt, von einigen Ausnahmen abgesehen, im Prinzip bis heute aus dem Gegenstandsbereich der Literaturwissenschaften exkludiert.[6] Das Kriterium der Exklusion ist die den Texten zugeschriebene Geltung: Die echte Poesie ist potenziell ›ewig‹, während die Masse der Trivialliteratur nur solange vorhält, wie es dauert, sie zu lesen. »Diese artigen kleinen Bücher«, schreibt Menzel (1826: 303) in einer Rezension[7], »sollen ja nicht im Tempel der Unsterblichkeit, sie sollen nur auf dem Toilettentisch der Damen, nicht für die Ewigkeit, nur für ein Jahr, vielleicht nur für einen müßigen Morgen glänzen.« Dass Kategorien wie »Ruhm«, »Ewigkeit« und »Unsterblichkeit des Dichters« aus

---

6 Natürlich ist es heute grundsätzlich nicht schlecht angesehen, Trivialliteratur zu behandeln, spätestens, seitdem man in den 1960er und 1970er Jahren die Literaturgeschichte um die populären Lesestoffe erweitert hat. Dass der dominante Anteil der philologisch behandelten Literatur trotzdem nach wie vor die »hohe« Literatur ist, zeigt, wie wirkungsvoll der philologische Habitus ist.

7 Die Rezension ist nur mit »W.M.« unterschrieben. Wahrscheinlich handelt es sich beim Autor um Wolfgang Menzel, der seit 1825 Redakteur des Literatur-Blatts ist.

der literaturwissenschaftlichen Forschung so gut wie vollständig verdrängt sind (vgl. Schöttker 2000), kann auch als Hinweis darauf aufgefasst werden, dass die diskursiven Konstellationen, die die philologische Praxis ermöglichen, weitgehend unreflektiert geblieben sind.

Der Kanon ist seinerseits natürlich auch noch unüberschaubar – zumal man sich auch nie allein auf den Kanon beschränken darf. Im Gegensatz zum chaotischen Durcheinander bietet er aber eine Unüberschaubarkeit, mit der man umgehen kann. Er ist gleichsam das artifizielle Komplement zum Korpus der Altphilologen, und wird aufgrund ästhetischer Kategorien generiert. Das führt freilich dazu, dass der im Prinzip undefinierbare Literaturbegriff selbst zum Problem der Literaturtheorie wird (zu den Problemen der Germanistik, ihren eigenen Gegenstandsbereich zu definieren vgl. Werber 1997). Der Zugriff auf den Kanon wird durch den philologischen Habitus organisiert. Es entsteht eine spezifische philologische Virtuosität des Zugriffs auf den kanonisch eingehegten, aber immer unüberschaubaren Bestand des gespeicherten Wissens. Durch Abstraktion und Kontextualisierung erzeugt die Philologie immer wieder neue Narrative, die den Wust an Daten auf ein fassliches Maß kondensieren.

Um beispielsweise das Vorkommen bestimmter Motive zu untersuchen, ist eine buchstäblich enzyklopädische Bildung erforderlich. Wo soll man suchen? Wen fragen? Autoren wie Hans Blumenberg (nach Boeckhs Definition sicher ein Philologe) erwarben sich unter diesen Voraussetzungen den Ruf »wandelnder Lexika«, weil sie scheinbar jedes seit der griechischen Antike geschriebene Buch kannten, in dem ein bestimmtes Motiv vorkommt (zum Beispiel die Varianten der Geschichte von der thrakischen Magd, die Thales auslacht, weil er in den Brunnen gefallen ist). Unter der Oberfläche steckt im Regelfall eine jahrelange Recherche. Das Korrelat dieser spezifischen Zugriffskompetenz sind bestimmte Dispositionen. Sie schlagen sich unmittelbar in den Darstellungsformen thematologischer Studien nieder: Achim Hölter (2004/2005: 134f.) weist auf die disziplinäre Konvention hin, solche Recherchen nicht nachvollziehbar zu machen, indem weder angegeben wird, wo überall gesucht wurde, noch eine »Negativliste« derjenigen Texte gegeben wird, in denen sich das Gesuchte nicht findet. Der nächste Forscher, der sich für dasselbe Thema interessiert, muss, wenn er sich in der Quellenauswahl nicht auf seinen Vorgänger verlassen will, von vorn anfangen. Auch diese Praxis erklärt sich durch die enge Verknüpfung von Habitus und Forschung: Etwaige ›handwerkliche‹ Fehler könnten, wenn sie auffallen, immer als Charakterfehler interpretiert werden.

Insofern ist der fachspezifische Habitus nicht nur durch bestimmte Kompetenzen charakterisiert, sondern auch durch bestimmte Dispositionen, durch affektive Besonderheiten und Einstellungen, die aber ihrerseits für die disziplinäre Selbstbeschreibung nicht marginal sind. Eben diese fachspezifische Disposition verträgt sich schlecht mit der digitalen Volltextsuche im Internet. Ein Philologe liebt seine Bücher, nie würde er sie für Bits und Bytes, für eingescannte Seiten auf einem Display aufgeben. Die Volltextsuche setzt ihre Benutzer zumindest latent auch immer dem Verdacht aus, dass sie die Bücher, über die sie dann sprechen, vielleicht gar nicht gelesen haben. Es gehört aber zum Kern des philologischen Ehrgefühls, dass man prinzipiell alles gelesen hat. Weil das natürlich nicht möglich ist, gilt das unausgesprochene Verbot, die Bekanntheit der Primärliteratur zu erfragen. Man redet lieber gleich so, als würde natürlich jeder die Texte kennen, und als würde man eher aus reiner Lust am Sprechen das Wesentliche noch einmal kurz in Erinnerung rufen. Dies sind nicht zuletzt Strategien, die verhindern sollen, dass die eventuelle eigene Unvollkommenheit enttarnt wird. Das ist kein Täuschungsmanöver: Die Unüberschaubarkeit des Gegenstands führt ja dazu, dass man nie sicher sein kann, alles bedacht zu haben und nicht einmal weiß, was konkret man verbergen müsste. Wo es so unübersichtlich ist, drohen überall höchst peinliche Aufdeckungen.

Hinsichtlich des Zugangs zu gespeichertem Wissen gab es bis vor wenigen Jahren keine Alternative zur Philologie. Mit der digitalen Volltextsuche im Internet steht heute aber eine sehr effektive und sehr einfache Alternative zur Verfügung. Die philologischen Eigenheiten, die ihr natürlich fehlen – sie kontextualisiert nicht, kommentiert nicht, kritisiert nicht und erzählt auch nicht –, tragen womöglich zu ihrer Popularität noch bei. Insofern Philologie und Volltextsuche aber, zumindest in einer bestimmten Hinsicht, zwei verschiedene Strategien sind, mit demselben Problem umzugehen, sind sie funktional äquivalent. Dies legt nahe, dass die Philologie zunächst mit Ablehnung reagiert. Digitale Volltextsuche erscheint ihr als geistlose Praxis, die nichts mit der speziellen Bildung zu tun hat, durch die sie sich selbst charakterisiert sieht. Pierre Bourdieu (1982: 187f.) nennt diese Trägheit des Habitus, die dazu führt, dass ein einmal etablierter Habitus auch dann beibehalten wird, wenn die Umweltbedingungen sich fundamental geändert haben, den »Hysteresis-« oder auch »Don-Quichotte-Effekt«. Ein eindrückliches Zeugnis der Opposition von philologischem Habitus und neuen Medien hat kürzlich Roland Reuß (2012) vorgelegt. Seine beiden Hauptargumente sind die spezifische Rahmung des Textes, die nur im kodexförmigen Buch, nicht aber am Bildschirm erfahrbar sei, sowie der kommerzielle Kontext des Internets. Reuß selbst will sein Plädoyer nicht als konservativ verstanden wissen, weil es »Gesellschaft hin auf Geist« öffne (ebd.: 125) – die Frage, ob ein solcher Geistbegriff nicht seinerseits möglicherweise (etwa durch die geistesaristokratische Exklusion der ›Masse‹ erkauftes) Resultat von habituellen Konventionen ist, wird gar nicht gestellt.

Die Persistenz des philologischen Habitus zeigt sich vor allem in der unhinterfragten Selbstverständlichkeit, die bestimmte Grundbegriffe und Fragestellungen in der Philologie besitzen. Sie prägen auch noch diejenigen Ansätze, die dem Computer und den durch ihn ermöglichten Arbeitstechniken explizit offen gegenüberstehen und literaturwissenschaftlich adaptieren. Namentlich die seit den 1970er Jahren ausdifferenzierte »Computerphilologie«, die den Computer als philologisches Arbeitsinstrument versteht und nutzt, bleibt hinsichtlich des Designs ihrer Fragestellungen meist dem traditionellen Paradigma verpflichtet. Zwar gehört die Volltextsuche selbstverständlich zum Instrumentarium, auffällig ist aber, dass typisch bloß die bestehenden Korpora digitalisiert werden, die unverändert als Textgrundlage dienen. So wird der Nutzen der Volltextsuche meistens in einer ›besseren Zugänglichkeit‹ der Texte gesehen.

All dies gilt sicher nicht für die Philologie in ihrer ganzen Breite. Es gibt philologische Richtungen, die sich gerade durch die Abgrenzung gegen den traditionellen philologischen Habitus konturiert haben. Zu denken ist beispielsweise an strukturalistische Ansätze, deren Objektbereich weit mehr umfasst als nur literarische Texte. Oder überhaupt an Ansätze, die Texte oder bestimmte Textelemente als prinzipiell zählbare Entitäten verstehen und quasi naturwissenschaftlich behandeln. Ferner auch Ansätze, die sich nicht auf »Literatur« (im ästhetischen Sinne des Wortes) beschränken, sondern sich ganz allgemein für Texte und Medien zuständig sehen. Meist sind es solche und ähnliche Richtungen, die typisch den Fokus auf »Geist« ganz ablehnen. Auch sie haben wohl in den letzten Jahrzehnten ein Bürgerrecht in den Literaturwissenschaften erhalten. Dass dies indes nach wie vor nicht die dominanten Richtungen sind, zeigt sich schon an der Tatsache, dass sie sich, ebenfalls erst seit wenigen Jahrzehnten, etwa als Medien- oder Kulturwissenschaften von den Philologien auch institutionell ausdifferenziert haben. So sind die Akten zum legendären Habilitationsverfahren Friedrich Kittlers, der natürlich auch von Literaturwissenschaftlern gelesen wird, nun in der *Zeitschrift für Medienwissenschaft* erschienen (Kaiser et al. 2012).

Eine explizite Verteidigung des philologischen Habitus gegen ihm weniger verpflichtete Ansätze findet sich bereits 1907, interessanterweise ausgerechnet unter dem Titel »Vollständigkeit«, bei Robert M. Meyer. Meyer argumentiert gegen die methodologische Forderung nach Vollständigkeit, gegen die Auffassung also, dass statistische Analysen und nach Vollständigkeit strebende Aufzählungen hilfreich für die literaturwissenschaftliche Forschung seien. Meyer versucht nicht nur zu zeigen, dass echte Vollständigkeit in den Geisteswissenschaften unmöglich ist, sondern führt auch aus, dass sie geradezu schädlich wäre, und zwar sowohl für die Leser als auch für die Forscher selbst. Meyer bezieht sich unter anderem auf den Forscherhabitus, der so geschädigt werde: Es entwickle sich ein neuer Typus von Bibliographen, ein

> »Kollektaneenstolz und ein Zettelkastengeist, der in unerfreulicher Weise an den leersten Gelehrtendünkel des 17. Jahrhunderts erinnert. Die bloße Sammelwut tritt an Stelle des wissenschaftlichen Arbeitens; es bildet sich eine, ich möchte sagen, rein animalische Gier nach Vollständigkeit aus.« (Meyer 1907: 13)

Das Problem, das Meyer hierin sieht, besteht in der Unübersichtlichkeit und Unfruchtbarkeit des Gesammelten. Seine Einschätzung klingt wie heutige Apologien, wonach die Volltextsuche den Philologen niemals ersetzen könne, weil es auf Urteil ankomme, und nicht auf bloße Zusammenstellung:

> »Der Leser steht solchen unübersichtlichen Verzeichnissen gegenüber hilflos da, und nur die eine Arbeit, die des Zusammensuchens (deren Bedeutung wir freilich nicht unterschätzen wollen), nimmt ihm der ab, der ganz und gar sein Führer sein sollte.« (Ebd.: 11)

Die Bibliographen säßen dann »wie Harpagon auf ihrem Schatze« (ebd.: 14), den sie nicht zu verwenden wüssten. Verloren gehe dabei nämlich die philologische Urteilskraft, die Fähigkeit, Wichtiges und Unwichtiges zu erkennen. Meyers Verdikt eignet sich unverändert als Vorlage zu einer Polemik gegen Volltextsuche:

> »Die Vollständigkeit mechanisiert; sie stumpft das Auge ab für die Unterscheidung großer und kleiner Aufgaben, großer und kleiner Persönlichkeiten, großer und kleiner Fehler. Sie ist die billigste aller Methoden, weil sie diejenige ist, zu deren Anwendung am wenigsten Geist gehört.« (Ebd.)

Die Volltextsuche liefert auch dem Resultate, der überhaupt keinen Überblick hat, der nicht einmal weiß, dass es die Bücher und ihre Autoren gibt, in denen das Gesuchte steht. Natürlich ist es nicht mit dem Eingeben von Buchstabenketten getan. Onomasiologische Suchen, also Suchen nach sachlich Identischem, das aber mit anderen Ausdrücken bezeichnet wird, erfordern immer zumindest ein gewisses Maß an philologischer Bildung. Auch nützen natürlich die nackten Resultate wenig, wenn man nicht weiß, wie man sie interpretieren könnte. Trotzdem unterscheidet sich eine konsequente Operationalisierung von Volltextsuchen für literaturwissenschaftliche Fragen des beschriebenen Typs vom traditionellen Ansatz nicht nur quantitativ, sondern qualitativ. Neu im Vergleich zur »Vollständigkeit« Meyers ist, dass die Resultate sofort erscheinen und ihnen kein jahrelanger Prozess mühevollen Suchens vorangeht. Diese Kapazitäten können nun anders genutzt werden. Unstrittig dürfte sein, dass dadurch neue Fragestellungen realisiert werden können. Instruktiver ist die Frage, ob dadurch zugleich andere Fragen obsolet werden. Dies ergäbe sich, wenn man bestimmte Forschungsfragen als eine Art »Eigenwert« der Philologie ansieht, als Effekt der über lange Zeit relativ isolierten Praxis des philologischen Habitus: Zunächst sucht man, ausgehend von bestimmten Fragen, nach für ihre Beantwortung relevanten Stellen. Die nächste Forschergeneration wird mit den Studien sozialisiert und entwickelt ihre Fragen in Auseinandersetzung damit, so dass am Ende ein relativ eigensinniger, mehr von sich selbst als von den Gegenständen faszinierter Diskurs steht (vgl. dazu auch Bunia 2011: 153).

Die Möglichkeit von digitalen Volltextsuchen ermöglicht ein Nachdenken über den Sinn und Unsinn des Kanons unter ganz anderen Vorzeichen. Sie erzwingt es nicht; bleibt es aus, kann man auch einfach das Volltextsuchen sein lassen oder es einsetzen, um die alten Fragen schneller zu beantworten. Möglicherweise ergeben sich aber neue Perspektiven. Achim Hölter (2004/2005: 136f.) berichtet etwa von einer sich andeutenden Dekanonisierung und Egalisierung: Plötzlich, so Hölter, würden immer öfter marginale Texte kanonischer Autoren zitiert, Texte, die früher niemand kannte, die aber via Volltextsuche nun hervorkommen. Alles scheine nun »erst einmal in Frage« zu kommen. Hölters Beobachtung legt nahe, dass, sofern der immer auch über Werturteile konstituierte Kanon seine Verbindlichkeit weiter verliert, grundlegend andere Fragen gestellt werden können. Die Fokussierung der Philologie auf »Literatur« im ästhetischen

Sinne verliert durch die neue Zugänglichkeit der digitalen Texte schlagartig ihre noch vor kurzem so evident scheinende Plausibilität.

Beispiele für Fragen, die mittels Volltextsuchen beantwortet werden können, gibt der Soziologe Jean-Baptiste Michel (2011), der ein großes Textkorpus auf bestimmte Zeichenketten hin durchsucht hat (beispielsweise auf bestimmte Personennamen) und daraus Rückschlüsse auf verschiedene strukturelle Phänomene zieht. Unter anderem fragt Michel nach dem zeitlichen Verlauf des Ruhms von Personen und dessen Variabilität in den letzten 200 Jahren.[8] Solche Fragen kommen durchaus in die Nähe literaturwissenschaftlicher Fragestellungen, auch wenn sie, wie schon erwähnt, in den Literaturwissenschaften selten gestellt werden. Dabei ist allerdings zu bemerken, dass die literaturwissenschaftliche Forschung sich zu diesen Fragen verhält wie eine Beobachtung zweiter Ordnung zu einer Beobachtung erster Ordnung: Die Tätigkeit der im weitesten Sinne kulturwissenschaftlichen Textproduktion – es handelt sich bei dem untersuchten Korpus ja um gedruckte Bücher und wissenschaftliche Zeitschriften – wird dann nämlich ihrerseits zum Forschungsgegenstand. Anstatt selbst erster Ordnung neue Erkenntnisse zu einem bestimmten Thema zu generieren, wird so die Wissensproduktion zu diesem Thema erforscht – das kommt Boeckhs Definition der Philologie relativ nahe.

Die vorangegangenen Überlegungen haben die Entwicklung des philologischen Habitus als Reaktion auf ein bestimmtes Bezugsproblem interpretiert, nämlich auf die Unüberschaubarkeit des gespeicherten Wissens. Diese Erfordernisse haben bereits zur Zeit der Ausdifferenzierung der Disziplin im ausgehenden 18. Jahrhundert in Form pädagogischer Programme zu einer philologischen Methodologie geführt, die in ihrem Kern noch das ganze 20. Jahrhundert plausibel geblieben ist: Demnach ist es allein der Habitus des Philologen, der die Richtigkeit der Ergebnisse garantieren kann. Der ›natürliche‹ Kanon der Altphilologen Wolf und Boeckh wurde sanft durch einen ästhetischen Kanon ersetzt, weil ohne Kanon selbst ein Philologe seine Bücher nicht überschauen kann. Wenn diese Leitthese zutrifft, und philologischer Habitus und digitale Volltextsuche funktional äquivalent sind, dann ergibt sich aus den veränderten technischen Bedingungen der Kommunikation und der Speicherung von Wissen auch die Möglichkeit einer neuen Funktionsbestimmung der Philologie.

8 Man ist beispielsweise, so Michel, heute berühmter als früher, dieser Ruhm hält aber nicht mehr so lange an (vgl. ebd.: 180).

Eine solche Entwicklung ist für die Philologie mit besonderen Schwierigkeiten belastet. Weil die Volltextsuche auf eben jenes Problem reagiert, an dessen Umgang die Philologie ihr disziplinäres Selbstverständnis entwickelt hat, stößt sie zunächst auf Ablehnung. Um sie produktiv einzusetzen, wäre eine Modifikation des philologischen Habitus erforderlich, und diese Modifikation wird, aus den ausgeführten Gründen, auch mit methodologischen und programmatischen Umbauten einhergehen müssen. Strenggenommen bräuchte die Philologie sich aber nicht einmal neu zu erfinden – sie könnte nun auch ohne jeden Kanon und ohne die Geissel des stets normativen Literaturbegriffs tun, was sie immer schon tun wollte: das »Erkannte« aller Menschen (nicht nur der Dichter) zu allen Zeiten (nicht nur der Antike) mit ganz neuen Mitteln erforschen.

Literatur

Boeckh, August (1877), *Encyklopädie und Methodenlehre der philologischen Wissenschaften*, hg. von Ernst Bratuscheck, Leipzig.

Bourdieu, Pierre (1982), *Die feinen Unterschiede. Kritik der gesellschaftlichen Urteilskraft*, übers. von Bernd Schwibs und Achim Russer, Frankfurt a.M.

Bourdieu, Pierre (1987), *Sozialer Sinn. Kritik der theoretischen Vernunft*, übers. von Günter Seib, Frankfurt a.M.

Bunia, Remigius (2011), »Das Handwerk in der Theoriebildung. Zu Hermeneutik und Philologie«, in: *Journal of Literary Theory*, Jg. 5, H. 2, S. 149–162.

Danneberg, Lutz (2007), »Dissens, ad-personam-Invektiven und wissenschaftliches Ethos in der Philologie des 19. Jahrhunderts: Wilamowitz-Moellendorff contra Nietzsche«, in: Ralf Klausnitzer; Carlos Spoerhase (Hg.), *Kontroversen in der Literaturtheorie/Literaturtheorie in der Kontroverse* (= Publikationen zur Zeitschrift für Germanistik, N.F. Bd. 19), Bern, S. 93–148.

Dilthey, Wilhelm (1974), »Die Entstehung der Hermeneutik«, in: ders., *Gesammelte Schriften*, Bd. 5, Stuttgart, S. 317–338.

Grafton, Anthony (1986), »›Man muß aus der Gegenwart heraufsteigen‹: History, Tradition, and Traditions of Historical Thought in F. A. Wolf«, in: Hans Erich Bödeker; Georg G. Iggers; Jonathan B. Knudsen; Peter H. Reill (Hg.), *Aufklärung und Geschichte. Studien zur deutschen Geschichtswissenschaft im 18. Jahrhundert* (= Veröffentlichungen des Max-Planck-Instituts für Geschichte, Bd. 81), Göttingen, S. 416–429.

Hölter, Achim (2004/2005), »Volltextsuche«, in: *Komparatistik. Jahrbuch der Deutschen Gesellschaft für Allgemeine und Vergleichende Literaturwissenschaft*, S. 131–137.

Kaiser, Gerhard; Neumann, Gerhard; Gauger, Hans-Martin; Schneider, Manfred; Schramm, Gottfried; Pütz, Peter; Marten, Rainer; Frank, Manfred; Mauser, Wolfram; Kittler, Friedrich (2012), »Aufschreibesysteme 1980/2010. In memoriam Friedrich Kittler (1943–2011)«, in: *Zeitschrift für Medienwissenschaft 6*, S. 114–192.

Martus, Steffen (2007), *Werkpolitik. Zur Literaturgeschichte kritischer Kommunikation vom 17. bis ins 20. Jahrhundert mit Studien zu Klopstock, Tieck, Goethe und George* (= Historia Hermeneutica. Series Studia, Bd. 3), Berlin/New York.

Menzel, Wolfgang [anonym erschienen] (1826), »Taschenbücher auf 1827 [Rezension]«, in: *Literatur-Blatt [zu Cottas Morgenblatt für gebildete Stände]*, Nr. 76, 22. September 1826, S. 303.

Menzel, Wolfgang (1828), *Die deutsche Literatur, erster Theil*, Stuttgart.

Meyer, Richard Moritz (1907), »Vollständigkeit. Eine methodologische Skizze«, in: *Euphorion* 14, S. 1–17.

Michel, Jean-Baptiste; Shen, Yuan Kui; Presser Aiden, Aviva; Veres, Adrian; Gray, Matthew K.; The Google Books Team, Pickett, Joseph P.; Hoiberg, Dale; Clancy, Dan; Norvig, Peter; Orwant, Jon; Pinker, Steven; Nowak, Martin A.; Lieberman Aiden, Erez (2011), »Quantitative Analysis of Culture Using Millions of Digitized Books«, in: *Science* 331, S. 176–182.

Reuß, Roland (2012), *Ende der Hypnose. Vom Netz und zum Buch*, Frankfurt a.M./Basel.

Schöttker, Detlev (2000), »Ruhm und Rezeption. Unsterblichkeit als Voraussetzung der Literaturwissenschaft«, in: Jörg Schönert (Hg.), *Literaturwissenschaft und Wissenschaftsforschung. DFG-Symposion 1998* (= Germanistische Symposien, Bd. 21), Stuttgart/Weimar, S. 472–487.

Werber, Niels (1997), »Es gibt keine Literatur – ohne Literaturwissenschaft«, in: Anne Bentfeld; Walter Delabar (Hg.), *Perspektiven der Germanistik. Neueste Ansichten zu einem alten Problem*, Opladen, S. 176–194.

Wittmann, Reinhard (1982), *Buchmarkt und Lektüre im 18. und 19. Jahrhundert. Beiträge zum literarischen Leben 1750–1880* (= Studien und Texte zur Sozialgeschichte der Literatur, Bd. 6), Tübingen.

Wolf, Friedrich August (1831), *Vorlesungen über die Encyclopädie der Alterthumswissenschaft*, hg. von J. D. Gürtler (= Fr. Aug. Wolf's Vorlesungen über die Alterthumswissenschaft, Bd. 1), Leipzig.

Internetquellen

Google Books, http://books.google.de, 8.7.2013.

Google Ngram Viewer, http://books.google.com/ngrams, 8.7.2013.

II. Erzählen – faktual und fiktional

Vom Printroman zur »living novel«: Fiktionales Erzählen im Internet am Beispiel des Browsergames *TwinKomplex*

Alexander Scherr

1. Einleitung: Die »living novel« im Cyberspace

Dass das Internet einen signifikanten Einfluss auf das Erzählen als Kulturtechnik genommen und »eine bemerkenswerte Bandbreite neuer Erscheinungsformen und Genres hervorgebracht« hat (Nünning/Rupp 2012: 3), dürfte bei einer genaueren Betrachtung von jüngeren Kommunikations- und Medienformen wie Blogs, sozialen Netzwerken, Twitter, Webserien oder virtuellen Mehrspielerwelten recht schnell deutlich werden.[1] Wenngleich Fragen bezüglich der Narrativität dieser unterschiedlichen Erscheinungsformen jeweils im konkreten Einzelfall genauer auszudifferenzieren (und ebenso zu problematisieren) wären, kann die Medienumgebung Internet im Allgemeinen durch solche Begriffe wie Hypertextualität, Interaktivität und Multimodalität charakterisiert werden.[2] Diesen Merkmalen ist es auch geschuldet, dass narratologische Arbeiten, die sich einzelnen Ausprägungen des Erzählens im World Wide Web zuwenden, der Frage Rechnung tragen müssen, »inwiefern sich die Bedingungen des Erzählens durch medienspezifische Darstellungsverfahren gewandelt haben« (Seibel 2002: 217). Im Rahmen dieser übergeordneten Fragestellung, welche die Notwendigkeit einer ›Cyberage‹-Narratologie erkennen lässt (siehe Ryan 1999a; Seibel 2002), treten nicht zuletzt Aspekte hinsichtlich möglicher Transformationen traditioneller Gattungen im Zuge ihrer Digitalisierung in den Vordergrund, so dass man mit Giltrow/Stein (2009: 8) fragen kann: »How are Internet genres different from written and spoken genres?«

Die hier aufgeworfene Frage scheint sich im Fall des Browsergames *TwinKomplex*,[3] das seit November 2011 online spielbar ist, nahezu aufzu-

---

1 Siehe hierzu die verschiedenen Beiträge in Nünning et. al. (2012).

2 Zu den Spezifika des Internets als ›Aufschreibesystem‹ siehe auch Giltrow/Stein (2009: 8–14), Nünning et. al. (2012: 17–22) sowie Abschnitt 2 dieses Beitrags.

3 Vgl. www.twinkomplex.com, 8.7.2013.

drängen, wird das Spiel doch auf der Website der Entwicklerfirma Ludic Philosophy auch als »living novel« bezeichnet – ein Begriff, der für sich genommen bereits eine innovative Transformation einer traditionellen literarischen Gattung nahelegt.[4] Grob skizziert kann *TwinKomplex* als Mischung aus *social game* und interaktiver Kriminalerzählung verstanden werden: Der Spieler wird zu einem Agenten einer in Berlin ansässigen Geheimagentur (der Decentral Intelligence Agency beziehungsweise DIA), für die er im Verbund mit drei weiteren Mitspielern, welche er nur über ihre fiktionalen Agentenprofile kennt, an der Rekonstruktion verschiedener Kriminalfälle und der ihnen zugrunde liegenden Geschichten arbeitet. Um für die DIA als Agent arbeiten und Teil eines Ermittlerteams werden zu können, muss der Spieler sich zunächst einem Psychotest unterziehen, auf dessen Grundlage eine Zuordnung zu einem passenden Team durch die DIA erfolgt. Die Aufdeckung der Fälle, die eine Zielsetzung des Spiels darstellt, kann effektiv nur durch die Zusammenarbeit der Teammitglieder geleistet werden. Den Grundregeln einer Geheimagentur entsprechend fällt dabei allerdings die Informationsvergabe durch die DIA äußerst fragmentarisch aus, wodurch sich die narrative Leistung der Sinnerschließung im Idealfall auf mehrere Schultern verteilt. Wie noch zu erläutern sein wird, macht *TwinKomplex* insbesondere die konstante Verwischung der Grenzen von Fiktion und Realität zu einem Grundprinzip und thematisiert diese immer wieder selbstreflexiv.

Von dem Begriff der »living novel« ausgehend möchte der vorliegende Beitrag anhand einer genaueren Auseinandersetzung mit *TwinKomplex* zu einer Erörterung der folgenden Problemstellungen, die durch das Spielprinzip aufgeworfen werden, gelangen: Zunächst stellt sich in Anknüpfung an die vorangehenden Überlegungen die Frage, inwiefern das Internet als besonderes »communication setting« (Giltrow/Stein 2009: 9) die Entste-

---

4 Vgl. die Beschreibung des Spiels auf www.ludicphilosophy.com/de/game (28.02.2013): »TwinKomplex ist ein Spiel, das zwischen Fiktion und Realität hin und her springt wie ein Pingpongball. Eine living novel, eine Geschichte, wie das Leben sie spielt. Die Story beginnt in den vierziger Jahren des vorigen Jahrhunderts und verliert sich in einer digitalen Zeit, die man Gegenwart nennen könnte. In Berlin angesiedelt, am Flughafen Tempelhof situiert, spielt sie überall und nirgends. […] Auch wenn es nach großem Kino aussieht, läuft hier kein Film ab. Und weil Musik, Theater, Kino, Literatur, Suspense, Erbauung, Welterschließung und Geschichte hier zugleich ihren Ort haben, stellt die sich entfaltende living novel so etwas wie ein Gesamtkunstwerk dar: Sinnstiftungs- und Paranoia-Maschine, ein Spiel mit der Realität, ein Tauchgang in die Tiefenwelt der Gefühle, ein Abenteuer für moderne Zeitgenossen – das ist TwinKomplex.«

hung einer »living novel« ermöglicht – von welchen spezifischen Voraussetzungen des Mediums *TwinKomplex* also Gebrauch macht, um die durch das Adjektiv suggerierte ›lebendige‹ oder ›dynamische‹ Form des Erzählens zu generieren, und worin sich diese Art des Erzählens von traditionellen Formen des Printromans unterscheidet. In diesem Kontext spielen Aspekte der Vereinbarkeit von Narrativität und Interaktivität, die in den *Game Studies* im Rahmen der ›Ludology vs. Narratology‹-Debatte (oftmals kontrovers) diskutiert worden sind, eine Rolle. Mit Neitzel (2012: 114) wird im Folgenden allerdings davon ausgegangen, dass »Computerspiele [...] sowohl narrative als auch ludische Formen implementieren [können]«, was die obige Kurzzusammenfassung des Spiels zumindest ansatzweise bereits deutlich gemacht haben mag.[5]

Aufgrund der Tatsache, dass der Roman als Gattung für eine *fiktionale* Art des Erzählens steht, die – zumal in ihrer realistischen Tradition – auf die Entstehung einer ästhetischen Illusion beim Rezipienten abzielt (siehe Barthes 1968; Gerrig 1993; Wolf 1993, 2011; Zerweck 2001), soll ein besonderes Augenmerk der folgenden Überlegungen des Weiteren auf die besonderen Strategien der Illusionsbildung in *TwinKomplex* gelegt werden. Mit Wolf (2011: Abs. 2) kann dieses wirkungsästhetische Ziel dabei in einer ersten Annäherung wie folgt definiert werden:

> »Aesthetic illusion consists primarily of a feeling, with variable intensity, of being imaginatively and emotionally immersed in a represented world and of experiencing this world in a way similar (but not identical) to real life. At the same time, however, this impression of immersion is counterbalanced by a latent rational distance resulting from a culturally acquired awareness of the difference between representation and reality.«

Wesentlich für das Zustandekommen einer Illusion beim Rezipienten – im besten Fall sogar einer weitgehenden Immersion desselben in die fiktionale Welt (siehe dazu Ryan 1999b: 14ff.; 2001: 89–114) – ist somit der Eindruck einer Wirklichkeitsnähe oder Lebensechtheit, die nach Wolf dadurch erreicht wird, dass Rezipienten das fiktionale Geschehen in einer Weise

5 Auf diesen Punkt wird in Abschnitt 2 noch einmal eingegangen. Als Überblicksdarstellungen zur ›Ludology vs. Narratology‹-Debatte siehe Jenkins (2005) und Neitzel (2012). Zwei prominente Positionen im Kontext dieser Debatte stellen Murray ([1997] 2001) und Juul (2001) dar.

wahrnehmen, die im Wesentlichen mit lebensweltlichen Wahrnehmungsakten konvergent ist.[6]

Tatsächlich drängt sich *TwinKomplex* Medien-, Film- und Literaturwissenschaftlern geradezu auf, im Spannungsfeld von Fiktionalität und Realität betrachtet zu werden: Schon auf der Startseite des Spiels durchlaufen codeartige Selbstbeschreibungen den Screen, in denen punktuell immer wieder auch die Phrasen »not a game«, »not a book« und »not a film« auftauchen.[7] Es wird hierdurch auf eine der zentralen Grundabsichten von *TwinKomplex* verwiesen, mediale Grenzen hinsichtlich der Vermittlung der *storyworld* zu überschreiten und sich nicht innerhalb der Grenzen eines Einzelmediums als künstliches Artefakt verorten zu lassen. In der Tat bildet der Versuch von Erzählkunst, ihre eigene Fiktionalität (und damit auch ihre Medialität) zu verschleiern, ein Grundprinzip hinsichtlich des Zustandekommens einer ästhetischen Illusion, das auch unter dem Namen des *celare artem* bekannt ist. Demnach weisen Illusionstexte als ein prominentes Merkmal »[a] tendency to disregard the fact that perception is limited owing to its inevitable mediacy« (Wolf 2011: Abs. 31) auf. Gerade die Beschreibung »not a game« erweckt dabei Assoziationen an eine bestimmte Gruppe von *social games*, den sogenannten *alternate reality games* (kurz auch nur ARGs), für die sich in den vergangenen Jahren der Begriff der *This-is-not-a-game*-Ästhetik verbreitet hat (siehe Szulborski 2005; Meifert-Menhard 2012). Hinsichtlich ihres wirkungsästhetischen Hauptziels lassen sich ARGs mit Szulborski (2005: 31) dabei wie folgt charakterisieren: »[T]he goal is not to immerse the player in the artificial world of the game; in-

6 Zwar könnten die Konzepte der ›ästhetischen Illusion‹ und der ›Immersion‹ noch genauer ausdifferenziert und stärker voneinander abgegrenzt werden, wobei ein wesentlicher Unterschied zwischen ihnen darin zu bestehen scheint, dass der Illusionsbegriff von Wolf und anderen vor allem im Zusammenhang mit Erzähltexten – allen voran dem Roman – entwickelt worden ist, während die Ursprünge des Immersionsbegriffs eher »in theoretical contexts related to multimedia environments, computer games, and other implementations of virtual reality« (Schaeffer/Vultur 2005: 239) liegen. In diesem Zusammenhang spielen auch Aspekte einer in beiden Fällen jeweils unterschiedlich ausgeprägten Interaktivität seitens des Rezipienten eine Rolle, auf die in Abschnitt 2 noch einmal näher eingegangen wird. Grundsätzlich wird jedoch im Folgenden davon ausgegangen, dass die Schnittmenge der Gemeinsamkeiten zwischen den beiden Begriffen deutlich größer ist als die Unterschiede, so dass die weitere Argumentation nicht trennscharf zwischen den Konzepten unterscheidet.

7 Auch ein Trailer der Entwicklerfirma auf YouTube (»TwinKomplex: This is not…«) bewirbt das Spiel, indem ein Zauberwürfel gezeigt wird, in den abwechselnd die drei genannten Begriffe hineingedreht werden (siehe Burckhardt 2011).

stead, a successful game immerses the world of the game into the everyday existence and life of the player. [...] In a strange but very real way, the ARG creator is trying, not to create an alternate reality, but to change the player's existing world into the alternate reality.«

Wenngleich *TwinKomplex* selbst sich in einigen Punkten von den von Szulborski und Meifert-Menhard diskutierten ARGs unterscheidet, wird doch noch etwas genauer zu überprüfen sein, inwieweit das Spiel bestimmte Narrationsräume eröffnet, die Rezipienten eine eindeutige Unterscheidung zwischen Fiktivem und Realem insofern bewusst erschweren, als Teile der Lebenswelt der Spieler (als alltägliche Internet-User) immer wieder in die Spielwelt integriert werden. Bevor auf diese Aspekte in Abschnitt 3 in Form einer genaueren Auseinandersetzung mit dem Spielprinzip von *TwinKomplex* zurückzukommen sein wird, seien zunächst einige Vorüberlegungen zu den medialen Rahmenbedingungen des fiktionalen Erzählens im Internet vorangestellt. In Abschnitt 2 sollen daher anhand der Begriffe Hypertextualität, Interaktivität und Multimodalität zunächst einige wichtige Merkmale diskutiert werden, die prägend für die besondere Medienumgebung des Internets sind. Diese Merkmale werden dann zu Ende des folgenden Abschnitts vor dem Hintergrund ihrer Kompatibilität mit dem Modus des Narrativen betrachtet, wobei insbesondere Fragen zur Vereinbarkeit von Interaktivität und Narrativität noch einmal stärkere Aufmerksamkeit geschenkt werden soll.

2. Hypertextualität, Interaktivität und Multimodalität – Narratologische Vorüberlegungen zum fiktionalen Erzählen im Internet

Wie auch andere Beiträge in diesem Sammelband belegen, ist die Hypertextualität des Internets – also vereinfacht gesagt die Struktur der Vernetzung eines Textes mit anderen Texten in Form von elektronischen Verlinkungen oder Hyperlinks – ein für die Kulturtechniken des Schreibens, Lesens und Erzählens in ihren digitalen Daseinsformen bestimmendes Charakteristikum. Obgleich eine genauere Vorstellung von Hypertextualitätstheorien den Rahmen dieses Beitrags bei Weitem sprengen würde,[8] sei doch zumin-

8 Zum Überblick siehe Scheiding (2008).

dest auf die enge Verbindung von Hypertextualität (als textueller Eigenschaft) und Interaktivität (als Effekt dieser Texteigenschaft im Hinblick auf den Rezeptionsprozess) hingewiesen. So bemerkt Ryan (2001: 5f.): »Whereas the reader of a standard print text constructs personalized interpretations out of an invariant semiotic base, the reader of an interactive text [...] participates in the construction of the text as a visible display of signs.« Die Idee der Interaktivität zielt somit vor allem auf das Ideal einer Privilegierung des Rezipienten im Prozess des Lesens ab, weshalb der Hypertext von frühen Vertretern wie George Landow, Jay David Bolter, Michael Joyce oder Stuart Moulthorp oftmals als Verwirklichung einer postmodernen Ästhetik begriffen worden ist (siehe ebd.). Hypertextualität und Interaktivität lassen sich daher auch unmittelbar mit Roland Barthes' Konzept eines »schreibbaren« Textes in Verbindung bringen, der es ermöglicht, »aus dem Leser nicht mehr einen Konsumenten, sondern einen Textproduzenten zu machen« (Barthes 1976 [1970]: 8).[9] Ähnlich versteht Espen Aarseth das von ihm geprägte und vielbeachtete Konzept der »ergodischen Literatur«, zu der dezidiert auch (fiktionale) Hypertexte zu zählen sind, als eine Art von Literatur »in which nontrivial effort is required to allow the reader to traverse the text« (Aarseth 1997: 1). Es lässt sich also festhalten, dass Hypertexte sich infolge ihrer netzartigen Struktur durch Nicht-Linearität auszeichnen, da jeder einzelne Spiel- oder Rezeptionsprozess eine unterschiedliche Realisierung des Textes erzeugt, zu deren Hervorbringung der Rezipient einen wesentlichen Beitrag leistet.[10] Das Erzählen als Kulturtechnik hat damit in Hypertexten grundsätzlich einen »emergenten Status« (Meifert-Menhard 2012: 235).

Im Hinblick auf eine Förderung von Prozessen der ästhetischen Illusionsbildung oder der Immersion eines Rezipienten in fiktionale Welten stellt das Phänomen der Hypertextualität in seiner Verbindung zur Interak-

---

9 Der »schreibbare« wird von Barthes vom »lesbaren« Text abgegrenzt. Unter letzterem versteht er einen traditionellen, linearen und in sich geschlossenen Text, der im Endeffekt einen passiven Lektüreprozess fördert. Mit Blick auf den Rezipienten lesbarer Texte schreibt Barthes ([1970] 1976: 8) dementsprechend: »Ein solcher Leser ist in einem Nichtstun versunken, in einer Undurchdringbarkeit, kurz, in einer Art Seriosität: anstatt selber zu spielen und den Zauber des Signifikanten, die Wollust des Schreibens ganz wahrzunehmen, bleibt ihm als Anteil nur die armselige Freiheit, den Text entweder anzunehmen oder ihn zu verwerfen.«

10 Die Frage, inwieweit die aktive Beteiligung des Lesers in der Sinnerzeugung eines Textes zugleich mit einer ›Entmachtung‹ des Autors einhergeht, wie sie von Barthes an anderer Stelle ([1968] 1977) vertreten wird, muss an dieser Stelle ausgespart werden.

tivität nun durchaus ein zweischneidiges Schwert dar.[11] Diese Ambiguität hängt vor allem mit der Frage zusammen, wie ›Interaktivität‹ im Verhältnis zu ›Immersion‹ definiert wird und im Kontext welcher Medien die beiden Phänomene diskutiert werden. Einerseits nämlich haben frühe Befürworter hypertextueller Textformen, ganz im Sinne postmoderner Grundprinzipien und in Anlehnung an die vom Poststrukturalismus geprägten Literaturtheorien, das Ideal einer kritischen Selbstreflexivität, das den Rezipienten in eine Distanz zum Text treten lässt, proklamiert, was im gleichen Zug notwendigerweise zu einer notorischen Skepsis gegenüber jeglichen Arten der Illusionsbildung beziehungsweise Immersion führt (siehe Ryan 2001: 6ff.). Von diesem postmodernistischen Blickwinkel aus betrachtet liegt ein normativer Haupteinwand gegen Ästhetiken der Immersion also vor allem in »the alleged incompatibility of the experience with the exercise of critical faculties« (ebd.: 10), wie sie von der französischen Literaturtheorie à la Barthes, Foucault, Derrida oder Kristeva etwa im Zusammenhang mit den dekonstruktivistischen Lektürepraktiken des ›Gegen-den-Strich-Lesens‹ gefordert wurde. Wird Interaktivität also im Sinne einer ›kritischen Interaktion‹ mit (vornehmlich literarischen) Texten begriffen, die insofern politisch motiviert ist, als sie sich einem Rückfall in eine »totalizing interpretation« (ebd.: 7) bewusst verwehren möchte, so hat dies zur Folge, dass der Rezipient in eine Distanz zum Text tritt, die damit auch das Entstehen einer Illusion verhindert (beziehungsweise verhindern *soll*). Der Hypertext als Form wird postmodernistischen Poetiken gemäß damit zur Metapher »for a Lyotardian ›postmodern condition‹ in which grand narratives have been replaced by ›little stories,‹ or perhaps by no stories at all – just by a discourse reveling in the Derridean performance of an endless deferral of signification« (ebd.).

Andererseits jedoch kann insbesondere in der interaktiven Mitgestaltung an einem Text durch den Rezipienten auch ein Moment gesehen werden, das eine stark immersive Wirkung entfalten kann, wie Ryan (1999b: 111) erläutert: »To apprehend a world as *real* is to feel surrounded by it, to be able to interact physically with it, and to have the power to modify this environment.« Eine solche Form der Interaktivität, die mit Prozessen der Illusionsbildung nicht nur kompatibel ist, sondern die Immersion des Rezipienten in die Text- oder Spielwelt sogar fördert, scheint jedoch weniger im Fall klassischer literarischer Erzähltexte möglich zu sein, sondern wird

11 Siehe dazu die Arbeiten von Ryan (1999b; 2001), auf die sich auch die folgenden Ausführungen stützen.

von Ryan (ebd.: 131) vor allem im Kontext computergenerierter virtueller Welten diskutiert: »In computer-generated VR [= virtual reality; A.S.] [...] immersion and interactivity do not stand in conflict – or at least not necessarily.« Mit Blick auf das Internet als spezifische Medienumgebung sind dabei gegenüber früheren postmodernen Spielarten des literarischen Hypertexts, die häufig experimentelle Formexperimente mit (Verbal-)Sprache und Plotstrukturen darstellten, ergänzend noch zwei weitere Aspekte zu beachten, die das Internet zu einem Medium machen, das potentiell interaktiv sein *und* immersiv wirken kann: Hierbei ist zum einen an die ›Multimodalität‹ des World Wide Web als eine Medienumgebung zu denken, die nicht bloß Verbalsprache darstellt, sondern in der ebenso visuelle, auditive und audio-visuelle Inhalte repräsentiert werden können, und die darüber hinaus eine ganze Reihe neuer Kommunikationsmodi (von E-Mail, Chatrooms und Blogs über die sozialen Netzwerke und Twitter bis hin zu *TeamSpeak*-Funktionen im Bereich des Online-Gaming, usw.) etabliert hat.[12] Insofern stellen Interaktivität und Immersion im Kontext computergenerierter (Online-)Welten auch keinen Widerspruch dar, denn »once a virtual world is in place as a multisensory display, its immersivity can only be enhanced by interactivity« (ebd.). Zweitens zeigen die genannten Beispiele, dass das Internet als Medium inzwischen einen weitgehend konventionalisierten Status hat, da es längst zu einem Teil unserer Lebenswirklichkeit geworden ist. In diesem Sinne naturalisieren Internet-User nicht nur neue Kommunikationsformen wie die oben genannten äußerst rasch; sie pflegen auch einen alltäglichen Umgang mit der Struktur des Hypertexts.

Bevor auf die hier angeführten Aspekte im folgenden Abschnitt noch einmal zurückzukommen sein wird, muss an dieser Stelle im Zusammenhang mit der im Fokus stehenden Kulturtechnik des Erzählens noch einmal auf den Punkt der Vereinbarkeit von Narrativität und Interaktivität eingegangen werden, bei dem es sich, wie bereits in Abschnitt 1 angedeutet, um eine »nicht ganz unumstrittene Frage« (Seibel 2002: 221) handelt. Ein Hauptgrund für diesen Streitpunkt kann dabei in der Tatsache gesehen werden, dass die für den Hypertext charakteristische Nicht-Linearität jene Geschlossenheit infrage stellt, die ein wesentliches strukturelles Merkmal des traditionellen realistischen Romans ist. Anstatt jedoch gleich von einer prinzipiellen Inkompatibilität des Narrativen mit dem Ludischen oder In-

12 Zum Begriff der ›Multimodalität‹ siehe Kress/Van Leeuwen (2001) und Hallet (2008).

teraktiven auszugehen, scheint es wesentlich produktiver, Möglichkeiten einer dynamischen Wechselbeziehung in den Blick zu nehmen. Dies wird plausibel von Seibel (ebd.) begründet:

> Im Hinblick auf Interaktivität gilt es [...], die Frage zu klären, wie Texte dem Leser zugleich Interaktionsmöglichkeiten bieten können, dennoch aber aufgrund ihrer textuellen Signale das Schema des Narrativen als schematische Superstruktur [...] aktivieren. Dabei ist davon auszugehen, daß immer ein Teil des Textes Signale beinhaltet, die Narrativität als Naturalisierungsstrategie hervorrufen, während andere Textelemente durch die Interaktion seitens des Rezipienten beeinflußt werden können.

Ein solches ›schematheoretisches Erzählkonzept‹, wie es hier von Seibel unter Bezugnahme auf Wolf (2002) vorgestellt wird, versucht also wesentlich, solche Signale in einem Text (beziehungsweise Spiel) ausfindig zu machen, die beim Rezipienten kognitive Prozesse der narrativen Sinnstiftung als ›Naturalisierungsstrategien‹ in Gang setzen können. Anders ausgedrückt erhält also die Frage nach »narrationsindizierenden Strategien« (Seibel 2002: 222) in einem interaktiven Text zentrale Geltung.

Ein dynamisches und unmittelbar an die vorigen Überlegungen anschließbares Modell zur Bestimmung des Wechselverhältnisses von Interaktivität und Narrativität in einem konkreten Text bietet das von Meifert-Menhard (2012: 231–235) vorgelegte »Analysemodell zur narratologischen Erfassung interaktiver Erzählmodi«, das neben den von der Verfasserin ins Auge genommenen ARGs auch auf andere Formen digitaler Hypertexte anwendbar ist. Das Modell, das an dieser Stelle nur in aller Kürze referiert werden kann, geht von drei Komponenten des Erzählens in interaktiven Narrativen/Spielwelten aus, die von Meifert-Menhard als ›Skript‹, ›Durchlauf‹ und ›Protokoll‹ bezeichnet werden. Das Verhältnis dieser drei Komponenten ist dabei wie folgt zu denken: »Spieler [...] wenden in ihrer dynamischen Spiel-*performance* (= Durchlauf) [...] eine Reihe von gegebenen Parametern (= Skript) an, aus denen sich die einzigartige und unvorhersehbare *storyline* als Abstraktion der Spieleraktivität ergibt (= Protokoll).« (Ebd.: 231) Während also das Skript »sich vor allem durch seine dynamische Formbarkeit im Laufe des interaktiven Prozesses aus[zeichnet]« und als »veränderbares, dynamisches System« (ebd.: 232) zu verstehen ist, ist der Durchlauf als konkrete, performative Realisierung dieser abstrakten Möglichkeiten infolge der Spielaktivität zu begreifen und stellt somit »*eine* erzählerische Möglichkeit unter vielen, *eine* Variante der narrativen Gestaltung« (ebd.) dar.[13] Das Protokoll schließlich erfüllt insofern dezidiert erzählerische Funktionen, als es »als narrative ›Spur‹ der Spieleraktivität« (ebd.) zurückbleibt. Gerade die Suche nach möglichen Protokollfunktionen in einem Spiel – damit zusammenhängend auch die Frage, von welchen Instanzen diese geleistet werden (auf textueller und/oder Rezeptionsebene) – scheint daher aufschlussreiche Erkenntnisse bezüglich der Frage nach den von Seibel erwogenen ›narrationsindizierenden Strategien‹ zu versprechen.

Die Annahme, dass es in *TwinKomplex* sowohl interaktive, ludische Elemente einerseits und eine Aktivierung narrativer Schemata andererseits sind, welche die Immersion des Spielers in die fiktionale Welt fördern können, erscheint konsequent, wenn man das Spiel, wie oben beschrieben, als Mischung aus *social game* und interaktivem Krimi begreift. Legt man in diesem Zusammenhang ein kognitives Verständnis von ›Genre‹ zugrunde (siehe Hallet 2007), so kann für die Gattungskomponente der detektivischen Erzählung schon deswegen eine narrationsindizierende Wirkung angenommen werden, da alleine das Prinzip detektivischer Ermittlung bereits eine dem jeweiligen Fall oder Verbrechen zugrunde liegende Geschichte impliziert und damit eine lesende, sinnkonstituierende Tätigkeit durch den Detektiv/Spieler im Prozess der Ermittlung erfordert. Schon für die klassischen Formen des Genres konstatiert Todorov (1998 [1966]: 209) daher eine »Doppelstruktur«, die aus der Tatsache resultiert, dass der Detektivroman »nicht eine, sondern zwei Geschichten [enthält]: die Geschichte des Verbrechens und die seiner Untersuchung.« Während erstere (das Verbrechen) in der Vergangenheit angesiedelt ist, »[passiert] die zweite Geschichte (die Ermittlung) […] in der Gegenwart und besteht aus der Aufdeckung der ersten Geschichte« (Hühn [1987] 1998: 239). Infolge seiner Interaktivität bindet *TwinKomplex* seine Spieler gerade in die *zweite Geschichte* der Ermittlung wesentlich aktiver ein, als dies in traditionelleren Buch- oder Filmformen der Detektiverzählung der Fall ist: Die Spieler sind nicht nur werkexterne Rezipienten, sondern werden – freilich nur innerhalb der Gesamtillusion des Spiels – selbst zu Detektiven beziehungsweise Geheimagenten, die auf das Schema des Narrativen als Naturalisierungsstrategie zurückgreifen. Von welchen weiteren Strategien *TwinKomplex* Gebrauch macht, um eine immersive Wirkung auf den Spieler zu entfalten, und inwiefern in diesem Kontext vor allem eine Verwischung der Grenzen von

13 Vgl. entsprechend dem Verhältnis zwischen Skript und Durchlauf auch Aarseths (1997) Konzepte des *textons* und des *skriptons*.

Fiktion und Realität erzeugt wird, soll nun weiter in Augenschein genommen werden.

3. Das Verwirrspiel mit Fiktionalem und Faktualem – Strategien der Illusionsbildung in TwinKomplex

Um besser erläutern zu können, wie *TwinKomplex* das Internet als Erzählmedium funktionalisiert und dazu von dessen spezifischen, im vorangehenden Abschnitt in Grundzügen umrissenen Kommunikationsmerkmalen Gebrauch macht, seien an dieser Stelle kurz die Benutzeroberfläche sowie der Beginn des ersten Falls skizziert, in dem man als Spieler nach erfolgreichem Abschluss des Psychotests ermittelt: In dem Auftrag stellt die DIA den Spielern zunächst einen (durch Schauspieler nachgestellten) Mitschnitt eines Skype-Telefonats zur Verfügung, in dem eine verängstigte und offensichtlich etwas verwirrte Frau zu sehen ist, die seit einiger Zeit vermisst wird. Der Auftrag an das Ermittlerteam besteht darin herauszufinden, was mit der Frau geschehen ist. Um den Fall rekonstruieren zu können, steht dem Team eine ganze Reihe von Methoden zur Beschaffung neuer Informationen zur Verfügung, von denen die Analyse der Beweisstücke im ›Lab‹ der DIA von zentraler Bedeutung ist. So können die Spieler beispielsweise für das Skype-Telefonat eine bestimmte Untersuchungsmethode anfordern, wobei je nach gewählter Art der Analyse einige Minuten in Realzeit vergehen, bevor das Ergebnis vorliegt. Im konkreten Fall etwa ist die Untersuchung des Videos mit dem ›Spracherkennungstool‹ recht aufschlussreich und identifiziert die beiden Personen im Video als Annette Lohmann und ihren Mann Peter.[14] Um die beiden Figuren entfaltet sich im Laufe der weiteren Untersuchungen eine komplexe Handlung. So erfährt das Agententeam, dass es einen Vorgänger namens Johann Weiss gehabt hat, der ebenfalls im Fall Lohmann ermittelt hat, inzwischen aber vermutlich untergetaucht ist. Darüber hinaus tut sich ein weiterer *subplot* um Annettes Mann Peter Lohmann und seine vermeintlichen Geschäfte mit der neapolitanischen Müllmafia auf und es wird klar, dass der Ehemann möglicherweise

14 Es sind jedoch keineswegs alle Analysemethoden, die das Lab bietet, für jedes Beweisstück gleichermaßen angemessen: die ›Fingerabdruck‹- oder die ›DNA‹-Analyse würden etwa für ein elektronisches Medium wenig Erkenntnisse versprechen.

ein Interesse am Verschwinden oder gar am Ableben seiner Frau haben könnte.

Obgleich *TwinKomplex* seine Spieler zu keinem Zeitpunkt im Stile eines ARGs als ›reale Agenten‹ in die Welt entlässt, ist für die hypertextuelle Grundanlage des Spiels doch so etwas wie das Prinzip einer »gedoppelten Immersion, bei der nicht nur die Fiktion zur Realität, sondern auch die Realität zur Fiktion wird« (Meifert-Menhard 2012: 226), zu konstatieren. Im skizzierten Fall kommt dieses Prinzip beispielhaft zum Tragen, wenn der Name ›Peter Lohmann‹ in die ›Datenbank‹ der DIA – ein weiteres Tool, das den Agenten zur Informationsbeschaffung zur Verfügung steht – eingegeben wird. Die Datenbankbefragung liefert hier das folgende Ergebnis: »Das BKA und die Berliner Polizei haben Ende 2008 eine Ermittlung gegen Herrn Lohmann geführt. Seine Müllentsorgungsfirma (Lohmann Transport und Entsorgung GmbH, 2009 aufgelöst) tauchte in verschiedenen Gesprächen, Notizen und Akten als eine der Firmen mit Verbindungen zur Camorra auf, insbesondere im Zusammenhang mit Entsorgung und Transport radioaktiven Mülls (siehe Links).« Folgt der Spieler nun den im Anschluss an die Information zu Peter Lohmann zur Verfügung gestellten Hyperlinks, so führen ihn diese auf real existierende, nicht-fiktionale Websites wie *stern.de* oder entsprechende Einträge in der Wikipedia, die zwar eigentlich ›außerhalb‹ von *TwinKomplex* liegen (in dem Sinn, dass sie unabhängig vom Spiel als Texte existieren), andererseits aber doch innerhalb des Erzähluniversums des Spiels funktionalisiert werden. So informiert der verlinkte *stern.de*-Artikel aus dem Jahr 2008 über die Geschäfte der Camorra und auch der Eintrag aus der englischsprachigen Wikipedia liefert Informationen über die Vereinigung und enthält unter anderem einen Abschnitt zur »Garbage Crisis«.[15]

Hinsichtlich der Strategien der Illusionsbildung sowie der Immersion von Spielern in die Welt von *TwinKomplex* lässt sich also folgern, dass das Spiel eine besondere und in dieser Form nur durch die spezifische Medienumgebung mögliche Art der ›Referenzillusion‹ (siehe Wolf 1993: 57, 61, 203) etabliert. Dies geschieht, indem es sich an bestimmte hypertextuelle Knotenpunkte anbindet, die den Spieler zu ›realen‹ Texten beziehungsweise ›Wirklichkeitserzählungen‹ (im Sinne von Klein/Martinez 2009) führen, welche schließlich im Hinblick auf die Geschichten um nicht real existie-

15 Auf die Websites kann selbstverständlich unabhängig von TwinKomplex zugegriffen werden. Für die beiden hier exemplarisch angeführten Texte siehe Müller-Meiningen (2008) sowie en.wikipedia.org/wiki/Camorra, 8.7.2013.

rende Figuren wie Annette und Peter Lohmann naturalisierend wirken können. Während sich also ein (Print-)Roman durch ambivalente Weltbezüge beziehungsweise ein je unterschiedlich geartetes Mischverhältnis von fingierten Elementen und Fremdreferenzen, die auf eine Realität außerhalb des Textes verweisen, auszeichnet,[16] spitzt die »living novel« diesen Sachverhalt sogar noch zu, indem sie wesentlich auf die Struktur des Hypertexts zurückgreift: »Any two texts can be linked, and by clicking on a link the reader is instantly transported into an intertext.« (Ryan 2001: 5) Fingiertes kann damit von Faktischem zumindest an der Oberfläche des Spiels nicht mehr klar voneinander unterschieden werden, so dass es infolgedessen beim Spieler zu einer Verringerung der Distanz zwischen dem fiktionalen Geschehen und lebensweltlichen Wahrnehmungsparametern kommen kann.

Ein weiterer Punkt, in dem *TwinKomplex* sich eng an die heutige lebensweltliche Nutzung des Internets anbindet, ergibt sich aus der Integration von Suchmaschinen sowie Kartendiensten wie *Google Maps*, die im Spiel ebenfalls eine zentrale Rolle in der investigativen Arbeit der DIA-Agenten einnehmen. Bekommt der Spieler etwa einen Hinweis zur Spurensuche an einem bestimmten Ort, so kann er sich auf der virtuellen Karte dorthin ›bewegen‹ und den entsprechenden Kartenausschnitt mit einem Suchbefehl scannen. Er erhält dann eine bestimmte Anzahl von als Fragezeichen markierten Verlinkungen, von denen einige wiederum auf externe Websites führen, deren Inhalte einen sehr unmittelbaren Bezug zur Stadt Berlin haben.[17] *TwinKomplex* erzeugt damit so etwas wie eine ästhetisch vermittelte ›Berlin-Illusion‹, indem es dem Spieler unterschiedliche, multimodale Zugänge zur Stadt anbietet, die alle ein Stück weit das Lebensgefühl Berlins einfangen.[18] Auch in diesem Punkt bindet sich das Game also sehr stark an die Nutzung des Internets durch seine Spieler an, für die das Anschauen von Videos auf Portalen wie YouTube zu einer täglichen Praxis auch ›außerhalb‹ von *TwinKomplex* geworden ist. Das Spiel nutzt somit potentiell die Gesamtheit des Internets, in dem wir uns mithilfe von Suchmaschinen

---

16 Siehe zu den Bezügen auf unterschiedliche Referenzsysteme in literarischen Texten Iser ([1991] 1993; [1976] 1994) und Hutcheon (1988) sowie, basierend auf Iser, Nünning (1995) und Zerweck (2001).

17 Besonders prominent sind dabei die Verlinkungen auf diverse 24-Stunden-Webcams der Seite Berlin.de oder auf YouTube-Videos, die unter anderem Filmausschnitte, Musikvideos oder politische Reden mit Berlin-Bezug zeigen.

18 Der Chefentwickler Martin Burckhardt wird mit einem ähnlichen Wortlaut in einer Rezension auf Zeit Online zitiert (siehe Spangenberg 2012).

und Verlinkungen bewegen wie in einem virtuellen Raum, als Teil der Spielwelt.

Eine illusionsfördernde oder immersive Wirkung ist schließlich als Konsequenz des zuvor Gesagten auch noch einmal mit Blick auf das Verhältnis des Spielers zur fiktionalen Welt innerhalb des Bildschirms festzustellen. In diesem Punkt ergibt sich eine Wirklichkeitsnähe oder Lebensweltlichkeit bezüglich der Kommunikationssituation dadurch, dass der Spieler – anders als in den sogenannten MMORPGs à la *World of Warcraft* – keinen Avatar steuert. Vielmehr findet zumindest insofern ein Übergriff der Spielwelt auf den realen Spieler vor dem Bildschirm statt, als dieser mit Kommunikations- und Informationsmedien arbeitet, die tatsächlich eine Detektivarbeit *am PC* voraussetzen. Dazu zählen etwa die spielinterne Kommunikation per E-Mail und Messaging, die Arbeit mit einer Datenbank (wenngleich die darin enthaltenen Informationen zu weiten Teilen imaginiert sind) sowie die bereits zuvor erwähnte Nutzung von nicht-fiktionalen Online-Diensten wie Suchmaschinen, Wikipedia oder *Google Maps*. Somit verfügt der Spieler in *TwinKomplex* zwar über ein fiktionales Agentenprofil; die Interaktivität findet jedoch nicht ausschließlich auf der *story*-Ebene der Spielwelt statt, sondern greift auf einen außerhalb der Grenzen derselben liegenden Raum über.

Schließlich ist noch einmal die Frage nach der Narrativität von *TwinKomplex* als Kategorie, die ihrerseits Prozesse der Illusionsbildung beim Rezipienten fördern kann, zu stellen. Dabei muss zunächst gesehen werden, dass sich das Spiel infolge seiner Multimodalität mitunter durchaus dem Schema des Narrativen verwehrt – nicht zuletzt, weil das durch die Decentral Intelligence Agency verkörperte Prinzip der Geheimhaltung voraussetzt, dass Wissen niemals im Sinne einer kohärenten *master narrative* zentralisiert sein darf, sondern stattdessen in einem komplexen Netz lokal verfügbarer Informationen organisiert werden muss. Die verschiedenen Beweisstücke, die den Ermittlerteams von der DIA zugespielt werden, sind dementsprechend für sich genommen wenig beziehungsweise überhaupt nicht narrativ. Die mit Schauspielern gefilmten Aufnahmen etwa bevorzugen eher den Modus des Dokumentarischen, sind also keineswegs in sich geschlossene Sinneinheiten, sondern kommen insofern als authentische Beweisstücke daher, als sie in konkrete Kommunikationssituationen wie Skype-Telefonate, Nachrichten auf Anrufbeantwortern oder ungeschnittene Aufzeichnungen von Verhören eingebunden sind. In dieser Hinsicht spricht einiges dafür, die Leistung narrativer Sinnstiftungen in erster Linie auf Seiten der Spieler zu verorten.[19] Dies wird vielleicht am besten durch die Tatsache unterstrichen, dass die im Lab gesammelten Beweisstücke verschiebbar sind, der Spieler sie also gemäß seiner eigenen (aktuellen) Sinnschemata an- und immer wieder umordnen kann.[20] Allerdings sollte nicht übersehen werden, dass auch die DIA in *TwinKomplex* ihrerseits mitunter bestimmte ›Protokollfunktionen‹ einnimmt (siehe oben), die der Funktion einer Erzählinstanz zumindest stellenweise recht nah kommen. Dazu gehört beispielsweise, dass die DIA die Geschichte unabhängig von den individuellen Ermittlungsfortschritten der einzelnen Spieler in bestimmten Abständen immer wieder auf einen gemeinsamen Nenner zurückführt, was unter anderem durch E-Mail-Nachrichten, die sich an das komplette Ermittlerteam richten, geschieht, nicht zuletzt aber auch durch die Einträge in der Datenbank.

Nach allem, was bislang zum Spielprinzip gesagt worden ist, dürfte schließlich wenig überraschen, dass sich *TwinKomplex* durch die ständige Verwischung der Grenzen zwischen Fingiertem und Faktischem konstant auf einer metafiktionalen Ebene bewegt. Das problematische Verhältnis zwischen Fiktion und Realität sowie die Idee der Illusionsbildung werden dabei immer wieder selbstreflexiv durch das Spiel – insbesondere von den durch Schauspieler dargestellten Mitgliedern der DIA – thematisiert: Schon nach dem Psychotest wird der Spieler aufgefordert, »seinen eigenen Wahrnehmungen zu misstrauen«, »vorurteilslos zu schauen« und dem »Hang zur Selbsttäuschung« zu widerstehen, der letztlich ja Voraussetzung für eine jede Form der ästhetischen Illusionsbildung seitens des Rezipienten ist.[21] Das metafiktionale Spiel wird in *TwinKomplex* sogar so weit getrieben, dass die DIA die Ermittlerteams darüber informiert, dass sich in ihren Reihen anstelle von vier menschlichen Agenten ein »Infiltrator-Agent« in Form

---

19 In diese Richtung gehend hat sich auch der Chefentwickler Martin Burckhardt in öffentlichen Stellungnahmen zum Spiel geäußert. Siehe etwa den Blogeintrag zu Zainzinger (2012), in dem Burckhardt wie folgt zitiert wird: »Of course the kind of document we present the user with matters, but what matters more is how they react to it, how they connect the dots, that's actually the central point of storytelling, […]. So of course we use the knowledge we have to tell a story, but we're most of all concerned with how the story is read.« Siehe auch die Rezension von Spangenberg (2012).

20 Parameter für die Kategorisierung der Beweisstücke könnten hier beispielsweise die chronologische Abfolge der Ereignisse, die Involviertheit einzelner Figuren oder Konstruktionen bestimmter *subplots* sein.

21 Man denke etwa an das auf S.T. Coleridge (1965 [1817]: 169) zurückgehende Prinzip der »willing suspension of disbelief«. Auch Gerrig (1993: 230) spricht von einer »willing construction of disbelief«.

einer programmierten KI befinden könnte. Verbunden mit der Frage »Sind Sie alle real?« werden die Teams durch ein Mitglied der DIA aufgefordert, durch geschicktes Fragen herauszufinden, ob die jeweiligen Mitspieler tatsächlich menschlich sind. Wie Neumann/Nünning (2012: Abs. 10) hervorheben, ist der Einsatz von Metafiktion daher absolut kompatibel mit der Förderung eines aktiven, kritischen Lesers, wie er auch von den frühen Hypertexttheoretikern erwünscht wurde: »Metafictional strategies [...] often produce a hermeneutic paradox: readers are forced to acknowledge the fictional status of the narrative, while at the same time they become cocreators of its meanings.« Daran anknüpfend ist es zwar richtig, dass gerade in klassischen Printromanen metafiktionale Passagen als »illusion-breaking devices« (Wolf 2011: Abs. 6) fungieren können. Für *TwinKomplex* relativiert sich diese Feststellung jedoch insofern, als die ›Gesamtillusion‹ des Spiels auf der Idee des Internets als spezifische Medienumgebung aufbaut, die die Grenzen zwischen ›Realität‹ und ›Fiktion‹, ›echten‹ und ›virtuellen‹ Räumen ohnehin immer schon verschleiert. Metafiktionalität bildet daher in *TwinKomplex* keinen klaren Widerspruch zur Spielillusion, sondern ist Teil der erweiterten Idee um die DIA als eine im World Wide Web agierende Geheimagentur und wird damit letztlich durch das Spielprinzip naturalisiert.

4. Zusammenfassung

Ein Hauptanliegen dieses Beitrags war es, die »living novel« *TwinKomplex* als Beispiel für eine durch das Internet ermöglichte innovative Art des fiktionalen Erzählens vorzustellen, in der das spezifische »communication setting« (Giltrow/Stein 2009: 9) des World Wide Web mit seinen hypertextuellen, interaktiven und multimodalen Eigenschaften als Erzählmedium funktionalisiert wird. Das Spiel wurde im Kontext von Theorien ästhetischer Illusionsbildung und Immersion betrachtet, die deswegen eine fruchtbare Annäherung an das Spielprinzip ermöglichen, da *TwinKomplex* die Unterscheidung zwischen Fiktionalem und Faktualem bis an ihre Grenzen treibt beziehungsweise sogar unterminiert. Das Spiel fördert einerseits den von postmodernistischen Theorien ersehnten aktiven Rezipienten – Barthes' »schreibenden Leser« (siehe oben) – und fordert die DIA-Agenten immer wieder zur kritischen Überprüfung der eigenen Wahrnehmungsparameter, zum Herausbrechen aus allzu linearen Denkweisen auf, wozu der hypertextuellen Struktur sowie der Metafiktionalität des Spiels zentrale Rollen zukommen. Zugleich demonstriert *TwinKomplex* die Möglichkeit, dass dieses Ideal dennoch das Erzählen von Geschichten zulässt, verlagert allerdings einen beträchtlichen Teil der narrativen Sinnerschließung auf den Rezipienten beziehungsweise die kollaborativen Anstrengungen der Ermittlerteams. Als Mischung aus *social game* und interaktiver Kriminalerzählung zeigt das auf mehrere Jahre angelegte Online-Projekt damit nicht zuletzt auf, dass die Modi des ›Narrativen‹ und des ›Interaktiven‹ oder ›Ludischen‹ keineswegs diametral entgegengesetzt sein müssen. *TwinKomplex* dürfte somit dem von Ryan (2001: 21) in Aussicht gestellten Ideal einer »synthesis of immersion and interactivity« recht nah kommen.

Literatur

Aarseth, Espen (1997), *Cybertext: Perspectives on Ergodic Literature*, Baltimore.

Barthes, Roland (1968), »L'effet de réel«, in: *Communications*, H. 11, S. 84–89.

Barthes, Roland ([1970] 1976), *S/Z*, übers. von Jürgen Hoch, Frankfurt a.M.

Barthes, Roland ([1968] 1977), »The Death of the Author«, in: ders., *Image Music Text*, übers. von Stephen Heath, New York, S. 142–148.

Burckhardt, Martin (2011), »TwinKomplex: This is not…« (hochgeladen am 13.10.2011), http://www.youtube.com/watch?v=xBIMgvzWJ9c, 8.7.2013.

Coleridge, Samuel Taylor ([1817] 1965), *Biographia Literaria*, hg. von George Watson, London.

Gerrig, Richard J. (1993), *Experiencing Narrative Worlds: On the Psychological Activities of Reading*, New Haven.

Giltrow, Janet; Stein, Dieter (2009), »Genres in the Internet: Innovation, Evolution, and Genre Theory«, in: dies. (Hg.), *Genres in the Internet: Issues in the Theory of Genre*, Amsterdam/Philadelphia, S. 1–25.

Hallet, Wolfgang (2007), »Gattungen als kognitive Schemata: Die multigenerische Interpretation literarischer Texte«, in: Marion Gymnich, Birgit Neumann, Ansgar Nünning (Hg.), *Gattungstheorie und Gattungsgeschichte*, Trier, S. 53–71.

Hallet, Wolfgang (2008), »The Multimodality of Cultural Knowledge and its Literary Transformations«, in: Angela Locatelli (Hg.), *La conoscenza della letteratura | The Knowledge of Literature*, Bd. VII, Bergamo, S. 173–193.

Hühn, Peter ([1987] 1998), »Der Detektiv als Leser. Narrativität und Lesekonzepte im Detektivroman«, in: Jochen Vogt (Hg.), *Der Kriminalroman: Poetik – Theorie – Geschichte*, München, S. 239–254.

Hutcheon, Linda (1988), *A Poetics of Postmodernism: History, Theory, Fiction*, New York/London.

Iser, Wolfgang ([1991] 1993), *Das Fiktive und das Imaginäre. Perspektiven literarischer Anthropologie*, Frankfurt a.M.

Iser, Wolfgang ([1976] 1994), *Der Akt des Lesens*, München.

Jenkins, Henry (2005), »Computer Games and Narrative«, in: David Herman, Manfred Jahn, Marie-Laure Ryan (Hg.), *Routledge Encyclopedia of Narrative Theory*, London/New York, S. 80–82.

Juul, Jesper (2001), »Games Telling Stories? – A brief note on games and narratives«, in: *Game Studies*, H. 1, http://www.gamestudies.org/0101/juul-gts/, 8.7.2013.

Klein, Christian; Martinez, Matías (2009), »Wirklichkeitserzählungen. Felder, Formen und Funktionen nicht-literarischen Erzählens«, in: dies. (Hg.), *Wirklichkeitserzählungen. Felder, Formen und Funktionen nicht-literarischen Erzählens*, Stuttgart, S. 1–13.

Kress, Gunther; van Leeuwen, Theo (2001), *Multimodal Discourse: The Modes and Media of Contemporary Communication*, London.

Meifert-Menhard, Felicitas (2012), »Kein Spiel, nirgends: Alternate reality games als interaktive Erzählmechanismen zwischen Virtualität und Realität«, in: Ansgar Nünning, Jan Rupp, Rebecca Hagelmoser, Jonas Ivo Meyer (Hg.), *Narrative Genres im Internet: Theoretische Bezugsrahmen, Mediengattungstypologie und Funktionen*, Trier, S. 225–238.

Müller-Meiningen, Julius (2008), »Müllskandal. Das schmutzige Geschäft der Camorra«, in: *stern.de* (6.6.2008), http://www.stern.de/politik/ausland/muellskandal-das-schmutzige-geschaeft-der-camorra-623005.html, 8.7.2013.

Murray, Janet ([1997] 2001), *Hamlet on the Holodeck: The Future of Narrative in Cyberspace*, Cambridge/London.

Neitzel, Britta (2012), »Erzählen und Spielen: Zur Bedeutung des Erzählbegriffs in den Game Studies«, in: Matthias Aumüller (Hg.), *Narrativität als Begriff. Analysen und Anwendungsbeispiele zwischen philologischer und anthropologischer Orientierung*, Berlin/New York, S. 109–128.

Neumann, Birgit; Nünning, Ansgar (2012), »Metanarration and Metafiction«, in: Peter Hühn, Jan Christoph Meister, John Pier, Wolf Schmid (Hg.), *The Living Handbook of Narratology*, http://www.lhn.uni-hamburg.de/article/metanarration-and-metafiction, 8.7.2013.

Nünning, Ansgar (1995), *Von historischer Fiktion zu historiographischer Metafiktion. Bd. 1: Theorie, Typologie und Poetik des historischen Romans*, Trier.

Nünning, Ansgar; Rupp, Jan; Hagelmoser, Rebecca; Meyer, Jonas Ivo (Hg.) (2012), *Narrative Genres im Internet: Theoretische Bezugsrahmen, Mediengattungstypologie und Funktionen*, Trier.

Nünning, Ansgar; Rupp Jan (2012), »›The Internet's New Storytellers‹: Merkmale, Typologien und Funktionen narrative Genres im Internet aus gattungstheoretischer, narratologischer und medienkulturwissenschaftlicher Sicht«, in: Ansgar

Nünning, Jan Rupp, Rebecca Hagelmoser, Jonas Ivo Meyer (Hg.), *Narrative Genres im Internet: Theoretische Bezugsrahmen, Mediengattungstypologie und Funktionen*, Trier, S. 3–50.

Ryan, Marie-Laure (1999a), »Cyberage Narratology: Computers, Metaphors, and Narrative«, in: David Herman (Hg.), *Narratologies: New Perspectives on Narrative Analysis*, Columbus, S. 113–141.

Ryan, Marie-Laure (1999b), »Immersion vs. Interactivity: Virtual Reality and Literary Theory«, in: *Substance*, H. 89 (1999), S. 110–137.

Ryan, Marie-Laure (2001), *Narrative as Virtual Reality: Immersion and Interactivity in Literature and Electronic Media*, Baltimore/London.

Schaeffer, Jean-Marie; Vultur, Ioana (2005), »Immersion«, in: David Herman, Manfred Jahn, Marie-Laure Ryan (Hg.), *Routledge Encyclopedia of Narrative Theory*, London/New York, S. 237–239.

Scheiding, Oliver (2008), »Hypertext/Hypertextualität«, in: Ansgar Nünning (Hg.), *Metzler Lexikon Literatur- und Kulturtheorie: Ansätze – Personen – Grundbegriffe*, Stuttgart, S. 298–299.

Seibel, Klaudia (2002), »Cyberage-Narratologie: Erzähltheorie und Hyperfiktion«, in: Ansgar Nünning, Vera Nünning (Hg.), *Erzähltheorie transgenerisch, intermedial, interdisziplinär*, Trier, S. 217–236.

Spangenberg, Christoph (2012), »›TwinKomplex‹ macht Spieler zu Agenten in Berlin«, in: *Zeit Online* (17.1.2012), http://www.zeit.de/digital/games/2012-01/twinkomplex-berlin-spiel, 8.7.2013.

Szulborski, Dave (2005), *This Is Not a Game: A Guide to Alternate Reality Gaming*, Pennsylvania.

Todorov, Tzvetan ([1966] 1998), »Typologie des Kriminalromans«, in: Jochen Vogt (Hg.), *Der Kriminalroman: Poetik – Theorie – Geschichte*, München, S. 208–215.

Wolf, Werner (1993), *Ästhetische Illusion und Illusionsdurchbrechung in der Erzählkunst. Theorie und Geschichte mit Schwerpunkt auf englischem illusionsstörenden Erzählen*, Tübingen.

Wolf, Werner (2002), »Das Problem der Narrativität in Literatur, bildender Kunst und Musik: ein Beitrag zu einer intermedialen Erzähltheorie«, in: Ansgar Nünning, Vera Nünning (Hg.), *Erzähltheorie transgenerisch, intermedial, interdisziplinär*, Trier, S. 23–104.

Wolf, Werner (2011), »Illusion (Aesthetic)«, in: Peter Hühn, Jan Christoph Meister, John Pier, Wolf Schmid (Hg.), *The Living Handbook of Narratology*, http://www.lhn.uni-hamburg.de/article/illusion-aesthetic, 8.7.2013.

Zainzinger, Vanessa (2012), »Not a film, not a game, but a living novel«, in: *TNW – The Next Web* (03.03.2012), http://thenextweb.com/media/2012/03/03/not-a-film-not-a-game-but-a-living-novel/, 8.7.2013.

Zerweck, Bruno (2001), *Die Synthese aus Realismus und Experiment: Der englische Roman der 1980er und 1990er Jahre aus erzähltheoretischer und kulturwissenschaftlicher Sicht*, Trier.

Internetquellen

Ludic Philosophy, *TwinKomplex*, www.twinkomplex.com, 8.7.2013.
Ludic Philosophy, »Game«, www.ludicphilosophy.com/de/game, 8.7.2013.
o.A., »Camorra«, in: *Wikipedia* (letzte Änderung am 21.2.2013), http://en.wikipedia.org/wiki/Camorra, 8.7.2013.

Digitale Detektive: Verschwörungstheorie im Internet

John David Seidler

Bereits Mitte der 1990er Jahre ist eine Klage über das Internet als neues Supermedium der Verschwörungstheorie zu vernehmen. Das Internet gilt Beobachtern als »das Medium, das dem Konspirationswahn seine historisch größte Verbreitung verschaffte« (Freyermuth 1996: 8). Spätestens seit der Konjunktur von Verschwörungstheorien zum 11. September 2001 wird ein Zusammenhang zwischen Verschwörungstheorie und Internet in akademischen Arbeiten wie auch in einer breiteren Öffentlichkeit zunehmend problematisiert.[1] Neben den tradierten Erklärungsmustern für den Glauben an Verschwörungstheorien – so etwa der Verweis auf deren Eigenschaften, Komplexität zu reduzieren und in Krisenzeiten als Katalysator zu fungieren (Groh 1996: 15) – steht in zeitgenössischen Kommentaren somit auch die Rolle des Internets als konstitutiver Faktor zur Debatte.

Zu einem Zusammenhang zwischen individueller Mediennutzung und Verschwörungsglaube liegt seit 2006 auch eine empirische Studie vor, die bestätigt, dass der Glaube an Verschwörungstheorien zum 11. September 2001 vor allem mit der Nutzung von Blogs im Internet korreliert (Stempel et al. 2006). Im Sinne unseres übergeordneten Themas, das »Kulturtechniken und ihre Medialisierung« untersucht, stellt sich hier also die Frage, inwiefern Digitalisierung und Vernetzung möglicherweise an einer verstärkten Attraktivität und gegebenenfalls Wirkmacht verschwörungstheoretischer Erzählungen teilhaben.

Dabei fokussiert die Forschungsliteratur bisweilen vornehmlich das Internet in seiner Funktion als gering kontrolliertes Verbreitungsmedium (Schetsche 2005; Wippermann 2007), obwohl die Distributionsfunktion

---

1 Siehe hierzu etwa: Schetsche (2005), Soukup (2008), Gregory/Wood (2009) und Lutter (2001).

den eigentlich relevanten Aspekt – den kommunikativen Erfolg von Verschwörungstheorie – doch kaum zufriedenstellend erklären kann.[2]

Der vorliegende Beitrag fragt stattdessen danach, inwiefern Digitalisierung und Vernetzung als neue Produktionsbedingungen für die Erzählform Verschwörungstheorie einen Entwicklungspunkt zentraler Bedeutung markieren und somit die Verschwörungstheorien zum 11. September 2001 tatsächlich erst mitgeschaffen haben.

Hierbei gilt es, die besonderen Produktionsanforderungen zu berücksichtigen, die das mediale Erzählen moderner Verschwörungstheorie stellt. Wie zu zeigen sein wird, verlangt die Konstruktion moderner Verschwörungstheorien in besonderer Weise nach Möglichkeiten des Framings medialer Artefakte.[3]

Nimmt man in den Blick, von welcher zentralen Bedeutung die Digitalisierung und Vernetzung für das Framing innerhalb von Verschwörungstheorien zum 11. September ist, so tritt ein höchst anschauliches Beispiel dafür zutage, wie ›neue Medien‹ einen Bestand von Erzählungen miterschaffen, den sie doch bloß zu vermitteln scheinen.

1. Begriffsklärung: Verschwörungstheorie

Der vorliegende Beitrag beschäftigt sich mit dem Erzählen moderner Verschwörungstheorie, was eine Abgrenzung zu vormodernen Erzählungen über Hexen- oder Teufelsverschwörungen impliziert. Unter moderner Verschwörungstheorie verstehe ich einen in der Moderne sich transformierenden Erzähltypus, der böse Verschwörungen als heimliche Drahtzieher hinter dominanten Ereignissen und Zuständen in Geschichte und Gegenwart

---

2 Unter kommunikativem Erfolg verstehe ich mit Niklas Luhmann (1984: 218) die tatsächliche Annahme eines selektiven Inhalts von Kommunikation, gemeint ist hier konkret also die zustimmende Übernahme von Informationen und Deutungen, die von Verschwörungstheorien hervorgebracht werden.

3 Der Framing-Begriff geht zurück auf das Modell der Rahmen-Analyse bei Erving Goffman (1989) und steht hier somit für ›Interpretationsschemata‹, die einem zunächst neutralen ›Fakt‹ einen bestimmten Sinn verleihen. »Framing, then, is the process whereby communicators act to construct a particular point of view that encourages the facts of a given situation to be viewed (or ignored) in a particular manner, with some facts made more noticeable than others. When speaking of political and social issues, frames actually define our understanding of any given situation« (Kuypers 2002: 7).

thematisiert, wobei die Erzählung hinsichtlich ihrer Verschwörungsthesen einen Wahrheitsanspruch proklamiert, der in aller Regel widerlegbar oder nicht falsifizierbar ist. Für einen Nachweis der Widerlegbarkeit beziehungsweise Nicht-Falsifizierbarkeit der in diesem Beitrag lediglich exemplarisch angedeuteten verschwörungstheoretischen Erzählungen zum 11. September 2001 sei hier nur knapp auf die entsprechende Literatur verwiesen.[4] Verschwörungstheoretische Erzählungen zeichnen sich jenseits der Frage nach der Wahrheits-Codierung (wahr/unwahr/Spekulation) durch eine spezifische Erzähltechnik aus, die hier von eigentlichem Interesse ist. Zu einem grundsätzlichen Verständnis von Verschwörungstheorie ist hier weiterhin anzumerken, dass verschwörungstheoretische Erzählungen typischerweise in einem appellierenden Kommunikationsmodus im Sinne politischer Propaganda operieren; sie teilen den Lauf der Geschichte in eine gute Wir-Gruppe und eine böse Verschwörer-Gruppe. Bei der Identifizierung der Verschwörer-Gruppe zielt die Verschwörungstheorie in aller Regel auf stereotype Feindbilder. Neben der Thematisierung der Freimaurerei und des Geheimbunds der Illuminaten gehört so etwa die ›jüdische Weltverschwörung‹ zu einem ewigen Figurenkabinett der Verschwörungstheorie.[5] Aufgrund solcher ›Erzählfunktionen‹ wird Verschwörungstheorie interdisziplinär als soziales Problem aufgefasst. Die neueste Wissenssoziologie tendiert dennoch dazu, die verbreitete pauschale Ablehnung von Verschwörungstheorien konstruktivistisch zu relativieren und klassifiziert Verschwörungstheorie zunächst als ›spekulative Kommunikation‹ und somit als potenziell nützlichen Beitrag zu Wissensinnovationen.[6] Wie genau jene spekulative Kommunikation innerhalb verschwörungstheoretischer Erzählungen erfolgt, ist auch Thema dieses Beitrags.

2. Archivgang und Sichtbarmachung: Vom Herstellen einer Verschwörungstheorie

Modernen Verschwörungstheorien liegt eine eigene Erzähltechnik zugrunde, die sie von zahlreichen anderen Erzählformen unterscheidet. Ver-

4 Siehe dazu etwa: Dunbar/Reagan (2006) oder auch Chomsky/Barsamian (2007).

5 Vgl. hierzu etwa: Hagemeister/Horn (2012). Insbesondere zum Kontext 11. September 2001 vgl. Jaecker (2005).

6 Siehe hierzu Kuhn (2010).

schwörungstheorie kann als tradiertes narratives Muster verstanden werden, das eine eigentümliche Art der Intertextualität praktiziert. Die Konstruktion von Verschwörungstheorien ist – ähnlich der Geschichtsschreibung – unverzichtbar an die explizite De- und Rekonstruktion anderer Quellen gebunden. Das abgelehnte Wissen des Mainstreams, die gegnerische ›offizielle Version‹, fungiert dabei als Projektionsfläche von Manipulation und Täuschung und gleichzeitig als eigentliche Hauptquelle, als Datenarchiv aus dem heraus die verschwörungstheoretische Erzählung erst möglich und ›evident‹ wird.

Die Enthüllung der ›Wahrheit‹, als narrativer Klimax von Verschwörungstheorien, findet fast ausschließlich im Rahmen einer Re-Repräsentation und Re-Interpretation medialer Artefakte oder Narrative statt. Das heißt, die verschwörungstheoretische Wahrheit ist niemals wirklich verborgen, sondern immer schon medial präsent. Es bedarf lediglich der verschwörungstheoretischen Rahmung zunächst banaler Artefakte (TV-Bilder, Print-Nachrichten etc.) um die angebliche Verschwörung sichtbar zu machen. Im Laufe des 20. Jahrhunderts kam hierbei in zunehmendem Maße audiovisuellen Artefakten eine konstitutive Rolle für Verschwörungstheorien zuteil. Vornehmlich Bilder, die ein ohnehin schon besonderes Ereignis dokumentieren, fungieren in verschwörungstheoretischen Erzählungen als dominantes Material. Zu nennen ist hier etwa der *Zapruder*-Film (1963), jene knapp 20-sekündigen 8-mm-Amateuraufnahmen, die den Moment des Attentats auf John F. Kennedy besonders deutlich erfassen. Auch die offiziellen Fotos und Fernseh-Bilder der ersten bemannten Mondlandung der NASA (1969) dienen Verschwörungstheorien – in ihrem ambivalenten Verhältnis zu medialer ›Authentizität‹ – als zentrale ›Beweise‹, dass diese in Wirklichkeit niemals stattgefunden habe. Was an diesen Erzählungen hinsichtlich ihrer Medialität auffällt ist also, dass sie kaum über eigenes Material verfügen, sondern primär als kritische Begleiterzählungen zum Informations- und Bilderstrom der Massenmedien entstehen. In dieser Hinsicht ist das Erzählen von Verschwörungstheorie also besonders ›anspruchsvoll‹, denn es setzt voraus, dass die Erzählinstanz zunächst einmal überhaupt über entsprechende mediale Artefakte zur Repräsentation verfügt. Für die ›Ur-Erzählung‹ der Mondlandungs-Verschwörungstheorie, *We never went to the moon* […] (Kaysing 1976), bedurfte es etwa der aufwendigen Beschaffung einer ganzen Reihe von Fotografien, die keinesfalls Jedermann einfach zugänglich waren. Hierbei war es möglicherweise die berufliche Expertise des Autors Bill Kaysing, der jahrelang als Leiter für die technische

Dokumentation bei einer Zulieferfirma der NASA arbeitete, die ihm erst ermöglichte über das grundlegende Bildmaterial zu verfügen. In diesem Sinne sind alle ›Erfinder‹ von Verschwörungstheorie zunächst Archivgänger.

Dieser konstitutive Aspekt moderner Verschwörungstheorie tritt auch deutlich in den geradezu ikonischen Szenen des Paranoia-Films zutage, in denen Verschwörungs-Paranoiker im ›stillen Kämmerlein‹ eine Art Kultstätte für massenmediale Artefakte errichten. Stereotype Paranoiker wie der Mathematiker John Nash oder der frühe Hacker Karl Koch (beide Filmfiguren basieren auf tatsächlichen Biographien) archivieren Zeitungsausschnitte an Tapeten und Wäscheleinen. Kombiniert nach einem wahnhaft generierten Code erstellen die Filmfiguren ihre eigene Weltdeutung, während Ausschnitte aus den Massenmedien zu ihnen ›sprechen‹ und in verräterischen Zeichen die Wahrheit über ›die Welt da draußen‹ durchblicken lassen.

Die paranoid-schizophrene Filmfigur John Nash im Film *A Beautiful Mind* (Howard 2001) arbeitet sich etwa am populären US-Magazin *Life* ab – mit dem er sein Büro vollends auskleidet – und glaubt hier steganographisch codierte Hinweise auf einen bevorstehenden Nuklear-Angriff auf die USA zu finden (siehe Abbildung 1). Der Karl Koch im Film *23 – Nichts ist so wie es scheint* sammelt auf einer Wäscheleine Illuminaten-Listen aus dem 18. Jahrhundert und kombiniert dieses Archiv mit Ausschnitten aus aktuellen Nachrichtenmagazinen, um somit das Netz der Verschwörung durch Raum und Zeit zu erfassen. Diese szenischen Illustrationen, die der Paranoia-Film als Standard-Repertoire bereithält, dürften dem faktischen Entstehungsprozess der populären Verschwörungstheorien des 20. Jahrhunderts, etwa der Entstehung des ersten Buches zur Mondlandungs-Verschwörungstheorie, prinzipiell nahe kommen.

3. Paranoische Decodierung

Was verschwörungstheoretische Erzählungen von anderen Formen intertextuellen Erzählens unterscheidet, ist die Art der Bearbeitung ihres Materials, die einer umfänglichen Re-Interpretation gleichkommt. Verschwörungstheoretische Erzählinstanzen operieren dabei in einem spezifischen Lektüremodus, mit dem sie mediale Artefakte ›auslesen‹.

Hier kommt dem Begriff der Steganographie eine Schlüsselfunktion zu. Steganographie – oder auch ›verstecktes Schreiben‹ – bezeichnet im eigentlichen Sinn das Übermitteln oder Speichern von Geheimbotschaften, die in einem zunächst harmlosen Trägermedium versteckt werden. Zur Illustration des Verfahrens nennt Torsten Hahn (2002: 95) etwa »deutsche Spione im zweiten Weltkrieg, die Buchstaben in Zeitungen mit Geheimtinte versehen und so eine zweite Lektüre des belanglosen Lokalteils möglich machen«.

Die grundsätzliche Möglichkeit einer zweiten Lektüre, die eine völlig andere Botschaft enthält als die erste, ist von zentraler Bedeutung für das Verständnis der spezifischen Intertextualität von Verschwörungstheorie, die deren Evidenzen erst hervorbringt. »Wer hier keine Nachricht vermutet, wird nichts finden«, beschreibt Hahn (ebd.) den Vorteil steganographisch verschlüsselter Medien. »Umgekehrt steht dem, der Zeichen und mediale Produkte mit Verdacht traktiert, jetzt virtuell das gesamte Archiv zur Suche nach verborgenen Intrigen, Verschwörungen und Verrat offen, denn was entsteht, ist die Möglichkeit, Medien in Medien zu suchen« (ebd.).

Dass gerade Verschwörungstheorien beziehungsweise verschwörungstheoretische Erzähler massenmedialen Artefakten grundsätzlich mit Verdacht begegnen, ist evident. Medien bilden innerhalb der Verschwörungstheorie »einen zentralen Reflexionsgegenstand« (Meteling 2008: 18), und zwar als Gegenstände eines Radikalverdachts.[7] Die Idee, dass mediale Artefakte quasi-steganographisch codiert sind – also eine zweite Lektüre erfordern – ist im Sinne der Verschwörungstheorie die logische Konsequenz dieses Verdachts.

Die Verschwörungstheorie geht dabei nicht von der absichtlichen Codierung medialer Artefakte aus – wie es in der eigentlichen Steganographie der Fall wäre – sondern unterstellt das Vorhandensein von Ungereimtheiten und ›Lecks‹ auf der medialen Oberfläche, die die Verschwörung zum Vorschein treten lassen. Gewissermaßen ist diese Form der zweiten Lektüre medialer Artefakte auch der einzig gangbare Weg für Verschwörungstheoretiker, möchte man nicht den Schreibtisch verlassen und eigene Feldrecherche betreiben. Überträgt man den Begriff der Steganographie also in

---

7 Der Verdacht angesichts des Medialen findet seine ausführlichste Beschreibung in der Theorie des medienontologischen Verdachts bei Boris Groys (2000). Grundlegendes zu einer Logik der Medien-Verdächtigung bieten ebenfalls Erving Goffman (1989: 338) oder Niklas Luhmann (1996: 10).

den Kontext von Verschwörungstheorie, so erschließt sich uns ein recht exaktes Verständnis für die spezifische verschwörungstheoretische Interpretation medialer Angebote. Moderne Verschwörungstheorie funktioniert vor allem dadurch, dass sie mediale Angebote, die im Wesentlichen unverborgenes Allgemeingut darstellen, nach verborgenen Wahrheiten befragt. In diesem Sinne betrachtet die Verschwörungstheorie potenziell alle medialen Artefakte – außer dem jeweils eigenen Medium – als wären sie steganographisch codiert, beziehungsweise als wären sie Träger versteckter Wahrheiten. Es handelt sich also um ein Decodieren ›als ob‹. Ein Decodieren von Medieninhalten, die – soweit wir wissen – nicht zuvor steganographisch codiert wurden, beziehungsweise gar keine geheimen Wahrheiten enthalten.

Diesen Lektüremodus des willkürlichen Decodierens von Zeichen und medialen Oberflächen unter den Vorzeichen des Verdachts bezeichne ich – in Anlehnung an den Begriff der paranoischen Vernunft bei Manfred Schneider (2010) – als *paranoische Decodierung* (die Quelle dieses Lektüremodus ist somit explizit nicht mit alltagssprachlicher Paranoia zu verwechseln).[8] Diese – mit dem Begriff der paranoischen Decodierung beschriebene – Suche nach *Medien in Medien*, die ja eher eine Suche nach versteckten Wahrheiten innerhalb medialer Artefakte ist, macht den Verschwörungstheoretiker zum *Medien-Detektiv*.

Jene detektivische Arbeit am Medium generiert mutmaßlich das spezifische Faszinationspotenzial vom Lesen und Schreiben von Verschwörungstheorie.[9] Und zwar gleichsam hinsichtlich eines eher spielerischen Umgangs mit den quasi unbegrenzten Möglichkeiten paranoischer Decodie-

8 Manfred Schneiders Konzept der paranoischen Vernunft fasst seinen Gegenstand in Abgrenzung zu tradierten Konzepten von Paranoia nicht als Ausnahmezustand sondern als alltägliches Phänomen. »Die Paranoia schlummert in milden und in dramatischen Formen in allen Köpfen«, fasst Schneider (2010: 599) unter Bezugnahme auf neuere psychiatrische Forschungsergebnisse zusammen. Das Attribut paranoisch – und nicht paranoid – steht hier somit nicht nur für ein klinisch dramatisches Krankheitsbild sondern vielmehr für ein offensichtlich stufenweises und letztlich auch kulturrelatives Phänomen. Der Lektüre von Schneiders Werk verdanke ich auch den Hinweis auf ein im Kontext der paranoischen Decodierung triftiges Kant-Zitat, denn Schneider beschreibt Paranoia unter anderem als »Interpretation von gegebenen Zeichen durch eine ›falsch dichtende Einbildungskraft‹« (ebd.: 7).

9 Die prinzipielle Attraktivität des Detektivischen, des kriminalistisch Investigativen und des Enthüllens in unserer Kultur ist offensichtlich. »Der Privatdetektiv ist in der Tat der Held unserer Zeit«, bemerkt Boris Groys (2002: 387), »und die investigative Tätigkeit das herrschende Narrativ«.

rung wie auch hinsichtlich einer gesteigerten Selbstwahrnehmung des Verschwörungstheoretikers als eine nun endlich den effektstarken Medien überlegene, detektivische Aufklärungsinstanz. »Ich werde getäuscht, also bin ich; und: Ich entlarve Täuschungen, ich täusche selbst, also erhalte ich mich. Auch so läßt sich das Cartesische *cogito, ergo sum* übersetzen« (Sloterdijk 1983: 604).

Abbildung 1: Darstellung paranoischer Decodierung in Film. John Nash bei der Lektüre des Life-Magazins (Quelle: A Beautiful Mind, Howard 2001).

Ein weiterer Effekt paranoischer Decodierung ist die mutmaßliche Evidenzkraft derart hergestellter Erzählungen. Schließlich beruft man sich – wenn auch in Form einer zweiten Lektüre – auf Quellen, die gemeinhin als besonders seriös und zuverlässig gelten, mithin also auf ›Fakten‹. Der verschwörungstheoretische Detektiv braucht sich somit also keinesfalls die Blöße zu geben, sich ausschließlich auf dubiose Quellen zu beziehen.

4. Paranoische Decodierung, digital und vernetzt

Digitalisierung und Vernetzung – dies ist offensichtlich – setzen die Verschwörungstheorie unter völlig veränderte Vorzeichen. »Mit jedem neuen

Medium erhöht sich die Möglichkeit zur Beobachtung des Beobachtens, also zur Beobachtung 2. Ordnung« notiert Siegfried J. Schmidt (2012: 75) in seinen *Rekurrenzen der Mediengeschichte.* Und mit jeder neuen Beobachtung zweiter Ordnung – so wäre anzuschließen – erhöht sich die Möglichkeit zu einem neuartigen Framing des Beobachtungsgegenstands.

Abbildung 2: Forwardable der einschlägigen TV-Bilder vom 11. September 2001. Vermeintliche Teufelsfratze im Rauch des World Trade Centers (Quelle: Unbekannt 2001).

Abbildung 3: Web-to-Print: Foto des attackierten Pentagons. Mittels der eingefügten Längenangaben soll nahegelegt werden, dass kein Flugzeug das Pentagon traf (Quelle: Meyssan 2002: 23).

Abbildung 4: Online-Video: Fadenkreuz-Markierungen der angeblichen ›kontrollierten Sprengung‹ des World Trade Centers (Quelle: Loose Change, Avery 2005).

Betrachtet man einige zentrale Bild-Repräsentationen populärer Verschwörungserzählungen zum 11. September 2001 (siehe Abbildung 2, 3 und 4) so fällt auf, inwiefern diese Erzählungen hier dem jeweils gleichen Prinzip folgen. Die Erzählungen ›traktieren‹ die Bilder vom 11. September 2001 mit Verdacht und eröffnen somit ›das gesamte Archiv‹ zur Suche nach verborgenen Wahrheiten. Von zentraler Bedeutung bei dieser Suche ist dabei die digitale Verfügbarkeit entsprechenden Archivmaterials. Musste der Mondlandungs-Verschwörungstheoretiker noch mühsam für die Beschaffung seines Bildmaterials Sorge tragen, haben Digitalisierung und Vernetzung diesen Vorgang erheblich erleichtert. Um ›das Unsichtbare sichtbar zu machen‹, so die Logik obiger Repräsentationen, bedarf es vor allem der Bildbearbeitungssoftware.

Bereits die rudimentären, vage verschwörungstheoretischen *Forwardables* (siehe Abbildung 2), die in den ersten Wochen nach den Ereignissen per Email im Internet verbreitet wurden, zeigen deutliche Merkmale einer genuin digitalen paranoischen Decodierung.[10]

Die vermeintliche Teufelsfratze im Rauch des brennenden *World Trade Centers* ist wohl das prominenteste Beispiel dieser ›digitalen Folklore‹ zum 11. September 2001.[11] Obgleich das Motiv des Teufels grundsätzlich nicht dem typischen Figureninventar moderner Verschwörungstheorie entspricht, lässt sich anhand dieses Forwardable bereits erkennen, wie Internet-Nutzer hier die neuen Möglichkeiten zu einer Beobachtung zweiter Ordnung explorieren und wortwörtlich dem Ereignis einen neuen *Rahmen* geben.

Die hier vage suggerierte Verschwörungstheorie vom ›Teufelswerk 11. September‹ dürfte allerdings eher als spielerischer Umgang mit den digitalen Möglichkeiten paranoischer Decodierung einzuordnen sein.
Größere Bekanntheit erlangte ebenfalls ein *Forwardable*, das als ›Wingdings-Prophezeiung‹ in die Mediengeschichte des 11. September 2001 einging. Die Decodierung der angeblichen Flugnummer eines am 11. September

10 *Forwardables* sind per Email informell weitergeleitete Artefakte, vorzugsweise Gerüchte, Klatsch und *urban legends*, die eine Art Subgenre digitaler Folklore bilden (Kibby 2005: 770–790; Heyd 2009: 250–57). Zu einer Sammlung von 9/11-forwardables siehe etwa: Patalong, »Verirrte, Verwirrte, Verbrecher« (21.9.2001), http://www.spiegel.de/netzwelt/web/verirrte-verwirrte-verbrecher-q33ny-a-58516.html, 8.7.2013.

11 Digitale Folklore meint eine – im Sinne der Genre-Theorie nach John Swales – durch ihre kommunikative Funktion bestimmte Kategorie von Online-Kommunikation. Die Genre-definierende kommunikative Funktion ist hier etwa das Pflegen sozialer Netzwerke mittels Email-Weiterleitung von leicht verfügbarem narrativem Material mit einem *high tellability factor*. In der digitalen Folklore sieht die anglistische Genre-Forschung einen besonders guten Nährboden für Verschwörungstheorien (Heyd 2009: 250–258).

2001 entführten Flugzeugs mittels des Microsoft-Schrifttyps *Wingdings*. Zeigt man die (tatsächlich fiktive) Flugnummer Q33NY mittels der Schriftart *Wingdings* an, erhält man die mysteriöse Zeichenfolge ✈🗏🗏☠✡ als mutmaßliche *Prophezeiung* der Anschläge. Der Verweis auf Prophezeiungen im Nachgang größerer Katastrophen ist zwar ein altbekanntes Phänomen, die hier hergestellte Prophezeiung ist jedoch offensichtlich ein genuines Produkt der Digitalisierung.

Ebenfalls bereits in den Wochen und Monaten unmittelbar nach den Anschlägen entwickeln Akteure im Internet komplexere Erzählungen, die die Legitimität der ›offiziellen Version‹ anzweifeln. Besondere Popularität erlangten hierbei etwa die Autoren Thierry Meyssan und Matthias Bröckers, die zunächst im Internet und bald auch in Buchform ihre Versionen der Ereignisse veröffentlichen. Die Bücher beider Autoren erlangten schnell Bestsellerstatus und die Autoren können inhaltlich wie auch hinsichtlich ihres intensiven Umgangs mit dem Internet als »Avantgarde einer höchst heterogenen Bewegung« (Horn 2007: 469) gelten.[12] Wie Abbildung 3 bereits andeutet, ist auch hier die Digitalisierung und Vernetzung der paranoischen Decodierung konstitutiv für die Genese der jeweiligen Erzählungen. »Meyssan hat an seinem Pariser Computer Agenturnachrichten und Zeitungsartikel gelesen, Fotos verglichen und das Internet durchstöbert. Und eine konsequent selektive Methode angewandt: Er zitiert, was seine These stützt. Alles andere blendet er aus oder nennt es ein Ergebnis von ›Manipulation‹ und ›Propaganda‹« (Hahn, Dorothea 2002). Mit der gleichen Methode, der sich Meyssan bedient, liest auch Bröckers unter den Vorzeichen von Digitalisierung und Vernetzung den Informationsfluss der Massenmedien aus, und erarbeitet somit je eigene Erzählungen. Bröckers sieht seinen Ansatz dabei keinesfalls als Manko sondern er proklamiert den Rückgriff auf das Internet selbstbewusst als genuine Stärke seines Projekts:

»Um an die Informationen in diesem Buch zu kommen, musste ich weder über besondere Beziehungen verfügen, noch mich mit Schlapphüten oder Turbanträgern zu klandestinen Treffen verabreden. Alle Quellen liegen offen. Sie zu finden, leistete mir die Internetsuchmaschine Google unschätzbare Dienste. […] ›Die Werkzeuge arbeiten mit an unseren Gedanken‹, notierte einst Friedrich Nietzsche als einer

12 Bemerkenswert ist hier der Umstand, dass Bröckers sich mit seinem *konspirologischen Tagebuch* als höchst erfolgreicher früher Blogger bewiesen hat, bevor das Wort von der Blogosphäre überhaupt kursierte. Wenn Blogging – wie Geert Lovink (2008: 2) feststellt – als »post-9/11-beast« gelten muss, war Bröckers am 13.09.2001 jedenfalls zeitig mit seinem *konspirologischen Tagebuch* zur Stelle.

der ersten mit Schreibmaschine arbeitenden Autoren. Wenn das stimmt, dann ist vieles in diesem Buch dem neuen Handwerk des Googelns geschuldet – und natürlich dem Werkzeug, für das Google eine unermessliche Hilfe darstellt, dem Internet selbst.« (Bröckers 2003: 19)

Ganz offensichtlich führt auch Bröckers eine klassische ›zweite Lektüre‹ medialer Artefakte durch, allerdings – und dies ist eine erhebliche Weiterentwicklung durch Digitalisierung und Vernetzung – unter Zuhilfenahme der digitalen Suchmaschine Google. Mittels Google verschafft sich Bröckers nicht bloß Zugriff auf das notorische »Internetz der Verschwörer« (Freyermuth 1996), sondern – und dies ist entscheidend – direkten und umfassenden Zugriff auf die medialen Artefakte der verdächtigten Mainstream-Medien.

Hinter den offenliegenden Quellen, auf die Bröckers sich bezieht um seine Thesen evident zu machen, verbergen sich eben genau jene Massenmedien, die auch er ansonsten unter Verdacht stellt. Bröckers' ›Enthüllungen‹ – und dies gilt stellvertretend für den Großteil der fraglichen Erzählungen zum 11. September 2001 – erschöpfen sich weitestgehend in einer zweiten Lektüre massenmedialer Angebote.

Zwar gehören die notorischen dubiosen Websites, die offensichtliche Unwahrheiten verbreiten, auch zu Bröckers' Quellen, aber im Zentrum seiner Arbeit steht die paranoische Decodierung der mit Verdacht beobachteten Massenmedien. Auf eine Kritik des Journalisten Hans Leyendecker (2003) in der Süddeutschen Zeitung, die sich an Bröckers teils eher fragwürdigen Online-Quellen orientiert, erwidert Bröckers folgendermaßen: »Wer die Quellenverzeichnisse studiert wird finden, dass die weit überwiegende Anzahl der zitierten Quellen eben solche Medien sind: BBC, CNN, Washington Post, NYT usw.« (Bröckers 2003). Unter Berücksichtigung des Prinzips der paranoischen Decodierung ist hier anzumerken, dass die zitierten Quellen natürlich genau ›solchen Medien‹ entstammen. Denn nur so gelingt dem verschwörungstheoretischen Narrativ grundsätzlich sein paradoxes Kunststück, nämlich Medienprodukte des Mainstreams, die unter General-Verdacht stehen, polemisch vollends zu de-legitimieren (Bröckers schreibt generalisierend von *Pre$$titution* und *Medienbordell*), um im gleichen Erzählfluss eben derartige Medienprodukte zu Zeugnissen einer zuvor verborgenen Realität zu erklären.

Ebenfalls bedeutsam ist hier die Möglichkeit des Schreibens mit Hyperlinks. Wie Eva Horn (2007: 470) bemerkt, ermöglichte Bröckers in seinen Internet-Beiträgen »von Anfang an einen direkten Zugriff auf sein Material, indem er Links in seinen Text einbaute, sodass man direkt auf die Quelle seiner Information zugreifen konnte [...]«. So wird der Leser ganz direkt gleichsam mit dem schreibenden Erzähler von Verschwörungstheorie zum digitalen Detektiv, der die Welt der Medien ausliest.

Während die rudimentären *Forwardables* noch wortwörtlich neue Rahmen setzten, indem sie mittels Bildbearbeitungssoftware Bildausschnitte markierten und hervorhoben, bedienen sich Erzählinstanzen wie Meyssan oder Bröckers auf einer weiteren Ebene der Framing-Potenziale von Digitalisierung und Vernetzung. »Frames encourage us to view an issue, or even view it in a particular way, by highlighting certain facts and downplaying others«, fassen Denton und Kuypers (2008: 118) zusammen. Mittels einer umfassenden Internetrecherche heben Autoren wie Bröckers und Meyssan nun zuvor untergegangene Agenturmeldungen – darunter auch Falschmeldungen – sowie Zeitungsberichte oder behördliche Dokumentationen hervor und prämieren ein bis dato nicht mit den Anschlägen assoziiertes Wissen als eigentlich relevantes Kontextwissen der Ereignisse. In ihrer massiven Ausbeutung neuer Framing-Potenziale können die genannten Erzählinstanzen somit tatsächlich als Teil einer erzählerischen Avantgarde gelten, die sich konstitutiv an die technischen Möglichkeiten von Digitalisierung und Vernetzung koppelt. In den Worten von Eva Horn (2007: 471) explorieren sie »die grundsätzlichen Möglichkeiten eines kritischen Diskurses und einer anderen epistemologischen Struktur politischen Wissens in einem Medium, das nicht mehr hierarchisch, nicht mehr lokal, nicht mehr monologisch ist und nicht mehr mit klar definierten Wahrheitskriterien operiert«.

Mit der Durchsetzung einer Reihe zuvor eher peripherer Funktionen und Dienste im Internet seit Mitte der 2000er Jahre – nicht zuletzt Dank der Verbreitung von Breitband-Technologie – gelangt auch das verschwörungstheoretische Erzählen abermals auf eine neue Ebene. Von besonderer Relevanz ist in unserem Kontext die Einführung und schnelle Popularisierung neuer Video-Plattformen. Der Film *Loose Change* (Avery 2005) gilt dabei als erster *Internet-Blockbuster* (Sales 2006) und wohl prominentestes Werk unter zahlreichen filmischen Beiträgen zur 9/11-Verschwörungstheorie, die im Internet verfügbar sind. »The most influential piece of propaganda for 9/11 conspiracists was not a book or a Web site but a documentary [...]. Dylan Avery of Oneonta, New York, made Loose Change with two of his friends for $2,000 and uploaded it onto the internet« (Olmsted 2009: 224). Der in Heimproduktion hergestellte und über das Internet und

DVD-Kopien verbreitete Film besteht nahezu ausschließlich aus Fremdmaterial, das den Mainstream-Massenmedien entnommen sowie aus Amateur-Videos, die über das Internet bezogen wurden. Die wohl eindrucksvollsten Szenen generiert der Film, indem Fadenkreuze über das einstürzende World Trade Center gelegt werden, um die mutmaßliche kontrollierte Sprengung der Türme evident zu machen (siehe Abbildung 4). Hier findet die verschwörungstheoretische Erzählung zum 11. September 2001 quasi wieder zu ihren Anfängen zurück, indem sie kleine digitale Rahmen über die ikonischen Bilder der attackierten Zwillingstürme legt. Die gesamte Erzählung innerhalb des Films *Loose Change* ist wiederum eine Kompilation diverser Narrative und Gerüchte, die zuvor bereits im Internet verfügbar waren. Der Film markiert dabei – wiederum als eine Art Avantgarde – den gerade aktuellen Status Quo populärer digitaler Nutzer-Anwendungen.

Deutlicher noch als etwa in den Verschwörungstheorien zur Ermordung John F. Kennedys verweisen die digitalen Verschwörungstheorien zum 11. September darauf, dass hier nicht nur ein bestimmter Text (die ›offizielle Version‹) kritisch hinterfragt wird, sondern auch das den Text kolportierende Mediensystem. Nämlich vorzugsweise die Institution Fernsehen, deren Bilder die verschwörungstheoretischen Erzählungen zum 11. September sich exzessiv bedienen um sich gleichsam davon abzugrenzen. Spätestens hier greift das Konzept der Intertextualität zu kurz und mit gebotener Vorsicht vor dem Begriff wäre hier von einer Analogie zur ›transformationalen Intermedialität‹ zu sprechen, wie sie in der Intermedialitätsforschung seit einigen Jahren Thema ist:[13]

> »Ein Medium verweist auf ein anderes – es kann das repräsentierte Medium dadurch kommentieren, was wiederum interessante Rückschlüsse auf das ‚Selbstverständnis' des repräsentierenden Mediums zulässt. Und es kann das repräsentierte Medium auf eine Art und Weise repräsentieren, die dessen lebensweltliche, ›normale‹ Gegebenheitsweise verfremdet oder gleichsam transformiert.« (Schröter 1998: 144).

Instruktiv ist das von Jens Schröter gewählte Beispiel für transformationale Intermedialität, die Fernsehsendung 100(0) Meisterwerke, die jeweils einzelne Gemälde abfilmt und dabei per *voice over* deutet:

> »Es kommentiert die verketteten, ›zentrifugalisierten‹ Bildausschnitte und ersetzt auf diese Weise das [...] ›innere Gemurmel‹, welches wir vor dem Bild produzieren

13 Hierzu: Schröter (1998) und (2008).

– diese Stimme liefert den zeitlich sich entfaltenden Begründungszusammenhang, der rechtfertigt, warum gerade diese und keine andere Weise der Verknüpfung gewählt wurde. [...] Wir werden buchstäblich Komplizen der immer gleichen Off-Stimme, denn die erhöhte Kameraposition, die uns als Zuschauer weit über die [...] Besucher erhebt, deutet an, daß wir eine Überblicksposition besitzen, von der aus eine ›objektive‹ Beurteilung des Kunstwerks möglich ist.« (ebd.: 145)

In genau diesem Sinne können die genannten Beispiele digitaler Verschwörungstheorie auch als intermediale Erzählungen verstanden werden, als vermeintlich objektive ›Übersetzungsorgane‹ für Medienereignisse. So wie die erhöhte Kameraposition in 100(0) Meisterwerke, dient hier nun ein Arsenal digitaler Effekte und Funktionen zur Herstellung einer besonderen Überblicksposition. Etwa dann, wenn im Internet-Film Loose Change nachträglich Fadenkreuze über bis dato unbeachtete Staubwolken in den ikonischen Fernsehbildern des einstürzenden *WTC* gelegt werden. Ebenso wie in der Fernsehanalyse von Gemälden in der Sendung 100(0) Meisterwerke werden wir auch als Betrachter verschwörungstheoretischer Internetfilme Komplizen des *voice over*, nun allerdings bei der paranoischen Betrachtung des Fernsehens selbst. Was hieraus – mindestens im Subtext und bisweilen auch explizit – entsteht, ist eine Diskreditierung des Mainstream-Mediums Fernsehen zugunsten ›neuer Medien‹, in deren Zentrum das Internet steht. Ganz offenbar sind wir als Fernsehzuschauer ja ein zentraler Adressat der Verschwörung vom 11. September (unabhängig davon ob diese nun auf die Al-Kaida oder auf einen *Inside Job* zurückginge). In dieser Hinsicht schlägt der Zuschauer nun als User zurück, indem er – mit digitalen Medien ausgerüstet und vernetzt – das Medienereignis 11. September paranoisch decodiert und somit auch die dominanten Trägermedien der ›offiziellen Version‹, das System Fernsehen, beziehungsweise Massenmedien allgemein, als mutmaßlich ›blinde‹ Medien oder gar als Teil der Verschwörung selbst entlarvt.

5. Zusammenfassung und Schlussbetrachtung

Das Erzählen von Verschwörungstheorie unter den Vorzeichen einer *Realität der Massenmedien* basiert grundsätzlich auf Möglichkeiten des Zugriffs auf mediale Artefakte sowie auf einem spezifischen Framing der jeweiligen Artefakte. Dem verschwörungstheoretischen Framing liegt ein Prozess zugrunde, den ich unter dem Begriff der paranoischen Decodierung erörtert habe. Verschwörungstheorie ist somit auch zwingend an entsprechende mediale Produktionsbedingungen gebunden, die eine Beobachtung zweiter Ordnung und deren Repräsentation ermöglichen. Dass Digitalisierung und Vernetzung die Möglichkeiten zu Beobachtungen zweiter Ordnung fundamental erweitert haben, ist offensichtlich. Dieser basale Aspekt der Netzmedien ist für das Erzählen von Verschwörungstheorie jedoch von zentraler Bedeutung. Zunächst alleine deshalb, weil die »Möglichkeit der Streuung von kryptographisch erzeugten Botschaften« (Hahn 2002: 95), also das potenzielle Feld paranoisch zu decodierender Medieninhalte, koextensiv mit der Möglichkeit global zu kommunizieren ist. In Zeiten der Expansion globaler Kommunikationsnetze bedarf es dann nur noch einer Suchmaschine, die dieses Feld systematisch erfassbar macht, um der ›falsch dichtenden Einbildungskraft‹ verschwörungstheoretischer Erzählungen maximalen Ertrag zu sichern.

Alleine mit seinen Möglichkeiten des Zugriffs auf digitale Bilder-Archive, die es einer zweiten Lektüre zu unterziehen gilt, und den Optionen zur Verknüpfung zuvor nicht verbundener Wissensbestände (›alles ist vernetzt‹ lautet ein Topos der Verschwörungstheorie) bedeutet das Internet also eine erhebliche Modifizierung verschwörungstheoretischen Erzählens. Wie gezeigt, verweisen die Erzählinstanzen von Verschwörungstheorien zum 11. September selbst auf das Internet und insbesondere die Suchmaschine Google, als konstitutiven Faktor ihrer Erzählungen. Die verschwörungstheoretische Suche nach der ›Wahrheit‹ nimmt dabei Fotografien und Video-Material wie auch digital verfügbare Texte in den Blick, um einer ›offiziellen Version‹ alternative Lesarten entgegenzusetzen.

Steht die Vernetzung qua Internet in hiesigem Kontext somit für den erleichterten Zugriff auf mediale Artefakte, so bedeutet die Digitalisierung grundsätzlich eine Erweiterung der Möglichkeiten zur Bearbeitung der selektierten Artefakte. Die Bearbeitungsfunktion ist – wie an den abgebildeten ›Bildbeweisen‹ ersichtlich – insbesondere für das visuelle Erzählen von Verschwörungstheorie bedeutsam. Dass das Kopieren, Speichern, Bearbeiten und Repräsentieren medialer Artefakte als ›Produktionsanforderungen‹ moderner Verschwörungstheorie durch neue Medien vereinfacht und ›demokratisiert‹ wurde, ist offenkundig. Dennoch gilt es, sich diesen simplen Sachverhalt als wesentlichen Faktor der hier betrachteten Erzählungen zu verdeutlichen. Ein Medienprodukt wie *Loose Change*, die mutmaßlich erfolgreichste wie auch einflussreichste verschwörungstheoretische Erzählung zum 11. September 2001, wäre ohne die neuen Produktionsbedingungen kaum von Amateuren zu realisieren gewesen. Dies betrifft sowohl die Beschaffung des Materials, wie auch die schlichte Frage, wie Amateur-Filmemacher mit geringem Aufwand professionelle Bildeffekte erzeugen können. Mittels kostengünstiger digitaler Bildbearbeitungs-, Schnitt- und Postproduktionssoftware greifen die Erzählinstanzen in ihr Material ein und markieren jene Ausschnitte, die ihrer Logik nach von eigentlichem Interesse sind. Die Logik dieser visuellen Neu-Rahmungen gilt als abstraktes Prinzip auch auf der Ebene rein schriftlicher verschwörungstheoretischer Erzählungen, die anstatt einzelner Bildausschnitte bestimmte Auszüge aus dem Informationsfluss internationaler Zeitungsberichte oder Agenturmeldungen hervorheben und somit ›alternative Wahrheiten‹ produzieren.

Dass Digitalisierung und Vernetzung als Produktionsbedingungen die verschwörungstheoretischen Erzählungen zum 11. September tatsächlich erst miterschaffen haben ist somit evident. Hieraus lässt sich allerdings kaum ableiten, dass Genese und Verbreitung des Internets mit dem Glauben an Verschwörungstheorien kausal in Verbindung stünden. Bemerkenswert ist allerdings der pionierartige Umgang verschwörungstheoretischer Erzählinstanzen mit je aktuellen medialen Möglichkeiten des Erzählens. Wie Eva Horn (2007: 471) andeutet, explorieren die Erzähler von Verschwörungstheorie die neuen Medien geradezu als ›Avantgarde‹ einer neu situierten Erzählkultur. Bringt man diesen Gedanken konsequent zu Ende, deutet sich zumindest eine mögliche Erklärung an, weshalb das Internet offensichtlich als »Tummelplatz« (Jaecker 2005: 19) und eigentlicher Ursprung der fraglichen Narrative (Gregory/Wood 2009: 197) fungiert.

Unter Bezugnahme auf das Konzept der paranoischen Decodierung kann verschwörungstheoretisches Erzählen als ein idealtypisches ›Skript‹ verstanden werden, um die Möglichkeiten von Digitalisierung und Vernetzung (spielerisch) zu explorieren. Im Gegensatz zu den diesbezüglich klar strukturierten Medien Buch oder Fernsehen, die noch einen klassischen Rezipienten voraussetzen, bieten Internet sowie digitale Hard- und Software eine kaum überschaubare Fülle fortlaufend weiterentwickelter Dienste und Funktionen, die auf Interaktivität ausgelegt sind. Rudolf Jaworski (2001: 29) schreibt, »der Online-Zugang zu einem kunterbunten Wort- und Bildsalat reizt von sich aus zur Herausbildung von Verschwörungstheorien, das heißt zur Suche nach dem heimlichen Sinn und der geheimen Steuerungszentrale in diesem unübersichtlichen Informationschaos«. Diese Überlegung scheint etwas gewagt, lässt sich aber durch Modifizierung plausibilisieren. Wenn wir anstatt eines ›kunterbunten Wort- und Bildsalats‹

von einer Reihe interaktiver Dienste und Funktionen ausgehen – Suchmaschinen, Bild- und Textprogramme, Hyperlinks, Content-Plattformen, Kommentarfunktionen etc. – so ist zunächst die Annahme berechtigt, dass diese interaktiven Angebote gewissermaßen dazu ›anreizen‹, sie in irgendeiner Art sinnvoll zu nutzen. So wie die zentrale Botschaft des Mediums Fernsehen schlicht lautet ›schalt mich ein und nicht wieder aus‹, gilt auch für neue Medien der notorische Satz Marshall McLuhans (1970: 17), dass das Medium die Botschaft sei. Wenn jedoch als zentrale Rekurrenz der fortlaufenden Entwicklung neuer Medien eine jeweilige Möglichkeitserweiterung zu Beobachtungen zweiter Ordnung entsteht, hat dies auch Konsequenzen für die Art der Tätigkeit, zu der ein neues interaktives Medium ›anreizt‹. Hier ist etwa an Watchblogs als eine dominante Variante des Blogs zu denken. Zieht man den Befund heran, dass moderne Verschwörungstheorie stets als *Begleiterzählung zum Informations- und Bilderfluss der Massenmedien* fungiert, ist nicht nur der Schluss zulässig, dass verschwörungstheoretische Erzählinstanzen internet-affin sind, sondern auch, dass Verschwörungstheorie mit deren Praxis der paranoischen Decodierung dem zunächst relativ unbestimmten Anreiz des Internets ein kongeniales Anwendungsfeld bietet.

Somit wäre die vielfach problematisierte Konjunktur von Verschwörungstheorien zum 11. September 2001 in einem gänzlich entdramatisierten Lichte zu betrachten. Diese Konjunktur wäre weniger der Entdeckung verborgener Wahrheiten und Verschwörungen geschuldet, als vielmehr der Entdeckung des Internets.

Literatur

Bröckers, Mathias, »Nichts Neues vom Affenfelsen: Ist Leyendecker gaga?«, http://www.broeckers.com/Affenfelsen.htm (30.8.2003), 8.7.2013.

Bröckers, Mathias, »The WTC Conspiracy«, in: *telepolis*, http://www.heise.de/tp/special/wtc/default.html, 8.7.2013.

Bröckers, Mathias (2003), *Verschwörungen, Verschwörungstheorien und die Geheimnisse des 11.9.*, 35. Aufl., Frankfurt a.M.

Caumanns, Ute; Niendorf, Matthias (Hg.) (2001), *Verschwörungstheorien: Anthropologische Konstanten – historische Varianten*, Osnabrück.

Chomsky, Noam; Barsamian, David (2007), *What we say goes: Conversations on U.S. power in a changing world*, 1. Aufl., New York.

Dunbar, David; Reagan, Brad (2006), *Debunking 9/11 myths: Why conspiracy theories can't stand up to the facts*, New York.

Freyermuth, Gundolf S. (1996), »Das Internetz der Verschwörer: Eine Reise durch die elektronische Nacht«, in: Karl M. Michel.; Tilman Spengler (Hg.), *Kursbuch Verschwörungstheorien*, S. 1–11.

Goffman, Erving (1989), *Rahmen-Analyse: Ein Versuch über die Organisation von Alltagserfahrungen*, Frankfurt a.M.

Gregory, Katherine; Wood, Emily (2009), »Controlled Demolitions: The 9/11 Truth Movement on the Internet«, in: Ingrid Hotz-Davies; Anton Kirchhofer; Sirpa Leppänen (Hg.), *Internet fictions*, Newcastle upon Tyne, S. 197–217.

Giltrow, Janet; Stein, Dieter (2009), *Genres in the Internet. Issues in the theory of genre*, Amsterdam.

Groh, Dieter (1996), »Verschwörungen und kein Ende«, in: Karl M Michel.; Tilman Spengler (Hg.), in: *Kursbuch Verschwörungstheorien*, H. 124, Berlin, S .12–26.

Groys, Boris (2000), *Unter Verdacht: Eine Phänomenologie der Medien*, München.

Groys, Boris (2002), »Die zukünftigen Intellektuellen werden wohl Offiziere sein: Ein Interview von Vitus H. Weh mit Boris Groys über künftige Verschwörungsgesellschaften, den Terroranschlag vom 11. September und sein Buch ›Unter Verdacht. Eine Phänomenologie der Medien‹«, in: Dieter Bechtloff (Hg.) *Kunstforum international*, H. 158, Ruppichteroth, S. 386–388.

Hagemeister, Michael; Horn, Eva (2012), *Die Fiktion von der jüdischen Weltverschwörung. Zu Text und Kontext der ›Protokolle der Weisen von Zion‹*, Göttingen.

Hahn, Dorothea, »›Falsche Beweise‹ überall« (11.9.2002), in: *taz.de*, http://www.taz.de/1/archiv/archiv/?dig=2002/09/11/a0147, 8.7.2013.

Hahn, Torsten (2002), »Medium und Intrige: Über den absichtlichen Missbrauch von Kommunikation«, in Claudia Liebrand; Irmela Schneider (Hg.), *Medien in Medien*, Köln, S. 89–105.

Heyd, Theresa (2009), »A model for describing ›new‹ and ›old‹ properties of CMC genres. The case of digital folklore«, in: Janet Giltrow; Dieter Stein (Hg.), *Genres in the Internet. Issues in the theory of genre*, Amsterdam, S. 239–262.

Horn, Eva (2007), *Der geheime Krieg: Verrat, Spionage und moderne Fiktion*, Frankfurt a.M.

Hotz-Davies, Ingrid; Kirchhofer, Anton; Leppänen, Sirpa (Hg.) (2009), *Internet fictions*, Newcastle upon Tyne.

Jaecker, Tobias (2005), *Antisemitische Verschwörungstheorien nach dem 11. September: Neue Varianten eines alten Deutungsmusters*, Münster.

Jaworski, Rudolf (2001), »Verschwörungstheorien aus psychologischer und aus historischer Sicht«, in: Ute Caumanns; Matthias Niendorf (Hg.), *Verschwörungstheorien: Anthropologische Konstanten – historische Varianten*, Osnabrück, S. 11–30.

Kay, Jonathan (2011), *Among the truthers: A journey through the cognitive underworld of American life*, 1. Aufl., New York.

Kaysing, Bill; Reid, Randy (1976), *We never went to the moon. America'y thirty billion dollar swindle*, Mokelumne Hill.

Kibby, Marjorie D. (2005), »Email forwardables: folklore in the age of the internet«, in: *New Media & Society*, Jg. 7 (2005), H. 6, S. 770–790.

Kuhn, Oliver (2010), »Spekulative Kommunikation und ihre Stigmatisierung – am Beispiel der Verschwörungstheorien: Ein Beitrag zur Soziologie des Nichtwissens«, in: *Zeitschrift für Soziologie* 39 (2), S. 106–123.

Kuypers, Jim A. (2002), *Press bias and politics: How the media frame controversial issues*, Westport.

Lehmann, Kai; Schetsche, Michael (Hg.) (2005), *Die Google-Gesellschaft: Vom digitalen Wandel des Wissens*, Bielefeld.

Leyendecker, Hans (2003), »Affen der Angst. Nichts verkauft sich heute so gut wie miserable Bücher über die große Weltverschwörung. Sind wir noch zu retten?«, in: *Süddeutsche Zeitung*, Nr. 199 vom 30./31.8.2003, Wochenende, S. 3.

Liebrand, Claudia; Schneider, Irmela (Hg.) (2009), *Medien in Medien*, Köln.

Lovink, Geert (2008), *Zero comments: Blogging and critical Internet culture*, New York.

Luhmann, Niklas (1984), *Soziale Systeme*, Frankfurt a.M.

Luhmann, Niklas (1996), *Die Realität der Massenmedien*, 2. Aufl., Opladen.

Lutter, Marc (2001), *Sie kontrollieren alles! Verschwörungstheorien als Phänomen der Postmoderne und ihre Verbreitung über das Internet*, München.

McLuhan, Marshall (1970), *Die magischen Kanäle. Understanding Media*, Frankfurt a.M.

Meteling, Arno (2008), »The Parallax View: Verschwörungstheorie zur Einführung«, in: *Transkriptionen: Newsletter des Kulturwissenschaftlichen Forschungskollegs ›Medien und Kulturelle Kommunikation‹ SFB/FK 427*, Köln, 15–18.

Meyssan, Thierry (2002), *11. September 2001: Der inszenierte Terrorismus. Auftakt zum Weltenbrand? ›Kein Flugzeug traf das Pentagon!‹*, Kassel.

Michel, Karl M.; Spengler, Tilman (Hg.) (1996), *Kursbuch Verschwörungstheorien*, H. 124, Berlin.

Olmsted, Kathryn S. (2009), *Real enemies: Conspiracy theories and American democracy, World War I to 9/11*, Oxford.

Paech, Joachim; Schröter, Jens (Hg.) (2008), *Intermedialität analog/digital: Theorien, Methoden, Analysen*, München.

Patalong, Frank, »Verirrte, Verwirrte, Verbrecher: Q33NY«, in: *Spiegel Online* (21.09.2001), http://www.spiegel.de/netzwelt/web/verirrte-verwirrte-verbrechr-q33ny-a-158516.html, 8.7.2013.

Schetsche, Michael (2005), »Die ergoogelte Wirklichkeit: Verschwörungstheorien und das Internet«, in: Kai Lehmann; Michael Schetsche (Hg.), *Die Google-Gesellschaft: Vom digitalen Wandel des Wissens*, Bielefeld, S. 113–126.

Schmidt, Siegfried J. (2012), *Rekurrenzen der Mediengeschichte: Ein Versuch*, Weilerswist.

Schneider, Manfred (2010), *Das Attentat: Kritik der paranoischen Vernunft*, Berlin.

Schröter, Jens (1998), »Intermedialität: Facetten und Probleme eines aktuellen medienwissenschaftlichen Begriffs«, in: *Montage/AV*, H. 2, Berlin, S. 129–154.

Schröter, Jens (2008), »Das ur-intermediale Netzwerk und die (Neu-)Erfindung des Mediums im (digitalen) Modernismus. Ein Versuch«, in: Joachim Paech; Jens Schröter (Hg.), *Intermedialität analog/digital: Theorien, Methoden, Analysen*, München, S. 579–601.

SFB/FK 427 (Hg.) (2008), *Transkriptionen: Newsletter des Kulturwissenschaftlichen Forschungskollegs ›Medien und Kulturelle Kommunikation‹*, Köln.

Sloterdijk, Peter (1983), *Kritik der zynischen Vernunft*, Bd. 2, 8. Aufl., Frankfurt a.M.

Soukup, Charles (2008), »9/11 Conspiracy Theories on the World Wide Web: Digital Rhetoric and Alternative Epistemology«, in: *Journal of Literacy and Technology*, Jg. 9, H.3, S. 2–25.

Stempel, C.; Hargrove, T.; Stempel, G. H. (2007), »Media Use, Social Structure, and Belief in 9/11 Conspiracy Theories«, Journalism & Mass Communication Quarterly, Jg. 84, H. 2, S. 353–372.

Wippermann, Wolfgang (2007), *Agenten des Bösen: Verschwörungstheorien von Luther bis heute*, Berlin.

Filme

Avery, Dylan (Regie) (USA 2005), *Loose Change.*

Howard, Ron (Regie) (USA 2001), *A Beautiful Mind – Genie und Wahnsinn.*

Schmid, Hans-Christian (Regie) (D 1998). *23 – Nichts ist so wie es scheint.*

Begriffe auf Wanderschaft: Denkkollektive in sozio-technischen Vernetzungen

Jana Klawitter

1. Einleitung

Für die allgemeine sowie die sprach- und handlungsbezogene Orientierung innerhalb von Gemeinschaften stellt das Hintergrundwissen die Basis dar. Über narrative Strukturen, die Teil des Hintergrundwissens sind, setzen sich unter anderem individuelle und kollektive Denkmuster und Selbstverständlichkeiten zusammen. »Narrative Strukturen konstituieren Weltzustände als Erzählungen, in denen es handelnde Akteure und Aktanten, Ereignisse, Herausforderungen, Erfolge und Niederlagen, ›Gute‹ und ›Böse‹ etc. gibt.« (Keller 2006: 51) Kollektive Selbstverständlichkeiten und damit verbundene »Richtig-falsch-Vorstellungen« zeichnen sich dadurch aus, dass sie nicht bewusst reflektiert und damit nicht thematisiert werden (müssen) (vgl. Siegel 2003), da sie ›gültige‹ Konventionalisierungen darstellen. »Was in der Welt Gültigkeit hat, wird in Sprecherhandlungen als faktisch und gegeben assertiert.« (Felder 2013: 15)[1] Bei der Beschäftigung mit »Faktizität«, sind jedoch »in einem intersubjektiven Sinne [...] immer nur bestimmte Formate des Wissens« zugänglich und zu diesen Darstellungsformaten gehören unter anderem Begriffe[2] (vgl. Busse 2008: 60f.).

Die das Hintergrundwissen formenden Begriffe – verstanden als Konzepte oder Kategorien – basieren auf Sozialisierungsprozessen und umfassen sprachliche und nicht-sprachliche Anteile. In alltäglichen Zusammenhängen ist für das Gelingen von Verständigung weniger entscheidend, dass höchstmögliche Präzision hinsichtlich der Bedeutung von Begriffen und Termini besteht, sondern vielmehr, dass ihre Verwendung durch die Akteure als praktikabel und plausibel erfahren wird. Dem kann eine gewisse

1 Mit Verweis auf Searle ([1975] 1982).

2 Busse versteht Begriffe als *concepts*. Weitere »Formate des Wissens« können etwa »Sätze«, »Aussagen«, »Prädikationen« sowie auch »frames« (oder »Wissensrahmen«) bei Charles J. Fillmore sein (vgl. ebd.).

Vagheit, Ungenauigkeit oder Unschärfe in der Bedeutung von Begriffen zuträglich sein. Demgegenüber wird in fachlichen Zusammenhängen, insbesondere in Wissenschaft und Forschung, größtmögliche Präzision in der Sprache angestrebt, vor allem mittels Fachtermini. Dennoch werden auch innerhalb der Wissenschafts- und Forschungskommunikation Begriffe aus dem Alltagsverständnis heraus mit Fachbedeutung versehen, dienen metaphorische Konzepte als erkenntnisfördernde Objekte.

Begriffe und die verbundenen Termini, Wissensordnungen und Gestaltungen, Praktiken oder wissenschaftlichen Geräte werden für inter- und transdisziplinäre Zusammenhänge beispielsweise über die Ansätze »boundary objects« (vgl. Star/Griesemer 1989), »boundary concepts« (vgl. Löwy 1993)[3] oder auch die aus den Geisteswissenschaften motivierten »travelling concepts« (vgl. Bal 2002) systematisiert. Ein weiterer, in diesem Beitrag zentraler und durch Ludwik Fleck entwickelter Ansatz ist der der »Denkkollektive« und »Denkstile« (vgl. Fleck [1935] 1980).[4] Fleck fokussiert soziale, historisch begründete und kulturabhängige Prozesse in der Herausbildung von Wissens- und Wissenschaftsgebieten. Darin essentiell sind »die Rolle der Sprache als wichtigstes Element wissenschaftlicher Kommunikation [und] die praktische Erfahrenheit [...], die sich nicht explizit formulieren läßt« (vgl. Schäfer/Schnelle 1983: 19f.). Fleck sei, »wenn er von

---

3 Löwy (1993) wurde durch Hans-Jörg Rheinberger ins Deutsche mit »Unscharfe Begriffe« übersetzt (vgl. Löwy 1993: 204, Endnote *).

4 Vor dem Erfahrungshintergrund als praktizierender Arzt sowie als Bakteriologe und Immunologe entwickelte Ludwik Fleck (1896–1961) den Ansatz einer Vergleichenden Erkenntnistheorie und legte diesen in seiner einzigen Monografie *Entstehung und Entwicklung einer wissenschaftlichen Tatsache. Einführung in die Lehre vom Denkstil und Denkkollektiv* ([1935] 1980) sowie weiteren Aufsätzen dar. Zu Lebzeiten zwar bereits rezipiert (vgl. Werner/Zittel 2011, Griesecke 2008), was 19 vorrangig positive Rezensionen aus neun Ländern nach dem Erscheinen seiner Monografie belegen (vgl. Werner/Zittel 2011: 12 und Fußnote 8), fand Flecks Werk jedoch erst nach seinem Tod über eine Erwähnung durch Thomas S. Kuhn (vgl. Kuhn [1962] 1967: 8 und 1979) international Eingang in die Forschungen vor allem zu Wissenschaftstheorie, Soziologie und Philosophie. Zu Leben und Werk Ludwik Flecks vgl. vor allem Schnelle (1982) sowie die Einleitungen der deutschsprachigen Ausgaben der Monografie, Aufsätze und Kontroversen Schäfer/Schnelle (vgl. Fleck [1935] 1980, 1983), in Griesecke/Graf (vgl. Griesecke 2008) sowie von Werner/Zittel (vgl. Fleck 2011). Zur Einordnung und Ausdifferenzierung des wissenschaftstheoretischen Ansatzes der Vergleichenden Erkenntnistheorie in Wissenschaftstheorie und -philosophie sowie kritischen Diskussion von Rezeptionen Ludwik Flecks, vor allem im Hinblick auf Vergleichbarkeit von Denkstilen sowie Einordnung/Abgrenzung der Fleckschen Methodologie von konstruktivistischen Ansätzen, vgl. unter anderem Griesecke (2008).

›Denkstil‹ spricht, nicht primär an der Gestalt der Sprache, sondern an der Gestaltung des Denkens« interessiert (vgl. Fix 2011: 10). Dieses Interesse leitet auch kognitionslinguistische Ansätze. Nahe dem kognitionslinguistischen Verständnis unterscheidet Fleck zwischen *Terminus* und *Begriff* und wendet *Begriff* auf einer übergreifenden Ebene an, auf der *Begriff* verstanden werden kann als *Konzept*, *Kategorie* oder *Wissensrahmen*.

Der Beitrag beleuchtet die kollektiven Prozesse der Entwicklung eines »Fakts« oder einer »Tatsache« nach Ludwik Fleck und stellt insbesondere den Bezug zu »Wanderungen von Begriffen« innerhalb von »Gedankenkreisläufen« her.[5] Mit kommunikationsbezogenem Blick auf die Methodologie Flecks werden Anschlussmöglichkeiten zu Digitalität und Internettechnologien herausgestellt. Hinsichtlich sozio-technischer Vernetzungen liegt den Betrachtungen dennoch ein weites Verständnis von *Techniken* und *Technologien* zugrunde, worin sowohl soziale, kommunikative als auch maschinelle Aspekte mit einander verwoben sind.[6] Hier werden exemplarisch Bezüge zwischen wissenschafts- und forschungsbasierten Ausrichtungen und populärwissenschaftlichen Hintergründen, Zielstellungen, Strukturen und Verbreitungswegen hergestellt.

---

5 Für den vorliegenden Beitrag dient die deutschsprachige Ausgabe der Monografie, herausgegeben von Schäfer/Schnelle (vgl. Fleck [1935] 1980) sowie die neueste Herausgabe durch Werner/Zittel (vgl. Fleck 2011) mit Schriften und Zeugnissen Ludwik Flecks als Basis. Letztere Ausgabe umfasst in korrigierter Fassung sowohl die Aufsätze der Aufsatzsammlung von Schäfer/Schnelle (vgl. Fleck 1983) als auch die Texte der Debatte Flecks mit der Philosophin Isydora Dąmbska, die ebenfalls in Griesecke/Graf (2008) abgedruckt sind. Die Edition von Werner/Zittel gehe »weit über die bislang vorhandenen deutschen, englischen, italienischen und polnischen Sammlungen von Texten Flecks hinaus, als sie auch zusätzlich unbekanntes Archivmaterial, das in Polen, der Ukraine und Deutschland entdeckt wurde, sowie schwer auffindbare Texte Flecks bringt, darunter Interviews, Streitschriften und Briefe« (vgl. Werner/Zittel 2011: 27f.). Archivmaterialien zu Ludwik Fleck sind online einsehbar über das Zentrum für Zeitgeschichte, Archiv für Zeitgeschichte in Kooperation mit dem Ludwik Fleck Zentrum am Collegium Helveticum der ETH Zürich unter »Fleck-Online« (vgl. ETH Zürich, »Fleck online«, https://www.afz.ethz.ch/netzwerk/foerderungsnetz/fleck-online, 8.7.2013).

6 Als Basis, aber im vorliegenden Beitrag nicht näher ausgeführt, dient hierfür das Modell einer sozialwissenschaftlichen Dispositivanalyse und damit verbundener Leitfragen (vgl. Bührmann/Schneider 2008: 92–107), das sich an der Diskurs- und Dispositivanalyse Michel Foucaults (zum Dispositiv-Begriff vgl. zum Beispiel Foucault 1978: 109) orientiert sowie die Interdiskursanalyse nach Jürgen Link einbezieht.

2. Denkstile und soziale Praktiken

Eine Tatsache entwickelt sich nach Ludwik Fleck durch Erkenntnisprozesse und das Erkennen sei »die am stärksten sozialbedingte Tätigkeit des Menschen« (vgl. Fleck [1935] 1980: 58). Die Entwicklung einer Tatsache kennzeichnen folgende Etappen: »zuerst ein Widerstandsaviso im chaotischen anfänglichen Denken, dann ein bestimmter Denkzwang, schließlich eine unmittelbar wahrzunehmende Gestalt« (vgl. Fleck [1935] 1980: 124). Die Basis für die Flecksche Methodologie bilden daher drei Phänomene: 1) »Die Denkdifferenzierung von Menschen in Gruppen«, 2) »der Kreislauf eines Gedankens ist grundsätzlich mit dessen Umgestaltung verbunden«, 3) »das Vorhandensein einer spezifischen historischen Entwicklung des Denkens, die sich weder auf eine logische Entfaltung der Denkinhalte noch auf ein einfaches Anwachsen der Einzelerkenntnisse zurückführen läßt« (vgl. Fleck [1936] 2011: 263–282).

Werner/Zittel (2011) stellen heraus, dass Fleck es verstehe, »Wissenschaftstheorie und Kulturtheorie miteinander zu verbinden und die Wissenschaftstheorie aus dem engen Kreis der *scientific community* herauszulösen« (vgl. ebd.: 15). Für Krohn (2006) ist der »bedeutende Schritt von Fleck [...] dieser: Er hat die Stilisierung der Wahrheit als das wesentliche Merkmal der kommunikativen Gestaltungs- und Abstimmungsprozesses definiert. Die ästhetischen Werte dienen nicht, wie bei Kuhn, der Überbrückung einer rationalen oder empirischen Lücke, sondern entspringen aus den Stilvorgaben des Denkkollektivs.« (Ebd.: 33)

Denkstile[7] bilden sich auf Basis sozialer Prozesse und im Verlaufe dessen »entsteht eine spezifische Bereitschaft, dem Stil entsprechende Gestalten wahrzunehmen, es verschwindet dagegen parallel das Vermögen, nicht

7 Der Terminus *Denkstil* wurde bereits bei Karl Mannheim geprägt. Inwiefern die Arbeiten Mannheims Fleck bekannt waren und ob er diese in die Entwicklung seiner Methodologie einbezog, ohne sie explizit zu nennen oder zu zitieren, ist nicht eindeutig nachweisbar (vgl. zum Beispiel Egloff 2007: 88 oder Schütz 2007: 134, Fußnote 9). Der Unterschied zu von anderen Denkstil-Begriffen sei jedenfalls, dass Fleck *Denkstile* »weder als Methoden noch fixe Denkformen« beschreibe; »sie bezeichnen keine Epochen oder Weltanschauungen (wie z.B. bei Karl Mannheim) und charakterisieren auch keine Individuen, soziale Gruppen oder Institutionen, [...] sondern Vorgänge: Zirkulationen von Ideen und sozialen Praktiken und die aus ihnen resultierende unbewußte stilgemäße Konditionierung von Wahrnehmung, Denken und Handeln der Forscher« (vgl. Werner/Zittel 2011: 19).

stilgemäße Phänomene wahrzunehmen« (vgl. Fleck [1935] 1980: 88), es stelle sich ein »Denkzwang« ein.

Bei Fleck sind es vor allem die »Präideen« beziehungsweise »Urideen«, die Ausgangspunkt, Fundament und Richtungsweiser für kollektive Prozesse der Erkenntnisgewinnung und der Stabilisierung von Denkstilen bilden. Bei einer Präidee handele es sich um eine »spezifisch emotional geprägte Vorstellung« (vgl. Werner/Zittel 2011: 17). Selbst wenn eine Präidee auf Basis von Mythen, Aberglauben, Missverständnissen oder Irrtum entstanden ist, kann sie innerhalb kollektiver Denkstilbildung dennoch Wirkung entfalten und das jeweilige Wissensgebiet für lange Zeit bestimmen. Am Beispiel der Entwicklung der Syphilislehre zeigt Fleck die Rolle von »Präideen« auf, die zum Teil über Jahrhunderte hinweg als denkstilbildende Grundlage dienten und resümiert: Ist ein stilvolles Gebilde entwickelt, tritt ein »langdauerndes Beharren gegen alles neue Begreifen« ein, obwohl »[z]wischen den Auffassungen und ihren Beweisen [...] in der Wissenschaftsgeschichte kein formal-logisches Verhältnis« besteht, »die Beweise richten sich ebenso oft nach den Auffassungen wie umgekehrt die Auffassungen nach den Beweisen« (vgl. Fleck [1935] 1980: 40).[8] Erkenntnisse im »Gedankenkreislauf«, »ob sie richtig oder mißverstanden scheinen, sie wandern innerhalb der Gemeinschaft, werden geschliffen, umgeformt, verstärkt oder abgeschwächt, beeinflussen andere Erkenntnisse, Begriffsbildungen, Auffassungen und Denkgewohnheiten« (vgl. Fleck [1935] 1980: 58).[9]

8 Fleck beleuchtet vor allem die Entwicklung der Syphilislehre auf Basis detaillierter wissenschaftshistorischer Begriffsanalysen und stellt heraus, dass die leitenden Präideen auf Grundlage von Astrologie und Religion entstanden seien. Durch religiöses Denken bestimmt, entwickelte sich das Krankheitsbild der Syphilis als »Lustseuche«, was der Syphilidologie einen ethische betonten Charakter als »Lehre von der Krankheit als Strafe für die sündige Lust« mit dem aufgeprägten »Stigma des Schicksalhaften und Sündigen« verlieh. Dieses überlieferte Bild hielt sich auch dann noch, obwohl die ursprünglichen Präidee in neuzeitlichen Forschung keine Gültigkeit mehr hatte – was rückführbar auf die besondere emotionalisierte Wirkung ist, die Präideen inne ist. (Vgl. Fleck [1935] 1980: 5)

9 Als Metaphernmodelle, mit denen Lexemmetaphern verbunden sind, stellt Fleck im Zusammenhang der Begriffsgeschichte der Syphilis fest: »Krankheit als Strafe für Lust – ist Kollektivvorstellung einer religiösen Gemeinschaft«, »Krankheit als Sterneneinfluß – gehört der Gemeinschaft der Astrologen«, »[d]ie spekulative Metallotherapie praktischer Ärzte zeigte die Quecksilberidee«, »[d]er Erregergedanke führt über die neuzeitliche ätiologische Etappe bis zur Kollektivvorstellung vom Krankheitsdämon zurück« (vgl. Fleck [1935] 1980. 57).

Konkurrierende und einander ergänzende Präideen würden die Basis für die Herausbildung eines Denkstils bilden und es setze sich eine Richtung gegenüber anderen durch, wodurch alternative Denkrichtungen marginalisert werden.[10] Begriffe würden weiter verwendet und entsprechend der jeweiligen Zeit angepasst, wobei ihr ursprünglicher Hintergrund der unterschiedlichen Präideen immer stärker verschwimme. Daher müsse die Historizität von Begriffen untersucht werden, um einen Denkstil aufzudecken und mögliche aktuelle Beschränkungen, die auf unbewussten Adaptionen von überholten Präideen basieren, aufzulösen.

Krohn (2006) stellt dem Konzept des »Denkzwangs« gegenüber, dass es »nicht Denkzwang [ist], sondern Flexibilität, Interpretationsoffenheit und Verhandlung[, die] am Ende eines Forschungsprozesses stehen« (vgl. Krohn 2006: 33). Bestätigt werden kann dies darüber, dass Begriffsschärfung mit Kontroversen einhergeht, die mit Wettstreit um Klassifikationen und Verortungen von Wissensgegenständen und -praktiken verbunden sind (vgl. zum Beispiel Keller 2006), denn es handele sich um einen Mythos, dass wissenschaftliche Kooperation von Natur aus auf Konsens basiert (vgl. Star/Griesemer 1989: 388). Fest in der wissenschaftlichen Ausbildung und Praxis, beispielsweise über »das überall verbreitete Peer Review-System«, institutionalisiert sei, dass »[a]uch wenn in einem Forschungsprozeß anfangs Fehler und Mißgriffe unbemerkt auftreten mögen, [...] diese doch letzten Endes von anderen Wissenschaftlern in neuen Kontexten registriert werden« (vgl. Nowotny et al. 2004: 212). Dies wird durch Fleck durchaus berücksichtigt und wenn bei ihm von »Denkzwang« die Rede ist, sind es diejenigen stilgemäßen Gestaltungen und Gestalten, die über all die kommunikativen Aushandlungsprozesse und forschungs- und wissenschaftspraktischen Bedingungen hinweg weitergetragen werden. Neben den von Fleck dargelegten Fallbeispielen aus der medizinischen Praxis

10 Löwy (1993) zeigt am Beispiel der Fachrichtung der Immunologie auf, wie sich diese am Ende des 19./Anfang des 20. Jahrhunderts aus zwei zuvor verschiedenen Wissenschaftsrichtungen – einer chemischen und einer medizinischen – entwickelte: Trotz anfänglicher Forschungserfolge führten technische und theoretische Schwierigkeiten dazu, dass sich dieser Ansatz einer Disziplinenbildung nicht durchsetzen konnte. Erst nach dem Zweiten Weltkrieg gelang eine Neudefinition der Immunologie über biologische Untersuchungen im Hinblick auf die *boundary objects* (ins Deutsche mit »unscharfe Begriffe« übersetzt) des »Selbst« und des »Nicht-Selbst« (vgl. ebd.: 188). »Die Definition von Immun-Mechanismen als Vorrichtungen zur Erhaltung der biologischen Individualität entstand im Rahmen eines Forschungsprogramms, das darauf abzielte, dem Terminus ›Selbst‹ eine präzise chemische und genetische Bedeutung zu verleihen.« (Ebd.)

sowie mikrobiologischen Forschung, lässt auch seine Auffassung von der formalen Seite des Wissenschaftsbetriebs[11] darauf schließen, dass selbst die vorgegebenen technischen sowie organisatorischen Infrastrukturen und Regeln durch Sozialpraktiken bestimmt sind:

»Wir sehen eine organisierte Kollektivarbeit mit Arbeitsteilung, Mitarbeit, Vorbereitungsarbeit, technischer Hilfe, gegenseitigem Ideenaustausch, Polemik etc. Viele Publikationen tragen die Namen mehrerer, gemeinsam arbeitender Verfasser, außer ihnen steht in naturwissenschaftlichen Arbeiten fast immer die Anstalt und deren Leiter zitiert. Es gibt wissenschaftliche Hierarchie, Gruppen, Anhänger und Widersacher, Gesellschaften und Kongresse, periodische Journale, Austauscheinrichtungen etc. Ein wohlorganisiertes Kollektiv ist Träger des Wissens, das die Kapazität eines Individuums weit übersteigt.« (Fleck [1935] 1980: 57f.)

3. Denkkollektive und kognitive Konzepte

Ein Denkkollektiv[12] lässt sich als eine »Gemeinschaft der Menschen, die im Gedankenaustausch oder in gedanklicher Wechselwirkung stehen«, definieren (vgl. Fleck [1935] 1980: 54). Dabei spiele sich der Prozess des Erkennens »nicht ausschließlich zwischen irgendeinem abgetrennten ›Subjekt‹ und irgendeinem ebenso absoluten ›Gegenstand‹ ab«, sondern Subjekt, Objekt und Kollektiv bedingen einander: »Alles Erkennen ist ein Prozeß zwi-

11 Die Auffassung Flecks, wie über das Zitat im Hinblick auf den Wissenschaftsbetrieb vorgenommen, sowie in seinen gesamten Arbeiten einbezogenen und beschriebenen Wissen-Macht-Zusammenhängen weisen deutliche Ähnlichkeit zum später entwickelten Dispositiv-Ansatz Michel Foucaults auf.

12 Zu Hinweisen des Übersetzers der polnischen Texte in Griesecke/Graf (2008) auf die Besonderheiten der Bedeutungen im Polnischen unter anderem von Denkgemeinschaft (polnisch *zespół myślowy*) und Denkkollektiv (polnisch *kolektyw myślowy*) vgl. Kołtan (2008). Übersetzungen und Korrekturen im Zuge der von Sylwia Werner und Claus Zittel herausgegebenen Schriften Flecks waren besonders darauf ausgelegt, ›Kaschierungen‹ vorheriger Übersetzungen rückgängig zu machen. So wurde beispielsweise darauf geachtet, dass Passagen, in denen im Original die Wissenschaft in die Nähe der Kunst gerückt wird, wieder in diesem Sinne übersetzt wurden. Weiterhin wurden Übersetzungen als »Strukturen produzieren« zurückgenommen, da dies nicht die Aussage treffe, [w]enn Fleck schreibt, daß kulturelle oder soziale Akte der ›Schöpfung‹ (*twór*) spezifische ›Gebilde‹ (*wytór*) erschaffen« (vgl. Werner/Zittel 2011: 33). Letztere Übersetzung lasse sich vor allem in englischen Fleck-Texten als »structures« im Zuge sozialkonstruktivistischer Fokussierung der 1980er Jahre finden, was für heutige Erkenntnisinteressen jedoch zu erweitern sei (vgl. ebd.: 33f.).

schen dem Individuum, seinem Denkstil, der aus der Zugehörigkeit zu einer sozialen Gruppe folgt, und dem Objekt« (vgl. Fleck [1947] 2011: 411f.). Mit Betrachtung dieses Zusammenhangs, so Sarrasin (2003), liege bei Fleck im Hinblick auf die verwendeten Begriffe die Betonung weniger auf der Historizität, wie im vorherigen Abschnitt dieses Beitrags anhand der »Präideen« beziehungsweise »Urideen« angesprochen, sondern auf der »konstitutiven Vagheit der in den wissenschaftlichen Aussagen aufbewahrten und reproduzierten Residuen überkommener ›Urideen‹« (vgl. Sarrasin 2003: 198).

Damit stelle sich ein Bezug zu Metaphern, wie sie im aktuellen wissenschaftshistorischen Sinne verstanden werden, her. In aktuellen Konzepten der Wissenschaftsgeschichte liege zwar »einerseits wieder ein stärkeres Gewicht darauf, dass experimentelle Forschung wirklich von ›den Dingen‹ handelt, [...], [a]ndererseits aber scheint es just die Metapher zu sein, die dem Erkenntnisprozess den Zugang zu ›den Dingen‹ in der Natur bahnt« (vgl. ebd.: 195). Im Zusammenhang des »gegenwärtige[n] starke[n] Interesse[s] an der Rolle von Metaphern, Bildern, Experimenten und Instrumenten in den Naturwissenschaften« sehen Werner/Zittel (2011) die Wirkung der Rezeption Flecks einerseits darin, dass über Bildlichkeit Bezug zur »Bedeutung von Emotionen in der Erkenntnistheorie hergestellt wird« sowie desweiteren im »Trend zu interdisziplinären Forschungsfragen, wodurch die Natur- und Geisteswissenschaften einander näherrücken« (vgl. ebd.: 15f.). Fix (2011) identifiziert zum Umgang Flecks mit Metaphern diejenigen Aspekte, die – neben den wissenschaftshistorischen – ebenfalls Bezüge zu kognitionstheoretischen Metaphernansätzen herstellen lassen:

»1. Fleck betrachtet das Bildlich-Metaphorische im kognitiven Sinne. [...] 2. Zugleich ordnet er diese Art von Denken und Darstellen aber zunächst dem Bereich der populären Darstellung zu, in dem aus Gründen der Verständlichkeit Anschaulichkeit vonnöten ist. [...] 3. Fleck vollzieht auch den Umkehrschluss, nämlich den, dass der eher populäre Gebrauch eines Bildes auf wissenschaftliches Erkennen zurückwirken kann. [...] 4. Fleck betrachtet den Metapherngebrauch immer auch bezogen auf die Art von Texten, in denen sie verwendet werden. [...] 5. Fleck hat die Historizität von Metaphern im Blick: Was wir heute als metaphorisch empfinden, muss es nicht immer gewesen sein oder jedenfalls nicht im heutigen Sinn. [...]« (Fix 2011: 20ff.)

Metaphern fungieren im Verständnis der Konzeptuellen Metapherntheorie nicht allein als sprachliche Ausschmückungen, sondern sind feste Bestandteile der Kognition (vgl. Lakoff/Johnson 1980) und sie dienen der Bildung kultureller Kohärenz (vgl. ebd.: 22ff.).[13] Das Verständnis von Wahrheit stehe in Bezug zum konzeptuellen System, welches wiederum zum großen Teil durch Metaphern definiert sei (vgl. ebd.: 159). Kategorien, die im kognitionswissenschaftlichen Verständnis auch als *Konzept* oder *Begriff* bezeichnet werden können, seien ein natürlicher Weg zur Identifikation von Objekten oder Erfahrungen und heben bestimmte Eigenschaften hervor, während andere Eigenschaften marginalisiert werden (vgl. ebd.: 163). Die Gestalttheorie ist eine Basis kognitionslinguistischer Ansätze (vgl. unter anderem Liebert 1992: 13–30) und liegt ebenfalls dem Denkstilkonzept Flecks – mit dem Kern des stilabhängigen Gestaltsehens – zugrunde.[14]

Fleck stellt sowohl ähnliche und verwandte Denkstile gegenüber, als auch Denkstile, die konträr und miteinander vollständig unvereinbar sind. Es sind die Differenzen zwischen verschiedenartigen Denkkollektiven, über die spezifische Merkmale identifiziert werden können, die jeder Art von Denkkollektiv gemeinsam sind. Die besondere Provokation Flecks besteht – vor allem in den 1930er Jahren, in denen seine Monografie veröffentlicht wurde – darin: Die soziale Bedingtheit der Entwicklung einer Tatsache sei nicht allein auf allgemeine Wissensgebiete oder Spezialisierungen zu beziehen, sondern Fleck postuliert, dass wissenschaftliche Denkgemeinschaften, inklusive naturwissenschaftlicher Denkkollektive, darin eingeschlossen sind (vgl. Fleck [1937] 2011: 323). So sei nach Werner/Zittel (2011) die Pointe Flecks: »Nicht nur was als Tatsache *gilt*, sondern was eine Tatsache *ist*, darüber entscheide der jeweilige Denkstil lokaler Denkkollektive.« (Vgl. ebd.: 10)

---

13 Die Metapher bekomme durch die Bereitstellung explanatorischer Modelle eine kognitive Notwendigkeit, da »[b]estimmte Gegenstandsbereiche [...] unserem verstehenden Denken kaum anders zugänglich« sind »als durch das Mittel der konzeptuellen Metapher« (vgl. Jäkel 2003: 32). Mittels kognitiver Metaphern würden soziale Realitäten kreiert werden (vgl. Jäkel 2003: 35).[13] Dabei werden äußere Merkmale, Strukturen und Eigenschaften von einem konkreten Bereich auf einen abstrakten Bereich übertragen. Elementare Konzepte, mit denen eine konkrete Welterfahrung abgeglichen und erweitert wird, basieren nach der Kognitiven Linguistik auf der Positionierung und Bewegung des menschlichen Körpers im Raum (*embodiement*, vgl. Johnson 1987). In wissenschaftsbezogenen Zusammenhängen entfaltet die kognitive Metapher kognitive Funktion zur Erkenntnisförderung (vgl. Drewer 2003: 57–108), über die neue Denk- und Handlungsräume entwickelbar sind. Umgekehrt können kognitive Metaphern innerhalb von Erkenntnissen und Tatsachen über so hohe Wirkmächtigkeit verfügen, dass sie nicht mehr bewusst reflektiert werden und dadurch erkenntnishemmend wirken können (vgl. ebd.: 109–131).

14 Zum Gestaltsehen vgl. vor allem Fleck ([1947] 2011).

Je stärker ein Denkstil ausgeformt sei, desto mehr bestimme dieser die Sprache, Erfahrung, Wahrnehmung und das Handeln des jeweiligen Denkkollektivs. Aufgrund dieser Denkstilgebundenheit können in der Kommunikation verschiedener Denkkollektive Missverständnisse entstehen oder es kann eine Verständigung gänzlich unmöglich sein (Inkommensurabilität von Denkstilen). Individuen mit solch unvereinbaren Denkstilen »werden aneinander vorbei und nicht zueinander sprechen: sie gehören anderen Denkgemeinschaften bzw. *Denkkollektiven* an, sie haben einen anderen *Denkstil*« (vgl. Fleck [1936] 2011: 263). Das Gefühl der Zugehörigkeit zu einem identischen Denkkollektiv zeige sich umgekehrt daran, dass »schon nach ein paar Sätzen eine eigentümliche Denksolidarität« empfunden werde (vgl. ebd.). Gemeinschaftliche Stimmung wird vor allem über technische Termini erzeugt, diesen spricht Fleck daher einen »eigentümlichen Denkzauber« zu. So sei ein technischer Terminus »nicht bloß Name, sondern auch Schlagwort oder Symbol«. Dies treffe »insbesondere auf alte Termini zu«, aber auch auf moderne wissenschaftliche Termini (vgl. ebd.: 285f.).

Nach Griesecke (2008) gehe es Fleck mit der Denkstillehre nicht darum herauszustellen, welche verschiedenen Weisen es gibt, um sich »auf ›die Welt‹ (wie sie ›wirklich‹ ist)« zu beziehen, sondern Fleck nehme »die unterschiedlichen Auffassungsweisen von Welt, die in den unterschiedlichen Denkstilen zum Tragen kommen« in den Blick (vgl. ebd.: 38). Eine Typologisierung unterschiedlicher Denkstile sei jedoch nicht das Ziel, vielmehr wolle Fleck »diejenigen Denkzwänge transparent machen, aufgrund deren [sic!] die Mitglieder eines anderen Denkstils Ansichten für evident halten, die einem selbst als unsinnig vorkommen« (vgl. Werner/Zittel 2011: 25). Es gehe also nicht darum, »zu überlegen, wie man alte oder fremde Begriffe in die eigene Terminologie *übersetzt*, sondern wie man ein Gefühl für die Färbungen und Stimmungen der Begriffe, Beobachtungen und Praktiken eines anderen Denkstils bekommt[, um] sich auf die Fremdheit anderer Denkstile einzulassen und zu versuchen, die Gründe für ihre unaufhebbare Fremdheit abzugeben« (vgl. ebd.).

4. Gedankenkreisläufe und Wanderungen von Begriffen

Als »Gedankenkreislauf« bezeichnet Fleck die zwischen den Mitgliedern eines Denkkollektivs wechselseitig stattfindenden Zirkulationen von Ideen oder Gedanken sowie deren Übergang in andere fachliche und öffentliche Denkkollektive. Ein stabiles Denkkollektiv bilde sich aus zentralen denkstilbildenden Experten und peripheren Laien. Eine klare Grenzziehung zwischen dem zentralen, esoterischen und dem peripheren, exoterischen Kreis eines Denkkollektivs sei nach Fleck kaum möglich. Je nach Wissenschaftsgebiet und Konstellation der personellen, geräte- und prozessbezogenen sowie infrastrukturellen Beschaffenheiten wird diese zudem verschiedenartig ausfallen. Zum zentralen Kreis ließen sich beispielsweise diejenigen Kooperationspartner zählen, »die einen bestimmten Forschungsprozess ›von innen‹ kennen und miteinander indexikalisch (›Siehst du hier die Einfärbung? – Scheint eine Idee stärker als gestern!‹) und empraktisch (›Wir machen das heute genauso wie neulich, nur etwas moderierter‹) kommunizieren« und dazu »auch noch die Spezialisten [...], die an konkurrierenden Projekten arbeiten und mit wenigen Hinweisen die Feinheiten des Designs eines Forschungsprozesses verstehen können« (vgl. Krohn 2006: 23). In anderen Zusammenhängen könnte sich der zentrale Kreis auch über Distanzen hinweg bestimmen, wie beispielsweise innerhalb von disziplinären Communities als *invisible colleges* nach Price (1963) und daran anschließend Crane (1972) (vgl. Fry/Schroeder 2010: 259f.).[15]

Charakteristisch für Gedankenzirkulationen sei, dass Mitglieder eines Denkkollektivs zugleich immer Mitglieder anderer Denkgemeinschaften sind: »Die verwickelte Struktur der modernen Gesellschaft bringt es mit sich, daß Denkkollektive sich räumlich und zeitlich vielfach überkreuzen und in Beziehung zueinander treten.« (Fleck [1935] 1980: 140f.) Die Mehrfachüberschneidungen zwischen unterschiedlichen Denkkollektiven, wie beispielsweise »eines Berufes [...], des Sportes, der Kunst, der Politik, der Kleidermode, einer Wissenschaft, einer Religion usw.« (vgl. ebd.: 141), führe vor Augen, dass ein Individuum – wenn überhaupt – dann in wenigen Denkkollektiven als Experte gelten kann, in den meisten Denkkollektiven jedoch als Laie gelten muss. »Dies bringt es mit sich, daß praktisch jeder Gedankenkreislauf sowohl mit einer Stilisierung (Verstärkung) wie auch mit einer Umstilisierung (Verdrehung) verbunden ist«, bis im sozialen Kreislauf ein Gebilde entsteht, »in dem nichts mehr aus den ursprünglichen Bestandteilen enthalten ist« (vgl. Fleck [1936] 2011: 271).

---

15 *Invisible colleges* würden aus etwa 200 Wissenschaftlern mit etwa 20 führenden Wissenschaftler im Kern bestehen. Vergrößere sich die Zahl der Mitglieder eines solchen sozialen Netzes, sei das Forschungsgebiet als gesättigt anzusehen und es würden sich davon weitere Spezialfelder abspalten (vgl. Fry/Schroeder 2010: 259f.).

Findet ein »beabsichtigter Gedankenkreislauf« statt, sei es charakteristisch, dass die Anpassung von Formulierungen stark situations- und kontextabhängig erfolgt. Der Sinn einer Aussage könne nur im Zusammenhang mit den sie produzierenden sozialen Kräften und mit dem Wissen um die beabsichtigte Richtung des Gedankenkreislaufs erfasst werden. Jeder zum tatsächlichen Gebrauch formulierte Gedanke sei daher vergleichbar mit einer gerichteten vektoriellen Größe und trage »ein Herstellerzeichen und eine Bestimmungsadresse« (vgl. Fleck [1936] 2011: 267f.). Für Mitglieder des eigenen Kollektivs formulierte Gedanken können dabei den Zweck (1) der Popularisierung durch Experten für Laien des Kollektivs, (2) der Information zwischen Fachleuten auf gleicher Ebene oder (3) der Legitimierung im Sinne einer offiziellen Formulierung, die Gültigkeit für das Kollektiv als Ganzes hat, verfolgen. Diese Aufteilung hält innerhalb der Kommunikationspraxis nicht Stand, so dass es sich immer um eine Vermischung der drei Zweckorientierungen handele (vgl. ebd.: 268).

Mit der Vermittlung an andere Denkkollektive verändere sich nach Fleck ein Gedanke. Handelt es sich dabei um einen »unbeabsichtigten Gedankenkreislauf«, sind die Umwandlungen besonders deutlich, »manchmal mit der völligen Veränderung des Sinns« verbunden, was unter anderem dadurch geschehe, dass Gedanken eines Denkkollektivs einen fremden Stil bereichern können und von diesem stilabhängig adaptiert würden (vgl. Fleck [1936] 2011: 270f.). Auch eine analytische Trennung in »beabsichtigter *versus* unbeabsichtigter Gedankenkreislauf« lässt sich in realen Situationen grundsätzlich schwerlich halten und in digitaler und internetbasierter Kommunikation umso weniger, da darin Prozesse der Mensch-Mensch-, der Mensch-Maschine-, der Maschine-Maschine-Interaktion als auch Mehrfachkombinationen daraus hinzutreten, deren Zusammenspiel und Konsequenzen nicht in Gänze erfassbar sind. Mit dem Einsatz von Software und Softwareagenten in der alltäglichen und fachbezogenen Kommunikation geht einher, dass im Hintergrund – also auf Softwareebene – Daten, Begriffssysteme und damit Wissensordnungen generiert und erweitert werden, die als Grundlage für zunehmend auf maschineller Basis zu treffende Entscheidungen dienen. Mit Blick auf den Fleckschen Gedankenkreislauf, bedeutet dies für Wanderungen von Begriffen, dass computerbasierte und internetvernetzte Mechanismen der Konstituierung von Wissensgebieten und der Wissensvermittlung in die Formung von Denkstilen einfließen.

5. Begriffe in sozio-technischen Vernetzungen und die Rolle von Popularisierungen

Leitend für die folgenden Betrachtungen sozio-technischer Vernetzungen, darunter digitale und internetbasierte Prozesse, ist die von Fleck betonte Schlüsselrolle der Populärwissenschaft in Unterscheidung zur Zeitschriften-, zur Handbuch- und zur Lehrbuchwissenschaft.[16] Die populäre Wissenschaft, als »ein besonderes, verwickeltes Gebilde«, ist nach Fleck »die Wissenschaft für Nichtfachleute, also für breite Kreise erwachsener, allgemein gebildeter Dilettanten«. Kennzeichnend für sie sei eine »künstlerisch angenehme, lebendige, anschauliche Ausführung«, die aus dem »Wegfall der Einzelheiten und hauptsächlich der streitenden Meinungen« resultiere, »wodurch eine künstliche Vereinfachung erzielt wird«, die letztlich in »die apodiktische Wertung, das einfache Gutheißen oder Ablehnen gewisser Standpunkte« münde (vgl. Fleck [1935] 1980: 149).

Popularisierung wissenschaftlichen Wissens ist derzeit, und damit auch in internetbasierter öffentlicher Kommunikation, vor allem durch eine verstärkte Thematisierung von »Ungewissheit« und »Sicherheit« geprägt. Diese gesellschaftlichen Themen resultieren aus dem globalen Zusammenspiel von umweltbezogenen, technischen, sozialen und wirtschaftlichen Systemen, deren Hauptmerkmale Komplexität und Geschwindigkeit sind. Der mit der allgemeinen Grundstimmung verbundene Begriffsraum umfasst unter anderem weiterhin als Schlag- und Schlüsselwörter fungierende Begriffe wie »Krisen« (im europäischen Kontext vor allem »Wirtschaftskrisen«) oder »Risiken«. Die sozio-technischen Vernetzungen, über die zirkulierende Begriffe gesellschaftliche Wirkung entfalten, sind Teil von Dispositiven, die durch architekturale, infrastrukturelle, rechtlich-reglementierte, kommunikative, informationstechnische oder sozial-hierarchisierende Voraussetzungen und Prozesse gebildet werden. Mit diesem weiten Verständnis von sozio-technischen Vernetzungen, führt der Zugang über sprachli-

16 Aus der Zeitschrift- und der Handbuchwissenschaft setze sich das »fachmännische Wissen« zusammen (vgl. Fleck [1935] 1980: 153). Während Erstere jedoch durch Vorläufigkeit und starke Individualisierung/Personalisierung gekennzeichnet sei, repräsentiere Letztere unterschiedliche entindividualisierte Positionen des jeweiligen Fachwissens. Das Fachwissen auf dieser Formalisierungsstufe ist jedoch bei seinem Erscheinen in einem Handbuch schon als überholt ansehbar. Die Lehrbuchwissenschaft ist dadurch gekennzeichnet, dass in ihr in besonderer Weise die Präidee eines Wissens- und Wissenschaftsgebiets abgebildet und zum Teil über Generationen hinweg als Konstante weitergetragen würde.

che Phänomene und Diskurse zur Betrachtung gesamtgesellschaftlicher Komplexe:

»Ist ein Diskurs bzw. eine bestimmte Diskursposition in einer Debatte erst einmal zum Bestandteil von Textlandschaften im Raum geworden, die individuelles Handeln und Interaktion (auch in körperlicher Hinsicht) an konkreten Orten zumindest bis zu einem gewissen Grad regulieren, so hat sie sich nicht nur [...] offenkundig gegenüber anderen Themenfeldern und konkurrierenden Perspektiven im Diskurs ›durchgesetzt‹; sie hat auch – als soziomaterielles Dispositiv, in dem der Diskurs mit Raum, Zeit, Architektur, Design, Körpern, außersprachlicher Praxis etc. verschmolzen ist – eine Höchstmaß an *Faktizität* erreicht.« (Habscheid/ Reuther 2013: 128)

Felder (2013) konstatiert, dass Wissen einerseits aus intersubjektiv (Vor-) Gegebenem, also aus Daten bestehe, die als »nach allgemein akzeptierten Kriterien« und oft durch Messungen gewonnene Größen gelten können. Wissen bestehe weiterhin aus Gedeutetem, »also aus beobachteten Ereignissen sowie anschließend extrahierten und damit hergestellten Tatsachen als Fakten mit breitem Gültigkeitsanspruch« (vgl. ebd.: 14). Welche Rolle spielen vor diesem Hintergrund sozio-technische Vernetzungen in Verbindung mit digitalen und internetbasierten Prozessen?

Mit dem als gesamtgesellschaftlich markierten »Zeitalter der Ungewissheit« geht einher, dass an die Wissenschaften vermehrt lebensweltliche Problemstellungen herangetragen werden. Diese verlangen einerseits kurzfristige und gleichzeitig auf zukünftige mögliche Folgen ausgelegte Lösungen und Handlungsrichtlinien. Aufgrund der steigenden Komplexität gesellschaftsrelevanter Problemstellungen ist es erforderlich, dass diese zunehmend in disziplinenübergreifender Zusammenarbeit und in Wechselwirkung mit gesellschaftlichen Akteuren und Interessensgruppen bearbeitet werden. Das Zusammenwirken wissenschaftlicher und nicht-wissenschaftlicher Akteure bildet zunehmend den Kern von Überlegungen für transdisziplinäre Konzeptentwicklungen, insbesondere im Hinblick auf forschungspraktische Anforderungen (vgl. zum Beispiel Bergmann et al. 2010). Zentral ist es hier, über die unterschiedlichen Projektphasen hinweg einen gemeinsamen Wissenskörper zu entwickeln. Dies kann vor allem über gemeinsame Begriffsaushandlungen, über die Herstellung einer gemeinsamen Informations- und Wissensbasis, über Artefakte, Dienstleistungen und Produkte als *boundary objects* oder über Modellierungs- und Simulationsmethoden erfolgen (vgl. ebd.). Die Methodologie Flecks wird in der

Transdisziplinaritätsforschung vermehrt als theoretische Basis herangezogen (vgl. zum Beispiel Pohl/Hirsch Hadorn 2008).

Aus den durch gesellschaftliche Akteure an die Wissenschaften gerichteten Erwartungen resultiert, dass wissenschaftliches und forschungsbasiertes Wissen mit mehr oder weniger starker Kontextualisierung erzeugt wird (vgl. Nowotny et al. 2004).[17] Dabei ergibt sich eine »komplexe Rolle für die wissenschaftliche und technische Expertise bei der Produktion gesellschaftlich robusten Wissens«, die sich »in dem Maße verändert, wie Expertise gesellschaftlich verteilt ist«, woraus »die Fragmentierung etablierter Verbindungen zwischen der Expertise und den institutionellen Strukturen innerhalb des Staates und der Industrie oder bei den verschiedenen Berufsgruppen« folgt (vgl. ebd.: 305):

> »Die neuzeitliche Wissenschaft hat sich (zumindest in den modernen Gesellschaften) zum einflussreichsten Wissenssystem entwickelt und stellt den institutionellen Kern der sogenannten Wissensgesellschaften dar. Sie ist die Basis gesellschaftlicher und wirtschaftlicher Innovation und aufgrund dessen auch des Wohlstands.« (Weingart 2010: 118)

Für die populärwissenschaftliche, im Fleckschen Sinne (annähernd) beabsichtigte und gerichtete, Vermittlung von wissenschaftlichen Gegenständen nehmen einerseits Experten selbst den Wissenstransfer/die Wissenvermittlung vor[18], andererseits haben sich Vermittlungsspezialisten[19] herausgebildet. Übergreifende Vermittlungen setzen im Sinne allgemeiner politischer Leitbilder und mit dem Ziel der öffentlichkeitswirksamen Darstellung von Wissenschaft und Forschung an, wie insbesondere über das Programm des

---

17 Bei starker Kontextualisierung »handelt es sich um einen dynamischen, in beide Richtungen verlaufenden Kommunikationsprozeß – das krasse Gegenteil zu einem Prozeß, bei dem versucht wird, die Wissenschaft durch bürokratische Mittel zu kontrollieren« (vgl. ebd.: 167).

18 »Ständig müssen Experten in phantasievoller Weise ihr Wissen auf hochgradig disparaten Gebiete [sic!] erweitern und müssen versuchen, das, was sie dann ›wissen‹, mit dem zu verknüpfen, was andere ›tun‹ möchten oder für die Zukunft zu ›entscheiden‹ haben.« (Nowotny et al. 2004: 305)

19 Nennen lässt sich hier beispielsweise das Nationale Institut für Wissenschaftskommunikation der Klaus Tschira Stiftung und des Karlsruher Instituts für Technologie mit dem Kooperationspartner Spektrum der Wissenschaft Verlagsgesellschaft, deren Zielstellung aus der Selbstbeschreibung heraus »Wissenschaft verständlich« lautet (vgl. http://www.nawik.de, 8.7.2013).

Public Understanding of Science[20]. Wissenschaft sowie Forschung und Entwicklung werden als Triebfedern für »Innovationen« vermittelt:

»Die komplexen Beziehungen zwischen Wissenschaft und den verschiedenen Teilbereichen der Gesellschaft werden auch als (nationales) Innovationssystem bezeichnet. Damit wird einerseits auf die kulturelle Spezifik des gesamten institutionellen Arrangements abgestellt, in dem die Wissensproduktion stattfindet, aber auch auf dessen systemischen Charakter. Zum anderen ist der Begriff auf die mögliche Steuerung der Wissenschaft zum Zweck der Erhöhung der (vorrangig ökonomischen) Innovation ausgerichtet.« (Weingart 2010: 119)[21]

Zur Entwicklung und Verbreitung von »Zukunftstechnologien« bilde die in der Fleckschen Methodologie dargelegte »enge Verbindung zwischen Präideen, populärer Wissenschaft und der Produktion von wissenschaftlichen Tatsachen im engeren Sinne – [...] heute den Hintergrund von innovationspolitischen Initiativen« (vgl. Schaper-Rinkel 2007: 345).

Popularisierte Wissensvermittlung, sowohl zwischen verschiedenen Fachgruppen im Zusammenhang transdisziplinärer Projekte als auch zwischen Wissenschaften und Öffentlichkeiten, erfolgt inzwischen überwiegend über digitale und internetbasierte Kommunikationswege. In der internetbasierten Vernetzung von Inhalten und – darauf basierend – für ihre maschinelle Such- und Findbarkeit – stellt Text die hauptsächliche Basis dar. Text in Computer- und Internettechnologien tritt sowohl in Formen auf, die für Menschen lesbar sind, als auch in maschinenlesbarer Form, die dem menschlichen Zugriff und detailliertem Verständnis immer mehr verschlossen bleiben. Trotz des Anstiegs von multimedialen Inhalten bleibt Text für softwarebasierte Prozesse essentiell, da hierüber Annotationen

20 Vgl. Royal Society (1985), »The public understanding of science. Report of a Royal Society ad hoc Group endorsed by the Council of Royal Society«, http://royalsociety.org/uploadedFiles/Royal_Society_Content/policy/publications/1985/10700.pdf, 8.7.2013. Eckpunkte des Programms, das die Vermittlung von Spezialwissen aus Wissenschaft und Forschung an die breite Öffentlichkeit befördern will, sind: *Formal Education; Mass Media; Scientific Community; Public Lectures, Children's Activities, Museums and Libraries* und *Industry*. In Deutschland ist *Public Understanding of Science* über das Bundesministerium für Bildung und Forschung (BMBF) institutionalisiert (vgl. http://www.bmbf.de/de/1758.php, 8.7.2013), woraus 1999 die Gründung der Initiative »Wissenschaft im Dialog« (vgl. http://www.wissenschaft-im-dialog.de, 8.7.2013) erfolgte, über die des Weiteren »Geisteswissenschaft im Dialog« der Union der deutschen Akademien der Wissenschaften und der Max Weber Stiftung – Deutsche Geisteswissenschaftliche Institute im Ausland gefördert wird (vgl. http://www.geisteswissenschaft-im-dialog.de, 8.7.2013.).

21 Mit Verweis auf Nelson (1993).

und Metadaten erstellt werden.[22] Entstehen Begriffssysteme als Basis für Softwareanwendungen und Internettechnologien, steht dabei die Minimierung von Unschärfe und Vagheit der Begriffsbedeutung im Vordergrund. Maschinelles ›Verstehen‹, also die Erfassung der Bedeutung einer digitalen Ressource (Semantik), erfolgt darüber, dass implizite Informationen explizit dargestellt werden. Um diese zu realisieren, werden eindeutige Definitionen von Begriffen vorgenommen. Begriffsnetze werden in diesem Zusammenhang als »Ontologien« bezeichnet und stellen die Basis semantischer Technologien dar. Ontologien dienen dazu, implizite Informationen für maschinelle Lesbarkeit in Form von explizit definierten Begriffssystemen abzubilden, um Mehrdeutigkeiten, Ungenauigkeiten von Begriffsbedeutungen so weit wie möglich auszuschließen.[23] Inhalte in Social-Media-Anwendungen werden hingegen auf vielfache Weise verschlagwortet und darüber kategorisiert (Tagging). Auf der Grundlage von kollaborativen Taggings entstehen Folksonomien. Die Vielfalt, die sich bei der Auswahl der Tags ergibt, führt dazu, dass die Erscheinungen auftreten, die durch den Einsatz von Ontologien vermieden werden sollen: Mehrdeutigkeiten, Ungenauigkeiten, Fehlerhaftigkeit, Polysemien, Synonymien und weitere.

In die Bildung von ›Fakten‹ und ›Tatsachen‹ treten durch digitale und internetbasierte Kommunikationswege und Wissensordnungen weitere Perspektiven der Wanderung und Formung von Begriffen ein. In Analysen zur Tatsachenbildung und Faktizitätsherstellung muss daher Beachtung finden, inwiefern digitale und internetbasierte Mechanismen die Multiperspektivität auf einen Sachverhalt, als »das Maximale an Neutralität in unserem anthropologischen und nichtrealisierbaren Streben nach Wahrheit« (Felder 2013: 16)[24], stützen können.

---

22 Vor diesem Hintergrund sind Betrachtungen von Textinhalten in Computersystemen und Internetanwendungen – sowohl von Menschen als auch von Maschinen auslesbare Fließtexte – ebenfalls auf Websitenavigationen, Inhaltsrubriken, Taggings und Folksonomien, Kategorien für die Nutzung von Suchmasken, Überschriften, Hypertextlinks, Kommentierungen, Bewertungen und Gewichtungen oder auch Daten hinsichtlich der Produzenten und Rezipienten von Inhalten zu erweitern.

23 Im Bereich des Wissensmanagements hat sich vor allem seit den 1990er Jahren das Gebiet des *Ontology Engineering* entwickelt, das unter anderem in Bezug zur Entwicklung von Semantic-Web-Technologien steht.

24 Mit Verweis auf Assmann (1999) zum Prinzip der Hypothese.

6. Zusammenfassung

Der Beitrag stellte die Grundzüge der Methodologie Ludwik Flecks heraus, über die Anschluss an sozio-technische Vernetzungen als kollektive, kommunikative, organisatorisch-infrastrukturelle und technologische Komplexe möglich ist. Sozio-technische Vernetzungen und individuelle kognitive Denk- und Handlungsmuster prägen einander wechselseitig. Innerhalb dieses Wechselspiels kommen stabile und gleichzeitig flexible Konzepte und Begriffe zum Einsatz. Entfaltet ein Begriff einen »eigentümlichen Denkzauber«, der mit »konstitutiver Vagheit« verbunden ist, geht er innerhalb von Denkkollektiven und in andere Denkkollektive hinein auf Wanderschaft. Kognitiven Metaphern fällt aufgrund ihres besonderen wissensfördernden und wissenshemmenden Potenzials darin eine zentrale Rolle zu.

Nach Ludwik Fleck setzt sich ein Denkkollektiv aus zentralen, esoterischen Mitgliedern (den Experten) und peripheren, exoterischen Mitgliedern (den Laien) zusammen. Der Denkstil bestimme nach Fleck, was als ›Fakt‹ oder ›Tatsache‹ innerhalb eines Denkkollektivs gilt. Entwickelt wird ein Denkstil durch die Zirkulation von Ideen und Gedanken im Zuge von »Gedankenkreisläufen«, die wiederum durch »Wanderungen von Begriffen« und die Ausformung von Begriffsbedeutungen geprägt sind. »Gedankenkreisläufe« innerhalb eines Denkkollektivs und in andere Denkkollektive hinein können beabsichtigt oder unbeabsichtigt erfolgen. Innerhalb des eigenen Denkkollektivs für den tatsächlichen Gebrauch formulierte Gedanken stellen dabei eine Verbindung von drei grundsätzlichen Zweckorientierungen dar: Sie dienen (1) der Information zwischen Experten und Laien, (2) der Popularisierung und (3) nach außen wirkend gegenüber anderen Denkkollektiven der Legitimierung des durch das Denkkollektiv vertretenen Denkstils. Mit der Herausstellung, dass Denken, Sprechen und Handeln vom Denkstil eines Denkkollektivs bestimmt werden, betont Fleck die Unmöglichkeit, eine Metaposition außerhalb des eigenen Denkstils einzunehmen, aus der heraus bestimmbar wäre, welcher Denkstil und welches Denkkkollektiv ›wahr‹ oder ›richtig‹ sei.

Prozesse der Begriffsbildung (Kategorisierungen) sind mit individuellen und kollektiven Prozessen der Wissensorganisation verknüpft und stehen in engem Zusammenhang mit sprachlichen und nicht-sprachlichen Institutionalisierungen. Begriffe formende Lexeme und Termini werden in jeder Kommunikation eingesetzt und dienen daher innerhalb des digitalen und vernetzten Kommunikationsalltags sowohl menschlichen als auch softwarebasierten Lesern und Schreibern als Grundlage für Wissens- und Entscheidungsprozesse. Für die Popularisierung von wissenschaftlichem Wissen kommen öffentlichkeitswirksame Darstellungen zum Einsatz, da Wissenschaft und Forschung eine zentrale Position innerhalb der Thematisierung der aktuellen gesellschaftlichen Stimmung von »Ungewissheit« und damit einher gehend mit der Thematisierung des Bedürfnisses von »Sicherheit« einnehmen. Popularisierungen werden sowohl in transdisziplinären Zusammenhängen als auch in explizit für die Außendarstellung wissenschaftsbezogenen Wissens vorgesehenen Kommunikaten vorgenommen. Ziel darin ist es, heterogenen Akteuren komplexe Inhalte nahezubringen und diese in ihren Entscheidungen und Handlungen zu unterstützen. Gesellschaftliche Leitbilder fließen in die Kommunikation von Wissenschaft an die breite Öffentlichkeit ein und Wissen wird darüber in einer Kombination von fachlichen und öffentlichkeitswirksamen Inhalten präsentiert. In die Faktizitätsbildung fließt somit sowohl wissenschaftsbasiertes als auch auch wissenschaftsbezogenes Wissen ein.

Kommunikations- und Wissensprozesse erfolgen in digitalen Medien und im Internet innerhalb einer Verwebung menschlicher und maschineller Prozesse – sowohl in der Produktion und Rezeption, in der Inbezugsetzung digitaler Inhalte und Ressourcen als auch im Einsatz spezifischer Distributionswege: »Das Internet ist sozio-technische Apparatur, Kommunikations- und Erfahrungsraum sowie kulturelles Archiv« (Fraas et al. 2013: 10)[25]. Kaum ein Diskurs, ob allgemein oder fachbezogen, kann mehr unabhängig von digitalen und internetbasiertenTeilprozessen betrachtet werden, auch wenn er nicht als solcher innerhalb von digitalen Umgebungen und Internetvernetzung stattfindet. Umgekehrt handelt es sich selbst mit Fokussierung auf die Analyse von Online-Diskursen bei »[e]ine[r] Verkürzung auf nur internetbasierte und computervermittelte Inhalte und Diskussionen [...] [um] eine dem alltäglichen Medienhandeln und den medialen Verflechtungen nicht entsprechende Trennung in die einzelnen Sphären online vs. offline« (vgl. ebd). Mit den digitalen und internetbasierten Zirkulationen erfährt das Konzept der Wanderung von Begriffen im Sinne Flecks somit eine weitere, die sozio-technischen Vernetzungen durchdringende, Dimension.

---

[25] Mit Bezug auf Star/Bowker (2006) und Lievrouw/Livingstone (2006).

Literatur

Assmann, Jan (1999), *Das kulturelle Gedächtnis. Schrift, Erinnerung und politische Identität in frühen Hochkulturen*, München.

Bal, Mieke (2002), *Travelling concepts in the humanities. A rough guide*, Toronto u.a.

Bergmann, Matthias; Jahn, Thomas; Knobloch, Tobias; Krohn, Wolfgang; Pohl, Christian; Schramm, Engelbert (2010), *Methoden transdisziplinärer Forschung. Ein Überblick mit Anwendungsbeispielen*, Frankfurt a.M.

Busse, Dietrich (2008), »Diskurslinguistik als Epistemologie. Das verstehensrelevante Wissen als Gegenstand linguistischer Forschung«, in: Ingo Warnke; Jürgen Spitzmüller (Hg.), *Methoden der Diskurslinguistik. Sprachwissenschaftliche Zugänge zur transtextuellen Ebene*, Berlin, S. 57–88.

Bührmann, Andrea D.; Schneider, Werner (2008), *Vom Diskurs zum Dispositiv. Eine Einführung in die Dispositivanalyse*, Bielefeld.

Crane, Diana (1972), *Invisible colleges. Diffusion of knowledge in scientific communities*, Chicago/London.

Drewer, Petra (2003), *Die kognitive Metapher als Werkzeug des Denkens. Zur Rolle der Analogie bei der Gewinnung und Vermittlung wissenschaftlicher Erkenntnisse*, Tübingen.

Egloff, Rainer (2007), »Leidenschaft und Beziehungsprobleme: Ludwik Fleck und die Soziologie«, in: Bożena Chołuj; Jan C. Joerden (Hg.), *Von der wissenschaftlichen Tatsache zur Wissensproduktion. Ludwik Fleck und seine Bedeutung für die Wissenschaft und Praxis*, Frankfurt a.M. u.a., S. 79–93.

Felder, Ekkehard (2013), »Faktizitätsherstellung mittels handlungsleitender Konzepte und agonaler Zentren. Der diskursive Wettkampf um Geltungsansprüche«, in: ders. (Hg.), *Faktizitätsherstellung in Diskursen. Die Macht des Deklarativen*, Berlin u.a., S. 13–28.

Fix, Ulla (2011), »Denkstil und Sprache. Die Funktion von ›Sinn-Sehen‹ und ›Sinn-Bildern‹ für die ›Entwicklung einer wissenschaftlichen Tatsache‹«, Beitrag zum Vortrag *Fleckkolloquium* (4. Mai 2011), Ludwik Fleck Zentrum am Collegium Helveticum Zürich, http://www.uni-leipzig.de/~fix/Fleck.pdf, 8.7.2013.

Fleck, Ludwik ([1935] 1980), *Entstehung und Entwicklung einer wissenschaftlichen Tatsache. Einführung in die Lehre vom Denkstil und Denkkollektiv*. Mit einer Einleitung hg. von Lothar Schäfer und Thomas Schnelle, Frankfurt a.M.

Fleck, Ludwik ([1936] 2011), »Das Problem einer Theorie des Erkennens«, in: ders., *Denkstile und Tatsachen. Gesammelte Schriften und Zeugnisse*, hg. und komm. v. Sylwia Werner und Claus Zittel, Berlin, S. 260–309.

Fleck, Ludwik ([1937] 2011), »In der Angelegenheit des Artikels von Frau Izydora Dąmbska in ›Przegląd Filosoficzny‹ (Jg. 40, Heft III)«, in: ders., *Denkstile und Tatsachen. Gesammelte Schriften und Zeugnisse*, hg. und komm. v. Sylwia Werner und Claus Zittel, Berlin, S. 320–326.

Fleck, Ludwik ([1947] 2011), »Schauen, sehen, wissen«, in: ders., *Denkstile und Tatsachen. Gesammelte Schriften und Zeugnisse*, hg. und komm. v. Sylwia Werner und Claus Zittel, Berlin, S. 390–418.

Fleck, Ludwik (1983), *Erfahrung und Tatsache. Gesammelte Aufsätze*, mit einer Einleitung hg. von Lothar Schäfer und Thomas Schnelle, Frankfurt a.M.

Fleck, Ludwik (2011), *Denkstile und Tatsachen. Gesammelte Schriften und Zeugnisse*, hg. und komm. v. Sylwia Werner und Claus Zittel, Berlin.

Fraas, Claudia; Meier, Stefan; Pentzold, Christian (2013), »Zur Einführung: Perspektiven einer interdisziplinären transmedialen Diskursforschung«, in: dies. (Hg.), *Online-Diskurse. Theorien und Methoden transmedialer Online-Diskursforschung*, Köln, S.7–34.

Fry, Jenny; Schroeder, Ralph (2010), »The Changing Disciplinary Landscapes of Research«, in: William H. Dutton; Paul W. Jeffreys (Hg.), *World Wide Research. Reshaping the Science and Humanities*, Cambridge/London, S. 257–275.

Foucault, Michel (1978), »Ein Spiel um die Psychoanalyse«, in: ders., *Dispositive der Macht*, Berlin, S. 118–175.

Griesecke, Birgit (2008), »Vergleichende Erkenntnistheorie. Einführende Überlegungen zum Grundkonzept der Fleckschen Methodologie«, in: Birgit Griesecke; Erich Otto Graf (Hg.), *Ludwik Flecks vergleichende Erkenntnistheorie. Die Debatte in ›Przegląd Filosoficzny‹ 1936–1937*, Berlin, S. 9–59.

Griesecke, Birgit; Graf, Erich Otto (Hg.) (2008), *Ludwik Flecks vergleichende Erkenntnistheorie. Die Debatte in ›Przegląd Filosoficzny‹ 1936–1937*, Berlin.

Habscheid, Stephan; Reuther, Nadine (2013), »Performatisierung und Verräumlichung von Diskursen. Zur soziomateriellen Herstellung von ›Sicherheit‹ an öffentlichen Orten«, in: Ekkehard Felder (Hg.), *Semantische Kämpfe. Macht und Sprache in den Wissenschaften*, Berlin, S. 127–145.

Jäkel, Olaf (2003), *Wie Metaphern Wissen schaffen. Die kognitive Metapherntheorie und ihre Anwendung in Modell-Analysen der Diskursbereiche Geistestätigkeit, Wirtschaft, Wissenschaft und Religion*, Hamburg.

Johnson, Mark (1987), *The body in the mind: the bodily basis of meaning, imagination, and reason*, Chicago u.a.

Keller, Reiner (2006), »Wissenschaftliche Kontroversen und politische Epistemologie der Ungewissheit: Diskurstheoretische und diskursanalytische Perspektiven«, in: Wolf-Andreas Liebert; Marc-Denis Weitze (Hg.), *Kontroversen als Schlüssel der Wissenschaft? Wissenskulturen in sprachlicher Interaktion*, Bielefeld, S. 39-55.

Kołtan, Jacek (2008), »Kommentar zur deutschen Übersetzung von Ludwik Flecks Das Problem einer Theorie des Erkennens und der anschließenden Debatte zwischen Ludwik Fleck und Izydora Dąmbska«, in: Birgit Griesecke; Erich Otto Graf (Hg.), *Ludwik Flecks vergleichende Erkenntnistheorie. Die Debatte in Przegląd Filozoficzny 1936–1937*, Berlin, S. 127–131.

Krohn, Wolfgang (2006), »Die ästhetischen Dimensionen der Wissenschaft«, in: ders. (Hg.), *Ästhetik in der Wissenschaft. Interdisziplinärer Diskurs über das Gestalten und Darstellen von Wissen*, Hamburg, S. 3–38.

Kuhn, Thomas S. ([1962] 1967), *Die Struktur wissenschaftlicher Revolutionen*, (im englischen Original 1962 erschienen), Frankfurt a.M.

Kuhn, Thomas S. (1979), »Forword«, in: Ludwik Fleck, *Genesis and Development of a Scientific Fact*, Chicago/London, S. vii–xi.

Lakoff, George; Johnson, Mark (1980), *Metaphors we live by*, Chicago/London.

Liebert, Wolf-Andreas (1992), *Metaphernbereiche der deutschen Alltagssprache. Kognitive Linguistik und Perspektiven einer kognitiven Lexikographie*, Frankfurt a.M./Berlin u.a.

Lievrow, Leah E.; Livingstone, Sonia (Hg.), *Handbook of New Media*, London.

Löwy, Ilana (1993), »Unscharfe Begriffe und föderative Experimentalstrategien. Die immunologische Konstruktion des Selbst« (im Original: »Boundary Concepts«, übers. v. Hans-Jörg Rheinberger), in: Hans-Jörg Rheinberger; Michael Hagner (Hg.), *Die Experimentalisierung des Lebens. Experimentalsysteme in den biologischen Wissenschaften 1850/1950*, Berlin, S. 188–206.

Nelson, Richard R. (Hg.) (1993), *National Innovation Systems. A Comparative Analysis*, Oxford.

Nowotny, Helga; Scott, Peter; Gibbons, Michael (2004), *Wissenschaft neu denken. Wissen und Öffentlichkeit in einem Zeitalter der Ungewissheit*, Weilerswist (dt. Übersetzung des 2001 erschienen: *Re-Thinking Science. Knowledge and the Public in an Age of Uncertainty*).

Price, Derek J. de Solla (1963), *Little science, big science*, New York:

Pohl, Christian; Hirsch Hadorn, Gertrude (2008), »Methodenentwicklung in der transdisziplinären Forschung«, in: Matthias Bergmann; Engelbert Schramm (Hg.), *Transdisziplinäre Forschung. Integrative Forschungsprozesse verstehen und bewerten*, Frankfurt a.M., S, 69–91.

Sarrasin, Philipp (2003), *Geschichtswissenschaft und Diskursanalyse*, Frankfurt a.M.

Schäfer, Lothar; Schnelle, Thomas (1980), »Einleitung: Ludwik Flecks Begründung der soziologischen Betrachtungsweise in der Wissenschaftstheorie«, in: Ludwik Fleck ([1935] 1980), *Entstehung und Entwicklung einer wissenschaftlichen Tatsache. Einführung in die Lehre vom Denkstil und Denkkollektiv.* Mit einer Einleitung hg. von Lothar Schäfer und Thomas Schnelle, Frankfurt a.M., S. VII–XLIX.

Schäfer, Lothar; Schnelle, Thomas (1983), »Einleitung: Die Aktualität Ludwik Flecks in Wissenschaftssoziologie und Erkenntnistheorie«, in: Ludwik Fleck, *Gesammelte Aufsätze*, mit einer Einleitung hg. von Lothar Schäfer und Thomas Schnelle, Frankfurt a.M., S. 9–34.

Schaper-Rinkel, Petra (2007), »Wie nanotechnologische Tatsachen entstehen: Die Entwicklung der Nanotechnologie zwischen Denkstil und Politik«, in: Bożena Chołuj; Jan C. Joerden (Hg.), *Von der wissenschaftlichen Tatsache zur Wissensproduktion. Ludwik Fleck und seine Bedeutung für die Wissenschaft und Praxis*, Frankfurt a.M. u.a., S. 343–359.

Schütz, Alexander (2007), »Das Problem der Wahrheiten wissenschaftlicher Tatsachen«, in: Bożena Chołuj; Jan C. Joerden (Hg.), *Von der wissenschaftlichen Tatsache zur Wissensproduktion. Ludwik Fleck und seine Bedeutung für die Wissenschaft und Praxis*, Frankfurt a.M. u.a., S. 133–160.

Searle, John R. ([1975] 1982), »Eine Taxonomie illukutionärer Akte«, in: ders. (1982), *Ausdruck und Bedeutung. Untersuchungen zur Sprechakttheorie*, Frankfurt a.M., S. 17–50.

Siegel, Tilla (2003), »Denkmuster der Rationalisierung. Ein soziologischer Blick auf Selbstverständlichkeiten«, in: Susan Geideck; Wolf-Andreas Liebert (Hg.), *Linguistische und soziologische Analysen von Leitbildern, Metaphern und anderen kollektiven Orientierungsmustern*, Berlin/New York, S. 17–36.

Star, Susan Leigh; Bowker, Geoff C. (2006), »How To Infrastructure«, in: Leah E. Lievrow; Sonia Livingstone (Hg.), *Handbook of New Media*, London, S. 151–162.

Star, Susan Leigh; Griesemer, James R. (1989), »Institutional ecology, ›translations‹ and boundary objects: Amateurs and professionals in Berkeley's Museum of Vertebrate Zoology 1907–39«, in: *Social Studies of Science*, London u.a., S. 387–420.Weingart, Peter (2010), »Wissenssoziologie«, in: Dagmar Simon; Andreas Knie; Stefan Hornbostel (Hg.), *Handbuch Wissenspolitik*, Wiesbaden, S. 118–129.

Werner, Sylwia; Zittel, Claus (2011), »Einleitung: Denkstile und Tatsachen«, in: Ludwik Fleck, *Denkstile und Tatsachen. Gesammelte Schriften und Zeugnisse*, hg. und komm. v. Sylwia Werner und Claus Zittel, Berlin, S. 9–38.

Internetquellen und Online-Archive

Bundesministerium für Bildung und Forschung (BMBF), »Wissenschaft: Wissenschaftskommunikation« (1.1.2013), http://www.bmbf.de/de/1758.php, 8.7. 2013.

ETH Zürich, Zentrum für Zeitgeschichte, Archiv für Zeitgeschichte in Kooperation mit dem Ludwik Fleck Zentrum, Collegium Helveticum: »Fleck online«, https://www.afz.ethz.ch/netzwerk/foerderungsnetz/fleck-online, 8.7.2013.

Nationales Institut für Wissenschaftskommunikation der Klaus Tschira Stiftung und des Karlsruher Instituts für Technologie, http://www.nawik.de, 8.7.2013.

Royal Society (1985), »The public understanding of science. Report of a Royal Society *ad hoc* Group endorsed by the Council of Royal Society«, http://royalsociety.org/uploadedFiles/Royal_Society_Content/policy/publications/1985/10700.pdf, 8.7.2013.

Union der deutschen Akademien der Wissenschaften und Max Weber Stiftung – Deutsche Geisteswissenschaftliche Institute im Ausland, »Geisteswissenschaft im Dialog«, http://www.geisteswissenschaft-im-dialog.de, 8.7.2013.

Wissenschaft im Dialog, http://www.wissenschaft-im-dialog.de, 8.7.2013.

Im Schatten von Warschau – Von der Marginalisierung zur Multimedialisierung der *Chronik des Gettos Lodz/Litzmannstadt*[1]

Markus Roth

Im Herrschaftsbereich des NS-Regimes existierten über 1.000 Gettos, mehrere Hundert allein im besetzten Polen. Hunderttausende Männer, Frauen und Kinder lebten hier unter elenden Bedingungen; viele starben an Hunger, Krankheiten und Entkräftung, die meisten Gettobewohner aber wurden in die Vernichtungslager deportiert und dort ermordet. Erst aus der Rückschau betrachtet waren die Gettos der Vorhof des Massenmords; für die dort lebenden Juden war das Leben im Getto zunächst ein Zustand von unbekannter Dauer, in dem sie sich irgendwie einrichten mussten. Und auch die Nationalsozialisten verbanden mit der ungeregelten Errichtung von Gettos keineswegs von Beginn an einen direkten Weg in den Völkermord. Auf verschlungenen Wegen wurde diese Entscheidung in verschiedenen Etappen erst ab Herbst 1941, als viele Gettos bereits existierten, getroffen.

So bedeutend die Gettos in der Geschichte des Holocaust auch waren, nach dem Krieg gerieten die meisten in weiten Teilen der Öffentlichkeit, zum Teil bis heute, in Vergessenheit. Dies betraf in erster Linie die vielen kleinen Gettos in der Provinz, aber auch die Großgettos in den Städten wurden sehr unterschiedlich erinnert und erforscht. Nach einer kurzen Phase umfangreicherer Aufklärungsarbeit in den ersten Nachkriegsjahren in Polen, die fast ausschließlich von Überlebenden in den Jüdischen Historischen Kommissionen geleistet worden war, dominierte das Warschauer Getto in Forschung und Erinnerung. Im besetzten Nachkriegsdeutschland und ab 1949 in den beiden deutschen Teilstaaten erschienen bis 1949/50 zwar hunderte Texte ehemaliger Insassen der Konzentrationslager sowie

---

1 Der Aufsatz ist im Rahmen des Projekts »Die Multimedialisierung der Chronik des Gettos Lodz/Litzmannstadt« innerhalb des durch das Land Hessen geförderten LOEWE-Schwerpunkts »Kulturtechniken und ihre Medialisierung« entstanden. In Teilen stützt er sich auf frühere Veröffentlichungen des Verfassers, unter anderem auf Burkhardt et al. (2013).

Broschüren und Bücher über die NS-Verfolgungspolitik, im Vordergrund stand aber die politische Verfolgung. Bald schon versiegte, zumindest in der Bundesrepublik, auch diese »Flut von KZ- und Gefängnis-Literatur« wie Wolfgang Borchert (2007: 498) sie 1947 in einer Rezension nannte.

Seit Anfang der 1990er Jahre sind es vor allem die drei Großstadtgettos Warschau, Krakau und Lodz, die – aus unterschiedlichen Gründen – sowohl in Polen als auch in Deutschland bekannt sind. Was, wann, wie, von wem und warum erzählt und somit auch erinnert wird, hängt von einer Vielzahl von Faktoren ab – historischen, (erinnerungs)politischen, medialen und anderen mehr. Dies soll im Folgenden am Beispiel des Gettos Lodz/Litzmannstadt mit vergleichendem Blick auf das Warschauer Getto exemplarisch gezeigt werden. Vor allem die in Lodz halboffiziell geführte Getto-Chronik und ihre Entstehungsbedingungen stehen dabei im Mittelpunkt. Ihre Leerstellen und Grenzen werden ebenso in den Blick genommen wie die hieraus resultierenden Konsequenzen für eine Edition der Chronik sowohl im gedruckten als auch im digitalen Medium.

1. Bewahren, erzählen und deuten: Den Holocaust erzählen

»Was vom Holocaust erinnert wird«, schreibt James E. Young, »hängt davon ab, wie es erinnert wird, und wie die Ereignisse erinnert werden, hängt wiederum von den Texten ab, die diesen Ereignissen heute Gestalt geben« (Young 1997: 13f.). Tagebücher und andere bereits während der Ereignisse entstandene Textzeugnisse gelten gemeinhin als besonders authentisch, vor allem wegen ihrer unmittelbaren zeitlichen Nähe zum Beschriebenen und weil sie, anders als Erinnerungsberichte, frei von später erworbenem Wissen und von mitgeteilten Erfahrungen anderer seien.

Young weist jedoch darauf hin, dass auch die Verfasser solcher Zeugnisse die erlebten Ereignisse in ihren Texten organisieren und konstruieren. Aus Angst vor Entdeckung, vor allem durch die Nationalsozialisten, streuen sie mitunter falsche Details ein, legen falsche Fährten, lassen wichtige Informationen aus beziehungsweise verfügen gar nicht erst über diese. Schließlich, so Young weiter, beeinflusst die individuelle Disposition der Schreibenden ganz entscheidend die Sicht und das Ablegen des Zeugnisses selbst (vgl. Young 1997: 49–52). Mithin sind nicht nur die Entstehungskontexte solcher Texte, sondern auch ihre Verfasser und ihre Intentionen von entscheidender Bedeutung für die Interpretation und für das Verständnis von Tagebüchern. Private Tagebücher zum Beispiel weichen ganz erheblich in Form und Inhalt von quasi offiziell geführten Tagebüchern und Chroniken ab. Private Tagebücher unterscheiden sich darüber hinaus erheblich voneinander, je nachdem ob Frauen, Männer oder Kinder schreiben, ob es professionelle oder unerfahrene Schreiber sind, in welchem Umfeld sie sich bewegten oder wie nah sie den Ereignissen waren etc. Dies lässt sich nicht zuletzt an der Chronik des Gettos Lodz/Litzmannstadt und ihren Autoren zeigen.

In Lodz – im April 1940 in Litzmannstadt umbenannt – entstand im Frühjahr 1940 das erste Großgetto im nationalsozialistischen Herrschaftsbereich. 160.000 Menschen lebten dort unter elenden Bedingungen, nur mangelhaft mit Lebensmitteln und Medikamenten versorgt, Krankheiten fast schutzlos ausgeliefert und der ständigen Willkür der Nationalsozialisten ausgesetzt; rund 45.000 Menschen starben in Folge dieser Verhältnisse in den nächsten Jahren im Getto, nahezu alle übrigen Gettobewohner wurden 1942 und 1944 in das Vernichtungslager Kulmhof deportiert und dort mit Hilfe von Gaswagen getötet. Im August 1944 deportierten die Besatzer die letzten circa 70.000 Bewohner in das Vernichtungslager Auschwitz-Birkenau, wo die meisten unmittelbar nach ihrer Ankunft in den Gaskammern ermordet wurden. Nur wenige hundert Juden überlebten in Lodz/Litzmannstadt den Krieg, andere wurden aus Auschwitz oder anderen Konzentrationslagern befreit. Insgesamt haben von einst etwa 230.000 Lodzer Juden nur 5.000 bis 7.000 Menschen überlebt (vgl. Löw 2006).

Wie in allen anderen Orten mit jüdischer Bevölkerung setzten die deutschen Besatzer auch in Lodz im Herbst 1939 einen Judenrat ein, an dessen Spitze sie Mordechai Chaim Rumkowski beriefen. Der Judenrat sollte fortan die Befehle der Deutschen umsetzen und seine Mitglieder hafteten für deren Vollzug persönlich mit ihrem Leben. Sie befanden sich in einer nahezu ausweglosen Lage: auf der einen Seite dem Druck der Nationalsozialisten ausgesetzt, auf der anderen Seite mit den Wünschen, Forderungen, der Verzweiflung und der Wut der jüdischen Bevölkerung konfrontiert, die mitunter dazu neigte, den Judenrat mit den von den Deutschen angeordneten Maßnahmen zu identifizieren, zumindest aber den Judenrat für die Art des Vollzugs heftig zu kritisieren.

Über die hier nur mit groben Strichen skizzierten Entwicklungen, über den Alltag der Menschen, ihre Sorgen und Hoffnungen sowie über das trotz Mangelversorgung und Verfolgung reichhaltige Kulturleben wäre die

Nachwelt gar nicht oder nur einseitig aus Sicht der Täter informiert, hätten nicht Menschen im Getto geschrieben – um sich einen geistigen Rückzugsraum zu schaffen, um schreibend die aus den Fugen geratene Welt um sie herum zu begreifen und schließlich auch um der Nachwelt ein Zeugnis von ihrer eigenen Existenz, von ihrer persönlichen Geschichte, ihren Gedanken und Gefühlen sowie ihrer Sicht auf die Welt im Getto und jenseits davon zu hinterlassen. Es schrieben Kinder ebenso wie Erwachsene, »einfache« Gettobewohner ebenso wie Privilegierte, Frauen wie Männer, alteingesessene Lodzer Juden und dorthin Deportierte aus dem Westen.

Neben diesen vielen privaten Zeugnissen gab es im Getto aber auch einen Ort des professionellen Erzählens vom Leben, Arbeiten und Sterben im Getto – ein Erzählen, das systematisch und für die Nachwelt betrieben wurde. Wie in den Gettos von Warschau und Białystok gab es auch in Lodz/Litzmannstadt ein Archiv, in dem Texte und Materialien gesammelt oder gar selbst erstellt wurden. Allerdings war das Getto-Archiv hier offizieller Bestandteil der weitverzweigten jüdischen Verwaltung, während es an den anderen beiden Orten im Geheimen auf Initiative weniger Engagierter betrieben wurde (zu Lodz/Litzmannstadt vgl. Feuchert 2007; zu Warschau vgl. Roth/Löw 2013: 52–64). Die sich daraus ergebenden Unterschiede sind erheblich: Während in Lodz/Litzmannstadt die Archivmitarbeiter einen privilegierten, wenngleich nicht unbegrenzten Zugang zu Informationen aus der jüdischen Getto-Verwaltung hatten und deren Tätigkeit umfassend dokumentieren konnten, waren beispielsweise die Dokumentaristen in Warschau sehr viel ungebundener.

Wenn auch mit unterschiedlichen Schwerpunkten und Verflechtungen war die Arbeit in Warschau und in Lodz/Litzmannstadt immer auch explizit auf die Zukunft, auf die Nachwelt ausgerichtet. Über die Aufgabe des offiziellen Getto-Archivs schreibt Oskar Singer, einer der wichtigsten Mitarbeiter des Archivs, 1944 im Rückblick: »Nach dem Willen des Präses sollte diese Dienststelle in aller Stille das Material für eine künftige Schilderung (Geschichte) des Gettos sammeln und selbst entsprechende Aufzeichnungen machen.« (Archiwum Żydowskiego Instytutu Historycznego, 205/311, Bl. 13) Dass die Initiative zur Einrichtung eines Getto-Archivs maßgeblich vom Judenältesten Rumkowski ausgegangen war, hatte Konsequenzen für die tägliche Arbeit und für den Charakter des zusammengetragenen Bestands. In erster Linie dachte der nicht uneitle Rumkowski an die Dokumentation seines eigenen Wirkens, das der Nachwelt in einem positiven Licht überliefert werden sollte. Im Alltag waren die Archivmitarbeiter nicht ungebunden, vielmehr unterlag ihre Arbeit einer internen Kontrolle: Alle Texte, die sie für das Archiv verfassten, durchliefen zunächst eine Zensur, bevor sie – gegebenenfalls in überarbeiteter Form – Eingang ins Archiv fanden. Alle Texte aus dem Getto-Archiv vermitteln daher einen mindestens doppelt gefilterten Blick – zum einen durch die Wertungen und Interpretationen der Verfasser, zum anderen durch den offiziellen Auftrag und die Zensur.

Da die Mitarbeiter die eigene Gegenwart dokumentierten, wussten sie zwar sehr genau, worüber sie schrieben, es schränkte ihren Blick aber gleichermaßen ein, denn auch ihnen fehlte ein regelmäßiger und umfassender Zugang zu Informationen von außerhalb des Gettos und vor allem litten auch sie unter den elenden Lebensbedingungen hinter dem Stacheldraht, wovon ihre Arbeit nicht unberührt blieb. Dennoch schufen sie eine Bandbreite, Dichte und Tiefe der Dokumentation, die nahezu einmalig ist.

Eines der wichtigsten Projekte der Archivmitarbeiter und eine zentrale Quelle für das Leben der Menschen im Getto sowie für dessen Geschichte ist die Getto-Chronik, die nahezu täglich geführt wurde, aber nicht im Getto kursierte, sondern nach Bearbeitung des jeweiligen Tageseintrags im Archiv abgelegt wurde. Vom 12. Januar 1941 bis zum 30. Juli 1944 berichteten die Chronisten hier tagesaktuell von den zentralen Ereignissen im Getto, von der Ernährungslage, der Entwicklung der Produktion und der Arbeit, den Krankheiten und Todesfällen und schließlich dokumentierten sie zunehmend die kursierenden Gerüchte und den Getto-Humor und verfassten zudem Reportagen über den Alltag. Ergänzt wurden diese Berichte durch Statistiken zur Entwicklung der Bevölkerungszahl im Getto, zur Kriminalität, zum Wetter und anderem mehr. Eine wesentliche Quelle der Berichterstattung waren Dokumente und Informationen, die die Chronik-Autoren aus der jüdischen Verwaltung erhielten. Das hatte allerdings Grenzen wie Singer anmerkt:

»Die Hauptschwierigkeit, die sich einer genauen Berichterstattung entgegenstellte, war der Umstand, dass von der Leitung (Büro d. Aeltesten) nahezu nichts zu erfahren und keine wichtigen Unterlagen zu haben waren. Der Aelteste selbst war in allen politischen Belangen äusserst zurückhaltend und schweigsam und wich allen Fragen immer wieder mit der stereotypen Antwort aus: Es ist noch nicht die Zeit darüber zu schreiben.« (Ebd., Bl. 15)

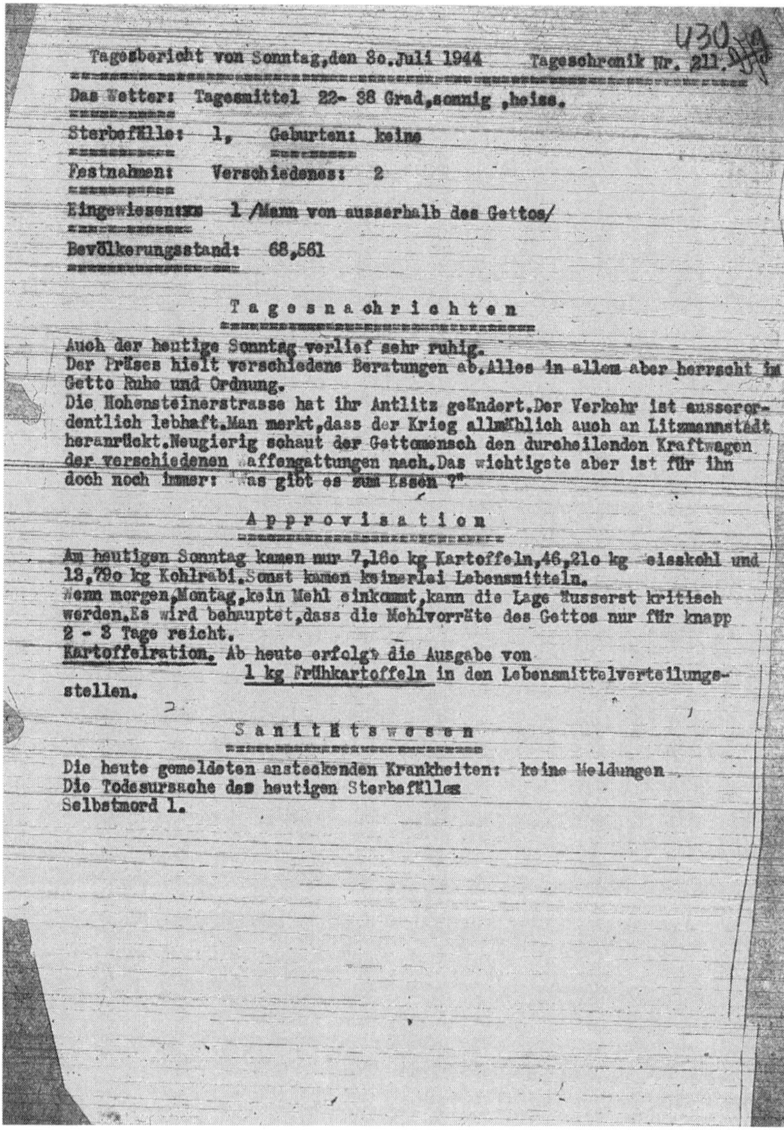

Tagesbericht von Sonntag,den 3o.Juli 1944 Tageschronik Nr. 211.

Das Wetter: Tagesmittel 22- 38 Grad,sonnig ,heiss.

Sterbefälle: 1, Geburten: keine

Festnahmen: Verschiedenes: 2

Eingewiesen: 1 /Mann von ausserhalb des Gettos/

Bevölkerungsstand: 68,561

T a g e s n a c h r i c h t e n

Auch der heutige Sonntag verlief sehr ruhig.
Der Präses hielt verschiedene Beratungen ab.Alles in allem aber herrscht im Getto Ruhe und Ordnung.
Die Hohensteinerstrasse hat ihr Antlitz geändert.Der Verkehr ist ausserordentlich lebhaft.Man merkt,dass der Krieg allmählich auch an Litzmannstadt heranrückt.Neugierig schaut der Gettomensch den durcheilenden Kraftwagen der verschiedenen Waffengattungen nach.Das wichtigste aber ist für ihn doch noch immer: "Was gibt es zum Essen ?"

A p p r o v i s a t i o n

Am heutigen Sonntag kamen nur 7,16o kg Kartoffeln,46,21o kg Weisskohl und 13,79o kg Kohlrabi.Sonst kamen keinerlei Lebensmitteln.
Wenn morgen,Montag,kein Mehl einkommt,kann die Lage äusserst kritisch werden.Es wird behauptet,dass die Mehlvorräte des Gettos nur für knapp 2 - 3 Tage reicht.
Kartoffelration. Ab heute erfolgt die Ausgabe von
1 kg Frühkartoffeln in den Lebensmittelverteilungsstellen.

S a n i t ä t s w e s e n

Die heute gemeldeten ansteckenden Krankheiten: keine Meldungen
Die Todesursache des heutigen Sterbefälles
Selbstmord 1.

Abbildung 1: Der letzte Tageseintrag aus der Getto-Chronik (Staatsarchiv Łódź).

Mit zunehmender Dauer des Unternehmens lösten sich die Verfasser allerdings stärker von ihrem offiziellen Auftrag und recherchierten, Journalisten ähnlich, selbst und ließen auch Kritisches, wenngleich sehr vorsichtig, einfließen. Bald schon verfolgten die Chronisten mit ihrer Arbeit einen höheren Anspruch als lediglich die Dokumentation von Rumkowskis Handeln. Bernard Ostrowski, der einzige überlebende Chronik-Mitarbeiter, berichtet nach Kriegsende von den umfassenden Zielen der Chronisten: »Alles zu beschreiben, was im Getto geschah, Materialien sammeln und diese für künftige Generationen bewahren.« (Archiwum Żydowskiego Instytutu Historycznego, 301/2841, Bl. 1. Übersetzung aus dem Jiddischen) Dies deckt sich weitgehend mit den Zielen des Kreises um Emanuel Ringelblum in Warschau. Sie gingen allerdings einen Schritt weiter: Noch während des Kriegs begannen sie auf Grundlage ihrer Sammlung eine umfassende Studie über die Verfolgung und Ermordung der Juden, wurden also Historiker ihrer eigenen erlebten Gegenwart (vgl. Roth/Löw 2013: 63f.).

Obwohl die Chronisten im Getto Lodz/Litzmannstadt sich zunehmend von den Beschränkungen freizumachen versuchten, unterschied sich ihr Text mitunter ganz erheblich von privaten Zeugnissen, selbst wenn es die gleichen Menschen waren, die schrieben. Ein besonders traumatisches Ereignis in der Getto-Geschichte, das in fast allen Berichten erzählt wird, bietet sich für einen Vergleich an. Im September 1942 deportierten die Nationalsozialisten tausende Kranke, Alte und Kinder in das Vernichtungslager Kulmhof. Über diese zwei Wochen der »Allgemeinen Gehsperre« in der ersten Septemberhälfte 1942 verfassten die Chronisten keine Tageseinträge; auch sie durften ihre Häuser nicht verlassen. Am 14. September schrieben sie einen zusammenfassenden Bericht, in dem sie sich durchaus um eine nüchterne und distanzierte Darstellung bemühten, der Schrecken der zurückliegenden Tage gleichwohl präsent ist:

> »Die Zeit vom 5.–12. September 1942 wird bei dem Teil der Gettobevölkerung, der den Krieg überleben wird, eine unauslöschliche Erinnerung hinterlassen. Eine Woche! 8 Tage, die eine ganze Ewigkeit zu sein scheinen. Noch heute fällt es schwer, sich bewusst zu machen, was es eigentlich war. Ein Taifun, der ca. 15000 Personen /eine genaue Zahl kann noch niemand sagen/ von der Oberfläche des Gettos weggefegt hat, hat gewütet und trotzdem fließt das Leben erneut im alten Flussbett.« (Feuchert et al. 2007, Bd. 2: 452)

Die weitgehend sachliche Schilderung jener zwei Wochen im Getto ist im Stile einer Chronik abgefasst, bemüht sich, den Ablauf der Ereignisse und die Reaktionen der Menschen zu dokumentieren, ohne allerdings über das ganze Ausmaß an Terror und Gewalt und die vielen Toten im Getto berichten zu können.

Ganz anders sehen die privaten Tagebuchaufzeichnungen des Chronik-Autoren und Journalisten Oskar Rosenfeld aus diesen Tagen aus, zum Beispiel der Eintrag vom 7. September 1942:

»Gewitter-Nacht. Taggrauen kühl. Polizisten Laufschritt umzingeln Zgierzka und anderswo Häuser Laufschritt, dringen ein. Holen Kinder. Vor Haustoren einspännige Wagen (Leiterwagen). Plötzlich aus Haustor heulend Frauen, Mädchen, Greisinnen, hinauf auf Wagen, Kinder wie Pakete hinaufgeworfen. Vorne Feldgrau Peitsche, daneben Soldaten, Gewehr, Revolver, Stahlhelm, Fenster müssen geschlossen sein, Drohung gegen Gesichter am Fenster, wahllos Menschen mitgenommen.« (Rosenfeld 1994: 150)

Gelingt es Rosenfeld und den Chronisten in der festgefügten Form der Getto-Chronik und gewissermaßen in offiziellem Auftrag noch, die Zeit der »allgemeinen Gehsperre« darzustellen, den Ereignissen eine narrative Struktur zu verleihen, gerät der Journalist Rosenfeld im Privaten ins Stammeln, verlieren die Sätze ihre Struktur, ist sein Sprachvermögen von dem Schrecken überwältigt. Keines der beiden Zeugnisse kann, so scheint es, ein höheres Maß an Authentizität für sich beanspruchen, jedes für sich ist ein sehr begrenztes Zeugnis. Erst wenn sie zueinander und zu weiteren Erzählungen in Beziehung gesetzt werden, ergibt sich ein umfassenderes, weniger lückenhaftes und gefiltertes Bild jener Tage im Getto Lodz/Litzmannstadt.

Ob das Sammeln, Dokumentieren und Schreiben der Chronisten oder die vielen privaten Zeugnisse, sei es in Warschau oder in Lodz/Litzmannstadt, tatsächlich eines Tages ihren Zweck erfüllen würden, nämlich Grundlage einer zu schreibenden Geschichte der Juden unter deutscher Besatzung und Hilfe für ein besseres Verständnis des Lebens und Sterbens im Getto zu sein, hing kaum von ihnen selbst ab. Die wenigsten der beteiligten Menschen überlebten den Krieg; entweder wurden sie deportiert und in Vernichtungslagern umgebracht oder sie starben in Warschau während des Getto-Aufstands oder wurden später in ihren Verstecken entdeckt oder verraten. Die Überlieferung des Materials war überdies von glücklichen Zufällen abhängig.

In Lodz/Litzmannstadt war nach der Deportation der meisten Gettobewohner im Sommer 1944 nur ein wenige hundert Menschen umfassendes Aufräumkommando zurückgeblieben, dem auch Nachman Zonabend, vormals Briefträger im Getto, angehörte. Zonabend wusste von der Existenz des Archivs und stahl sich mehrfach von seiner Arbeit dorthin, wo er die Getto-Chronik und zahlreiche andere Zeugnisse teilweise schon verpackt vorfand. Ihm gelang es, einen Großteil dieser unschätzbar wertvollen Dokumente zu verstecken – in der Hoffnung, sie nach dem Krieg bergen zu können. In Warschau hatten die Mitarbeiter des Ringelblum-Archivs selbst früh Vorsorge getroffen: Sie vergruben Teile ihrer Sammlung in Metallkisten und Milchkannen schon im Sommer 1942, als die Nationalsozialisten mit der Deportation hunderttausender Juden aus Warschau begannen; einen zweiten Teil vergruben sie Monate später (vgl. Roth/Löw 2013: 168).

2. Die lange Nachgeschichte der Getto-Chronik: Von der Marginalisierung zur Multimedialisierung

Wenige Monate nach Kriegsende konnte mit Zonabends Hilfe auf dem ehemaligen Gettogelände in Łódź die Getto-Chronik und mit ihr zahlreiche andere Materialien aus dem Archiv geborgen werden. Mit diesem Quellenbestand lag eine ungewöhnlich dichte Überlieferung von Zeugnissen der Verfolgten selbst zu einem Getto vor. In Polen etablierten sich unmittelbar nach der Befreiung in den großen Städten Jüdische Historische Kommissionen, die Material zur Verfolgung und Ermordung der Juden sammelten und Interviews mit Überlebenden durchführten. Innerhalb weniger Jahre veröffentlichten sie in Polen zahlreiche Tagebücher, Erinnerungen, historische Darstellungen, Dokumentensammlungen, Gedichte, Dramen und anderes mehr (vgl. Jockusch 2012).

Sowohl die Bedeutung des Gettos Lodz/Litzmannstadt und die vielfältige und dichte Quellenüberlieferung als auch die Tatsache, dass Łódź nach dem Krieg zeitweise Zentrum jüdischen Lebens in Polen war, hätte erwarten lassen, dass unter den zahlreichen Publikationen der Jüdischen Historischen Kommission viel über Lodz/Litzmannstadt zu finden sein würde. Außer einer Sammlung von Quellen aus den deutschen Aktenbeständen gibt es jedoch nahezu keine Veröffentlichungen hierzu. Über das Warschauer Getto hingegen, vor allem über den Aufstand 1943, sind in der freien Welt schon während des Krieges, in Deutschland und Polen nach dem Krieg innerhalb kürzester Zeit weit über hundert Texte erschienen – Quellensammlungen, historische Analysen, Erinnerungen, Tagebücher, Romane, Gedichte und Dramen. Diese erhebliche Schieflage bestand über die folgenden Jahrzehnte fort.

Für diese starke Dominanz des Warschauer Gettos in der öffentlichen Erinnerung und in den publizierten Zeugnissen lässt sich eine Reihe an Erklärungen anführen. Viel hat mit der Person des Judenältesten Rumkowski zu tun. Dem Lodzer Getto haftete vor allem wegen Rumkowskis unbeirrt verfolgter Strategie, das Getto zu einem produktiven, für die Deutschen unentbehrlichen Arbeitsort zu machen, das Odium der Kollaboration an – die negative Symbolfigur Rumkowski bot hierzu viele Angriffspunkte. Der Vorwurf der Kollaboration traf darüber hinaus auch viele Überlebende aus dem Getto Lodz/Litzmannstadt.

Auf der anderen Seite fehlten im Bewusstsein der Öffentlichkeit die positiven Identifikationsmöglichkeiten, von denen das Warschauer Getto, so schien es, so viele aufweisen konnte: Janusz Korczak, der schon vor dem Krieg bekannte Pädagoge und Schriftsteller, wurde bereits während des Krieges zu einer legendären Person. Adam Czerniaków, der erste Judenratsvorsitzende in Warschau, unterschied sich deutlich von Rumkowski. Zwar war auch er zeitlebens nicht unumstritten, doch nahm er sich im Juli 1942 das Leben, als er die Deportation von Kindern in den Tod organisieren und mitverantworten sollte – anders als Rumkowski im September 1942. Erfolg – und das zeigt die letztlich ausweglose Lage der Judenräte – hatte freilich auch Czerniaków nicht.

Vor allem aber gab es in Warschau eine positive, ja geradezu heldenhafte Geschichte zu erzählen und zu erinnern: den Aufstand im Getto im April 1943. Es ist vor allem dieser Umstand, der die Erinnerung an Lodz in den Hintergrund treten und das Leben und Sterben im Warschauer Getto, vor allem aber den dortigen Widerstand, in der öffentlichen Erinnerung und auch der offiziellen polnischen Geschichtspolitik dominieren ließ. In den vierziger Jahren, nach Krieg und Besatzung, war Polen in weiten Teilen zerstört und innerlich zerrissen. Hier etablierte sich, wie in den anderen befreiten Ländern im Einflussbereich der Sowjetunion auch, der Stalinismus. Die polnischen Kommunisten sahen im Warschauer Getto-Aufstand ein Symbol, das sich politisch für ihre Zwecke vereinnahmen ließ (vgl. Kobylarz 2009). Hier konnten sie Anknüpfungspunkte für eine heroisierende Geschichtspolitik finden, zumal tatsächlich auch Verbindungen der jüdischen Widerstandsgruppen zum sozialistischen und kommunistischen Untergrund bestanden hatten. Jüdischen Überlebenden bot der Getto-Aufstand eine positive Identifikationsmöglichkeit und vor allem auch die Einbindung in ein zionistisches Narrativ, das eine gerade Linie von Verfolgung, Vernichtung und Widerstand zum Anspruch auf einen eigenen Staat zog.

Dementsprechend wurde das Warschauer Getto, was es im Bewusstsein der freien Welt in Teilen bereits vor 1945 war: Es wurde zum Inbegriff für *das* Getto schlechthin ebenso wie bald schon Auschwitz *das* Konzentrationslager war. Eine erste unscheinbare Gedenktafel zum Aufstand wurde in einer großen offiziellen Zeremonie 1948, zum fünften Jahrestag des Getto-Aufstands, durch ein heroisches Denkmal ersetzt. Freilich entzogen sich manche der Überlebenden und der Widerstandskämpfer dieser Vereinnahmung.

Eine Reihe weiterer Faktoren spielte eine Rolle. Warschau als Hauptstadt hatte eine sehr viel größere symbolische Bedeutung als jede andere polnische Stadt. Zudem gab es dort während des Krieges einen regen Austausch und mehr Kontaktmöglichkeiten zwischen der jüdischen und polnischen Bevölkerung. Zahlreiche aus dem Getto geflohene Juden lebten versteckt bei Polen. Dies bot nach dem Krieg auch offiziellen Seiten die Möglichkeit, hieran eine Erzählung von Solidarität und Rettung anzuknüpfen, die Erscheinungen wie Verrat, Ausplünderung, Erpressung und Hass verdeckte.

Ein weiteres Ereignis nach dem Krieg trug zur Marginalisierung des Lodzer Gettos und zur Dominanz des Warschauer Gettos in der Erinnerung bei: Die Bergung des Ringelblum-Archivs im Herbst 1946, also derjenigen Dokumente (Berichte, Tagebücher, Aufsätze, Dokumente, Plakate, Fotos etc.), die der jüdische Historiker Emanuel Ringelblum und eine Reihe weiterer engagierter Mitarbeiter jahrelang zusammengetragen hatten, um die Geschichte der Juden in Warschau und in ganz Polen, ihre Verfolgung und Vernichtung, ihren Alltag und Selbstbehauptungswillen und auch ihren Widerstand zu dokumentieren und zu beschreiben. Anders jedoch als in Lodz/Litzmannstadt war das Ringelblum-Archiv ein geheimes Unterfangen, ein Untergrundarchiv, das jeden Kontakt zu offiziellen Stellen wie den Judenrat mied. Mehr noch: Es wurde zu einem fest eingebundenen Bestandteil des organisierten jüdischen Widerstands in Warschau. Ein Untergrundarchiv und kein Archiv der offiziellen Gettoverwaltung – auch hier bot Warschau eine unbelastete Geschichte mit Heroisierungspotential.

Die Dominanz des Warschauer Gettos in der Erinnerungspolitik und die politische Entwicklung der Volksrepublik Polen in den folgenden Jahrzehnten hatten auch Auswirkungen auf die Nachgeschichte der Getto-Chronik. Sie blieb nach dem Krieg lange Jahre unerschlossen. Erst Anfang der sechziger Jahre, nachdem die Dokumente von Łódź nach Warschau in das Jüdische Historische Institut gebracht worden waren, begannen Lucjan Dobroszycki, ein Überlebender des Gettos, und Danuta Dąbrowska, die mit gefälschter Identität überlebt hatte, mit einer Edition der Chronik. 1965 und 1966 erschienen die beiden ersten Bände, dann aber wurde das Unternehmen abgebrochen. Die politische Entwicklung hatte eine Fortführung unmöglich gemacht. Im Zuge der antisemitischen Ereignisse und Maßnahmen 1968 wurde ein Stopp verfügt, die beiden folgenden, bereits abgeschlossenen Bände wurden eingestampft und die beiden Bearbeiter, wie viele andere Juden aus Polen, zur Emigration genötigt (vgl. Walicki 2009: 264–266; Feuchert 2007: 186f.). Auch in der öffentlichen Erinnerungslandschaft und Erinnerungspolitik spielte das Getto keine Rolle, obwohl weite Teile des ehemaligen Gettogebiets erhalten waren und eine konkrete Verortung von Gedenken und Erinnerung möglich gewesen wäre – anders als im fast vollständig zerstörten Warschau. Das öffentliche Gedächtnis in der Volksrepublik Polen dominierte der Warschauer Getto-Aufstand oder aber das Leiden der polnischen Bevölkerung. Das Gebiet, auf dem das Getto in Lodz war, wurde auch nach 1945 wieder sozialer Brennpunkt.

Erst gut dreißig Jahre später wurde auf Initiative von Sascha Feuchert von der Arbeitsstelle Holocaustliteratur an der Universität Gießen eine erstmals vollständige Edition der Getto-Chronik und aller ihrer überlieferten Varianten in den beiden Originalsprachen des Zeugnisses, in Deutsch und Polnisch, initiiert. Gemeinsam mit dem Staatsarchiv und der Universität Łódź wurde in den folgenden Jahren an der umfassenden Edition gearbeitet, die schließlich 2007 in fünf Bänden auf Deutsch und 2009 auf Polnisch erschien (vgl. Feuchert et al. 2007). Durch eine umfangreiche Kommentierung der Tageseinträge, insbesondere durch ausführliche Zitate aus Tagebüchern und Erinnerungen von Gettobewohnern, trugen die Herausgeber der beschriebenen Begrenzung der Getto-Chronik Rechnung.

Diese Edition konnte nun in einer fundamental anderen Forschungslandschaft und politischen Situation entstehen. Sowohl in Polen als auch in Deutschland wandte sich die Holocaustforschung seit den neunziger Jahren zunehmend der Geschichte der Opfer zu und nahm lange vernachlässigte Räume in den Blick. Im speziellen Fall des Gettos Lodz/Litzmannstadt wirkte wohl auch ein Zufall: Ende der achtziger Jahre fand man in einem Antiquariat eine Serie von Farbfotos aus dem Getto, die ein deutscher Funktionär gemacht hatte. Dies mündete Anfang der neunziger

Jahre in eine große Ausstellung im Jüdischen Museum in Frankfurt, deren Begleitband eine Reihe wissenschaftlicher Aufsätze enthielt, die sich nun ausführlicher mit Aspekten der Getto-Geschichte befassten (vgl. Loewy/ Schoenberner 1990). Neben dem nach 1989/90 erheblich einfacheren Zugang zu den polnischen Archiven hat diese Ausstellung sicherlich eine hohe Bedeutung dafür, dass in den folgenden Jahren Tagebücher aus dem Lodzer Getto publiziert wurden und die Forschung sich nun auch diesem lange vernachlässigten Großgetto zuwandte.

Mit der umfassenden gedruckten Printfassung der Getto-Chronik, die in Deutschland ein breites mediales Echo in der überregionalen Qualitätspresse gefunden hat, ist die Geschichte der Editionen der Getto-Chronik noch nicht an ihr Ende gekommen. Im Forschungsverbund »Kulturtechniken und ihre Medialisierung« wurde am Gießener Zentrum für Medien und Interaktivität gemeinsam mit dem Herder-Institut Marburg in enger Kooperation mit der Arbeitsstelle Holocaustliteratur sowie dem Staatsarchiv Łódź eine digitale Fassung der letzten zwölf Monate der Getto-Chronik (1. August 1943 bis 30. Juli 1944) erarbeitet. Seit Juni 2011 ist die Fassung der letzten zwölf Monate als Webseite im Internet frei zugänglich (vgl. www.getto-chronik.de).

Diesem Multimedialisierungsprojekt lag der Gedanke zugrunde, dass digitalen Medien eine immer größer werdende Bedeutung bei der Vergegenwärtigung von Vergangenheit zukommt (vgl. Hein 2009). Hiervon zeugen nicht zuletzt die wachsenden Bemühungen vieler Archive, ihre Primärquellen im Internet verfügbar zu machen. Ziel ist nicht nur die Schonung wertvoller Dokumente, da man diese nicht mehr im Original einsehen muss, sondern vor allem die Nutzung der Optionen digitaler Medien, um historische Quellen einem breiteren Publikum zugänglich zu machen und neue Formen des Zugangs zu und der Aneignung von Vergangenheit zu eröffnen (vgl. Maier/Weber 2000).

Abbildung 2: Screenshot der digitalen Fassung der Getto-Chronik (Quelle: www.getto-chronik.de, 8.7.2013).

Abgesehen davon eröffnet eine digitale oder präziser, multimediale Edition der Getto-Chronik eine Vielzahl an Möglichkeiten, die über die gedruckte Fassung weit hinausgehen. Grundlage für die multimediale Edition war die von der Arbeitsstelle Holocaustliteratur erarbeitete Buchfassung. Sie wurde für die letzten zwölf Monate der Chronik vollständig übernommen; nicht nur der gesamte Chroniktext mit den annotierten überlieferten Varianten, sondern auch der übrige Anmerkungsapparat – die sprach- und literaturwissenschaftlichen sowie die historischen Anmerkungen. Das digitale Medium eröffnet darüber hinaus fast unbegrenzte Möglichkeiten, gerade für die Edition eines Textzeugnisses wie der Getto-Chronik: Zunächst einmal unterliegen Editionen im Internet praktisch keinen Begrenzungen mehr und können beliebig erweitert und aktualisiert werden. Überdies erlaubt das Medium durch Hypertextstrukturen Querverbindungen und Verlinkungen in unbegrenzter Zahl, die im Druck durch aufwändig zu erstellende Register nur unzureichend abgebildet werden könnten. Die unter Zensur, prekären Schreibsituationen und mit begrenztem Wissenshorizont entstandene Getto-Chronik bedarf einer breiten Kontextualisierung. Ein nicht linear organisiertes Medium wie das digitale mit seiner möglichen Hypertextstruktur kann dem nahezu idealtypisch Rechnung tragen. Schließlich, und das ist der multimediale Aspekt, lassen sich neben dem Text andere Medienformate wie Bilder, Ton- oder Videodokumente einbinden und somit eine sehr viel breitere Kontextualisierung des Chronik-Textes erreichen, der dieser für ein besseres Verständnis dringend bedarf.

In der Getto-Chronik führen die Chronisten viele Dokumente, Rundschreiben und Plakataushänge des Judenältesten und seiner Verwaltung an und zitieren zum Teil aus ihnen. Auch die Bearbeiter der Druckfassung zitieren im Kommentar zahlreiche überlieferte Dokumente. All diese zitierten oder nur erwähnten Dokumente sind nun in der multimedialen Chronik-Edition dem Nutzer als Scan des Originals zugänglich. Vor allem aber hat der Leser am Bildschirm die Möglichkeit, sich jeden einzelnen Tageseintrag der Getto-Chronik auch als Scan des Originals anzusehen und so unter anderem einen direkten Eindruck von der Quelle zu bekommen. Editionen gewinnen so schließlich ein hohes Maß an Transparenz. Der Nutzer einer solchen digitalen Edition ist nicht mehr allein den – mitunter umstrittenen oder schlicht falschen – Entscheidungen von Bearbeitern und Herausgebern ausgeliefert. Letztlich könnte die multimediale Edition der Getto-Chronik Ausgangspunkt für ein virtuelles Archiv zum Getto Lodz/ Litzmannstadt sein.

Die gedruckte und die digitale Chronik-Edition haben durchaus breite Beachtung gefunden, so dass von einer Marginalisierung des Gettos und der Chronik lange nicht mehr die Rede sein kann. Die Erinnerung an das Getto Lodz/Litzmannstadt ist im kulturellen Gedächtnis vielleicht noch nicht aus dem Schatten des Warschauer Gettos herausgetreten. Gleichwohl ist sie in der Stadt Łódź nun sichtbarer geworden und durch eine ganze Reihe geschaffener Erinnerungsorte fest verankert. Im »digitalen Gedächtnis« scheint, so problematisch solche Aussagen im Hinblick auf ein derart dynamisches Medium auch sein mögen, das Lodzer Getto präsenter zu sein, nicht zuletzt auch durch die multimediale Chronik-Edition.[2]

---

2 Der Kreis der Chronik-Rezipienten wurde durch einen weiteren Transfer noch erhöht: In Kooperation mit dem Hessischen Rundfunk ist eine Audiofassung der Chronik

Was vor nunmehr über 70 Jahren von den Archivmitarbeitern und Chronisten im Getto begonnen worden war, ist mit der Veröffentlichung und der anschließend in verschiedenen Medienformaten betriebenen Verbreitung gewissermaßen zu einem (vorläufigen) Abschluss gekommen. Die Nachwelt kann sich nun, ganz so wie die Chronik-Autoren es wollten, mit Hilfe dieser Textzeugnisse ein Bild vom Getto Lodz/Litzmannstadt machen – von seinen Menschen, ihrem Alltag, ihrem Leiden und ihrem Sterben.

Literatur

Archiwum Żydowskiego Instytutu Historycznego, 205/311.

Borchert, Wolfgang (2007), »Kartoffelpuffer, Gott und Stacheldraht«, in: Wolfgang Borchert, *Das Gesamtwerk*, hg. von Michael Töteberg und Irmgard Schindler, Reinbek, S. 497–504.

Burkhardt, Marcus; Grünes, Andreas; Roth, Markus (2013), »Die Edition der Lodzer *Getto-Chronik* und ihre Multimedialisierung im Spiegel medialer Transformationen des Holocausts«, in: Ursula von Keitz; Thomas Weber (Hg.), *Mediale Transformationen des Holocausts*, Berlin, S. 483–506.

Feuchert, Sascha (2007), »Die Getto-Chronik: Entstehung und Überlieferung. Eine Projektskizze«, in: Sascha Feuchert; Erwin Leibfried; Jörg Riecke (Hg.) (2007), *Die Chronik des Gettos Lodz/Litzmannstadt*, 5 Bände, Göttingen, S. 167–190.

Feuchert, Sascha; Leibfried, Erwin; Riecke, Jörg (Hg.) (2007), *Die Chronik des Gettos Lodz/Litzmannstadt*, 5 Bände, Göttingen.

Hein, Dörte (2009), »›Seriöse Information‹ oder ›schöne Bilder‹? Kommemorative Kommunikation aus der Perspektive der Anbieter«, in: Erik Meyer (Hg.), *Erinnerungskultur 2.0: Kommemorative Kommunikation in digitalen Medien*, Frankfurt a.M., S. 145–173.

Jockusch, Laura (2012), *Collect and Record! Jewish Holocaust Documentation in Early Postwar Europe*, New York.

---

entstanden. Die hierfür leicht gekürzten Tageseinträge hat der Hessische Rundfunk vom 1. August 2011 bis zum 30. Juli 2012 täglich mittags kurz vor den Hauptnachrichten ausgestrahlt. Die Radiohörer haben so 68 Jahre nach den Ereignissen Tag für Tag vor den aktuellen Nachrichten gewissermaßen historische Nachrichten aus dem Getto hören können. Diese wiederum fast schon neue Edition hat bereits Nachahmer gefunden. Der Bayerische Rundfunk hat mit der Vertonung einer Quellenauswahl der großangelegten Edition »Verfolgung und Ermordung der europäischen Juden durch das nationalsozialistische Deutschland 1933–1945« begonnen. Zu jedem der geplanten 16 Bände soll eine solche Audio-Auswahl produziert werden.

Kobylarz, Renata (2009), *Walka o pamięć. Polityczne aspekty obchodów rocznicy powstania w getcie warszawskim 1944–1989*, Warszawa.

Loewy, Hanno; Schoenberner, Gerhard (Hg.) (1990), *»Unser einziger Weg heißt Arbeit«. Das Ghetto in Łódź 1940–1944*, Wien.

Löw, Andrea (2006), *Juden im Getto Litzmannstadt. Lebensbedingungen, Selbstwahrnehmung, Verhalten*, Göttingen.

Maier, Gerald; Weber, Hartmut (Hg.) (2000), *Digitale Archive und Bibliotheken. Neue Zugangsmöglichkeiten und Nutzungsqualitäten*, Stuttgart.

Rosenfeld, Oskar (1994), *Wozu noch Welt. Aufzeichnungen aus dem Getto Lodz*, hg. von Hanno Loewy, Frankfurt a.M.

Roth, Markus; Löw, Andrea (2013), *Das Warschauer Getto. Alltag und Widerstand im Angesicht der Vernichtung*, München.

Walicki, Jacek (2009), »Polityka historyczna a nauka. Dzieje badań materiałów archiwalnyhc getta łódzkiego i jego Kroniki do roku 1968«, in: Julian Baranowski; Krystyna Radziszewska; Adam Sitarek; Michał Trębacz; Jacek Walicki; Ewa Wiat; Piotr Zawilski (Hg.), *Kronika getta łódzkiego/Litzmannstadt Getto 1941–1944*, Band 5, Łódź, S. 247–268.

Young, James Edward (1997), *Beschreiben des Holocaust. Darstellung und Folgen der Interpretation*, Frankfurt a.M.

Fotografien des Ersten Weltkriegs in der Weimarer Republik und in digitalen Quellensammlungen

Julian Nordhues

1. Einleitung

Die Erfahrung des Ersten Weltkriegs stellte sich für die deutsche Bevölkerung vollständig medialisiert dar, denn die unmittelbaren Kampfhandlungen spielten sich zum überwiegenden Teil nicht in Deutschland selbst ab. Technische Innovationen, die die Erstellung und Reproduktion von Fotografien enorm vereinfachten, begünstigten das Aufkommen und die Popularität illustrierter Zeitschriften, die neben Grafiken und Zeichnungen auch immer häufiger Fotografien abbildeten. Diese Entwicklung nutzte die offizielle Propaganda während des Ersten Weltkriegs und setzte im Kriegsverlauf verstärkt Visualisierungen in Form von Fotos ein. Gleichzeitig brachten die illustrierte Presse und zahlreiche Fotodokumentationen eine »regelrechte Bilderflut« (Paul 2004a: 106) hervor. Die offiziellen visuellen Darstellungen vom Krieg untermauerten die in der deutschen Bevölkerung verbreitete Meinung eines »gerechten«, von missgünstigen ausländischen Mächten aufgezwungenen Kriegs, der »sauber« geführt wird (vgl. Krumeich 2004: 69). Eine Sichtbarkeit des Kriegs, die nicht mehr von der Propaganda verhüllt werden konnte, entstand erst durch das unübersehbare Elend der zurückgekehrten Verletzten und andererseits durch die Veröffentlichung kriegskritisch konnotierter Fotografien. Durch sie wurde in der Zeit der Weimarer Republik die »Auseinandersetzung um die retrospektive Deutung des Weltkrieges sowie um das kollektive Bildgedächtnis der Deutschen über den vorangegangenen Krieg« (Paul 2004b: 54) in Gang gesetzt.

Die visuellen Überlieferungen, in Form von Fotografien und Filmen des Ersten Weltkriegs, die unsere heutige Vorstellung vom Krieg bestimmen, machen sie aufgrund ihrer teilweise schwierig rekonstruierbaren Entstehungszusammenhänge zu interessanten und zugleich herausfordernden historischen Quellen. Bei vielen Fotografien oder Fotopostkarten entziehen sich Kontextinformationen wie Datum, Ort, Fotograf oder konkrete Absicht des Fotografen der Kenntnis. Teilweise ist sogar das Motiv nicht ohne eingehendere Analyse identifizierbar. Gemessen an der Masse der im Krieg von Amateur- und professionellen Fotografen produzierten Aufnahmen erfuhren nur verhältnismäßig wenige eine breitere öffentliche Aufmerksamkeit. Noch geringer ist die Zahl derer, die heute als ikonenhaft gelten und die kollektive Erinnerung des Kriegs formen.

In aktuellen Digitalisierungsprojekten, wie beispielsweise Europeana Collections 1914–1918, werden Artefakte, darunter auch Fotografien und Fotopostkarten gesammelt, digital aufbereitet, katalogisiert und verschlagwortet. Weitere Projekte, die im Hinblick auf den hundertsten Jahrestag des Ausbruchs des Ersten Weltkriegs 2014 arbeiten, wenden die Methode des *crowdsourcing* an, um bisher noch ungesehene Quellen aus Privatbesitz zu veröffentlichen. Ebenfalls beteiligen sich verschiedene Online-Communities am Auffinden, Digitalisieren und Kontextualisieren von Zeugnissen des Kriegserlebnisses, von denen in diesem Beitrag exemplarisch die Onlineplattform Flickr angesprochen wird.

Der Beitrag zeichnet den Weg von Fotografien des Ersten Weltkriegs nach, von ihrer Entstehungszeit, ihrer Verwendung in der Weimarer Republik im Zusammenhang mit der Deutung des Kriegs bis hin zur heutigen Zeit, in der die Fotografien zu historischen Quellen geworden sind. Hierbei soll der Frage nachgegangen werden, inwieweit bei der Sammlung und Veröffentlichung visueller Repräsentationen des Kriegs die Vielfältigkeit der Motive berücksichtigt wird und welche Darstellungen im Vordergrund stehen.

2. Kriegsfotografie zwischen Propaganda und privater Erinnerung

Der Erste Weltkrieg brachte in der illustrierten Presse und in zahlreichen Fotodokumentationen eine Vielzahl visueller Darstellungen hervor. Die Entwicklung der Rollfilmkamera und einfache Entwicklungsverfahren waren die Voraussetzung für massenhaftes Fotografieren (vgl. Bopp 2009: 166). Unter den Soldaten gab es nun den Schützengraben-Fotografen, der seine Umwelt aus eigenem Interesse und für sein privates Bilderalbum fotografisch dokumentierte. Neben diesen unzähligen ›Knipsern‹ wurden auf deutscher Seite Berufsfotografen an die Fronten geschickt, die in Begleitung von Generalstabsangehörigen ihrer Arbeit im Sinne einer durch das Militär gesteuerten Berichterstattung für die deutsche Öffentlichkeit nachgingen (vgl. Oppelt 2002: 103). Mit Beginn des Kriegs entstand bei Verlegern, Publizisten sowie Foto- und Buchhandlungen großes Interesse an Amateurfotografien, denen im Gegensatz zu den offiziellen Kriegsfotografien eine erhöhte Authentizität zugesprochen wurde (vgl. Bunnenberg 2009: 160; von Dewitz 1994: 166). Das ungehinderte Fotografieren an und hinter der Front war zwar in keinem kriegführenden Staat erlaubt, doch ließen sich entsprechende Verbote nicht vollständig durchsetzen (vgl. Jäger: 134). Die Fotografien, die in die deutschen illustrierten Zeitungen, die privaten Bilderalben der Soldaten und auch in die bebilderten Regimentsgeschichten gelangten, zeigten den Krieg eher »als touristisches Abenteuer, denn als Tod bringende Eroberung fremden Terrains« (vgl. Paul 2004a: 117). Auf den Fotos waren Soldaten »stets wohlversorgt, wohlgenährt und im intakten Sozialgefüge [der] Kameraden aufgehoben«, sie bewältigten den Kriegsalltag heiter und souverän und zeigten sich siegreich im Umgang mit modernen Waffen (vgl. von Dewitz 1994: 170). Noch größtenteils orientiert an den kompositorischen Konventionen der (Schlachten-)Malerei und der Zeichnerei (vgl. Hischer 2010: 217), wurden auf den Fotografien neben in der Etappe posierenden Soldaten zumeist Landschaften, Dörfer, Städte und Sehenswürdigkeiten gezeigt.

Mit Fortschreiten des Kriegs veränderte sich sowohl bei den Amateurfotografen als auch bei den offiziellen und inoffiziellen Berufsfotografen die fotografische Praxis. Ab 1915/16 setzte sich durch die zunehmende Verzahnung von Militär- und Medienapparat der »moderne Medienkrieg flächendeckend durch« (vgl. Holzer 2009a: 231). Die Regierungs- und Militärstellen erkannten den propagandistischen Nutzen der Kriegsfotografie und organisierten die Bildproduktion und Bildverwertung fortan zentral. Anfang 1917 wurde in Deutschland das »Bild- und Filmamt« (BUFA) mit der Aufgabe gegründet, systematisch Kriegsfotografien zu sammeln und diese bei propagandistischer Eignung an die Presse zu liefern.[1] Da die offiziellen Fotografen den weiter steigenden Bedarf an Kriegsfotografien bald auch im Rahmen der behördlich kontrollierten Berichterstattung nicht mehr abdecken konnten, kam es zu einer offiziellen »Mobilisierung der Amateurfotografen« (Holzer 2007: 37), deren fotografisches Material nun

1 In Österreich-Ungarn übernahm diese Aufgabe die »Lichtbildstelle« des k.u.k. Kriegspressequartiers, vgl. Holzer (2007: 35ff.).

in Teilen von Mitarbeitern des BUFA aufgekauft wurde. Der industriell geführte und zermürbende Stellungskrieg an der Westfront verlangte nach einer neuen fotografischen Praxis und die Propagandaabteilungen wie auch die Presse in der Heimat forderten im Hinblick auf den Schützengrabenkrieg »Bilder gegen die Erstarrung« (Holzer 2009b: 200). Fotografien sollten nun dramatische Kampfszenen zeigen, die Soldaten in den Gräben und in den Sturmangriffen abbilden und die Perspektive der Visierlinie ihrer Waffen einnehmen (vgl. Hischer 2010: 224). Diese fotografischen Darstellungen sollten inmitten des technisierten Kriegs suggerieren, »dass der Wagemut und der Einsatz der einzelnen Soldaten und nicht die anonymen Maschinen wie Mörser, Granaten und Panzer letztlich die Entscheidung in den Schlachten herbeiführen« (vgl. Holzer 2009b: 200). Dabei waren praktisch alle Angriffszenen, die während des Kriegs als Fotografien oder im Film verbreitet worden sind, hinter der Front bei Übungen entstanden (vgl. Hischer 2010: 224).

Millionenfache Verbreitung fanden Fotos von zu ›Helden‹ stilisierten Kampfpiloten, denen die Propaganda die gewünschten Eigenschaften wie Technikbegeisterung, Jugend und individuellen Mut zusprach (vgl. Hüppauf 2008: 589f.). Im Ersten Weltkrieg wurden Sprache und Medien als »Waffen im Krieg« (Hüppauf 2009: 181) genutzt, denn dieser Krieg war auch »der erste großangelegte Versuch der Meinungslenkung und Meinungsführerschaft durch staatliche und militärische Behörden« (Lipp 2003: 307). Die Angaben zur Kriegswirklichkeit und »die zu guten Teilen auf reinem Wunschdenken basierende Propaganda […] hatten tief greifende Folgen für die Grundmuster der deutschen Weltkriegserinnerung« (vgl. Krumeich 2004: 69). Das verklärende Bild des Kriegs in der offiziellen Berichterstattung wird am deutlichsten in der Tabuisierung des Todes (vgl. Eisermann 2000: 134). Die offizielle deutsche Presse zeigte getötete Soldaten nur höchst selten und wenn, dann nur Getötete der Gegenseite.[2] Der Kriegstod eigener Soldaten wurde allenfalls in Aufnahmen von Friedhöfen und Gräbern festgehalten.

Anders verhielt es sich mit Fotos und Bildpostkarten[3], die unter Soldaten Verbreitung fanden. In Privatalben von Soldaten lassen sich Fotos von

2 Eine Besonderheit stellen die illustrierten Verlustlisten dar, die das preußische Kriegsministerium veröffentlichte. Anonyme tote Soldaten sollten hierbei mit Hilfe von Porträtaufnahmen identifiziert werden, siehe Artinger (2006: 88f.).

3 Zu Kriegspostkarten vgl. Brocks (2008). Brocks konstatiert nach Analyse ihres Postkartenkorpus allerdings, dass Gewalt und Tod in Postkarten entweder ausgeklammert oder

Soldatenleichen finden, die nicht an die Öffentlichkeit gelangten, aber hinter der Front zirkulierten, zum Teil in zusammenhängenden Postkartenreihen produziert (vgl. von Dewitz 1994: 174f.; Riha 1980: 147; Krumeich 1994: 129). Diese Fotografien, die häufig auch Hinrichtungen von vermeintlichen ›Spionen‹ zeigen oder Soldaten, die stolz vor ihren getöteten Gegnern posieren, spiegeln eine Kriegsrealität wider, die der Öffentlichkeit nicht zugänglich war. Insbesondere nach erfolgreichen Angriffen wurde fotografiert: »Es scheint, als ob der Siegesrausch der Soldaten sich auch in einer Art Bildrausch niedergeschlagen hätte. Die Körper der getöteten Kriegsgegner verwandelten sich, ebenso wie die Beutestücke des Krieges, in Zeichen der Überlegenheit und des Triumphs.« (Holzer 2007: 298) Die Absicht des Fotografen und die jeweiligen Begleitumstände der Entstehung der Fotos ließen sich aus den Fotos und den abgebildeten Motiven allein nicht ableiten. Sie konnten sowohl in kriegsverherrlichender oder in dokumentarischer Absicht entstanden sein als auch mit dem Ziel, die Grausamkeit des Kriegs für die Nachwelt zu belegen. Erst Kontextualisierung und Resymbolisierung ließen Fotografien zu anklagenden und aufklärerischen Dokumenten werden. Der Kontext der präsentierten Fotos, die Begleittexte, die Gegenüberstellungen und Anordnungen, fungieren als Schlüssel für die Interpretation kriegskritischer Fotografie (vgl. Offenstadt 2001: 275).

Die offizielle fotografische Berichterstattung trug indessen wesentlich zu »einer imaginierten Realität und einem anachronistischen Bild des Krieges bei, das dessen Modernität verschwinden ließ und zur kollektiven Mythenbildung inspirierte« (vgl. Riha 1980: 121). Die propagandistische Strategie, den Krieg einerseits als eine ungefährliche touristische Unternehmung, andererseits als heroischen Kampf ›Mann gegen Mann‹ darzustellen, erfolgte mit der Absicht, das »zunehmend unmenschlicher werdende Kriegsgemetzel [...] noch einmal mit der Patina der preußisch-nationalen Schlachtenmalerei auszustatten.« (Ebd.: 151)

›verkitscht‹ dargestellt wurden. Sie geht dabei nicht auf Amateurfotografien von enormer Grausamkeit ein, die hinter der Front als Bildpostkarten von Soldaten reproduziert worden waren.

3. Visuelle Repräsentation und Deutung des Kriegs in der Weimarer Republik

Nach dem Ende des Ersten Weltkriegs verschwanden die im Krieg entstandenen Fotografien nicht etwa in Archiven oder Schubladen. Sie waren vielmehr fest im Alltagsleben der Menschen verankert, in Form von »privaten Sammlungen von Amateurfotos, Postkarten, professionellen Sammlerstücken in Alben und an den Wänden von Wohn-, Arbeits- und Kinder- (vorwiegend Jungen-)zimmern« (vgl. Hüppauf 1994: 886). Das Medium der Fotografie führte zu einer »undenkbare[n] Präsenz von Kriegsbildern in den ›friedlichen‹ Gesellschaften nach 1918.« (Ebd.) Die in der Öffentlichkeit zirkulierenden Fotografien zeigten, mit Ausnahme der privaten Amateurfotos, immer noch das anachronistisch-verklärende Bild des Kriegs, beispielsweise in den nach 1918 erschienenen illustrierten Regimentsgeschichten (vgl. Hüppauf 1993: 40). Da die Erfahrung des Kriegs für Nicht-Soldaten vollständig medialisiert war, also »eine von Propaganda überwucherte sprachliche und bildliche Inszenierung« (Krumeich 2004: 68) blieb, wurden diese visuellen Darstellungen kurz nach Kriegsende von großen Teilen der Bevölkerung weiterhin akzeptiert. Doch erschienen gerade die offiziell während des Kriegs verbreiteten Bilder immer weniger geeignet, die Erinnerung an den Krieg zu repräsentieren, da sie den massenhaften Tod und das in der Öffentlichkeit unübersehbare Elend der Verwundeten ausklammerten.

Die ab Mitte der 1920er Jahre in der Weimarer Republik publizierten Bildbände sind als wichtiger Teil des »Weimarer Erinnerungskulturkampf[s]« (Pöhlmann 2002: 248) zu sehen. In ihnen dominierten »Erzähl- und Deutungsstrukturen, die weniger mit den tatsächlichen Ereignissen als mit den Deutungskämpfen und Narrativen der Nachkriegszeit zu tun hatten« (vgl. Paul 2004a: 133). Die Autoren der Fotobücher[4] bedienten sich für ihre Publikationen häufig aus dem Fotoarchivbestand des BUFA. In seinem Bildband *Der Weltkrieg im Bild. Originalaufnahmen des Kriegs-Bild- und Filmamtes aus der modernen Materialschlacht* von 1925, ging der Herausgeber Georg Soldan, der gleichzeitig Leiter des Reichsarchivs in Potsdam war, in seinem Begleitwort auf die seiner Ansicht nach bestehende Notwendigkeit

4 Fotobücher und Bildbände können von Fotoessays unterschieden werden. Erstere beinhalten Fotografien und dazugehörende Bildunterschriften. Bei Letzteren dienen Fotografien zur Illustration längerer Textabschnitte (vgl. Schneider 2011: 33). Sandra Oster bietet für beide Gattungen den Begriff des Foto-Text-Buchs an (vgl. Oster 2010).

ein, »die in privaten Fotos bewahrten Erinnerungen durch diese offiziellen Bilder zu ergänzen und berichtigen« (vgl. Hüppauf 1993: 40). Für Soldan konnten sich die privat angelegten Aufnahmen der Soldaten hinsichtlich ihres Authentizitätsanspruchs nicht mit den offiziellen Fotografien messen, da Erstere nicht in der Lage gewesen seien, das »Zentrum des Kriegs, Schlacht und Kampferlebnis, für das kollektive Gedächtnis aufzubauen« (vgl. ebd.: 41).

In Soldans Fotobuch, wie auch in den Werken weiterer Autoren wie Hermann Rex[5], Franz Schauwecker[6] und Ernst Jünger[7], wurden Fotografien gleich zweifach aus ihren ursprünglichen Zusammenhängen gelöst. Zum einen aus dem Kontext ihrer Entstehung, also Ort, Datum und, bei Veränderung des Bildausschnitts, auch das Motiv betreffend, zum anderen aus dem Kontext der vorherigen Aufbewahrung oder Archivierung der Fotos (vgl. Schneider 2011: 33). Neu arrangiert und mit Bildunterschriften und Texten versehen, repräsentierten die Fotos nun die politische Einstellung der Autoren und fanden so als »visuelle Stellungnahmen« (Holzer 2007: 312) Eingang in die gesellschaftspolitische Debatte um die Deutung des Kriegs. Rex und Soldan widmeten dabei ihre Fotobände den deutschen ›Frontkämpfern‹, deren Überlegenheit trotz der gegnerischen Materialüberlegenheit gezeigt werden sollte. In Rex' Fotobuch steht der industrielle Krieg an der Westfront im Vordergrund, vor allem der Luft- und Gaskrieg. Es sind weiterhin Fotografien von russischen Gefangenenkolonnen und Hinrichtungen von Menschen, die Rex in seinen Bildunterschriften als »Verräter« bezeichnet, an der Ostfront abgebildet (vgl. Paul 2004a: 139). Jünger und Schauwecker zeigen in ihren Bildbänden die zerstörte Kriegslandschaft als mythische Landschaft, über die sich anonyme deutsche Soldaten und Stoßtrupps bewegen. Dramatisierende Fotos von Sturmangiffen sollen die Betrachter »in das Kampfgeschehen einbeziehen und ihnen das Gefühl des heroischen Kämpfers vermitteln» (ebd.: 141). Gemeinsam war den vorgestellten Fotobänden eine »doppelte Intention: die Popularisierung der Dolchstoß-Legende und die Verherrlichung des Kampfes« (vgl. Paul 2004a: 141). Die Schrecken des Kriegs sollten in den Kontext eines

5 Hermann Rex, der im Krieg Fotograf des BUFA war, brachte 1926 das Fotobuch *Der Weltkrieg in seiner rauhen Wirklichkeit. ›Das Frontkämpferwerk‹* heraus (vgl. Oster 2010: 25).

6 Von Franz Schauwecker erschien 1928 das Fotobuch *So war der Krieg. 200 Kampfaufnahmen aus der Front* (vgl. Hüppauf 2003).

7 Ernst Jünger publizierte unter anderem 1930 den Fotoband *Das Antlitz des Weltkrieges. Fronterlebnisse deutscher Soldaten* (vgl. Meyer-Kalkus 2004).

mythischen Kriegserlebnisses gestellt werden, dessen Vertreter, die heroisierten Frontsoldaten, als eine Art ›soldatische Avantgarde‹ an der Spitze einer neuen welt- und lebensanschaulichen Bewegung des revolutionären Nationalismus standen.

Die Erfahrung des Kriegserlebnisses der Frontsoldaten ließ sich für die junge Generation über die Inszenierung einer neuen Körperkultur vermitteln: »Leiblichkeit war seit den frühen 1920er Jahren ein dominantes Diskurskonzept, das es gestattete, das leiblich gestiftete Kriegserlebnis mit der Erfahrungswelt von Nicht-Kombattanten zu verschmelzen.« (Pyta 2010: 162) In der Literatur des soldatischen Nationalismus wurde die körperliche und sinnliche Kriegserfahrung als kollektives »Erweckungserlebnis« dargestellt, in dem die Frontsoldaten zu der Erkenntnis gelangten, »mit der Nation verschmolzen zu sein« (vgl. ebd.: 164). Die visuellen Repräsentationen des Kriegs und der Soldaten, wie sie von den oben genannten Autoren angeboten wurden, trugen wirkungsvoll zu dieser Deutung bei. In dem Zusammenspiel von Text und Fotografie »kann auch der Kriegsniederlage Sinn attestiert werden, kann die Sinnhaftigkeit des Krieges in seiner Eigenschaft als Erweckungserlebnis losgelöst werden von den militärischen Erfolgen und Niederlagen« (vgl. ebd.).

Die kriegskritische Bewegung in den 1920er Jahren etablierte eine »visuell geprägte Gegenöffentlichkeit« (Paul 2004b: 54), auf die nationalpatriotische Akteure mit ihren Fotobänden abwehrend reagierten (vgl. Apel 1999: 70ff.). Pazifistische und antimilitaristische Akteure wollten mit der »tradierten Ikonographie des Krieges« (Köppen 2005: 242) brechen. Ihre visuelle Strategie schloss das Zeigen von Tod und Verletzung ein. Im Gegensatz zur politischen Rechten, die mit dem Entstehen einer neuen Nation auch den durch Kampf gestählten unversehrten Körper verband, nutzten kriegskritische Akteure beispielsweise die Fotografien verstümmelter Soldatenkörper aus Ernst Friedrichs *Krieg dem Kriege*[8] zur radikalen Anklage gegen den Krieg und gegen jegliche Sinnstiftung des Kriegs (vgl. Reichardt 2005: 215). Während in rechten Publikationen bleibende Kriegsschäden wie Amputationen oder schwerste Gesichtsverletzungen nicht thematisiert wurden, stand der verkrüppelte Körper im linken Körperdis-

---

8 Der Anarchist und Pazifist Ernst Friedrich brachte den Fotoband *Krieg dem Kriege* 1924 in Berlin heraus. Ein weiterer Band erschien 1926. Friedrich kombinierte schockierende Kriegsfotografien von Toten, Schwerstverletzten und Hingerichteten mit Texten und Bildunterschriften im Sinne seiner antimilitaristischen Agitation.

kurs als Mahnmal des industrialisierten Kriegs und sollte die »verkrüppelte Weltsicht von Militaristen und Reaktionären symbolisieren« (vgl. ebd.).

Ein weiterer Ansatzpunkt für kritische Reaktionen der pazifistisch-antimilitaristischen Bewegung war die visuelle Ausklammerung der Verbrechen und Unmenschlichkeiten des Kriegs in der offiziellen Presse und Publizistik, die über das Kriegsende hinaus bestand. Einzelne Akteure wie Ernst Friedrich riefen international in ihren Publikationen dazu auf, Bildmaterial zur Verfügung zu stellen, um dieses publik zu machen (vgl. Friedrich 1924: 238). In den privaten, zur Erinnerung an den Krieg angelegten Archiven und Fotoalben ehemaliger Soldaten befanden sich große Mengen grausamer Fotografien, die in die Öffentlichkeit gebracht und den verharmlosenden visuellen Darstellungen der offiziellen Presse entgegen gestellt werden sollten.

4. Digitale Quellensammlungen

Die Geschichtsschreibung zum Ersten Weltkrieg, und damit auch die Grundlage der späteren kollektiven Erinnerung, begann mit dem Ausbruch des Kriegs 1914 (vgl. Krumeich/Hirschfeld 2009: 304). Chroniken, Kriegssammlungen, illustrierte Darstellungen und Kriegsmuseen entstanden, angelegt von Privatleuten oder von staatlichen oder kommunalen Behörden. Der als historisch äußerst bedeutsam empfundene Krieg sollte möglichst umfangreich für die Nachwelt dokumentiert werden.

Die Erforschung der Alltags- und Kulturgeschichte des Ersten Weltkriegs, wie sie in der Geschichtswissenschaft seit den 1980er Jahren betrieben wird (vgl. Hirschfeld 2004: 8ff.), stützt sich vor allem auf Quellen und Dokumente, die das sogenannte ›Kriegserlebnis‹ in den Blick nehmen, beispielsweise Tagebücher, Feldpost, Flugblätter und private Fotografien. Über viele Gedächtnisinstitutionen, wie Bibliotheken und Archive, sind bereits umfangreiche digitale Quellen- und Dokumentensammlungen online zugänglich, die das Auffinden und Auswerten solcher Quellen stark vereinfachen. So hat die Universitätsbibliothek Heidelberg mit Unterstützung der Landesarchivdirektion Baden-Württemberg 19 Feldzeitungen des Weltkriegs digitalisiert und online gestellt.[9]

9 Vgl. http://www.ub.uni-heidelberg.de/helios/digi/feldzeitungen.html, 8.7.2013.

Ein weitaus größeres Digitalisierungsvorhaben verfolgt das Projekt Europeana Collections 1914–1918.[10] Bis 2014, dem hundertsten Gedenkjahr des Kriegsausbruchs, sollen rund 400.000 Quellen aus der Zeit des Ersten Weltkriegs digitalisiert und über das europäische Kulturportal Europeana frei zugänglich ins Netz gestellt werden (vgl. Hollender/Rake 2011: 92). Elf europäische Nationalbibliotheken aus acht Ländern, die zusammen mit dem deutschen Fachportal für die Geschichtswissenschaften Clio online[11] das Projektkonsortium bilden, werden ihre Bestände bei Europeana virtuell zusammenführen. Angesichts der enormen Anzahl der während des Kriegs gesammelten Quellen und Dokumente konzentriert sich Europeana Collections 1914–1918 bei der Objektauswahl »auf außergewöhnliche, seltene oder unikale Objekte und […] auf Material aus den Sondersammlungen der Nationalbibliotheken« (ebd.: 96). Inhaltlich orientiert sich die Sammlung an der Alltagsgeschichte des Kriegs und wird neben Büchern, Zeitungen, Pamphleten, Flugblättern, Karten etc. auch digitale Fotografien musealer Gegenstände, wie Uniformen oder Fahnen, bereitstellen, wobei der Schwerpunkt der ausgewählten Objekte auf schriftlichem Kulturgut liegt (vgl. ebd.).

Neben den Digitalisierungsprojekten staatlicher und europäischer Gedächtnisinstitutionen gibt es weitere Vorhaben, Dokumente und Erinnerungsstücke aus dem Ersten Weltkrieg zu digitalisieren und einer breiteren Öffentlichkeit zugänglich zu machen. In diesen wird unter anderem mittels der Methode des *crowdsourcing*, der Sammlung von Quellen aus der Masse, das Ziel verfolgt, private Erinnerungsstücke zum Ersten Weltkrieg zu sammeln und frei zugänglich bereitzustellen. Eines dieser Projekte ist das durch die Deutsche Nationalbibliothek, die University of Oxford und die Europeana Foundation getragene Projekt Europeana 1914–1918[12], das trotz der Ähnlichkeit des Namens nicht mit dem zuvor angesprochenen Projekt Europeana Collections 1914–1918 zu verwechseln ist. Für Aktionstage in Bibliotheken und Museen wurden im Rahmen des Projekts Interessierte aufgerufen, ihre Objekte von Projektmitarbeitern fotografieren oder scannen zu lassen. Soweit bekannt, wurden die dazugehörigen Hintergründe und Geschichten der jeweiligen Objekte mit erfasst, um daraus in einem nächsten Schritt Metadaten für die Annotation gewinnen zu können. Eine weitere Möglichkeit, Objekte beizutragen, stellt die Einrichtung eines

10 Vgl. http://www.europeana-collections-1914-1918.eu, 8.7.2013.

11 Vgl. http://www.clio-online.de, 8.7.2013.

12 Vgl. http://www.europeana1914-1918.eu/de, 8.7.2013.

Onlineportals von Europeana 1914–1918 dar, auf das Interessierte eigenständig digitale Fotografien von Erinnerungsstücken hochladen können. Die Methode des *crowdsourcing* lässt auch die Erfassung von Quellen zu, die nicht in staatlichen Gedächtnisinstitutionen, sondern bei Privatpersonen aufbewahrt werden: »Das grundsätzliche Ziel des Projektes besteht in der öffentlichen Bereitstellung und Bewahrung schwer oder gar nicht erreichbarer historischer Quellen, die sich in Privatbesitz befinden. Die so erschlossenen Quellen, die sich auf Grund des persönlichen Inhalts deutlich von der in Archiven bewahrten behördlichen Überlieferung zum Ersten Weltkrieg unterscheiden, können folglich wichtige Impulse für wissenschaftliche Fragestellungen der Alltags- und Sozialgeschichte geben.« (Schreiber 2011: 191) In Auswertungen der von Europeana 1914–1918 durchgeführten Aktionstage zeigt sich bereits die Vielfalt der eingereichten privaten Erinnerungsstücke. Gleichzeitig sind auch nationale Unterschiede erkennbar. So wurden in Deutschland mehr Feldpostkarten und Briefe gesammelt als bei Aktionstagen in Großbritannien.[13] Die von Privatleuten aufbewahrten Objekte des Ersten Weltkriegs können also Aufschluss darüber geben, wie und mittels welcher Dokumente und Medien der Krieg in verschiedenen Nationen erinnert wurde.

Vorläufer und Ideengeber für Europeana 1914–1918 ist das Great War Archive[14] der University of Oxford. Zwischen März und Juni 2008 wurden hier über 6.500 Objekte digitalisiert, die die Bevölkerung ebenfalls bei Aktionstagen oder über das eingerichtete Onlineportal eingereicht hat. Nach Ablauf der Aktion rief das Great War Archive Interessierte dazu auf, Fotografien und Scans in der eigens eröffneten Gruppe des Archivs[15] auf der Fotoplattform Flickr[16] zu posten. Auf diese Weise sollten die Community-Mechanismen von Flickr genutzt werden. An dieser noch immer aktiven Flickrgruppe lässt sich exemplarisch ein weiterer Vorzug des *crowdsourcing* erkennen, nämlich die kollaborative Erstellung und Vervollständigung von Metadaten zu Fotos und Postkarten. Im Rahmen der Flickrgruppe werden häufig Postkarten komplett mit Vorder- und Rückseite hochgeladen oder auch ganze Briefe, inklusive der beiliegenden Fotografien. Die Mitglieder

13 Vgl. Crowdsourcing Community Collections: A Road Movie. A presentation given by Dr. Stuart Lee and Alun Edwards at the Beyond Collections Conference on 26th May 2011, https://www.youtube.com/watch?v=dhPdkp1eqz4 (00:19:17–00:19:27), 8.7.2013.

14 Vgl. http://www.oucs.ox.ac.uk/ww1lit/gwa, 8.7.2013.

15 Vgl. http://www.flickr.com/groups/greatwararchive, 8.7.2013

16 Vgl. http://www.flickr.com, 8.7.2013.

der Gruppe fertigen dann eine Übersetzung des Briefs oder der Postkartenrückseite in der Kommentarfunktion an. In den Kommentaren können weitere Fotos verlinkt werden, die mit dem Gezeigten in Verbindung stehen. Weiterhin bietet Flickr die Möglichkeit, direkt auf den Fotografien oder Scans Kommentare zu hinterlassen, die mittels der *mouseover*-Funktion aktiviert werden. Diese Funktion verwenden Flickrnutzer für Hinweise auf identifizierte Objekte oder Besonderheiten auf den Fotos, über die in der Kommentarfunktion diskutiert werden kann.

Sowohl in der Flickr-Gruppe des Great War Archive als auch bei verschiedenen anderen Nutzern, die sich primär mit Fotografien und Postkarten des Ersten Weltkriegs beschäftigen, finden sich neben den bereits beschriebenen typischen Motiven der Kriegsfotografie wie Personen- und Gruppenportraits oder Landschaftsaufnahmen, auch eine große Anzahl von Postkarten und Fotografien, die tote und verstümmelte Soldaten zeigen. Ein häufig wiederkehrendes Motiv auf Postkarten sind posierende Soldaten in der Nähe zerstörter Flugzeuge und deren tote Besatzung. Im Mittelpunkt dieser Fotos positioniert sich der Pilot, der vermeintlich den Abschuss für sich reklamiert. Gerade bei dieser Art von Fotos führt die Community Rechercheergebnisse zusammen und kann dem Bild so oftmals Informationen wie Namen, Datum und Ort zuordnen, soweit diese Informationen nicht schon vom Postkartenschreiber auf der Postkarte selbst vermerkt worden sind. Es zeigt sich, dass derartige, schon im ersten Teil dieses Beitrags angesprochene, ›Trophäenfotos‹ von Soldaten als Grußkarten an Freunde und Familie versendet worden sind, also nicht allein in ihren privaten, nicht-öffentlichen Fotoalben aufbewahrt wurden. Teilweise gehen die Schreiber auf das gezeigte Motiv ein, wobei in den Ausführungen unter Umständen Gefühle wie Freude, Stolz oder Schaudern mitschwingen. In diesem Zusammenhang können die von der Community übersetzten Texte Aufschluss geben über das ›Kriegserlebnis‹ der Soldaten. Erkennbar sind die aufgedruckten oder aufgezeichneten Ziffern auf den Karten, die darauf schließen lassen, dass sie Teil zusammenhängender Serien sind, die, wie bereits im Abschnitt 2 dieses Beitrags ausgeführt wurde, hinter der Front unter den Soldaten kursierten. Durch die Nutzer einer Onlineplattform wie Flickr werden diese Bilder in digitalisierter Form möglicherweise erstmals einer Öffentlichkeit zugänglich gemacht. Inhaltlich liefern die *amateur experts* eine umfangreiche Sammlung an Kontextinformationen, die zudem den Wert der Fotografien als historische Quellen erhöhen können. Neben den inhaltlichen Vorteilen von *bottom up* generierten Kommentierungen und Metadaten sind diese jedoch im Hinblick auf forschungsrelevante Fragestellungen im Einzelnen zu überprüfen. Dieses grundlegende Problem stellt sich allgemein im Umgang mit frei entstandenen Metadaten, da sich in den Metadaten die spezifischen Intentionen und Fokussierungen sowie sprachliche Variabilität etc. der Ersteller widerspiegeln.

5. Fazit

Verschiedene Digitalisierungsprojekte werden im Hinblick auf das hundertste Gedenkjahr des Ersten Weltkriegs eine bisher beispiellose Menge an Quellen und Dokumenten digital der Öffentlichkeit präsentieren. Diese kultur- und alltagsgeschichtlichen Quellen des Kriegs befanden sich zuvor in Archiven und Bibliotheken in ganz Europa. Ihre digitale Erschließung und Veröffentlichung kann sowohl der geschichtswissenschaftlichen Forschung neue Impulse verleihen als auch einer interessierten Öffentlichkeit die Geschichte des Ersten Weltkriegs näher bringen. Während institutionalisierte Digitalisierungsprojekte Standards und Richtlinien für die Auswahl und Erschließung von Materialien einbeziehen, sammeln *crowdsourcing*-Projekte Erinnerungsstücke aus Privatbesitz. Bibliotheks- und Archivbestände sind zumeist erschlossen und bieten ein Mindestmaß an Metadaten. Neu gewonnene Bestände aus *crowdsourcing*-Projekten werden vielfach zunächst ohne umfassende Kontextinformationen geliefert. Neben dem Sammeln von Objekten ist ein weiterer wesentlicher Aspekt von *crowdsourcing* die Bereitschaft einer Community, Kontextinformationen zu recherchieren, die gewonnenen Erkenntnisse zu diskutieren und die Objekte mit Metadaten zu versehen. Grundlegend für ein solches Zusammenwirken einer Online-Community sind Onlineplattformen, die es ihren Nutzern ermöglichen, digitale Objekte bereitzustellen, sie zu kommentieren und, zum Beispiel im Fall von Fotografien, Einzelausschnitte zu markieren und mit Informationen anzureichern. Eine intuitive Benutzbarkeit der jeweiligen Onlineplattform begünstigt die Partizipation von Nutzern am kollaborativen Austausch. Das Potenzial spezialisierter Gruppen wird durch Instrumente gefördert, die es den Nutzern ermöglichen, Inhalte und Objekte plattformübergreifend zu teilen (*sharing*) und auf verschiedenen Ebenen zu kommentieren.

Werden Erinnerungsstücke und Objekte des Ersten Weltkriegs digitalisiert, so nehmen Fotografien allein durch ihre schiere Masse eine wichtige Rolle ein. Wie kaum ein anderes Medium wurde die Fotografie benutzt, um das ›Kriegserlebnis‹ erfahrbar zu machen und für die Nachwelt zu dokumentieren. Bei der Analyse von Fotografien des Ersten Weltkriegs ist die Unterscheidung zwischen Propaganda, Inszenierung und Dokumentation nicht immer eindeutig. Diesem Umstand ist bei der Sammlung und Kommentierung von Kriegsfotografien Rechnung zu tragen. Eine Sammlung und Veröffentlichung von Kriegsfotografien, die den Anspruch einer alltags- und kulturgeschichtlichen Ausrichtung hat, sollte daher die Vielfältigkeit der fotografierten Motive, die von Portrait- und Landschaftsaufnahmen bis hin zu Abbildungen von Toten, Verletzten, Gefangenen und Hingerichteten reicht, in ihrem Korpus abbilden.

Literatur

Apel, Dora (1999), »Cultural Battlegrounds. Weimar Photographic Narratives of War«, in: *New German Critique*, Nr. 76, S. 49–84.

Artinger, Kai (2006), »Gesichter des Krieges. Über den Mangel an analytischen Kriegsbildern«, in: Annegret Jürgens-Kirchhoff; Agnes Matthias (Hg.), *Warshots. Krieg, Kunst & Medien*, Weimar, S. 87–103.

Bopp, Petra (2009), »›Die Kamera stets schussbereit.‹ Zur Fotopraxis deutscher Soldaten im Ersten und Zweiten Weltkrieg«, in: Gerhard Paul (Hg.), *Das Jahrhundert der Bilder. 1900 bis 1949*, Göttingen, S. 164–171.

Brocks, Christine (2008), *Die bunte Welt des Krieges. Bildpostkarten aus dem Ersten Weltkrieg 1914–1918*, Essen.

Bunnenberg, Christian (2009), »Christmas Truce. Die Amateurfotos vom Weihnachtsfrieden 1914 und ihre Karriere«, in: Gerhard Paul (Hg.), *Das Jahrhundert der Bilder. 1900 bis 1949*, Göttingen, S. 156–163.

Dewitz, Bodo von (1994), »Zur Geschichte der Kriegsphotographie des Ersten Weltkrieges«, in: Rainer Rother (Hg.), *Die letzten Tage der Menschheit. Bilder des Ersten Weltkrieges*, Berlin, S. 163–176.

Eisermann, Thilo (2000), *Pressephotographie und Informationskontrolle im Ersten Weltkrieg. Deutschland und Frankreich im Vergleich*, Hamburg.

Friedrich, Ernst (1924), *Krieg dem Kriege*, Berlin.

Hirschfeld, Gerhard (2004), »Der Erste Weltkrieg in der deutschen und internationalen Geschichtsschreibung«, in: *Aus Politik und Zeitgeschichte* 29–30, S. 3–12.

Hischer, Frank (2010), »Der Erste Weltkrieg. Langzeitwirkung des ersten Bilderkrieges«, in: Claudia Glunz; Thomas F. Schneider (Hg.), *Wahrheitsmaschi-*

nen. Der Einfluss technischer Innovationen auf die Darstellung und das Bild des Krieges in den Medien und Künsten, Göttingen, S. 217–232.

Hollender, Ulrike; Rake, Mareike (2011), »Digitale Gedächtniskultur und europäische Identität - ›Europeana Collections 1914–1918‹«, in: *Archives et bibliothèques de Belgique/Archief- en bibliotheekswezen in België* 82, S. 91–101.

Holzer, Anton (2009a), »Den Krieg sehen. Die Geschichte der Kriegsfotografie 1846 bis 1918«, in: Hermann Nöring; Thomas F. Schneider; Rolf Spilker (Hg.), *Bilderschlachten. 2000 Jahre Nachrichten aus dem Krieg*, Göttingen, S. 224–235.

Holzer, Anton (2009b), »›Going over the Top‹. Neue Perspektiven aus dem Schützengraben«, in: Gerhard Paul (Hg.), *Das Jahrhundert der Bilder. 1900 bis 1949*, Göttingen, S. 196–203.

Holzer, Anton (2007), *Die andere Front. Fotografie und Propaganda im Ersten Weltkrieg*, Darmstadt.

Hüppauf, Bernd (2009), »Kriegsliteratur«, in: Gerhard Hirschfeld; Gerd Krumeich; Irina Renz (Hg.), *Enzyklopädie Erster Weltkrieg*, Paderborn, S. 177–191.

Hüppauf, Bernd (2008), »Fliegerhelden des Ersten Weltkriegs. Fotografie, Film und Kunst im Dienst der Heldenbildung«, in: *Zeitschrift für Germanistik. Neue Folge* 3, S. 575–595.

Hüppauf, Bernd (2003), »Zwischen Metaphysik und visuellem Essayismus. Franz Schauwecker: So war der Krieg (1928)«, in: Thomas F. Schneider; Hans Wagener (Hg.), *Von Richthofen bis Remarque. Deutschsprachige Prosa zum I. Weltkrieg*, Amsterdam, S. 233–248.

Hüppauf, Bernd (1994), »Kriegsfotografie«, in: Wolfgang Michalka (Hg.), *Der Erste Weltkrieg. Wirkung, Wahrnehmung, Analyse*, München, S. 875–909.

Hüppauf, Bernd (1993), »Kriegsfotografie und die Erfahrung des Ersten Weltkriegs«, in: Barbara Naumann (Hg.), *Vom Doppelleben der Bilder. Bildmedien und ihre Texte*, München, S. 29–50.

Jäger, Jens (2009), *Fotografie und Geschichte*, Frankfurt a. M.

Köppen, Manuel (2005), *Das Entsetzen des Beobachters. Krieg und Medien im 19. und 20. Jahrhundert*, Heidelberg.

Krumeich, Gerd; Hirschfeld, Gerhard (2009), »Die Geschichtsschreibung zum Ersten Weltkrieg«, in: Gerhard Hirschfeld; Gerd Krumeich; Irina Renz (Hg.), *Enzyklopädie Erster Weltkrieg*, Paderborn, S. 304–315.

Krumeich, Gerd (2004), »Konjunkturen der Weltkriegserinnerung«, in: Rainer Rother (Hg.), *Der Erste Weltkrieg 1914–1918. Ereignis und Erinnerung*, Berlin, S. 68–73.

Krumeich, Gerd (1994), »Kriegsfotografie zwischen Erleben und Propaganda. Verdun und die Somme in deutschen und französischen Fotografien des Ersten Weltkriegs«, in: Ute Daniel; Wolfram Siemann (Hg.), *Propaganda. Meinungskampf, Verführung und politische Sinnstiftung (1789–1989)*, Frankfurt a. M., S. 117–132.

Lipp, Anne (2003), *Meinungslenkung im Krieg. Kriegserfahrungen deutscher Soldaten und ihre Deutung 1914–1918*, Göttingen.

Meyer-Kalkus, Reinhart (2004), »Der gefährliche Augenblick. Ernst Jüngers Fotobücher«, in: Horst Bredekamp; Gabriele Werner (Hg.), *Bildtechniken des Ausnahmezustands*, Berlin, S. 54–70.

Offenstadt, Nicolas (2001), »L'image contre la guerre. Autour d'Ernst Friedrich«, in: Thérèse Blondet-Bisch (Hg.), *Voir, ne pas voir la guerre. Histoire des représentations photographiques de la guerre*, Paris, S. 271–275.

Oppelt, Ulrike (2002), *Film und Propaganda im Ersten Weltkrieg. Propaganda als Medienrealität im Aktualitäten- und Dokumentarfilm*, Stuttgart.

Oster, Sandra (2010), »Das Gesicht des Krieges. Der Erste Weltkrieg im Foto-Text-Buch der Weimarer Republik«, in: *Fotogeschichte*, 30. Jg., Nr. 116, 2010, S. 23–32.

Paul, Gerhard (2004a), *Bilder des Krieges. Krieg der Bilder*, Paderborn.

Paul, Gerhard (2004b), »Der Kampf um das ›wahre Gesicht‹ des Krieges. Der Erste Weltkrieg in der Bildpublizistik der Weimarer Republik«, in: Diethart Kerbs; Walter Uka (Hg.), *Fotografie und Bildpublizistik in der Weimarer Republik*, Bönen, S. 48–78.

Pöhlmann, Markus (2002), *Kriegsgeschichte und Geschichtspolitik: Der Erste Weltkrieg. Die amtliche deutsche Militärgeschichtsschreibung 1914–1956*, Paderborn.

Pyta, Wolfram (2010), »Die Privilegierung des Frontkämpfers gegenüber dem Feldmarschall. Zur Politikmächtigkeit literarischer Imagination des Ersten Weltkrieges in Deutschland«, in: Ute Daniel; Inge Marszolek; Wolfram Pyta; Thomas Welskopp (Hg.), *Politische Kultur und Medienwirklichkeit in den 1920er Jahren*, München, S. 147–180.

Reichardt, Sven (2005), »Gewalt, Körper, Politik. Paradoxien in der deutschen Kulturgeschichte der Zwischenkriegszeit«, in: Wolfgang Hardtwig (Hg.), *Politische Kulturgeschichte der Zwischenkriegszeit 1918–1939*, Göttingen, S. 205–239.

Riha, Karl (1980), »Den Krieg photographieren«, in: Klaus Vondung (Hg.), *Kriegserlebnis. Der Erste Weltkrieg in der literarischen Gestaltung und symbolischen Deutung der Nationen*, Göttingen, S. 146–161.

Schneider, Thomas F. (2011), »Narrating the war in pictures. German photo books on World War I and the construction of pictorial war narrations«, in: *Journal of War and Culture Studies*, 4. Jg., Nr. 1, S. 31–49.

Schreiber, Maximilian (2011), »Privatarchive zum Ersten Weltkrieg virtuell geöffnet«, in: *Forum Digitale Bibliothek* 5, S. 189–191, http://www.bibliotheksforum-bayern.de/fileadmin/archiv/2011-3/BFB_0311_14_Schreiber_V04.pdf, 8.7.2013.

Internetquellen

Europeana 1914–1918, http://www.europeana1914-1918.eu/de, 8.7.2013.

Europeana Collections 1914–1918, http://www.europeana-collections-1914-1918.eu, 8.7.2013.

Fachportal für die Geschichtswissenschaften – Clio online, http://www.clio-online.de, 8.7.2013.

Flickr, http://www.flickr.com, 8.7.2013.

Flickr, »The Great War Archive Flickr Group«, http://www.flickr.com/groups/greatwararchive, 8.7.2013.

Universitätsbibliothek Heidelberg, »Feldzeitungen aus dem 1. Weltkrieg – digital«, http://www.ub.uni-heidelberg.de/helios/digi/feldzeitungen.html, 8.7.2013.

University of Oxford, »Great War Archive«, http://www.oucs.ox.ac.uk/ww1lit/gwa, 8.7.2013.

Youtube, »Crowdsourcing Community Collections: A Road Movie. A presentation given by Dr. Stuart Lee and Alun Edwards at the Beyond Collections Conference on 26th May 2011«, https://www.youtube.com/watch?v=dhPdkp1eqz4, 8.7.2013.

Twitter als narrative Form der politischen Kommunikation im Wahlkampf

Björn Klein

»Die Wirklichkeit des weltweiten Internet verändert die Bedingungen politischer Kommunikation von Grund auf […].«
Peter Altmeier 13.10.2011[1]

1. Internet und Politik

Über die potenziellen Nutzungsmöglichkeiten des Internets in der politischen Kommunikation während des Wahlkampfs wurde besonders seit 2008 in der Politik, der Kommunikations- und Politikwissenschaft sowie in den Medien viel diskutiert, vor allem aber wurde spekuliert (vgl. auch Jungherr/Schoen 2013: IXf.). Gerade der häufig zitierte »Obama-Effekt« (vgl. Bieber 2011: 70) aus dem US-Wahlkampf zur Präsidentschaftswahl 2008 hat die Kontroverse um das Verhältnis von politischer Kommunikation und Internet im Allgemeinen und von Wahlkampfkommunikation und Internet im Speziellen befeuert.[2] Einerseits ist die Rede von einem »Strukturwandel der Öffentlichkeit« durch »die spezifische Informations- und Nutzungslogik des ›sozialen Internets‹« (Thimm et al. 2012a: 294) hin zu einer partizipativen/deliberativen Öffentlichkeit (vgl. auch Thimm et al. 2012b: 284f.). Andererseits spricht man abwertend von »Potemkin'sche[n] Internetdörfer[n]« (Jungherr 2013: 59). Innerhalb der Politikwissenschaft beschäftigt sich vor allem die Politische Kommunikations- und Wahl-

1 Peter Altmeier (2011), »Mein neues Leben unter Piraten«, in: *Frankfurter Allgemeine Zeitung* (Onlineausgabe, 13.10.2011), http://www.faz.net/aktuell/feuilleton/debatten/digitales-denken/politik-und-internet-mein-neues-leben-unter-piraten-11493287.html, 8.7.2013.

2 Im Wahlkampf 2008 gelang es der Online-Kampagne Barack Obamas potenzielle Wähler durch ein umfangreiches Social-Media-Angebot in die Kampagne zu integrieren, um sie in einem weiteren Schritt zu mobilisieren. 2012 erreichte die Obama-Kampagne eine weitere Entwicklungsstufe, die unter dem Stichwort »Big Data« zusammengefasst wird. Hier wurde eine Vielzahl von öffentlich zugänglichen Online-Daten dazu verwendet, zielgruppenspezifischen Wahlkampf zu betreiben.

kampfforschung mit diesem Thema. Der im Internet geführte Wahlkampf rückt vermehrt in den Fokus von wissenschaftlichen Untersuchungen, weil er eine sehr kommunikationsintensive Untersuchungsumgebung bietet. Zu Wahlkampfzeiten setzen die verschiedenen politischen Akteure das Internet als Kommunikationsmittel intensiv ein, um ihre Informationen an eine breite Öffentlichkeit zu richten. Zunehmend kommen dabei Social-Media-Plattformen zum Einsatz, wodurch Modernität suggeriert wird und man zeigen will, dass man sich im Web bewegen kann.

Im deutschsprachigen politikwissenschaftlichen Kontext hat es auf der einen Seite unzählige normative Abhandlungen über die Nutzung des Internets im Wahlkampf gegeben. Auf der anderen Seite sind besonders im Anschluss an den Bundestagswahlkampf 2009 erste Versuche unternommen worden, die Bedeutung des Internetwahlkampfs und der darin verwendeten Online-Dienste empirisch – mit verschiedenen Zugängen der empirischen Sozialforschung – zu erfassen (vgl. die empirischen Studien von Unger 2012 und Rottbeck 2013 zum Bundestagswahlkampf 2009). Im Fokus der Untersuchungen stehen insbesondere die Internet-Dienste des Web 2.0, die sich durch ihre frei zugängliche, interaktiv und kollaborativ angelegte Kommunikationsstruktur auszeichnen. Speziell der Microblogging-Dienst Twitter ist immer wieder Gegenstand der Debatte um internetbasierte politische Kommunikation, da er zu den Online-Diensten des Web 2.0 zählt, denen man kontinuierlich wachsende Nutzerzahlen (vgl. Busemann/Gscheidle 2012: 386 sowie darin Abbildung 9) attestieren kann.

Ferner gerät Twitter immer wieder in den medial-gesellschaftlichen Fokus. Beispielhaft lässt sich die spektakuläre Notwasserung eines Passagierflugzeugs auf dem New Yorker Hudson River im Jahr 2009 anführen, bei dem die Medien und die Öffentlichkeit zuerst über Twitter von dem Unglück erfuhren. Innerhalb des deutschen Politikgeschehens bleibt die Bundespräsidentenwahl 2009 in Erinnerung, bei der 15 Minuten vor der offiziellen Verkündung des Wahlergebnisses durch den Bundestagspräsidenten von Mitgliedern der Wahlkommission das Ergebnis auf Twitter veröffentlicht wurde.

Die Bedeutung des Online-Dienstes Twitter nimmt für die Politik stark zu (vgl. Thimm et al. 2012a: 300), weil kostengünstig, schnell und reichweitenstark kurze, komprimierte Informationseinheiten dezentral und in Echtzeit verbreitet werden können. Politische Kommunikation wird vor diesem Hintergrund zur niedrigschwelligen Kommunikation, weil keine journalistisch-redaktionellen Selektionsprozesse berücksichtigt werden müssen, um mediale Öffentlichkeit zu erlangen. Es handelt sich bei der Internetkommunikation via Twitter vielmehr um einen Kanal, der politische Statements ohne intermediäre-journalistische Instanz zulässt und die traditionelle Politiker-Bürger-Interaktion dadurch evolutionär verändert (vgl. auch Jürgens/ Jungherr 2011: 210). Die direkte medial gestützte Kommunikation zwischen politischen Akteuren und Wählern ist – zumindest in der Theorie – möglich geworden.

Vor diesem Hintergrund fragt dieser Beitrag danach, welche empirische Nutzungslogik sich für die Verwendung des Online-Dienstes Twitter durch die politischen Akteure in der Wahlkampfkommunikation erkennen lässt. Der Beitrag nimmt dabei die Kommunikation vom politischen Akteur zum Wähler in den Blick. Die These ist hier, dass politische Kommunikation via Twitter zwar häufig in narrativer Form erfolgt, dass Twitter jedoch nicht interaktiv genutzt wird, weshalb Politiker innerhalb der Kommunikation mit Wählern das Potenzial der internetbasierten Kommunikation via Twitter nur eingeschränkt nutzen. Kommunikation im Internet, vor allem in den verschiedenen Web-2.0-Diensten, unterscheidet sich auf Grund seiner potenziell interaktiven Kommunikationsstruktur wesentlich von unidirektionalen Medien wie den traditionellen Massenmedien Fernsehen, Radio und Presse. Zur Untersuchung der Nutzungslogik von Twitter im Wahlkampf wird in diesem Beitrag der Versuch unternommen, einen Bezug zu Forschungsansätzen aus der Erzähltheorie herzustellen. Die ›narrative Wende‹ wird auch für politikwissenschaftliche Forschungen aufgegriffen, um sich mit dem Begriff des ›Narrativen‹ auseinanderzusetzen. Ausgehend von der Prämisse, dass Narration als grundlegender Modus von Kommunikation fungiert, können auch digitale und multimediale Kommunikationselemente als Träger von Narrativen verstanden werden. Untersuchungen der politischen Wahlkampfkommunikation via Twitter unter dem Aspekt der narrativen politischen Nutzung beziehen ihre Legitimität aus der Tatsache, dass die bisherigen theoretischen Betrachtungsweisen, wie beispielsweise »Twitter als Diskursuniversum« (Thimm et al. 2012b), kaum empirisch belegt werden konnten.

Um die aufgestellte These zu verfolgen, geht der Beitrag in mehreren Schritten vor. Zunächst wird erläutert, wie sich das Interaktionsverhältnis zwischen traditionellen Massenmedien, politischen Akteuren und Wählern durch die Verbreitung des Internets als Kommunikationsmedium im Wahlkampf substanziell verändern kann. Im nächsten Schritt wird der *modus operandi* der Kommunikation via Twitter erläutert, worauf im Anschluss daran der Begriff des »Narrativen« für den Untersuchungszusammenhang aufgegriffen wird. Abschließend wird exemplarisch skizziert, wie die narrativen Informationseinheiten bei Twitter im Wahlkampf genutzt werden können beziehungsweise welche thematisch-inhaltlichen Ausprägungen ihnen eigen sind.

2. Wahlkampfkommunikation und Internet

Moderner Wahlkampf wird im Wesentlichen innerhalb verschiedener Massenmedien ausgetragen. Aus diesem Grund hat sich in der politikwissenschaftlichen Forschung ein Modell für das Verständnis von Wahlkampfkommunikation etabliert, das sich als Dreiecksverhältnis zwischen den politischen Akteuren, den Wählern und den Medien verstehen lässt (vgl. Abbildung 1). Die Abbildung 1 zeigt die Akteure und Prozesse der Wahlkampfkommunikation in schematischer Form.

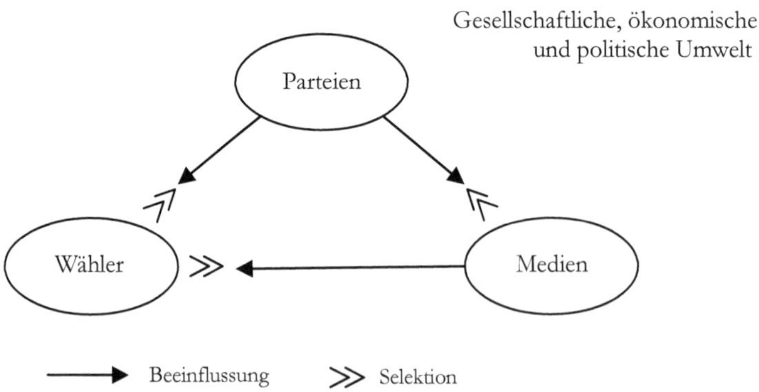

Abbildung 1: Wahlkampfkommunikation als Handlungssystem (Quelle: Klingemann/Voltmer 1998: 397, nachgezeichnet).

In Anlehnung an die Forschung von Gurevich/Blumler (1977) zur Beziehung von Massenmedien und Politik sind Klingemann/Voltmer (1998) in ihrer Untersuchung von politischer Kommunikation als Wahlkampfkommunikation zu dem Ergebnis gekommen, dass sich letztere als ein Handlungssystem darstellen lässt, welches sich durch aufeinander bezogene

Kommunikationsbeziehungen zwischen den beteiligten Akteuren konstituiert (vgl. Klingemann/Voltmer 1998: 396). Als Akteure benennen sie Parteien, Wähler und Medien. Alternativ zur Akteursbezeichnung »Parteien« kann man hier auch allgemeiner von »politischen Akteuren« sprechen. Der Begriff der »politischen Akteure« lässt weitere Ausdifferenzierungen zu, da im Wahlkampf beispielsweise nicht nur »Parteien«, sondern auch einzelne Politiker als Akteure in der Wahlkampfkommunikation auftreten können.

Für die vorliegenden Betrachtungen ist besonders von Interesse, dass die traditionelle Wahlkampfkommunikation von zwei verschiedenen Interaktionsprozessen geprägt ist: Klingemann/Voltmer (1998) unterscheiden hierbei (1) den direkten Austausch zwischen Parteien und Wählern sowie (2) einen indirekten Austausch – einen durch die Medien vermittelten Kommunikationsfluss – der die Kommunikationsbeziehungen zwischen Parteien und Medien sowie zwischen Medien und Wählern umfasst. Bei den von den Autoren analysierten Interaktionsprozessen der Wahlkampfkommunikation »handelt es sich um Interaktionsbeziehungen, in denen sowohl Beeinflussung als auch Selektionsprozesse wechselseitig aufeinander bezogen sind« (Klingemann/Voltmer 1998: 396).

Die Frage danach, inwiefern sich diese Interaktionsbeziehung durch die wachsende Rolle des Internets als Wahlkampfmedium verändert, ist essentiell für die Untersuchung von Twitter als Form der Wahlkampfkommunikation. Das Dreiecksverhältnis zwischen politischen Akteuren, Wählern und Medien ist durch die Einführung des Internets als Kommunikationsmedium im Wahlkampf nicht obsolet geworden, hat jedoch eine Veränderung erlebt. In ähnlicher Weise wie die Verbreitung von überregionalen Zeitungen, Radio und Fernsehen führt das Internet zu einer sich kontinuierlich verändernden Kommunikationspraxis (vgl. Lilleker/Jackson 2011: 5; Lilleker/Negrine 2002: 101). »Die These, dass das Internet die Strukturen von Kommunikation verändert, ist ein zentrales Paradigma der Debatte um die Mediatisierung der Gesellschaft« (Thimm et al. 2012b: 283, mit Verweis auf Krotz 2007). Eine Veränderungstendenz ist dahingehend festzustellen, dass durch den Einsatz internetbasierter Kommunikationsinstrumente die direkte mediale Interaktion zwischen politischen Akteuren und Wählern gestärkt wird. Dies resultiert daraus, dass nun auch deren Interaktion im Dreiecksverhältnis des Handlungssystems der Wahlkampfkommunikation mediengestützt erfolgen kann. Zurückzuführen ist dies darauf, dass das Internet in Abgrenzung zu den traditionellen Medien keine »intermediäre Stellung« beziehungsweise keine »Gatekeeper-Funktion« oder »diskretionäre Macht« einnimmt. Theoretisch ist das Internet frei zugänglich und im weitesten Sinne nicht von journalistischen Selektionskriterien der »traditionelle Medien« wie etwa Nachrichtenfaktoren, Darstellungsformen und redaktionellen Linien bestimmt. Inwiefern sich in der Praxis jedoch Entwicklungen abzeichnen, die auch in der Internetkommunikation Selektionsprozesse erkennen lassen, muss an anderer Stelle diskutiert werden.

Die journalistische intermediäre Selektionsposition bei der Themenauswahl und der Themenrahmung sowie deren Akteursbeschreibung können durch das Internet unterlaufen werden. Zudem können sich die politischen Akteure von grundlegenden Aufmerksamkeitsregeln in der politischen Wahlberichterstattung lösen (vgl. Schweitzer 2011: 267). Damit einhergehend ergibt sich für die politischen Akteure ein größerer Gestaltungsspielraum für ihre Selbstdarstellung (vgl. ebd.). »Gegenüber der Vermittlungsleistung traditioneller Massenmedien bietet das Netz den Hauptvorteil der unvermittelten Kommunikation zwischen Parteien und Bürgern« (Gellner/Strohmeier 2002a: 190). Und ferner:

»In der Vergangenheit hatten die Parteien keine Möglichkeit, die Medienagenda zu umgehen und mit einem größeren Teil der Bevölkerung auf direktem Wege zu kommunizieren. Mit dem Internet bietet sich den Parteien diese Chance. Das Internet verschafft Parteien einen direkten, interaktiven Kommunikationskanal zu einem wachsenden Teil der potenziellen Wählerschaft. Über das Internet haben Parteien die Möglichkeit, gate keeper zu umgehen [...]« (Gellner/Strohmeier 2002b: 35).

Die Kommunikationsforschung verwendet für diesen Veränderungsprozess den Begriff der *disintermediation* (vgl. Bonchek 1997: 17; vgl. auch Schweitzer 2011: 267). Dieser umfasst »das Vermögen des World Wide Web, Mitglieder, Unterstützer und Wähler direkt, schnell und flexibel sowie raum- und zeitunabhängig zu adressieren« (Schweitzer 2011: 267). An dieser Stelle ist der Einwand berechtigt, dass traditionelle Kampagnenkommunikation via Wahlwerbespots, Plakaten, Flyern oder Anzeigen (*paid media*, vgl. Roessing/Podschuweit 2011: 297) ebenfalls eine direkte und vermeintlich journalistisch unbeeinflusste Kommunikation zwischen Parteien und Wählern zulässt. Im Unterschied zur Kommunikation im Internet unterliegen diese Kanäle jedoch erheblichen gestalterischen Zwängen (vgl. Kaid 2006). Kaid nennt vor allem die langwierigen und kostspieligen Produktionsabläufe und die fehlenden Möglichkeiten einer nachträglichen Bearbeitung, Aktualisierung oder Korrektur. Ebenfalls sind die politischen Akteure durch rechtliche Auflagen (zum Beispiel Ausstrahlungshäufigkeit und Kennzeichnungspflicht von Wahlwerbung im Rundfunk, städtische Positionierung von Plakaten etc.) eingeschränkter als im Internet. Diese Einschränkung führt dazu, dass sowohl die Argumentationstiefe und ihre Einsatzmöglichkeiten als auch die allgemeine Persuasionskraft der Botschaften deutlich vermindert sind (vgl. Podschuweit 2007).

Über das Internet und die darauf basierenden Web-2.0- und Social-Media-Technologien sind Grundbedingungen geschaffen, die eine direkte, mediale Kommunikation zwischen politischen Akteuren und Wählern ermöglichen. Für die Interaktionsbeziehungen innerhalb der Wahlkampfkommunikation steht eine Reihe von Online-Diensten zur Verfügung, die jeweils spezifischen Kommunikationsregeln folgen. Die für die sehr komprimierte und fragmentierte Kommunikation bei Twitter entwickelten Regeln, Strukturen und Vernetzungsformen sollen im Folgenden kurz umrissen werden.

3. Struktur und Regeln für die Kommunikation mit Twitter

Twitter ist der im Bereich des Microbloggings wohl bekannteste Dienst[3] und eine der prominentesten Social-Media-Entwicklungen. Obwohl der Online-Start von Twitter bereits im Juli 2006 erfolgte und sich seine Popularität rasant ausweitete, ist er vielen in seinen Details noch nicht vertraut und wirkt durch seine eigentümlichen Kommunikationsregeln und -strukturen kryptisch. *To twitter* heißt übersetzt zunächst so viel wie »zwitschern« oder »schnattern« (vgl. Rottbeck 2013: 86) und erinnert an »eine Kombination aus Instant Messaging, SMS und Bloggen« (Unger 2012: 72). Nachrichten von maximal 140 Zeichen – sogenannte Tweets – können reine Textnachrichten oder Nachrichten mit Verweisen auf multimediale Inhalte, wie zum Beispiel weiterführende Links, Bilder oder Videos, enthalten. Diese Tweets können sowohl über die Webseite www.twitter.com als auch mit Hilfe von Applikationen (Apps) auf mobilen Geräten kommuniziert werden. Twittern – Tweets schreiben und lesen – ist also interfaceunabhängig möglich und stellt einen schnellen Weg der dezentralen Übermittlung kurzer Nachrichten dar. Die Mitteilungen erscheinen auf einem personalisierten und durch eine eindeutige Webadresse aufrufbaren Nachrichtenfeed –

3 Neben Twitter finden sich noch einige weitere Microblogging-Dienste im Internet. Der wohl erwähnenswerteste ist tumblr (www.tumblr.com, 8.7.2013).

Timeline – der jeweiligen Twitter-Nutzer. Die Profile der Twitter-Nutzer sind grundsätzlich öffentlich. Die Tweets können von Internetnutzern auch, ohne auf Twitter eingeloggt zu sein, auf der personalisierten Timeline gelesen werden. Ebenso sind sie über Suchmaschinen findbar. Wünscht man diese öffentliche Sichtbarkeit als Nutzer nicht, ist es möglich, das eigene Profil und die eigene Timeline für eine eingeschränkte Öffentlichkeit sichtbar zu machen. Diese Kontrolle der persönlichen Öffentlichkeit ist jedoch bei Twitter-Nutzern nicht allzu verbreitet.

Das wohl wichtigste Charakteristikum der Twitter-Kommunikation ist – neben der Möglichkeit interaktiv und in Echtzeit zu kommunizieren – die Vernetzung beziehungsweise die Konstruktion von informellen Netzwerken zwischen den Twitter-Nutzern. Über verschiedene Kommunikationsfunktionen und -regeln ist es möglich, Vernetzungseffekte zu schaffen und sich mit anderen Nutzern zu einem Netzwerk zusammenzuschließen. Eine Verknüpfung zwischen den Nutzern kann einseitig und wechselseitig stattfinden. Im Kontrast zu dem wohl aktuell weltweit populärsten und reichweitenstärksten Online-Dienst Facebook sind die Beziehungen bei Twitter »nicht reziprok und erlauben so besonders das Filtern und Selegieren von Informationen nach individuellen Bedürfnissen« (Puschmann/ Heyd 2012: 171). Nach Tim O'Reilly (2009) ist Twitter deshalb ein asymmetrisches soziales Netzwerk. Bei der Vernetzung der Nutzer ist zu unterscheiden zwischen »Following« (den Tweets anderen Nutzer folgen), und »Follower« (andere Nutzer folgen den eigenen Tweets). Bidirektionales Following ist keine Bedingung. Des Weiteren können Netzwerkstrukturen durch Re-Tweets (RT), Hastags (#) und Adressierungen (@) entstehen. Jürgens und Jungherr bezeichnen diese Funktionen als »Konventionen, über die Nutzer öffentlich miteinander interagieren können« (2011: 204) oder als »kanalspezifische[ ] Kommunikationskonventionen« (ebd.). Bei Thimm et al. werden diese kommunikativen Regelungselemente als »Operatorenmodell« definiert (vgl. 2012b: 291ff.).

Die Funktion des Re-Tweeten ermöglicht die Weitergabe von Tweets anderer durch erneutes Posten. Auf diese Weise können Tweets die Follower-Gemeinschaften diverser Twitterer erreichen. Sucht man ganz gezielt nach einem thematischen Begriff mit vorangestellten Nummernzeichen #, bekommt man alle Twitterbeiträge zu den mit diesem Hashtag (Tag) versehenen Beiträgen. Verwendet man diesen Tag für einen eigenen Tweet, wird dieser in den Themenbereich einsortiert. Adressierungen an andere User durch das @-Zeichen ermöglichen eine direkte Ansprache. Der angesprochene Twitter-Nutzer wird über die Ansprache informiert und sieht den entsprechenden Tweet auf seiner Timeline, um darauf zu reagieren. Eine weitere Kommunikationskonvention ist die so genannte Direct Message – eine nicht-öffentliche Nachricht zwischen einzelnen Nutzern.

Twitter lässt sich als Kommunikationskanal verstehen, da über den Dienst Produktion, Distribution und Rezeption von Informationseinheiten ermöglicht werden. Trotz der strikten Beschränkung von 140 Zeichen pro Tweet führen die vorgestellten Kommunikationskonventionen zu einem Netzwerk »zwischen Personen und den von ihnen publizierten, verlinkten Inhalten zu verschiedenen Themen« (vgl. Thimm et al. 2012b: 292). Die Möglichkeit, mit Links und Hashtags vielfältige Referenzierungsfunktionen zu realisieren, macht Twitter über die 140 Zeichen hinaus zu einer öffentlichen Bühne. Verweise auf weiterführende Informationen oder miteinander verknüpfte Tweets gehören zur Sorgfaltspflicht des Twitteres.

4. Narration bei Twitter – Tweets als Small Stories

Auf Grund seiner kanalspezifischen Kommunikationskonventionen wirkt Twitter auf den ersten Blick nicht wie ein narratives Genre. Die »Tweets erscheinen fragmentarisch, flüchtig und in erster Linie auf Informationsvermittlung ausgelegt« (Puschmann/Heyd 2012: 172). Außerdem folgen die kurzen Einheiten nur bedingt einem traditionellen Verständnis von Narration, das sich mit Ryan wie folgt definieren lässt:

> »A narrative text is one that brings a world to the mind (setting) and populates it with intelligent agents (characters). These agents participate in actions and happenings (events, plots), which cause global changes in the narrative world.« (Ryan 2004: 337)

Dennoch findet sich in der Erzähltheorie ein Ansatz, der für die Analyse von Twitter und der darin stattfindenden Kommunikation fruchtbar gemacht werden kann. In der Soziolinguistik werden Tweets als Narrative im Sinne von Small Stories betrachtet. Die narrativen Einheiten, die im Small-Stories-Ansatz besondere Beachtung finden und untersucht werden,

> »sind nicht nur im wörtlichen Sinne ›klein‹, also meist recht gering in Umfang und Komplexität, sondern auch im übertragenen: Es handelt sich um marginale, alltägliche Erzählungen, um ko-konstruierte und lediglich angedeutete Narrative, deren Referenz nicht notwendigerweise ein abgeschlossenes Ereignis in der Vergangen-

heit ist, sondern häufig emergente, aktuell stattfindende Ereignisse (›breaking news‹) mit einschließt […].« (Puschmann/Heyd 2012: 175)

Tweets lassen sich demnach auch als komprimierte narrative Einheiten kategorisieren, die unterschiedliche persönliche Erzählungen beinhalten. Im soziolinguistischen Ansatz nach Jungherr (2009) und Puschmann/Heyd (2012) wird aufgezeigt, dass Narrativität bei Twitter als Lifecasting oder Lifelogging sowie als Mindcasting oder Meforming verstanden werden kann. Unter Lifecasting/Lifelogging und Mindcasting/Meforming lässt sich »die fortlaufende Beschreibung des eigenen Erlebens und Empfindens« (Puschmann/Heyd 2012: 172) definieren. Narrative bei Twitter können sich unter anderem durch einen einzelnen Tweet oder durch mehrere Tweets eines oder mehrerer Twitternutzer zusammensetzen. Letztere werden von Puschmann/Heyd auch als »ko-konstruierte Narrative« (2012: 175) bezeichnet.

5. Exemplarische Auszüge zur Twitternutzung politischer Akteure im Wahlkampf

Narrative bei Twitter können nicht nur aus einem oder mehreren Tweets bestehen, sie können nicht nur von einem oder mehreren Twitternutzern verfasst sein, sie können darüber hinaus – und dies ist für die folgenden Ausführungen entscheidend – zwei verschiedenen Kommunikationsrichtungen folgen: Einerseits können sie interaktiv angelegt und somit auf einen dialogischen Austausch zwischen den verschiedenen Twitternutzern zielen, andererseits monologisch strukturiert sein. Aus empirischen Untersuchungen zur Twitternutzung innerhalb politischer Wahlkampfkommunikation lässt sich ableiten, dass eine interaktive Kommunikation der politischen Akteure mit den Wählern nicht im Vordergrund steht. Unter anderem ist dies ein Ergebnis der Studie »Connecting to Congress: The use of Twitter by Members of Congress« von Ina Mergel, die für einen Zeitraum von einem Jahr (Ende 2008 bis Ende 2009) das Twitterverhalten der Abgeordneten des US-Kongresses untersucht hat. Nach Mergel handelt es sich bei der Twitter-Nutzung der Kongressabgeordneten um eine »onedirectinal or one-way conversation«, die als »Me-machine, pushing out information about themselves« charakterisiert werden kann (vgl. Mergel 2012: 113). Die empirische Studie von Thimm et al. zur allgemeinen politischen Nutzung von Twitter kommt zu einem ähnlichen Ergebnis. So stellen die Autoren fest, dass der interaktive Austausch zwischen Politikern und Bürgern »bisher noch wenig ausgeprägt« ist (vgl. Thimm et al. 2012a: 309). »Die bevorzugte Strategie ist demnach eher auf Präsenz und Profilierung denn auf Dialog ausgerichtet.« (Ebd.) Die interaktive Kommunikation zwischen politischen Akteuren und den Wählern spielt folglich keine oder nur eine untergeordnete Rolle, vielmehr handelt es sich um eine deutlich monologische Form des persönlichen Berichtens. Die Bezeichnung »Live-Ticker des politischen Lebens«[4] spiegelt diese Monologizität der Twitter-Kommunikation aus der Perspektive der Praxis politischer Kommunikation wieder.

Zur thematischen Einordnung monologischen persönlichen Erzählens auf Twitter soll sich im Folgenden auf die Kategorisierung der Studie von Thimm et al. (2012a) gestützt werden. Darin werden vier Typen von Tweets identifiziert: (1) Veranstaltungswerbung, (2) Politische Parolen und Wahlaufforderungen, (3) Negativbewertung des politischen Gegners und (4) Twitter als internes Kommunikationsmittel (vgl. Thimm et al. 2012a: 305f.). Ergänzend sollen zwei weitere Kategorien vorgeschlagen werden, die in der Twitter-Kommunikation politischer Akteure von Relevanz sein können: (5) Verweise auf andere Online- und Offline-Medien und (6) Echtzeitkommentierung von politischen Ereignissen (vgl. Tabelle 1).

In der Tabelle 1 ist zu den sechs zuvor genannten Typen je ein Einzeltweet von jeweils einem Twitterprofil exemplarisch vermerkt. In Hinblick auf die Kommunikation, die sich von politischen Akteuren ausgehend an potenzielle Wähler richtet, stellt sich in allen angeführten Beispielen eine monologische Form dar, die vor allem als persönliches Berichten verstanden werden kann. Im Beispiel zum Typ (1) »Veranstaltungswerbung« wird zwar zum »Mitdiskutieren« aufgerufen, es handelt sich jedoch trotzdem nicht um eine interaktive narrative Form, da der Tweet selbst nicht Teil einer Dialogizität ist, sondern in Form einkanaliger Kommunikation auf eine andere Umgebung zum Austausch verweist.

4 Vgl. Hannelore Kraft, Ministerpräsidentin von Nordrhein-Westfalen, im Interview mit Spiegel Online (28.3.2012), http://www.spiegel.de/politik/deutschland/interview-mit-nrw-ministerpraesidentin-hannelore-kraft-spd-a-824125.html, 8.7.2013.

Typen	Beispiele
(1) Veranstaltungswerbung	»Jetzt live mitdiskutieren! Wolfgang Schäuble und Ursula von der Leyen freuen sich auf Deine Fragen! #CDUreg pic.twitter.com/wxqH7AEqEH« (teAM Deutschland @teamdeutschland 4 Juni 2013, 19:10 Uhr)
(2) Negativbewertung des politischen Gegners	»Kollege Pronold geriert sich gerade als Hütchenpolitischer Sprecher der #spd-Bundestagsfraktion.« (Patrick Schnieder @Pschnieder 6. Juni 2013, 11:25 Uhr)
(3) Twitter als internes Kommunikationsmittel	»Bin noch in Berlin #Wirtschaftsrat. Wäre sonst gerne dabei. Viele Grüße! @uncleheri« (Julia Klöckner @Juliakloeckner 24. Juni 2013, 21:11 Uhr)
(4) Politische Parolen und Wahlaufforderungen	»Es geht den Staat nichts an, wie zwei Menschen in einer Ehe oder Lebenspartnerschaft ihre Arbeit aufteilen oder welches Geschlecht sie haben« (Kristina Schröder @schroeder_k 6. Juni 2013, 11:19 Uhr)
(5) Verweise auf andere Online- und Offline-Medien	»"@FAZ_NET: Im Gespräch: Christoph Gusy über Befugnisse und Grenzen der Polizei: „Regenschirme sind keine Vermummung" http://www.faz.net/-gzg-79qcy "« (T. Schäfer-Gümbel @tsghessen 6. Juni 2013, 10:41 Uhr)
(6) Echtzeitkommentierung von politischen Ereignissen	»RT @cducsubt: "Immer wenn es darauf ankommt, sind wir füreinander da"damit schließt Angela Merkel die Reg.Erklärung zur Hochwasserkatastrophe« (Dorothee Bär @DoroBaer 25. Juni 2013, 9:33 Uhr)

Tabelle 1: Typen und Beispiele für eine inhaltliche Kategorisierung von Tweets in der Kommunikation von politischen Akteuren (Quelle: Eigene Darstellung).

Aus den dargestellten Beispielen lässt sich einzig für (4) »Twitter als internes Kommunikationsmittel« Potenzial für Interaktivität ableiten, nämlich für die Kommunikation twitternder politischer Akteure untereinander.[5] Es lassen sich zudem Beispiele nennen, in denen auf monologische narrative Tweets von Politikern durch andere Twitterer reagiert wird, aber dennoch

5 Als Beispiel für narrative dialogische Tweets zwischen politischen Akteuren: Twitter-Profil »Volker Beck«, MdB Bündnis90/Die Grünen, https://twitter.com/Volker_Beck/status/345098687384539136 (13.6.2013), 8.7.2013.

keine Dialogizität zustande kommt.[6] Allerdings werden auch Tweets, aus denen kein Dialog entsteht, retweeted,[7] so dass sich hier vermuten ließe, dass die eigentliche Zielgruppe dieser Tweets politische und parteiverbundene Multiplikatoren sein könnten. Die Ergänzung des Typs (5) »Verweise auf andere Online- und Offline-Medien« scheint insofern relevant sein zu können, als dass dieser Typ vielfach in Tweets politischer Akteure auffindbar ist. Ein möglicher Grund dafür könnte darin liegen, dass journalistischer Information im Hinblick auf Seriosität und Korrektheit vertraut wird und man durch externe Verweise seine Position zusätzlich stärken und untermauern will.

6. Fazit

Welche Nutzungslogik lässt sich für die Verwendung des Online-Dienstes Twitter durch die politischen Akteure in der Wahlkampfkommunikation erkennen? Diese Fragestellung bildete den Ausgangspunkt dieses Beitrags. Dabei wurde hypothetisch davon ausgegangen, dass Twitter als narrative Form der politischen Kommunikation eingesetzt wird, dem Potenzial der internetbasierten Kommunikation jedoch nur eingeschränkt folgt, da eine interaktive Kommunikation zwischen politischen Akteuren und Wählern nicht im Vordergrund steht.

Twitter, Web-2.0- und Social-Media-Dienst, gilt als dezentraler Kanal, über den Kommunikation unter Umgehung der intermediären, journalistischen Stellung der traditionellen Medien ermöglicht wird. Die Nutzung von Twitter basiert auf dem Prinzip, dass eine Selektion von Inhalten durch Gatekeeper nicht stattfindet.

Mit dem aus der Soziolinguistik stammenden Small-Stories-Ansatz können Tweets als Narrative untersucht werden, worin unterschieden wird zwischen: einem Einzeltweet eines Twitterers, mehreren Tweets eines Twitteres sowie ko-konstruierten Narrativen aus einzelnen oder mehreren Tweets verschiedener Twitterer. Narrative können in diesem Zusammenhang somit monologisch oder dialogisch sein. Die dem Beitrag als Basis

6 Vgl. beispielsweise Twitter-Profil »Thomas Oppermann«, MdB SPD, https://twitter.com/ThomasOppermann/status/342548751711346689 (6.6.2013), 8.7.2013.

7 Siehe vorheriges Beispiel: Der zuvor genannte Tweet von Thomas Oppermann wurde 19 Mal retweeted (Stand: 8.7.2013).

dienenden empirischen Studien zur Twitternutzung politischer Akteure zeigen auf, dass Twitternachrichten zwar unterschiedlichen inhaltlichen Kategorien zugeordnet werden können, sie jedoch in der Kommunikation von Politikern, die sich an potenzielle Wähler richten, monologisch angelegt sind. Die exemplarischen Auszüge von Tweets politischer Akeure zeigten ebenfalls auf, dass Interaktivität häufig nur zwischen den politischen Akteuren stattfindet.

Bezugnehmend auf die Studie von Emmer et al. (2012) liegt die narrative Funktion bei Twitter darin, dass der Online-Dienst als Ergänzung traditioneller politischer Kommunikationsaktivitäten dient. Zwar sind die Kommunikationsaktivitäten in der digitalen Welt noch durchweg flexibel, es zeichnet sich jedoch ab, dass sich Kommunikationsroutinen entwickeln. Wie Twitter weiterhin im Wahlkampf verwendet wird, bleibt abzuwarten. Dass ein interaktiver Austausch zwischen politischen Akteuren und Wählern in den Vordergrund rücken wird, scheint unwahrscheinlich. Vielmehr muss davon ausgegangen werden, dass Twitter durch politische Akteure als weiterer, unidirektionaler Mitteilungskanal neben anderen verwendet wird. Insbesondere in der deutschen politischen Kultur zeichnen sich Entwicklungslinien ab, die die Wahlkampfkommunikation im Internet lediglich als Erweiterung der über die traditionellen Medien erfolgenden politischen Kommunikation erscheinen lassen. Dabei richten sich die Informationen nicht nur an die Wahlbevölkerung. Ebenso scheint den politischen Akteuren zunehmend bewusst zu werden, dass sich auch Journalisten über Twitter informieren. Aus diesem Grund erfüllen politische Narrative über Twitter eine weitere Funktion: Interaktion mit den Medien (vgl. Rottbeck 2013: 311).

Ebenfalls lässt sich ein Trend erkennen, der politische Kampagnen via Twitter als *crossmedialdriven* beschreiben lässt. Twitter scheint besonders bei Offline-Ereignissen als kommentierender *backchannel* genutzt zu werden. Eine weitere Ableitung aus Betrachtungen narrativer Formen der politischen Wahlkampfkommunikation ist, dass dadurch die Multimedialisierung journalistischer Formate gefördert wird. Diese wird allerdings nicht für die Journalisten gefördert, sondern für Bürger und Politiker. Es entwickelt sich so etwas wie Bürgerjournalismus und Politikerjournalismus, ohne dabei den kritischen Ansatz professioneller journalistischer Arbeit zu verfolgen.

Literatur

Bieber, Christoph (2011), »Der Online-Wahlkampf im Superwahljahr 2009«, in: Eva Johanna Schweitzer; Steffen Albrecht (Hg.), *Das Internet im Wahlkampf. Analyse zur Bundestagswahl 2009*, Wiesbaden, S. 69–95.

Bonchek, Mark (1997), *From Broadcast to Netcast: The Internet and the Flow of Political Information*, Cambridge.

Busemann, Katrin; Gscheidle, Christoph (2012), »Web 2.0: Habitualisierung der Social Communitys«, in: *Media Perspektiven* 7-8/2012, S. 380–390 http://www.media-perspektiven.de/uploads/tx_mppublications/0708-2012_Busemann_Gscheidle.pdf, 8.7.2013.

Emmer, Martin; Wolling, Jens; Vowe, Gerhard (2012), »Changing political communication in Germany: Findings from al longitudinal study on the influence of the internet on political information, discussion and the participation of citizens«, in: *Communications: The European Journal of Communication Research* 37, 3/2012, Los Angeles, London, New Delhi, Singapore, Washington DC, S. 233–252.

Gellner, Winand; Strohmeier, Gerd (2002a), »Parteien in Internet-Wahlkämpfen«, in: Ulrich von Alemann; Stefan Marschall (Hg.), *Parteien in der Mediendemokratie*, Wiesbaden, S. 189–209.

Gellner, Winand; Strohmeier, Gerd (2002b), »Cyber-Kampagnen in Großbritannien, Deutschland und den USA«, in: Alexander Siedschlag; Alexander Bilgeri; Dorothea Lamatsch (Hg.), *Kursbuch Internet und Politik: Wahlkampf im Netz*, Opladen, S. 35–45.

Gurevitch, Michael; Blumler, Jay G. (1977), »Linkages between the Mass Media and Politics: A Model for the Analysis of Political Communications Systems«, in: James Curran; Michael Gurevitch; Janet Woollacott (Hg.), *Mass Communication and Society*, London, S. 270–290.

Jungherr, Andreas (2009), »Twitternde Politiker: Zwischen buntem Rauschen und Bürgernähe 2.0«, in: Christoph Bieber; Martin Eifert; Thomas Groß; Jörn Lamla (Hg.), *Soziale Netze in der digitalen Welt. Das Internet zwischen egalitärer Teilhabe und ökonomischer Vermachtung*, Frankfurt, S. 99–127.

Jungherr, Andreas (2013), »Schleppender Beginn. Deutsche Politiker entdecken Twitter nur zögerlich«, in: *Internationale Politik*, März/April 2013, Berlin, S. 54–59.

Jungherr, Andreas; Schoen, Harald (2013), *Das Internet in Wahlkämpfen. Konzepte, Wirkungen und Kampagnenfunktionen*, Wiesbaden.

Jürgens, Pascal; Jungherr, Andreas (2011), »Wahlkampf vom Sofa aus: Twitter im Bundestagswahlkampf 2009«, in: Eva Johanna Schweitzer; Steffen Albrecht (Hg.), *Das Internet im Wahlkampf*, Wiesbaden, S. 201–225.

Kaid, Lynda L. (2006), »Political Web Wars: The Use of the Internet for Political Advertising«, in: Andrew P. Williams; John C. Tedesco, (Hg.), *The Internet Election: Perspectives on the Web in Campaign 2004*, Lanham, S. 67–82.

Klingemann, Hans-Dieter; Voltmer, Katrin (1998), »Politische Kommunikation als Wahlkampfkommunikation«, in: Otfried Jarren; Ulrich Sacrinelli; Ulrich Saxer (Hg.), *Politische Kommunikation in der demokratischen Gesellschaft. Ein Handbuch mit Lexikonteil*, Opladen, S. 396–405.

Krotz, Friedrich (2007), *Mediatisierung: Fallstudien zum Wandel von Kommunikation*, Wiesbaden.

Lilleker, Darren G.; Jackson, Nigel A. (2011), *Political Campaigning, Elections and the Internet. Comparing the US, UK, France and Germany*, New York.

Lilleker, Darren G.; Negrine, Ralph (2002), »Professionalization: of what? Since when? By whom?«, in: *The International Journal of Press/Politics*, 7 (4), S. 98–103.

Mergel, Ines (2012), »Connecting to Congress: The use of Twitter by Members of Congress«, in: *Zeitschrift für Politikberatung* 3/2012, 108–114.

O'Reilly, Tim (2009), »Goodreadsvs Twitter: The Benefits of Asymmetric Follow«, in: *O'Reilly Radar*, http://radar.oreilly.com/2009/05/goodreads-vs-twitter-asymmetric-follow.html, 8.7.2013.

Podschuweit, Nicole (2007), *Wirkungen von Wahlwerbung: Aufmerksamkeitsstärke, Verarbeitung, Erinnerungsleistung und Entscheidungsrelevanz*, München.

Puschmann, Cornelius; Heyd, Theresa (2012), »#narrative: Formen des persönlichen Erzählens bei Twitter«, in: Ansgar Nünning; Jan Rupp; Rebecca Hagelmoser; Jonas Ivo Meyer (Hg.), *Narrative Genres im Internet: Theoretische Bezugsrahmen, Mediengattungstypologie und Funktionen*, Trier, S. 171–195.

Roessing, Thomas; Podschuweit, Nicole (2011), »Wikipedia im Wahlkampf: Politiker, Journalisten und engagierte Wikipedianer«, in: Eva Johanna Schweitzer; Steffen Albrecht (Hg.), *Das Internet im Wahlkampf. Analyse zur Bundestagswahl 2009*, Wiesbaden, S. 297–314.

Rottbeck, Britta (2013), *Der Online-Wahlkampf der Volksparteien 2009*, Wiesbaden.

Ryan, Marie-Laure (2004), *Narrative across media: the languages of storytelling*, Lincoln.

Schweitzer, Eva Johanna (2011), »Mediatisierung im Online-Wahlkampf: Befunde einer vergleichenden Inhaltsanalyse deutscher Partei-Websites zu den Wahljahren 2002–2009«, in: Eva Johanna Schweitzer; Steffen Albrecht (Hg.), *Das Internet im Wahlkampf. Analyse zur Bundestagswahl 2009*, Wiesbaden, S. 267–296.

Thimm, Caja; Einspänner, Jessica; Dang-Anh, Mark (2012a), »Twitter als Wahlkampfmedium. Modellierung und Analyse politischer Social-Media-Nutzung«, in: Christina Holtz-Bacha; Arnulf Kutsch; Klaus Beck; Klaus Schönbach (Hg.), *Publizistik – Vierteljahresheft für Kommunikationsforschung*, Wiesbaden, S.293–313.

Thimm, Caja; Einspänner, Jessica; Dang-Anh, Mark (2012b), »Politische Deliberation online – Twitter als Element des politischen Diskurses«, in: Friedrich Krotz; Andreas Hepp (Hg.), *Mediatisierte Welten*, Wiesbaden, S. 283–305.

Unger, Simone (2012), *Parteien und Politiker in sozialen Netzwerken. Moderne Wahlkampfkommunikation bei der Bundestagswahl 2009*, Mannheim.

Liste der zitierten Tweets

Twitter-Profil »Dorothee Bär«, MdB CSU, https://twitter.com/DoroBaer/status/349430207259754496 (25.6.2013), 8.7.2013.

Twitter-Profil »Volker Beck«, MdB Bündnis90/Die Grünen, https://twitter.com/Volker_Beck/status/345098687384539136 (13.6.2013), 8.7.2013.

Twitter-Profil »Julia Klöckner«, MdL CDU, https://twitter.com/JuliaKloeckner/status/349243410206564352 (24.6.2013), 8.7.2013.

Twitter-Profil »Thomas Oppermann«, MdB SPD, https://twitter.com/ThomasOppermann/status/342548751711346689 (6.6.2013), 8.7.2013.

Twitter-Profil »Thorsten Schäfer-Gümbel«, MdL SPD, https://twitter.com/tsghessen/status/342561904318873600 (6.6.2013), 8.7.2013.

Twitter-Profil »Patrick Schnieder« MdB CDU, https://twitter.com/PSchnieder/status/342572846087823360 (6.6.2013), 8.7.213.

Twitter-Profil »Kristina Schröder«, Bundesministerin für Familie, Senioren, Frauen und Jugend, https://twitter.com/schroeder_k/status/342571415234547712 (6.6.2013), 8.7.2013.

Twitter-Profil »teAMDeutschland« (CDU), https://twitter.com/teamdeutschland/status/341965130550108160 (4.6.2012), 8.7.2013.

Autorinnen und Autoren

Olaf Breidbach, Prof. Dr. Dr., lehrt Geschichte der Naturwissenschaften an der Universität Jena, ist Direktor des dortigen Instituts für Geschichte der Medizin, Naturwissenschaft und Technik und des Museums Ernst-Haeckel-Haus. Neben der Wissenschaftsgeschichte der Moderne interessieren ihn die theoretische Biologie, die Weiterentwicklung einer experimentellen Wissenschaftsgeschichte, die Frage der Strukturierung nicht diskursiver Praktiken und Perspektiven einer neuronalen Ästhetik. Er ist Mitglied der Deutschen Akademie der Naturforscher Leopoldina. Die letzten Bücher betreffen: *Goethes Naturverständnis*, München 2011; *Radikale Historisierung. Kulturelle Selbstversicherung im Postdarwinismus*, Berlin 2011; *Anschauung denken*, München 2011; *Neuronale Ästhetik*, München 2013; mit K. Klinger und M. Müller, *Camera Obscura. Die Dunkelkammer in ihrer historischen Entwicklung*, Stuttgart 2013.

Michael A. Conrad M.A., studierte Philosophie und Theaterwissenschaft an der Johannes-Gutenberg-Universität Mainz und der Freien Universität Berlin. Seine Magisterarbeit setzt sich mit fotografischen Selbstinszenierungen als Formen autonomer Subjektivierung auseinander. Von 2011 bis 2012 war er an der Justus-Liebig-Universität Gießen Doktorand am International Graduate Centre for the Study of Culture (GCSC) und Mitarbeiter des Zentrums für Medien und Interaktivität (ZMI). Seit August 2012 ist er Wissenschaftlicher Mitarbeiter am Sonderforschungsbereich »Episteme in Bewegung« der Freien Universität Berlin, wo er die Ambivalenzen ludischen Wissens in Spätmittelalter und Früher Neuzeit erforscht. Im Dezember 2012 erschien seine Buchübersetzung *Die 100 wichtigsten Philosophischen Argumente* aus dem Amerikanischen.

Annika Dix M.A., studierte Germanistik sowie Politik und Wirtschaft für das Lehramt an Haupt- und Realschulen an der Justus-Liebig-Universität

Gießen. Seit Oktober 2009 ist sie Wissenschaftliche Mitarbeiterin an der Professur für Germanistische Linguistik und Sprachdidaktik an der Justus-Liebig-Universität Gießen. 2011 war sie Wissenschaftliche Mitarbeiterin des Teilprojekts »Schreib- und Textroutinen: Kultur-, fach- und medienbezogene Perspektiven« im LOEWE-Schwerpunkt »Kulturtechniken und ihre Medialisierung« (Leitung: Prof. Dr. Helmuth Feilke und Prof. Dr. Katrin Lehnen). In ihrem Dissertationsprojekt beschäftigt sie sich mit textdidaktischen Gattungen im Deutschunterricht.

Annina Klappert, Dr., ist Wissenschaftliche Mitarbeiterin am Seminar für Allgemeine und Vergleichende Literaturwissenschaft der Universität Erfurt. Sie studierte Germanistik in Bonn, arbeitete von 1999 bis 2004 am FK/SFB »Medien und kulturelle Kommunikation« in Köln und promovierte zu einem Strukturvergleich von Jean Pauls Texten und Hypertexten (*Die Perspektiven von Link und Lücke. Sichtweisen auf Jean Pauls Texte und Hypertexte*, Dissertation, Aisthesis: Bielefeld 2006). Ihre Forschungsschwerpunkte liegen in der Literatur des 18. Jahrhunderts und in der Gegenwartsliteratur sowie in Fragen der Medialität, Referentialität und Virtualität. In ihren jüngsten Publikationen arbeitete sie zu Thomas Glavinic (zu *Das Leben der Wünsche*, LiLi-Sonderband, 2012), Jakob Hein (zu *Herr Jensen steigt aus*, *Akten des XII. Internationalen Germanistenkongresses*, 2012), Jorge Luis Borges (zu *El libro de arena*, in: Dünne/Schäfer (Hg.): *Unübersetzbarkeit. Les intraduisibles*, 2012), zur literarischen Fußnote (»›Nichts‹ dahinter. Anmerkungen ohne Referenz«, in: Metz/Zubarik (Hg.): *Den Rahmen sprengen*, 2013) sowie zum Konzept der Gegenwartsliteratur (»›Gegenwartsliteratur‹ unter anderem«, in: Brodowski/Klupp (Hg.): *Wie über Gegenwart sprechen?*, 2010).

Jana Klawitter M.A., studierte Linguistik und Kommunikationswissenschaft an der Technischen Universität Berlin und war von 2008 bis 2011 Wissenschaftliche Geschäftsführerin des LOEWE-Schwerpunkts »Kulturtechniken und ihre Medialisierung« am Zentrum für Medien und Interaktivität (ZMI) der Justus-Liebig-Universität Gießen. 2011 bis 2013 war sie als Wissenschaftliche Mitarbeiterin im Teilprojekt »Die Ordnung von Wissen in Texten – Textgliederung und Strukturvisualisierung als Quellen natürlicher Wissensontologien« des LOEWE-Schwerpunkts tätig. Ihr Forschungsschwerpunkt liegt im Bereich der Sozio-kognitiven Linguistik mit dem Fokus auf kollektive Denk- und Handlungskonzepte.

Björn Klein M.A., studierte Politikwissenschaft (Schwerpunkte: Politische Kommunikation und Vergleichende Politikwissenschaft) sowie Mittlere und Neuere Geschichte an der Justus-Liebig-Universität Gießen. Von 2009 bis 2012 war er Assistent der Wissenschaftlichen Geschäftsführung des LOEWE-Schwerpunkts »Kulturtechniken und ihre Medialisierung« und anschließend bis Juni 2013 in der Geschäftsführung des Zentrums für Medien und Interaktivität (ZMI). Seit Juli 2013 ist er in der Politik- und Parteikommunikation sowie als Wissenschaftlicher Mitarbeiter im Landtag Nordrhein-Westfalens tätig. In seiner Magisterarbeit beschäftigte er sich mit der Medialisierung des Wahlkampfs durch das Internet, sein Promotionsprojekt schließt daran an.

Regine Leitenstern M.A., studierte Romanistik (Französistik, Italianistik) und Journalistik in Leipzig und Paris. Seit Oktober 2008 promoviert sie am International Graduate Centre for the Study of Culture (GCSC) der Justus-Liebig-Universität Gießen zu intra- und intermedialen Bezügen im zeitgenössischen Autorenfilm. Von Juli 2011 bis September 2012 war sie Wissenschaftliche Geschäftsführerin des LOEWE-Schwerpunkts »Kulturtechniken und ihre Medialisierung« am Gießener Zentrum für Medien und Interaktivität (ZMI), zuvor war sie ab März 2010 als Assistentin der Geschäftsführung des LOEWE-Schwerpunkts tätig.

Mirco Limpinsel, Dr., studierte Germanistik, Musikwissenschaft und Philosophie in Gießen und Berlin und promovierte an der Friedrich-Schlegel-Graduiertenschule für literaturwissenschaftliche Studien der Freien Universität Berlin. Seine Dissertation behandelt in historischer und systematischer Perspektive den hermeneutischen Topos der Angemessenheit, also die methodologisch folgenreiche Vorstellung, eine Interpretation müsse dem Text, auf den sie sich bezieht, angemessen sein.

Katrin Lehnen, Prof. Dr., ist Professorin für Germanistische Medien- und Sprachdidaktik an der Justus-Liebig-Universität Gießen, Pressesprecherin der Gesellschaft für Angewandte Linguistik (GAL e.V.) und Stellvertretende Geschäftsführerin des Zentrums für Medien und Interaktivität (ZMI) der Justus-Liebig-Universität Gießen. Von 2008 bis 2012 war Prof. Lehnen Projektleiterin des Teilprojekts »Schreib- und Textroutinen: Kultur-, fach- und medienbezogene Perspektiven« im Gießener LOEWE-Schwerpunkt »Kulturtechniken und ihre Medialisierung«, seit 2012 ist sie Projektleiterin des durch die Volkswagenstiftung bis 2016 geförderten Projekts »Eristische Literalität. Erwerb und Ausbau wissenschaftlicher Textkompetenz im Deutschen«.

Henning Lobin, Prof. Dr., ist Professor für Angewandte Sprachwissenschaft und Computerlinguistik an der Justus-Liebig-Universität Gießen und Geschäftsführender Direktor des Gießener Zentrums für Medien und Interaktivität (ZMI). Von 2001 bis 2007 fungierte er als Erster Vorsitzender der Gesellschaft für Sprachtechnologie und Computerlinguistik (GSCL) und von 2002 bis 2004 als Vizepräsident der Justus-Liebig-Universität Gießen. 2008 bis 2011 war Prof. Lobin Sprecher, Koordinator und Teilprojektleiter des von der Volkswagenstiftung geförderten Projektverbundes »Interactive Science« und 2008 bis 2012 des LOEWE-Schwerpunkts »Kulturtechniken und ihre Medialisierung«. Seit 2012 ist Prof. Lobin Sprecher und Projektleiter des durch das BMBF im Rahmen des Programms »e-Humanities« bis 2015 geförderten Projekts »GeoBib. Frühe deutsch- bzw. polnischsprachige Holocaust- und Lagerliteratur (1933–1949) – annotierte und georeferenzierte Online-Bibliographie zur Erforschung von Erinnerungsnarrativen«.

Julian Nordhues M.A., studierte Mittlere und Neuere Geschichte sowie Politikwissenschaft an der Justus-Liebig-Universität Gießen und ist seit 2009 am Zentrum für Medien und Interaktivität (ZMI) der Justus-Liebig-Universität tätig. Seine Magisterarbeit verfasste er zum Thema »Erster Weltkrieg und Pazifismus in den Anfangsjahren der Weimarer Republik. Dispositive in Ernst Friedrichs *Krieg dem Kriege* und Karl Kraus' *Die letzten Tage der Menschheit*«, sein Forschungsinteresse umfasst die Bereiche Erster Weltkrieg, Weimarer Republik, Repräsentationen des Kriegs, Protestkommunikation und Soziale Bewegungen.

Andrew Patten MA, ist Doktrand der Germanistik und Komparatistik an der University of Minnesota, Twin Cities. 2011 bis 2012 studierte er im Rahmen eines akademischen Austausches an der Freien Universität Berlin. Aktuell arbeitet er an seiner Dissertation in Berlin, unterstützt durch ein *Doctoral Dissertation Fellowship* der University of Minnesota. Seine Dissertation untersucht die Funktion von literarischen Netzwerken im Konzept »Weltliteratur« vom 18. Jahrhundert bis zur heutigen Zeit.

Florian Radvan, PhD, ist abgeordneter Lehrer an der Ruhr-Universität Bochum (Deutschdidaktik). Er studierte Germanistik, Anglistik und Komparatistik an den Universitäten Bayreuth, Bonn und Norwich (England) und promovierte bei W.G. Sebald an der University of East Anglia. Anschließend war er als Dozent an der Pädagogischen Hochschule in Karlsruhe und an der Universität Köln sowie als Studienrat an einem Gymnasium in Leverkusen tätig. Seine Forschungs-, Lehr- und Interessenschwerpunkte liegen in den Bereichen Literaturdidaktik, Lehrwerke im Deutschunterricht, Schreibdidaktik, Theatergeschichte und szenisches Spiel.

Markus Roth, Dr., ist stellvertretender Leiter der Arbeitsstelle Holocaustliteratur an der Justus-Liebig-Universität Gießen und Mitarbeiter im Projekt »GeoBib. Frühe deutsch- bzw. polnischsprachige Holocaust- und Lagerliteratur (1933–1949) – annotierte und georeferenzierte Online-Bibliographie zur Erforschung von Erinnerungsnarrativen«. Von 2008 bis 2012 war er Wissenschaftlicher Mitarbeiter des Herder-Instituts Marburg im LOEWE-Schwerpunkt »Kulturtechniken und ihre Medialisierung« im Projekt »Die Multimedialisierung der Chronik des Gettos Lodz/Litzmannstadt«.

Oliver Ruf, Prof. Dr., ist Medientheoretiker, Kultur- und Literaturwissenschaftler sowie Professor für Textgestaltung an der Fakultät Digitale Medien der Hochschule Furtwangen. Zuvor war er Wissenschaftlicher Mitarbeiter am Institut für deutsche Sprache und Literatur der Technischen Universität Dortmund. Als Gastdozent lehrte er unter anderem an der Universität der Künste Berlin, der Zürcher Hochschule der Künste und der Pädagogischen Hochschule St. Gallen. Er arbeitete als Autor, literarischer Lektor, (Text-)Designer und Projektredakteur. Für seine publizistische Tätigkeit wurde er mehrfach ausgezeichnet, etwa mit dem Essay-Preis der Zeitschrift MERKUR und dem Preis des Bundesministeriums für Bildung und Forschung im Jahr der Geisteswissenschaften. Er ist Fachreferent für Gegenwartsliteratur bei IASLonline. Zu seinen jüngsten Buchveröffentlichungen zählen die Bände *Schreibleben*, Hannover 2012; *Zur Ästhetik der Provokation*, Bielefeld 2012 und *Perspektiven der Literaturvermittlung* (Mitherausgeber), Innsbruck 2011.

Alexander Scherr M.A., studierte Anglistik, Musikwissenschaft und Philosophie in Bonn. Seit 2011 ist er an der Justus-Liebig-Universität Gießen Wissenschaftlicher Mitarbeiter am Institut für Anglistik und Doktorand am International Graduate Centre for the Study of Culture (GCSC) sowie im International PhD Programme »Literary and Cultural Studies« (IPP). Er promoviert im Bereich der englischen und amerikanischen Kulturwissenschaft und beschäftigt sich in seiner Dissertation mit der Reflexion naturwissenschaftlicher und insbesondere soziobiologischer Menschenbilder in der zeitgenössischen anglo-amerikanischen Erzählliteratur. Vor Beginn seines Promotionsstudiums arbeitete Alexander Scherr bis Oktober 2011 zwei Jahre als Sprachkursmanager am Sprachlernzentrum der Universität Bonn.

Lisa Schüler M.A., studierte Medien- und Kommunikationswissenschaft, Soziologie und Pädagogik sowie die Fächer Deutsch und Werte und Normen für das Lehramt an Gymnasien an der Georg-August-Universität Göttingen. Seit 2010 ist sie Wissenschaftliche Mitarbeiterin an der Professur für Germanistische Sprach- und Mediendidaktik der Justus-Liebig-Universität Gießen und Doktorandin am International Graduate Centre for the Study of Culture (GCSC). Von Januar 2011 bis Juni 2011 war sie im LOEWE-Teilprojekt »Schreib- und Textroutinen: Kultur-, fach- und medienbezogene Perspektiven« beschäftigt. Seit Sommer 2012 ist sie außerdem Wissenschaftliche Mitarbeiterin im ESF-Projekt »Zeitung und Ausbildung in Hessen – news to use« am ZMI. In ihrem Dissertationsprojekt beschäftigt sie sich mit konzeptionellen Prozessen beim Verfassen wissenschaftlicher Texte.

John David Seidler Dipl.-Medienwiss., studierte von 2003 bis 2009 Medienkulturwissenschaft, Medienpsychologie und Politikwissenschaft an der Universität zu Köln. Von 2009 bis 2011 war er Wissenschaftlicher Mitarbeiter im Verbundprojekt TRUSTnet am Institut für Theater,- Film- und Fernsehwissenschaft der Universität zu Köln. Seit 2011 ist er Promotionsstipendiat am Department »Wissen – Kultur – Transformation« der Universität Rostock. Sein Promotionsprojekt trägt den Titel »(Vorstellungs-)Bilder von geheimem Wissen und medialen Strukturen in Verschwörungstheorien«. Darüber hinaus ist er seit 2012 Lehrbeauftragter am Institut für Medienforschung der Universität Rostock.

Jan Weisberg M.A., ist Wissenschaftlicher Mitarbeiter im »Netzwerk Informations- und Schreibkompetenz« an der Fachhochschule Bielefeld. Dort unterrichtet er akademisches und berufliches Schreiben. Darüber hinaus ist er als Lehrbeauftragter des Studiengangs Darstellendes Spiel an der Leibniz Universität Hannover tätig. Von 2008 bis 2012 war Jan Weisberg am Zentrum für Medien und Interaktivität (ZMI) der Justus-Liebig-Universität Gießen beschäftigt und hat in der LOEWE-Projektgruppe »Schreib- und Textroutinen: Kultur-, fach- und medienbezogene Perspektiven« an der Entwicklung der elektronischen Lernumgebung SKOLA mitgearbeitet. In seinem Dissertationsprojekt beschreibt er die Wirkung von Problemen und Routinen auf die Flüssigkeit von Schreibprozessen.

Index